本书为江南大学自主科研课题"江南地方文化史与家族文化"部分成果，课题编号：2017JDZD16

| 光明社科文库 |

千载化育　璀璨华章

人文无锡读本

庄若江◎著

光明日报出版社

图书在版编目（CIP）数据

千载化育 璀璨华章：人文无锡读本 / 庄若江著
. -- 北京：光明日报出版社，2019.2
ISBN 978 - 7 - 5194 - 4884 - 4

Ⅰ. ①千… Ⅱ. ①庄… Ⅲ. ①地方文化—无锡 Ⅳ.
①G127.533

中国版本图书馆 CIP 数据核字（2019）第 022719 号

千载化育 璀璨华章——人文无锡读本
QIANZAI HUAYU　CUICAN HUAZHANG——RENWEN WUXI DUBEN

著　　者：庄若江

责任编辑：曹美娜　郭思齐　　　　　　责任校对：赵鸣鸣
封面设计：中联学林　　　　　　　　　责任印制：曹　净

出版发行：光明日报出版社

地　　址：北京市西城区永安路 106 号，100050

电　　话：010 - 67078251（咨询），63131930（邮购）

传　　真：010 - 67078227，67078255

网　　址：http：//book. gmw. cn

E - mail：caomeina@ gmw. cn

法律顾问：北京德恒律师事务所龚柳方律师

印　　刷：三河市华东印刷有限公司

装　　订：三河市华东印刷有限公司

本书如有破损、缺页、装订错误，请与本社联系调换，电话：010 - 67019571

开　　本：170mm×240mm

字　　数：391 千字　　　　　　　　　印　　张：22.5

版　　次：2019 年 3 月第 1 版　　　　印　　次：2019 年 3 月第 1 次印刷

书　　号：ISBN 978 - 7 - 5194 - 4884 - 4

定　　价：95.00 元

目 录
CONTENTS

总论

太湖明珠　工商名城

　　无锡地处太湖流域、长三角腹地，历史上有"金匮""梁溪"等别称，乃江南一方山水甲地。无锡山水秀美、自然环境得天独厚，同时历史悠久、文化底蕴深厚，又因近代以来民族工商业的快速崛起，以"县级"身份跻身国内工商强市，始终充满经济的活力。"太湖佳绝处，运河绝版地，千年古吴都，百年工商城"，是对无锡自然风光、悠久历史和文化特色的经典概括。

　　无锡偏安一隅，自古物宝天华，鱼米丰饶，更因经济的带动，民生安稳，文化昌明，人文荟萃，堪称"人杰地灵"，明清以来便有"太湖明珠"之美誉。近代以来，无锡成为中国民族工商业的高地，运河两岸工厂林立，水上舟楫不绝，商贸繁荣，又赢得"小上海"之美称。

无锡太湖鼋头渚（王国中　摄）

一座既古老又年轻的城市

对于历史，无锡称得起"古老"，得名于秦汉，见史于春秋。早在 3200 年前，周泰伯南奔至此，筑城守民，汇通百渎，传播礼仪，建立勾吴，无锡当仁不让成为吴文化的主要发祥地。作为国家级文物"考古新发现"的鸿山遗址、阖闾古城遗存，正是这段历史变迁、勾吴兴废的真实见证。

走进现代，无锡也很年轻。因为无锡又是一座近百年才真正崛起的现代工商业城市，经历西汉以来 2000 多年的沉默积淀之后，无锡在近代洋务运动的大潮中身姿矫健、勇立潮头，一跃而成为活力强劲的现代工商业名城。在近代工商文化和现代科学文明的双重熏染下，年轻的无锡爆发出巨大的经济能量，也凸现出鲜明的现代气质和工商文化个性。

古老，造就了悠久与辉煌，年轻却是活力进取的同义词，无锡的得天独厚就在于她的兼而有之。悠久的吴地文化，充满了水的灵气，鲜活而生动，吴人历久形成的灵动机智、善于观察、长于变化、开放包容的文化特质铺垫了无锡文化的基础。春秋战国时期，各诸侯国之间战事不断，彼此消长，后起的句吴从小到大、从弱到强，后发先至而一度成为"中原霸主"之一，阖闾时期的辉煌登顶，为厚重的吴文化涂抹了最绚烂的一笔。公元前 473 年，吴国为越国所灭，战争导致的国家重组，也带来吴越文化的深度融合，增添了越文化的坚韧刚毅。楚灭越后，无锡又成为楚春申君的属地。清健秀逸的吴地文化由此又融入楚文化的浪漫瑰丽，文化的彼此融会碰撞，形成了无锡特有的人文精神。产自吴地的柔润顺滑的丝绸与锋利刚健的宝剑，可视作文化交融整合后无锡最具特色的两极标识，一柔一刚，相辅相成。

久远的春秋时代，无锡虽然曾是吴国政治中心而一度位置显赫，但吴都东迁，尤其是西汉建县以来行政建制的束缚，无锡再未能跻身政治文化的中心。直至近代经济崛起以后，无锡的身份才再次变得显要，并彰显出前所未有的经济活力。20 世纪 30 年代，小城无锡居然以产业工人数全国第二、工业 GDP 全国第三、工厂数与固定资产投资额全国第五的不凡业绩，与上海、广州、武汉、天津、青岛等大城市或口岸城市平起平坐，跻身国内"工商六强"城市。新中国建立后，即便是计划经济时代，无锡也从来不曾放慢前行脚步，轻工产业指数全国第一，经济活力持续强劲，70 年代中期无锡一城的工业产值超过整个福建省①，1981 年无锡名列国内"15 个经济中心城市"，经济发展综合实力始终处于全国城市第一方阵。

---

① 据国家统计局资料，1976 年，无锡市工业产值为 30 亿，福建全省工业产值为 28 亿。

文化的整合与提升

远古时期泰伯的让王南奔，为无锡带来了周原先进的农业文明，至西汉初期（前202）无锡建县，标志着无锡文化第一个漫长历史阶段的结束。这一时期，吴地文化通过与各地经济及文化的交流，充分汲取华夏各地文化元素，在交流与碰撞中逐步积淀了自己的第一层文化底色。

西汉建县之后，战乱不断，风云际会。从公元316年晋室南渡，到唐代中期安史之乱，再到1127年汴梁陷落宋室南迁，这些造成大规模北人南迁的历史事件，给包括无锡在内江南地区带来了极大影响，江南文化开始融入华夏主流文化，并在许多领域已经开始显现自身的个性与优势，无锡在这一过程中为经济文化中心由黄河流域向长江流域南移做出了应有的贡献，也在黄河文明与长江文明的交融中实现着自身的升华。开始萌芽的资本主义经济，通过隋唐时期开通的京杭大运河逐渐渗透到无锡的血脉和经络之中，对无锡经济和文化产生了深远的影响。由于唐宋以来对漕运的充分依赖，南北运河不断加速着无锡经济的发展与文化的交流，使其更快地彰显出自身的经济文化活力。在资本主义意识的刺激下，元明时期的无锡虽然仍是一座县级小城，但随着江南成为文化、经济的中心，无锡也完成了自身第二轮历史性的文化整合。

清代以来的无锡社会以更快的速度前行，在市场经济带动和人才群体性崛起背景下，无锡文化的务实与灵动性格得到更鲜明的体现。农业的精耕细作早已无法满足社会需求，手工业、缫丝业、织造业遂成为无锡人不二的生存选择。满清的康乾盛世并未给无锡带来繁荣，沉重的赋税逼迫无锡只能凭借自身努力改变境遇，让生活变得相对丰润。爆发于清末太平天国运动，极大撼动了封建王朝的基石，也几乎摧毁了无锡的经济，忠王李秀成的精锐部队与清军在无锡的那场惊心动魄的大战，成为小城历史上经历的最惨烈的战争，64万人口在战火中锐减至27万。当李鸿章为阵亡清军将士在无锡建造忠烈祠的时候，封建王朝其实已经走到了尽头。

在农业文明与工业文明的激烈撞击中，在农民起义、列强侵入、口岸开放、经济形态更新的历史进程中，近代无锡在飞跃中开始了新一轮文化大整合。西风穿越血与火的屏障，从东南的海上吹来，工业和商业的萌芽在耕耘了千百年的土地上猛烈而顽强的破土而出，位于通江近海之地的无锡很快就感受到了时代的呼唤，抓住千载难逢的发展机遇，无锡这艘航船自觉地起航了。越过政治行政的藩篱，越过地方统辖的桎梏，无锡努力靠拢新兴的商埠上海，主动汲取来自上海的经济文化辐射，在学习实践中充实能量，大批无锡子弟在上海完成了最初的工商实务，回乡办厂开店，无锡成为上海最重要的工业基地，再度强化着自身的经济实力，提升着城市的地位。

在与整个国家一起经历艰难转型和壮观洗礼的过程中，小城无锡的表现似乎特别出色。一种充满生命活力的新型文化——现代工商业文化，在这片古老润泽的沃土上开始了具有历史意义的新创造。19世纪末20世纪初，无锡经济率先起步，民族工商业蓬勃发展，依然是县级建制的无锡，当仁不让地走进了中国工商业城市前五位，成为当时身份最重要特等县。无锡的政治、文化、经济人才也在这一时期以前所未有的靓丽之姿展现于历史舞台，对中国的历史进程发挥着重要作用。无锡作为中国民族工业的重要发祥地，成为了一座真正意义上的江南名城。

或许可以这样说，泰伯奔吴创立句吴古国，对无锡的引领更多来自外力的推动，而近代的这次崛起却是无锡内部力量对外部环境的自觉呼应，所引发的内部能量的爆发可视为无锡内在文化精神的一次生动张扬。

文化内涵与特色

山水文化、吴文化、工商文化是无锡文化最鲜亮的三张名片，相辅相成，共同织就了无锡文化独特的人文风景。自然灵秀的生态文明，精耕细作的农业文明，包孕吴越的太湖文明，以及近代以来的工商业文明，尽致地造就着无锡的悠久和绚烂，展示着鱼米之乡的富饶殷实，闪烁着江南这颗"明珠"独特的自然和人文光彩。

无锡之美在自然山水，自然资源得天独厚，山明水秀，气象万千，恰如镶嵌在太湖之畔的一颗璀璨明珠，熠熠生辉。2012年无锡将城市发展定位于打造一座"现代化的宜居滨水花园城市"，关停并转污染企业，呵护自然山水资源，努力彰显其独特魅力。可以说，灵山秀水构成了这座城市的骨骼与血脉，而自然山水的灵秀气韵，也早已化作城市文化的鲜明特征。无锡环境优越，气候温润，物华天宝，宜居宜业，自古就是鱼米之乡。"太湖美，美就美在太湖水"，大自然把太湖最美的一段湖岸线给了无锡。沿湖分布着鼋头渚风景区、灵山胜境、中视传媒无锡影视基地、蠡园、梅园等诸多园林名胜风景区，可谓"湖光山色水云间，风景这边独好。"作为全国著名的旅游名城，无锡不仅首批获得"中国优秀旅游城市""全国假日旅游重点城市""全国旅游休闲示范城市"等桂冠，"太湖明珠——无锡"还被评为全国旅游知名品牌。

　　灵山秀水为无锡注入秀逸、灵动、通达而不失沉稳的气韵，赋予无锡无尽的生机与活力。水的温润柔和、灵活多变的形态及其随物赋形、顺势而进、以柔克刚的特征，千百年来早已融入渗透到无锡人的血脉深处，化为灵活机智、通达包容、善于探索、谙熟进退而又务实进取的群体性格。得益于这种文化熏陶，无锡在20世纪百年中两次大规模民族工商业崛起大潮中，都当仁不让地走在了最前面。

　　吴文化标识出无锡历史的悠久与深远，这是一种水孕育的蕴藉深厚、充满灵气、鲜活生动的文化，也构筑起无锡文化的精神高度。泰伯、季札"三让两家天下"，堪称古代史上权利和平更迭的典范，他们所奠立的尚德向善、谦让和谐的文化传统，以及后世不断彰显的灵动机智、务实进取、开放包容、长于纳善的文化内涵，以及自强不息、敢于称雄的胸襟气度，都为无锡积淀了文化底气。吴文化十分重视道德取舍，尚德向善、谦让和谐、先忧后乐，一直是其高张的道德旗帜，谦让和谐是吴文化低调内敛的温婉旋律，无锡文化尚德向善传统很好体现在惠山祠堂群的祠堂群中，百姓深怀敬意祭奠英灵，从位高权重的宰相级大人物，到为国为民实心任事的清官廉吏；从学富艺高才华横溢的才子俊彦，到修身齐家孝亲睦邻的普通平民，但凡为国为民有贡献者皆有资格享受后世真诚敬意。吴文化也是开放包容的文化，从诞生之初就能兼收并蓄，在开放中吸纳，在纳善中扬弃，故能后来居上后发先至。吴文化也是务实进取、注重实效的文化，脚踏实地，实业救国，工商富民，教育启智，无锡人让经世致用的理论在社会实践中得到最大发扬。吴文化是善于审时度势、敏于把握机遇、顺应时势的文化，在历史发展的每个关键时刻，无锡人总能发现先机，敏抓机遇，在发展前行中让自己立于不败之地。吴文化是精致秀美、精雅细腻的文化，从远古的"尚武""蛮勇"到后世的"崇文""重教"，在人们的不断磨砺与追求下，世俗精神和诗性追求得以奇妙结合，造就了富庶美好而不乏诗意的现世生活，雅致与素朴、婉约与直白、崇文与尚武、功利与义善，在交融之中获得了和谐之美。

　　工商文化是无锡最鲜明的城市个性特质，既传承了吴文化的诸多优秀特质，又具有鲜明的近代社会特点，是超越一般纯粹逐利商业文化、伴随社会近代化进程的生动创造。悠久的吴地农业文明与近代工商业文明，在无锡这片热土有着堪称完美的结合，在不断衍变、扬弃和自我更新中，实现着自身的升华。19世纪末，当遭遇到频繁外辱后国人开始反思这一自身文化缺陷时，无锡人早已开始了创业的跋涉。在传统观念的滞缓转型中，无锡人显示出了一种不多见的、群体的开放性和灵活性。当洋务之风穿越重重屏障刚从海上吹来，通江近海的无锡很快感受到了历史机遇的到来，自觉越过行政藩篱，积极靠拢新兴商埠上海，主动接受来自上海的经济与文化辐射，依托自身资源优势，大力兴办民族实业，在官僚资本和国外资本的双重挤压下艰难崛起，不断壮大力量，提升自身地位，在努力创造中奠定了无锡作为中国民族工商业发祥地的历史地位。

新中国建立后，凭借之前的雄厚经济基础，尽管受到计划经济体制严重制约，无锡的经济发展仍然保持了良好势头，尤其是轻工产业始终位居全国之首。1958年国家轻工部创办轻工学院选址时，毫不犹豫地选择了无锡。早在1956年，无锡东亭的农民成立了全国第一家社队企业——春雷造船厂，大胆迈出了发展集体经济的探索脚步，使无锡成为中国乡镇工业的发祥地。即使在国民经济全面陷入停顿的十年"文革"时期，无锡仍创下了GDP翻番的国内最高记录，经济发展依然保持了强劲活力。"文革"刚结束的70年代后期，改革开放初现端倪，敏锐机智的无锡人立刻抓住建国后第一个历史机遇，乡镇企业遍地开花，很快便与国有企业平分秋色。无锡农民发扬"四千四万"精神，积极推行"一包三改"，使得乡镇企业大放异彩，这种新型经济体发展模式，后来被经济学家誉为"苏南模式"，在相当一段历史时期内对国家经济发挥了重要影响。2017年，无锡成功跻身万亿产值城市之列，被公布为国内新一线城市。当前，无锡已步入了"产业强市"的新纪元，重振产业雄风，再创工商辉煌，已成全市共识与行动。

回眸无锡百年工商发展之路，每一次重要的跃升都与文化的浸润息息相关。无锡之所以在现代化之路上始终保持强劲的经济活力，这一切与优秀的工商文化血脉相连。可以说，如果没有敏锐坚韧的文化禀赋，就没有民族工商业的率先崛起；如果没有通达顺便的思想素养，就没有十年"文革"无锡演绎的一枝独秀；如果没有敢为人先的精神气魄，就没有乡镇企业的辉煌发展。由此可见，这种工商文化是超越功利主义的、灵活机智、开放进取、务实进取、经世致用的文化，是善于审时度势、长于吐故纳新、敢于探索创新、富于创造活力、充满无尽魅力的新型文化。

无锡工商文化从吴文化继承的灵活机智、敏察善纳的特点，与无锡人性格禀赋中的"务实进取"相辅相成，相得益彰，成为地域文化性格的最佳互补，在产业经济的振兴与发展中得以淋漓尽致的展示出来。无锡民族工业之所以能在恶劣的社会环境中逆境生存与发展，是实业家的聪明智慧，也是优秀文化的胜利。

无锡的工商文化还是一种乐善好施、义善天下的文化，虽逐利而能义利并举、德财兼顾，带有鲜明的道德取向和儒商特质。实业家们的重义诚信、造福乡梓，成为无锡工商文化的突出亮点。无锡工商业的快速发展，对苏南经济、乃至全国的民族工商业发展都产生了巨大影响，极大提高了流域经济的贡献力，城市地位不断提升，区域影响力不断扩大，人民生活水平提高，城市面貌得到改善，有效促进了城市群近代化的进程。

自然生态的山水文化、悠久厚重的吴文化和优势突出的民族工商文化，交织成了无锡文化繁复而瑰丽的主旋，灵动机智中暗蕴着踏实稳健的气质，变化融合间充溢着坚韧刚健的进取精神，务实质朴中寄托着不断追梦的取向，从容端方中涌动着开放吸纳的渴望，讲求利益实效而又不乏道德的坚守，自足安逸中充溢着变革创新的要求，这样的文化，正如无锡的自然，既有山一样的稳健沉厚，又有水一般的机智灵动，相辅相成，水乳交融，浑然一体，散发着迷人的魅力。

坐落于蠡湖畔的无锡大剧院

文化地位与影响

无锡在漫长的历史进程中，形成了自身鲜明的文化特点，也走出了众多影响历史进程的重要人物，不仅对无锡意义重大，对国家民族经济发展、文化演进也做出了重要贡献。

3200年前勾吴的建立，使得中原文明和江南文化有了一次跨越时空的历史性融合，不仅催生了一方诸侯，也创造出一种具有无限活力和雄厚后发力量的新的文化。在此后漫长的历史演进中，这种文化有力地推动着吴地这艘巨轮走出了令人惊羡的千年航程。虽然勾吴古国在历史舞台上存在不到700年，在历史长河中也许只是短暂一瞬，然而，作为文化形态的"吴"却并未从此消亡，吴文化不仅绵延久远，得到传承发扬，且逐渐成为影响国家发展与变革的重要的文化质素，也成为中华文化核心价值体系的重要平衡力量。经过几千年的吸纳融合与提升，吴文化较全面地体现出中华"大道文化"的博大构架。这种文化既不排斥集体秩序、社会伦理，又包容了个性，和而不同，彰显出人的生命价值意义，并提供了一种理性而又不乏趣味的生活范式。这种"大道文化"既有"追根究底"的秩序、规律、终极本原之意，又有"安身立命"的准绳、规则、终极价值之意，是一个足以与西方哲学的"爱智"传统平行发展的学术系统。① 从两汉到明清、再到近现代，吴地一直是文化的高地，涌现出一大批著名经学、理学大师，他们纵横捭阖，谈今论古，缔造了独特而富于生机趣味的诗性文化。陶伯华在《新文明学导论》归纳说：吴文化是一种"跨东西而溯本源，尊诗性而标新统，尽精微而致广大，极高明而腾飞龙"的文化，使得历朝历代吴地总能在一种开放、包容、汇通的姿态下求得和谐共荣，是对未来新秩序和思想体系重建具有至深影响的优秀思想资源②。

从文化演进的阶段性、地域性看，无锡历史上不乏值得骄傲和大书特书的文化。比如，明朝影响一个时代的以顾宪成、高攀龙为领袖东林文化。在封建制度进入后期期、社会矛盾日益突出，统治集团贪婪腐败，民族矛盾也日益激化，晚明王朝陷入内忧外患之中，时任吏部文选郎中的顾宪成，以满腔忠君爱国情怀，在朝堂之上直言敢谏，于万历二十二年（1594）推举入阁大臣时得罪明神宗，被削职为民，遣归原籍。他与罢官回家的高攀龙联手修缮恢复了宋代杨时建于无锡东门的东林书院，于万历三十二年（1604）开坛讲学。顾宪成主持讲学八年，社会"闻风响附，学舍至不能容"，"讽议朝政，裁量人物"，影响巨大。东林学派一反当时"理学空疏"和"王学禅化"脱离实际的空洞说教，强调实学，提倡学以致用，并将讲学与修身、治国相联系，学风耳目一新。顾宪成的"风声雨声读书声声声入耳，家事国事天下事事事关心"楹联，充分

---

① 陶伯华．新文明学导论——新轴心时代中华新学构想［M］．北京：中央文献出版社，2011：79 - 80.

② 陶伯华．新文明学导论——新轴心时代中华新学构想［M］．北京：中央文献出版社，2011：8.

体现了东林宗旨，士大夫阶层竟以"躬登丽泽之堂，入依庸之室"为荣为崇，朝野闻风响应，一时间无锡成为全国文化舆论中心，东林精神亦深入人心。

明代，无锡江阴两县交界的金凤乡南旸歧村（今霞客镇），走出了一位千古奇人徐霞客。南旸歧村离东林书院仅15公里路程，徐霞客亲友中不少乃东林党人，对其影响很大。徐霞客笃信实学，酷爱史地和方志，对科举考试空洞八股不屑一顾，时常对不书中实记载和谬误不满。在目睹奔腾不息的长江之后，他对经书《禹贡》所载"江源长而河源短"的说法产生质疑，遂决定独自进行江河实地探源。徐霞客此后以旅游为一生职业，将考察山川为人生目标，他以大半生时间游历大半个中国，并留下了一部不朽之作——60余万字的《徐霞客游记》，被当时大学者钱牧斋赞为"此世间真文字，大文字，奇文字!"徐霞客作为中国第一位走出书斋研究学问的人，开启了一代新学风，在历史上形成了独树一帜的徐霞客旅游文化。2011年3月国务院将徐霞客首次出游日5月19日定为"中国旅游日"。

无锡宛山顾氏，明代时父子相从，历数代而专攻"舆地之学"，取得令人瞩目的成就。此前，顾炎武所著《郡国利病书》将舆地山川作为总论，开中国历史地理记述先河。但该书杂采文献资料，材料虽富而体例庞杂，亦缺乏必要理论分析。其后，顾大栋完成《九边图说》①，其子顾文耀万历年间出使九边，悉心舆地，还朝后细陈地理形貌和关隘情状，但因"盛世危言"触怒皇帝，罢官回家。顾文耀子顾龙章、孙顾柔谦皆立志传承舆地研究家学。但顾龙章"请缨有志，揽辔无年"，壮年即谢世。其子顾柔谦精通史学，有志于弥补《大明一统志》"于古今战守攻取之要，类皆不详；于山川条例，又复割裂失伦，源流不备"之缺失。然不幸又逢明朝灭亡，举家避乱虞山，贫病交加而死。其子顾祖禹拜受父命，终生潜心于舆地研究，33年苦心孤诣，十易其稿，积顾氏五代人之力，穷自己一生之功，终于完成煌煌130卷、280万字的旷世巨制，为后世留下了一部研究古代军事史、历史地理学的珍贵文献《读史方舆纪要》，堪称中国史地巨擘。该书问世后，当时就被赞"清初三大家"之一的魏禧赞为"此数千百年绝无仅有之书也!"近代张之洞、梁启超也都极为赞赏此书在军事地理方面

① 《九边图说》乃明代北方边防兵力防御部署图，也是世界上第一幅长城地图。"九边"，指辽东、蓟州、宣府、大同、延绥、太原、固原、宁夏和甘肃，该书对各边皆有图说，描绘了包括镇城、关楼、卫所、营堡、驿站在内的多层次、立体性的长城防御体系。1982年，河南灵宝文管会在灵宝市尹庄镇闫李村村民李隋义家发现《九边图说》残卷，2000年8月由三门峡市博物馆收藏。

的特殊贡献。梁启超说，"清代著作家组织力之强，要推景范（顾祖禹）第一了。"左宗棠更是推崇备至，18岁就购买《读史方舆纪要》，"喜其所载山川险要，战守机宜，了如指掌"，并认为"实学之要，首在通晓舆图"。其过人的军事才华和一生文治武功，每多得益于《纪要》。中国史地学研究亦由《纪要》真正开启。

自1840年鸦片战争始，中国逐渐沦为半殖民地半封建社会。清政府的无能和腐败招致西方列强的入侵，至19世纪70年代，民族危机空前严重，国内有识之士纷纷开始拯救国运的求索。危急时刻，出身于书香官宦之家的无锡籍思想家薛福成，率先向清廷呈上《治平六策》和对付列强的《海防密议十条》，得到李鸿章的赏识和重用。此后，薛福成又写下著名的《筹洋刍议》，率先提出富国强兵之道，强调学习西方发展资本主义工商业，"以工商为先，耕战植其基，工商扩其用"，主张首先发展工商业，改善茶丝生产，提倡成立股份公司，鼓励民间商贸活动，"夺外利以富吾民"。中法战争后，薛福成进一步提出"导民生财""为民理财""殖财养民""藏富于民"等一系列富民强国主张。薛福成的主张获得国内有识之士的赞同，在实业救国思想影响下，不仅无锡走出大批实业家，形成多个民族工商业资本财团，他们在全国各地广兴实业极大带动了国内民族工业的发展。作为群体崛起于19世纪末至20世纪前叶舞台上的锡商，其群体化崛起、经营的成就以及文化的创造，不仅改变了无锡，也对华东地区乃至全国经济产生重要影响。

古代无锡，虽不以文学名，却也是文化渊薮。历史上无锡走出了最多的诗人，据孔夫子旧书网2017年11月公布的大数据，无锡、江阴、宜兴三县共有诗人1477位，居江苏各市第一。许多人物和作品影响力可圈可点。唐代第一位进士李绅的《悯农诗》怀天下民生之艰，抒文人悲悯之情，天下妇孺皆知、人皆能诵，传播久远。汉代高士梁鸿与妻子孟光在鸿山脚下演绎了"举案齐眉、相敬如宾"的佳话。清代杨潮观的一出《吟风阁杂剧》，借古讽今，以"百年事，千秋笔"，写尽"儿女泪，英雄血，人生百态，苍茫世代"，让人叹惋泪下。忠心耿耿"才兼文武"的"南渡第一名臣"李纲，在国家生死存亡危急关头挺身而出，留下了"出将入相"的英名。南宋诗人蒋捷《一剪梅》"红了樱桃，绿了芭蕉"，道出"流光容易把人抛"的千古惆怅。

无锡荡口是中国铜活字印刷的发祥地，也是古代刻书高地。明代以荡口华氏为代表的铜活字印刷，在中国印刷史上拥有无可取代之地位。张秀民、韩琦所著《中国活字印刷史》称：宋人毕昇在1041—1048年间发明活字印刷后，泥活字技术并未能用于实际印刷，直至铜活字的诞生，而"我国真正的铜活字印刷，仍不得不以明代华燧会通馆所制的为最早"。① 从印本质量、数量及种类看，明代铜活字印刷的中心最著名的是华燧的"会通馆"、华坚的"兰雪堂"和安国的"桂坡馆"。华燧是中国铜活字印书的开拓者，明弘治三年（1490）以铜活字印《宋诸臣奏议》五十册，"锡山华氏会通馆本即依宋本摆印。"（叶德辉在《书林清话》卷八）此为可以考知的"会通馆"最早印本，相当于欧洲 15 世纪的"摇篮本"，在印刷史上尤其珍贵。此后，华坚、华珵、安国等皆在印书藏书上颇有作为、各有千秋，从而开启了明清时期规模化印刷之先河。数百年后，无锡小娄巷走出了又一位被誉为"中国激光照排之父"的王选，他发明的"华光系统"激光照排技术，开启了印刷术的光电时代，彻底淘汰了沿用上百年的铅字印刷技术，彻底告别"火与铅"旧时代，极大促进了当代印刷行业生产力的提高，促使中国现代印刷技术完成了新的历史性飞跃。

吴地重商务实的文化传统，也有力促进了经济学理论与社会实践的紧密结合，不仅表现在工商实业阶层的群体性崛起，而且还涌现出大量经济学专门人才。江苏是中国诞生经济学家最多的省份，被誉为"中国经济学家的摇篮"，而无锡则是江苏经济学家诞生最密集的重镇。晚清民国时期，无锡一地实业的快速发展，不仅带动了经济的发展，还涌现出一大批关注和研究经济的学界精英。如著名经济学家陈翰笙、杨寿枏、薛明剑、薛暮桥、孙冶方、钱俊瑞、秦柳方、张锡昌、浦山、吴树青、潘序伦、贾士毅、张仲礼等，他们中有许多人皆因参与 1929 年民国时期的农村经济调查，从而成为国内最早涉足经济研究领域的专家。此后又长期关注经济发展、从事经济社会研究，从而成为新中国最早、最出色、奠立新中国整个经济学体系的经济学界精英。陈翰笙、薛暮桥、孙冶方等更是对中国新时期经济学研究产生深远影响的重要人物。

无锡是近现代教育高地，百年中涌现出大批开教育新风的杰出教育家，敢为人先，开一代新风，对中国近代教育影响深远。村前胡雨人创办最早乡村公学，杨模创办华东地区最早新学竢实学堂，高阳毁家兴学创立无锡中学，唐文治创办无锡国学专修馆，胡敦复创办大同学院并推荐选拔大量庚款留学的后生，海归硕士杨荫榆成为民国第一位高校女校长，顾毓琇创办了国内多所音乐学院、戏剧学院，荣德生、杨翰西、周舜卿、王禹卿、祝大椿等优秀实业家，也无一不鼎力资助本埠教育事业，使之成为近代无锡人才蔚起的坚实基础。后来无锡

---

① 张秀民、韩琦．中国活字印刷史·序［M］．北京：中国书籍出版社，1998．

之所以能走出 400 多位大学校长、99 位院士，以及大批才华横溢、名震天下的文化巨匠、科学巨擘，都是这一时期教育成果的延续。

无锡还是孕育近代科技的摇篮，晚清时华蘅芳、徐寿、徐建寅等成为我国最早的科技先驱，从最早数学教材《微积溯源》的翻译，到第一艘蒸汽机动力船"黄鹄号"的下水，从最早军事武器的打造到无烟火药的发明，他们的不懈努力极大推动了近代中国军事工业的起步与前行。

在时代的演进变迁中，开放的江南总是得风气之先，从 20 世纪初至新中国建立，无锡一直是留学高地，借助厚实的经济条件和崇文重教的民风，大批吴地后生纷纷留洋海外，日美英法德意，无不活跃着无锡青年的身影，他们学习西方先进文化与科技，顾毓琇、胡刚复、胡明复、周培源、裘维蕃、邹承鲁、辛一心、钱伟长、唐鑫源、唐敖庆、戴念慈等一大批留学青年，日后均成为国内外各个学科奠基者、开拓者和领头人。

众多学养深厚的文化巨匠也为国家文化高厦构建做出了贡献，如著名史学家钱穆，五四新文化运动健将、语言学家刘半农，近代书目学、语言学家、藏书家丁福保，国学大师钱基博，被誉为"文化昆仑"的钱钟书，现代文论与翻译家陈西滢，哲学家、文史学家许思园，中国现代心理学奠基人潘菽等，都在不同文化领域都留有耕耘的深刻印记。还有构筑了中国古今书画高地的顾恺之、倪瓒、王绂、王问、吴观岱、杨令茀、诸健秋、胡汀鹭、贺天健、秦古柳、钱瘦铁、钱松岩、徐悲鸿、吴冠中等画坛名家；以及用二胡琵琶打造了江南民乐高地的华秋苹、储师竹、周少梅、杨荫浏、华彦钧（阿炳）、刘天华、刘北茂、蒋风之、闵季骞、闵惠芬等丝竹妙手……，从无锡这片热土的大街小巷走出的无数才子俊彦，都不仅令这座城市熠熠生辉，更在各自领域不同程度影响了中国社会的历史进程和文化景观。

第一编 01

| 古吴之都 文脉久远 |

　　无锡是古太湖流域先民最早的聚居地之一，一万多年前这里已经出现原始先民。从考古资料看，无锡史前史至少可追溯至七八千年前。2007年，在无锡西郊姚湾发掘出土了一批打制石器，被证实为旧石器时代晚期的文化遗存，这一重要发现使困扰了考古学界很久的三山岛文化与马家浜文化之间的断层疑团得以弥合。1999年，江阴璜土镇高城墩发现了一处规模宏大、布局严谨的良渚文化遗址，共发掘14座大中型良渚中晚期墓葬，出土器物238件（组），入选1999年"全国十大考古新发现"，这些发现使无锡地区的历史演进呈现出了一个完整的序列，亦连缀出无锡地区清晰的"原始文化——先吴文化——吴文化"的历史脉络。从旧石器文化到新石器文化的漫长历史演进中，太湖之滨这块沃土上最早的开拓者之一——无锡先民，以其智慧和劳作凝铸而成的远古文明，成为推动吴地这艘巨轮驶出千年航程的重要原始动力。

第一章

旧石器时期的远古文明

　　远古以来，太湖地区曾经历过多次沧海桑田的变迁。距今 10 万—1 万年是地球第四纪冰期的最后一个亚冰期——大理冰期。在大理冰期阶段，由于大量的水被冻结为巨厚海冰和大陆冰川，当时的海平面大概比现在要低 100—200 米，中国的边缘海发生了海退，长江下游的水下三角洲露出海面而成为了陆地。这一时期因为水位下降，气候干燥，从北方广袤的黄河三角洲吹来的细土沉积在了长江三角洲的原野上，形成了厚厚的黄土层，最上面的一层（即最年轻的黄土）称"下蜀系黄土"。下蜀黄土的年龄距今约 2 万—1.2 万年。太湖湖底淤泥之下的黄土就是下蜀黄土，由此可知，一万年前太湖尚未形成，当时太湖地区还是一块西高东低的古陆。

　　大理冰期结束后，气候开始变暖变湿，长江下游地区逐渐转呈亚热带气候，植被也由以前的草原为主变为针阔叶林混交的森林草原类型。大地解冻，坚冰消融，海平面开始回升，但直至距今一万年左右时，海平面仍比现在要低 40 米左右。所以，当时的长江三角洲是一个气候宜人、植被茂盛、动物出没的地区。这一时期，一批以狩猎为生的先民来到这里，他们在今太湖中的三山岛卜居渔猎，留下许多包括石器在内的大批遗物，他们所创造的文化被称之为"三山文化"[①]。

　　三山岛是太湖中的一个小岛，面积仅 2 平方公里，因为岛上有大山、行山和小姑山三座山而得名。1985 年，在岛西北端的清风岭下一个溶洞前的湖滩沙砾层中发现了一处面积约 500 平方米的旧石器遗址，仅在 36 平方米的范围内就出土了石制品 5263 件，其中石核 250 件、石片 4557 件、使用石片 218 件、石器

---

　　① 张祖方、陈淳. 三山文化——江苏吴县三山岛旧石器时代晚期遗址发掘报告［J］. 南京博物院集刊，1987（9）.

238 件，这些石器的被发现成为太湖流域最早人类活动的佐证。①

　　三山石制品的原料主要为燧石、石髓和玛瑙。出土的石制品中石核的数量较少，只占 4.8%，且大部分为锤击石核，很少保留砾石的自然面，表明当时的打片技术和石核利用率都很高。出土的石片数量占了 86.6%，大部分为打片和打制石器的残次品、废料和碎片，留有清晰的锤击砸击痕迹。三山岛出土的石器数量仅占 8.6%，种类有刮削器、尖状器、雕刻器、锥、钻和砍砸器等，其中削刮器最多，占全部石器的一半以上，端侧凹刃刮削器、深凹刃刮削器、陡刃刮削器、龟背形双尖尖状器、菱角形小三棱双尖尖状器、双凹刃尖状器等都很有特色；其次为尖状器，砍砸器。三山岛出土的砍砸器数量少、个体小、重量轻，显然不是用来砍树或挖掘块根的工具，而更像用于敲砸的工具。刮削器和小型尖状器是用来切割剥剔兽肉兽皮的，凹刃刮削器的形状很适合加工木质或骨质的鱼钩鱼叉。从石器组合状况分析，三山岛先民的生活应以渔猎为主，采集对他们的生活无足轻重。因为缺少石镞、石矛、石球等杀伤力较大的狩猎工具，所以在三山岛先民的渔猎经济中显然渔业比狩猎更重要，这与太湖地区的自然环境正相适应。石锥和石钻，表明三山先民已能用兽皮缝制衣服。有的石钻形状很适合加工穿孔的装饰品，但考古学家未能发现与之对应的实物。

　　在岛上的大山和小姑山的岩石裂隙中，还发现了丰富的动物化石，经鉴定有猕猴、兔、黑鼠、豪猪、貉、棕熊、黑熊、鼬、狗獾、猪獾、鬣狗、猞猁、虎、野猪、似水鹿、斑鹿、鹿、牛等 18 种之多。考古学家认为，如此多种类的动物决非一座 2 平方公里小岛的生态所能容纳，至少说明当时太湖尚未形成。三山动物群中既有狗獾、水鹿等南方种类，也有棕熊、猞猁等北方种类，说明其时气候比今天寒冷；三山动物群中有生活在山地森林的猕猴、熊、虎、野猪，也有生活在草地和近水灌木丛中的豪猪、鹿，说明当时自然环境呈疏林草原地貌。②

　　含动物化石的岩缝裂隙充填物的岩性，与含旧石器的文化层下部的棕红色亚粘土的岩性完全一致，这层棕红色亚粘土一直延伸至太湖底部与湖底第三层黄土质沉积物接续，该黄土层年代为距今 2.15—1.23 万年，故三山旧石器文化的年代距今约为 1 万年。

---

①　张祖方、陈淳．三山文化——江苏吴县三山岛旧石器时代晚期遗址发掘报告［J］．南京博物院集刊，1987（9）．

②　张祖方、王闽闽．三山岛哺乳动物化石［J］．南京博物院集刊．1987（9）．

20 世纪 80 年代后期，在无锡北郊黄巷乡南街村曾发现过一件类似三山文化时期的刮削器，专家认为很可能是无锡先民最早的遗物。① 三山文化先民究竟来自何处，又消逝于何时何处，迄今并无考古发掘能提供明晰答案。因邻近地区旧石器遗存十分罕见，三山文化先民与其他地区先民的联系也不甚明了。也许他们并非吴地最早的来客，但三山旧石器文化却是我们所能得知的无锡最早的原始文明。

① 宗菊如、周解清. 无锡通史 ［M］. 南京：江苏人民出版社，2003：14. 另见于 记述无锡发现的一件石器 ［J］. 无锡博物院通讯，1989（1）.

第二章

新石器文化时期的文明

一、马家浜文化

距今 7000—6000 年分布在太湖地区的早期新石器文化,被称为"马家浜文化",因在浙江嘉兴马家浜最早发现典型遗址而得名。迄今为止已发现的马家浜文化遗址有五六十处,主要分布于太湖流域,南达钱塘江北岸,西到无锡常州。这一时期的无锡地貌,以平原和沼泽地形为主,并拥有大面积水域,原始聚落大多分布在临近河流湖泊的地形稍高的岗地、土墩上,根据所发现遗址的地形特征可分为土墩型、山坡型、地下型和湖沼型。

马家浜文化先民和同时期的河姆渡文化先民一样,都以农猎为生,既会种植水稻,也会利用兽骨制造工具,都使用骨耜种地、使用骨镞做成的弓箭打猎,都习惯用陶釜做饭,都喜欢用玦、璜、珠、管之类玉饰装饰自己。但两地文化有很大差别。马家浜文化的房屋是地面建筑,以木为柱,柱洞底部垫放木板作为柱础,墙壁用芦苇涂泥做成,以芦苇、竹席、草束盖顶。河姆渡文化后期也有这种房屋,但前期流行为干栏式建筑,木构件榫卯加工比较方正,说明工具比较先进、技术也相对高明。马家浜和河姆渡先民都用釜做饭,但前者用的釜腰间有一圈翘起的沿,故称"腰沿釜",而河姆渡先民用的肩脊釜则在肩部有沿,随着时代发展马家浜文化的腰沿釜逐渐被鼎所取代,而河姆渡文化先民在鼎问世后仍使用肩脊釜做炊器。马家浜文化的陶器以红陶为主,虽然也用泥条盘筑法制作,但因使用了陶垫陶拍等工具,器形制作比较规整朴素。这一时期,虽已有玉珠、玉璜、玉玦等饰物出土,但数量极少,说明马家浜文化先民疏于人体装饰,人死后入殓也大多无随葬品。

马家浜文化的石器不仅数量多,且器形趋于定型,磨制也相对精细。并且,出现了石镞与网坠,印证了当时先民的滨水渔猎生活。马家浜文化先民也是我国最早栽培水稻的先民之一。20 世纪 90 年代和 21 世纪初,考古专家先后在苏南发现了多块马家浜文化时期的稻田遗迹和水田灌溉系统，证实了6000年前这一带水稻栽培技术已经相当成熟。

无锡地区的马家浜文化早期遗址有十余处，如鸿声的彭祖墩、雪浪的庵基墩、洪口墩，新渎的庙墩上，江南大学校园内的赤马嘴，玉祁的芦花荡，江阴澄江的祁山村以及宜兴的骆驼墩等，都是这一地区最早的原始聚落所在地。2000年，考古学家在江阴澄江的祁山村发现了马家浜文化晚期的大型原始聚落遗址——祁头山遗址，其遗址面积超过10万平方米，文化层堆积达到3—4米，现存面积在7万平方米以上，出土了造型独特的以筒形平底四腰沿釜为主要代表的器物群，是环太湖流域保存面积最大的原始聚落遗址之一。随后，考古专家又在锡山鸿声的彭祖墩、北周巷，宜兴的骆驼墩、西溪，江阴花山、佘城等遗址发现了同一时期、同样性质的文化遗存，显示出以祁头山为代表的太湖西北部马家浜文化的独特风貌，因此有专家建议将其独立出来称为"祁头山文化"。

如果以古淞江为界，其南面的马家浜文化遗址数不足1/3，北面的却占2/3强，但南部遗址的碳-14年代数据比北部遗址的数据要早1000年左右。地层学和类型学的分析也证明马家浜文化早期遗址集中分布于南部的杭嘉湖平原，桐乡罗家角遗址下层的马家浜文化遗存年代最为久远；而北部太湖平原的遗址普遍属于晚期，江北海安青墩遗址下层的马家浜文化遗存年代最晚。其分布呈现出以杭嘉湖平原为中心、越向北时代越晚的特征，这种时间上的差异反映了马家浜文化从南向北的空间推进迁徙特征。因杭嘉湖平原稍高于太湖平原，在冈身①尚未形成之时这里的环境更适合人类生存，因此杭嘉湖平原便成了马家浜文化成长的摇篮。到距今6000多年前海岸线大致稳定在冈身一带，早期海侵的影响逐渐消失，虽然湖沼面积仍比现在要大，但平原上树木茂盛，有许多獐、鹿、野猪等林栖性动物和麋、水牛等喜湿性动物和鱼、龟、螺、蚌等大量水生动物，环境变得适合进行原始农业和渔猎采集，于是马家浜文化先民便在太湖平原得以繁衍开来。

山清水秀、谷深林茂的宜兴，因其美轮美奂的陶瓷艺术，赢得了"陶都"的美誉，陶文化也成为宜兴鲜明的城市名片，宜兴的制坯烧陶的历史最早可追

---

① 冈身：在江阴、太仓、外冈、马桥、漕泾一线有四、五道高出地面1—2米的砂堤，被称为冈身。冈身是距今6000年至公元4世纪的海岸线，是由海潮顶托贝壳、细砂形成的线状砂堤。

溯至 7300 年前。2001 年，宜兴新街镇唐南村的骆驼墩出土了马家浜文化时期的陶器，揭示了宜兴先民在新石器时代便开始烧制陶瓷的历史。这一遗址的考古发掘，也填补了太湖西部史前文化的空白，使环太湖史前文化不再留有空缺。

宜兴骆驼墩遗址，发现于 70 年代，考古专家于 2001 年 11 月—2002 年 7 月对其进行了考古发掘。在 1309 平方米的发掘面积中，发现了马家浜文化墓葬 52 座，瓮棺 39 座，灰坑 5 座，房址 3 座，大型贝壳类堆积遗址 1 处，祭社遗址 4 处。丰富而又独具特点的出土遗存，为研究太湖西部先吴文化提供了新材料，也逐渐还原出马家浜文化的一种新类型。

作为太湖西部马家浜文化至崧泽文化早期的一处大型聚落遗址，宜兴骆驼墩是一处高出地面约 15 米、面积近 5 万平方米的土岗。可见，当时身处多水泽国、沼泽成片的古太湖区域的无锡先民，已经获取了择高而处的生存智慧。今天的鸿声彭祖墩、新渎庙墩、葛埭桥庵基墩均散落着这一时期无锡先民聚落的遗迹，无一不是地势高爽的土墩。不仅如此，先民屋内的居住面也留有被砸实烧烤的痕迹，平整而具备防潮功能，房基铺设有多层垫土，以使房屋高出地面，利于散水。密集的建筑柱洞，大致可见房屋呈现出不规则的椭圆形或方形，有的房址门前还有宽敞平整的螺蛳壳铺筑的活动场地。而宜兴西溪遗址的房址，平面则多略呈圆形，其建筑形制据推断多为干栏式。从这些马家浜文化原始聚落的房址遗迹看，当时的无锡先民已经掌握了初步的造房技艺，用木架搭建框架，以竹苇、木棍、稻草为基底，再抹泥成墙，以草束盖顶，筑成朴素而不失温馨的茅屋。

这一时期，无锡先民在渔猎之余，已初尝锄耕农业，兼营饲养家畜。从出土生产工具看，先民们使用的石器种类和数量在时间推移中不断增加，至马家浜文化后期，穿孔石斧的使用已很普遍。先民使用经过磨制的斧、锄、锛、刀等农具和木头、兽骨做成的耒耜挖掘土地，开垦农田，种植稻谷。农业的发展开始改变吴地先民的生产、生活方式，生活资料的来源逐步从采集过渡到种植农作物，从而逐渐走上自给自足的定居生活。

陶器，作为远古时期先民的一种生活用具，最直接地反映出了当时的生业和生活习惯。宜兴骆驼墩遗址的地层中出土了大量陶器，尤其是以平底釜为特色的器物，构成了骆驼墩文化遗存的独特内涵。鼎、豆、钵等陶器的大量出土，佐证了日常生活用具的灵活运用和普遍生产特征。以红衣陶为例，其器表光滑、结构致密，日渐精湛的技艺将红衣陶打磨得日益精致，仿佛预言了宜兴这片土地与陶文化日后的不解之缘。

墓葬作为史前环太湖地区遗址的主要表现形式，其形制与规格、随葬品的数量和质量即便于同一时期仍会有所差别，这很大程度取决于墓主人生前的身份、地位和贫富程度。但从马家浜文化早期各墓葬的出土器物来看，其随葬品的数量一般都较少，质量也相差无几，与早期水平低下的生产力相契合。但到了二期晚段，马家浜文化各墓葬之间开始有了明显差距。由此不难推断，马家浜文化经历了由均质化向出现贫富差距转变的社会形态变化。

吴地漫长的制陶历史，孕育了丰厚独特的陶瓷文化，古老的陶瓷传说和陶瓷生产习俗流传至今。而以纯粹平底釜为特色和代表的骆驼墩文化遗存，像一颗善良的明珠璀璨于太湖西岸，正式开启了无锡的史前文明。

二、崧泽文化

清代乾隆时期无锡进士杨莲趺有《竹枝词》曰"太保墩前仙女墩，清溪溪畔百花村。"秦瀛《梁溪竹枝词》也有"水仙墩外碧波平，仙女墩前杨柳生"的诗句，诗中所云仙女墩，也称"仙蠡墩"。王永积的《锡山景物略》①述其墩名由来曰："名仙女，从西施名；名仙蠡，从范蠡名。"相传战国初年，越国大夫范蠡助越胜吴后功成身退，偕西施泛舟五湖时曾于此泊岸驻留。这片梁溪古墩，乃崧泽文化时期的吴地先民择居繁衍生息之处。赤膊跣足的先民依梁溪河而居，种植水稻、猎牧禽畜、采集蔬果、纺织葛麻、琢玉制陶，以原始朴拙实的生存状态揭开了环太湖地区稻作农业文明的序幕。

仙蠡墩位于城西梁溪河北岸，是一个高出地面1.5米至7.2米的大型椭圆台地，乃无锡古城内外已发现的最早的先民聚居遗址。土墩分上下两层，下层属新石器时代文化遗址，厚达2米的文化层，说明该墩经历了相当长的历史时期。两次对遗址的考古发掘，出土了崧泽文化至良渚文化早期的许多石器、陶器，还发现了原始住宅基址以及稻壳堆，由此确认了仙蠡墩曾为5000多年前无锡先民的原始聚落。

原始先民的房屋遗址，集中在仙蠡墩中心偏北的地方。考古专家通过发现的一些木炭痕迹和红烧土块，推断出了当时房屋建筑的堆积遗址。房基平面呈长方形，地面经火烧干，南北西三面发现有直径约11厘米的木柱遗迹，但房的

---

① ［明］王永积撰. 锡山景物略，8卷. 王永积，字崇岩，自号蠡湖野史。崇祯甲戌进士，官至兵部职方司郎中。该书纪无锡山川名胜，略分四正四隅。每纪一地，皆首载沿革，次载诗文，并以永积诗附后。

墙壁及屋顶已无痕迹。此时的无锡先民不仅已懂得择环水而又高爽的台地聚居，更能够根据所处的地势环境布局自己的居所。

开垦荒地，种植水稻——大量曾被使用过的工具类石器和残余的稻壳堆静埋于遗址之中，还原了其时无锡先民以稻作农业为主的经济生活。廓线挺直、器表光洁、刃口锋利的石制工具，为世人描绘出原始先民颇具规模的水稻种植图景——先民们制作并使用磨制光滑的穿孔石斧、方柱型石锛、石刀和石凿等石器伐木垦荒、开田植稻，待收获之季，便用上长方形双孔石刀收割稻穗。石器的制造水平、精细的分工用途，展示了崧泽文化时期的无锡先民于长期的生产实践中累了丰富的知识和经验，在耕作方法上已经完全进入原始的锄耕农业阶段。此外，仙蠡墩遗址中矛、镞等工具的减少，显示出狩猎在先民们以农为主的定居生活中已退居次要位置，而陶纺轮、陶网坠等精心编结的渔猎工具，则将捕捞水生动物纳入无锡先民的生活方式之中。

考古学认为，"在以陶器为主要生活用具的时代，陶器具有独特的文化象征符号意义，是文化、人群的界定标志。"① 仙蠡墩出土的夹砂红陶鼎鼎身上部是陶釜形状，鼎上有盖，下面以三只扁足而立，底部有火烤烟熏痕迹，不仅可知先民已开始食用熟食，也说明了先民群居的特点。此一时期的制陶技术较之马家浜文化时期也有了较大提高，不仅器类造型增多，制陶方法也从纯粹手制开始转变为慢轮修整，甚至有的陶器可能已是轮制或模制。作为典型代表的夹砂红陶鼎，其陶胎中掺和了砂粒和蚌壳粉粒作为胚料，以此提高陶器耐热急变的性能，进一步印证了先民烧煮食物的饮食文化。盛贮器的红陶罐、盆、豆等，更具鲜明时代特色，其胎质有夹砂、泥质两种，陶器器壁均匀、器形规整，表面压划弦纹和勾连的缠索纹图案，以及玲珑剔透的附加堆纹和镂空装饰，都展现出那个时代朴素的审美。

墓葬所承载的人，是考古文化学最基本的一个构成单元，墓葬文化折射出的是当时的社会文化，墓葬之间的等级差别反映的就是人与人之间的等级差别。崧泽文化时期，先民间的贫富差距已经拉大——有的墓葬出土器物可过半百，有的小墓仅有一件或数件随葬品，很多墓中甚至根本没有随葬品。不仅如此，不同形制、规格的墓葬之间分界明显，可以推测，崧泽文化社会已经有了初步的社会分层现象。而上层建筑的变革也进一步印证了崧泽时期吴地物质生产力

---

① 冰白. 陶器谱系研究的问题与前景［M］//中国考古学跨世纪回顾与前瞻. 北京：科学出版社，2000.

的进步。

远古的传说、沉寂的遗存，显示出崧泽时期无锡先民的生活状态和农耕文明。比之前代，崧泽文化先民更善于装饰陶器，也更喜欢用玉石饰物装扮自己。在崧泽文化的饰物中，璜多玦少，此二物男女皆可以佩戴。璜是一种拱桥形、半璧形或半环形的扁平玉片，两端有孔，穿绳后可作为饰物佩戴于胸颈部。玦是一种带缺口的小圆环，缺口一般外大内小，正好可以夹住耳垂，是一种耳饰。

崧泽文化因上海青浦县（今青浦区）崧泽遗址而得名，与马家浜文化有着相同的分布面，其早期遗址主要分布在今苏锡常至青浦一带，这里正是马家浜文化晚期遗址的分布区，其绝对年代为距今 6000—5300 年，和马家浜文化地域重叠，文化内涵也和马家浜文化前后相继，一脉相承。崧泽文化虽然由马家浜文化直接发展而来，但马家浜文化典型器物与习俗并没有被崧泽文化先民全盘接受，而是在发展演变中逐渐发生嬗变。崧泽文化虽脱胎于马家浜文化，但并非简单承袭，而自有新的面貌。后者发生变异的原因主要有两方面：首先是因为生产技术的进步，其次是因为生活方式和传统习俗发生了变化。

崧泽文化的骨器数量明显地少于马家浜文化。由于骨料质地软于石料，加工相对容易，而狩猎活动在经济生活中比重较大，骨料来源比较丰富，因此骨器众多被视为技术水平低下和狩猎经济发达的标志。在早期新石器文化遗址中骨器的数量常占工具总数的 2/3 左右，但崧泽文化的骨器很少，石器数量却很多，有的墓穴中随葬石器多达八九件，这说明石器的用途不仅满足活人使用，还被用于死者的陪葬。崧泽文化的石器一般都经过通体打磨、薄而规整、制作精细，且普遍采用穿孔技术，制作技术较之前有明显提高。

崧泽文化的石器主要有斧、锛、凿三种工具类型。石斧皆有孔，穿孔石斧比无孔石斧更利于绑扎斧柄，是当时比较先进的工具。锛和凿均为长条形，形制相近。崧泽文化晚期出现了原始石犁，形体很小，是迄今发现年代最早的石犁。崧泽文化的陶器中也有以稻草和谷壳作羼和料的，可知当时稻作农业已成为主要的经济形式。由于家畜业的快速发展和渔猎经济地位的下降，崧泽文化遗址中出土的渔猎工具数量明显减少，但海安青墩等遗址出土的渔猎工具仍较多，说明不同地区先民的经济生活有一定的差距。

崧泽文化的制陶技术有了显著的进步，由于采用了慢轮修整，器形做得更加规整。灰黑色陶器比例增加，说明陶窑结构得到改进，烧制技术明显进步。崧泽文化陶器的造型丰富多彩，有 20% 的陶器采用各种纹饰、镂孔和彩绘进行装饰。陶豆的造型尤其丰富，几乎找不到两个完全一样的造型，不象马家浜文化的陶器那样风格单一、朴实无华。

由于生活习惯的变化，马家浜文化流行的器形淡出、乃至消失，代之而起的是盆形鼎、镂孔圈足豆、瓦棱腹壶、折腹罐和花瓣式圈足器等新器型。作为炊器的釜已完全被鼎所代替，晚期还出现了甑鼎结合的甗。甗是用来蒸饭的蒸锅，说明崧泽文化先民已经懂得利用蒸汽熟化食物。崧泽文化陶器中数量最多的是各种陶罐。作为盛器，陶罐的增加表示需要储藏的物品增多，食物变得丰富。陶器中还有许多造型各异的陶壶和陶杯，壶与杯的组合使人很容易联想到饮酒，但崧泽文化先民是否已会酿酒，还缺乏直接的佐证。

崧泽文化晚期出现了一种亚腰形穿孔石斧，石斧打磨得非常扁薄，就称为石钺。石钺和石斧的形状和安柄方式基本相同，唯一的区别是石钺更扁薄而石斧相对钝厚。因为石斧是用于砍伐树木的工具，伐木主要利用两侧斧刃劈开木头，所以斧面夹角较大，不必锋利但需厚重；而石钺是用于斩杀的武器，必须锋利，故钺面夹角要小，因而形体扁薄。石钺是一种从工具中分化出来的一种专用武器，它的大量出现说明社会暴力与权力斗争都增强了。不过，石钺在崧泽文化时期才刚刚出现，到良渚文化时期它才获得了充分的发展。

从马家浜文化到崧泽文化石器，葬俗发生了很大变化。马家浜文化流行头向北的俯身葬，后期出现了头向北的仰身葬，而崧泽文化却盛行仰身直肢葬，头向也从向北逐渐转向以东南为主。远古时期，死者葬式与头向都有特殊含义，反映了某种观念或意识。文化观念相承一般葬俗不改，而像崧泽文化那样大规模、有规律地改变头向与葬式，却极为罕见。原因为何，至今仍是一个谜。

马家浜文化时期的随葬品不多，一般仅为几件日用陶器，少数墓穴中有工具，而崧泽文化墓葬的随葬品明显增多，生产工具所占比例也较大，少数墓中还用猪颚骨或鹿颚骨作为随葬。这些变化说明崧泽时期私有财产有所增加。据崧泽墓地第二次发掘资料统计，崧泽中期的随葬品，平均男子4件、女子9件、儿童6件；晚期男子5.5件、女子4件。贫富差别不算严重，男女陪葬物也无太大差别。但2009年张家港东山村的崧泽文化墓地却是特例，90号大型墓中出土了5件大型石钺、2件大型石锛、19件玉器和26件陶器；92号墓是迄今发现的崧泽文化最大的一座墓，出土陶鼎、陶豆、石锛、石钺、玉镯、玉璜、玉串饰等随葬器物共43件。高等级墓葬与同时期小墓的分区埋葬，反映了其时社会等级分化已经形成。

崧泽文化早期墓葬和马家浜文化时期相似，随葬品不多，种类亦不固定。但从中期开始，随葬品出现了鼎、豆、罐、壶的完整组合。鼎、豆、罐、壶炊煮饮食器具的成套陪葬。首先，这说明当时的人们已经认为人死后在另一个世界亦如生前一样饮食起居。《左传·哀公十五年》云："事死如事生，礼也。"这种观念，早在崧泽文化时期就已现端倪。其次，有规律的陶器组合大量出现在墓葬中，说明这已成为一种为众人所遵循的习俗，而习俗被制度化以后就是所谓的"礼"。《说文解字》所说"礼，履也"正是此意。夏商时代墓葬中都有一定的礼器组合，西周时又进一步发展为等级森严的礼乐制度，而礼制的滥觞在崧泽文化中也已经可以窥见。再者，崧泽墓地的 97 座墓葬中，88 座有随葬品，说明这一习俗已成为氏族规矩或习俗。崧泽文化先民的陪葬物多为生活、生产实用器具，因活人也需要，因此墓葬中数量并不多，拥有完整鼎、豆、罐、壶组合陪葬的只有 48 座墓。从中可见崧泽文化时期生活资料供需、分配并不均衡，且已出现贫富差别。

三、良渚文化

经过湿热的崧泽时期以后，吴地气候转为干凉。孢粉分析表明距今 5000—4000 年长江下游地区山地的常绿阔叶树已被阔叶落叶和针叶混交林所代替，平原上水生植物显著减少，适宜干凉环境的菊科植物大量增加。这一时期由于气候变化地表水域面积缩小，许多中小湖泊那时都变成陆地而成为人们的活动场所，因而在阳澄湖、昆成湖、龙滩湖、淀山湖、九里湖、澄湖、滆湖、太史淀、陈墓荡等中小湖泊底部，考古学家都发现了良渚文化的遗物和遗址。

太湖的湖底十分平坦，基底层为 4—6 米厚的黄土，上层是 0. 6—0. 8 米厚的近代沉积物和淤泥，太湖平原平均高程为 3 米，良渚文化层的埋深一般为 2 米，也就是说，良渚时代的地面高程与今湖底高程基本相等，太湖或许比现在还要浅。水最浅时可能只留几条泄水河道和少量沼泽，这就是为什么考古学家能从苏州西山至无锡马迹山一带的太湖湖底及东太湖、石湖湖底发现良渚文化遗物的原因。水面缩小，湖底出露，无疑扩大了先民的生存空间，当时平均气温比现在约低 2 度，较为适宜水稻生长，良渚文化就是在此背景下发展起来的。

良渚文化因最早发现地浙江余杭县良渚镇而得名，现已发现遗址 500 多处，数量远超马家浜文化和崧泽文化遗址之总和。据碳 - 14 年代测定，良渚文化上限为距今 5300 年，下限为距今 4200 年左右。良渚文化与崧泽文化年代相连接、分布面重合、文化层叠压、习俗大体一致、容器类型和工艺技术也前后相继，由崧泽文化发展为良渚文化的脉络清晰可寻。良渚文化时期可谓太湖地区新石器文化最发达、成就最辉煌的时期。

《周礼大宗伯》曰："以玉作六器，以礼天地四方，以苍璧礼天，以黄礼地，以青圭礼东方，以赤璋礼南方，以白琥礼西方，以玄璜礼北方"，玉器作为祭祀、朝拜、交聘、军旅等礼仪活动的重要用器，自远古就是身份地位的象征。形如铠甲、金丝相连的金缕玉衣的出土，更让世人惊叹远古独特的玉殓葬文化。《周礼》载："苍璧礼天，黄琮礼地，璧、琮以殓尸。"玉敛文化可追溯至马家浜时期，而玉葬习俗则始于良渚文化时期，位于江阴璜土镇石庄大坎村的高城墩遗址便是极好的证明。

江阴高城墩遗址为人工堆积高 7 米的高台墓地，是良渚文化时期一处布局严谨、构筑严格的大规模高台墓地。1999—2000 年在考古发掘的近 1157 平方米面积中，发现了良渚文化早中期墓葬 14 座，出土陶器、石器、玉器 232 件（组），其中琮、璧、钺、锥形器、珠、管等玉器多达 155 件，为典型的良渚文化玉殓葬。2000 年 5 月，高城墩遗址的考古发掘被评为 "1999 年中国十大考古新发现" 之一，2002 年 9 月 28 日，作为江苏省第一座墓葬遗址陈列馆在原址建成开放，7 座墓葬原貌得到复原，通过这些丰富的葬玉，人们亦可窥见良渚文化时期太湖地区先民的生活、生产都有了飞跃式发展，因而被誉为 "东方文明之光"。

与马家浜文化遗址和崧泽文化遗址的零星分散不同，良渚文化遗址分布十分密集，数量也远超过前者。此时的先民聚落分布由点成线，由线成面，逐渐汇聚成中心聚落和围绕中心聚落的聚落群，生存和生活空间大大拓宽，最大的遗址面积甚至达到 30 万平方米。无锡最早发现的良渚文化遗址有环湖路七号桥、锡山东垆、金城湾、江阴石庄高城墩、西郊璜土垆、夏港璜塘河，宜兴的骆驼墩、铜峰沧浦等处。这些遗址的房址遗迹显示出，这一时期的房屋建筑除了承袭马家浜、崧泽文化时期地面式房屋建筑的传统外，还出现了建造在地势低洼的沼泽地带的干阑式建筑——以桩木为支架，上面设梁以承托地板、构成架空的基座，再于此上立柱、梁，架屋顶。这一设计不仅能够防潮，还能防止虫蛇野兽的侵扰。

大型石犁、破土器、耘田器等新式农具的出土，也有力印证了良渚文化时期吴地农业的发达，这一时期农业生产已由锄耕农业发展至犁耕农业。犁耕农作方式，不仅节省劳力、提高工效，还能有效改变土壤结构。千、木桨的出土，则表明罱取河泥、积肥施肥已成为农业生产中不可缺少的内容。可见，无锡先民在长期农业生产中已积累了丰富经验，在不断探索中使农业生产提高到了一个新的水平。

社会生产力的进步，使手工业开始从农业生产中分离出来，成为独立的生产部门。这一时期，由于掌握了控制窑内气氛和烟熏渗碳的方法，烧制出了一种陶器表面光亮、呈漆黑色金属光泽的"黑皮陶"。此外还有部分夹砂红陶，主要用于鼎和瓮制作。又因陶器生产中已普遍使用快轮技术，这一时期的陶器造型规整，质地细腻，胎壁匀薄，器表装饰大量运用镂刻技巧。锡山、江阴等地出土的陶器，不但数量大，种类多，且造型优美，器表多有彩绘或镂刻花纹，既有形态生动逼真的鱼鸟花草等动植形象，也有线条纤细繁复的几何形图案，在工艺和技艺上甚至可与现代轻工业产品中的陶瓷工艺品相媲美。

良渚文化陶器种类繁多，圈足器和三足器更加发达，贯耳和阔把陶器使用很多，典型器有鱼鳍型足和丁字型足的鼎、竹节细把豆、贯耳壶、长颈鼓腹圈足壶、大圈足盘、三实足盉，以及折沿簋、宽把带流杯、圈足尊、袋足鬶等都是这一时期的新器型。从最常见的鼎、豆、罐、壶可以看出它们都是经由崧泽文化的同类器演变而来，但结构更加合理、造型更加优美。

良渚文化的石器十分发达，数量很多，种类复杂，打磨也非常精细。良渚先民已掌握了管钻技术，故石斧上都钻有孔洞。新出现的台阶形有段石锛是一种新型的锛，既利于绑扎，又坚固耐用。石犁的数量很多，长度在20厘米以上，比崧泽时期的石犁大了很多。收获工具有石镰和半月形石刀，还有两种新式石器，一种为曲尺形，另一种为两翼形，许多学者认为前者是斜柄刀，后者是耘田器或耘冠。众多精制的农具都折射出良渚时期农耕技术的进步。

由于气候干凉，地表水源短缺，良渚先民不得不大量取用地下水，因此这一时期出现了水井。在江阴的横塘埭、吴县澄湖、吴江梅堰、昆山太史淀等地都发现了良渚文化时期的水井，井内还有用圆木剖挖而成的井圈，数量多且结构先进。井的发明使人类摆脱了河流的羁绊，有效扩大了生存空间。虽然河姆渡文化时期就已经出现过用四层圆木圈构成水井，但深度不过1.35米，实际上只是加固的蓄水坑。马家浜文化遗址中也曾发现过蓄水用的土井，到了良渚时期，水井技术才得到广泛的运用。

农业的进步，使良渚先民可以不必为获取生活资料而将全部人力用于耕作渔猎，有一部分人可以脱离农业生产转而专门从事手工业，从而使手工业得到飞速发展，与同时代其他地区相比，吴地在许多方面都明显处于领先地位。

用竹木加工制作器物在太湖地区有悠久的传统，到良渚时期又有了进一步的发展，在各遗址中都出土过大量竹木器。木器大都用圆木剖挖砍削而成，有盆、桨、杵、锄头、千篰、扉门等，竹器有竹篓、竹篮、谷箩、簸箕、竹席、竹绳等，使用的竹篾经过刮光、均匀细腻，编扎紧密、做工细致，有人字纹、十字纹、菱形格、梅花眼等不同纹样，审美水平和制作技艺都有提升。髹漆在太湖地区也有悠久的历史。河姆渡文化、马家浜文化都发现过涂漆木碗和木器，良渚时期髹漆技术更加圆熟，各地遗址都出土过涂漆陶器、木器。

纺织技术在这一时期也堪称精湛，细麻布经纬密度达到了每厘米 20—30 根，与现代的细麻布相当；还出土了丝带、丝线和绢片，绢片的经纬密度达到了每厘米 48 根，丝带宽 0.5 厘米，由 10 股丝线编制成，每股丝线由 30 根单纱捻成，纱绢的原料经鉴定为家蚕丝。

最能体现良渚先民高超技术与工艺水平的是琢玉业。良渚玉器的种类繁多，除了先前就有的璜、环、镯等玉器以外，还有琮、璧、钺、管、珠、坠、带钩、锥型器、柄端器饰、各种形状的佩饰和穿缀镶嵌饰件等二十余种。目前已发现的 200 多处良渚文化遗址中，玉器几乎无墓不出。

江阴高城墩遗址墓内出土的扁平圆形玉璧，中间有圆孔，表面光素无纹，通体精磨抛光，工艺精湛。造型为短方柱体的玉琮，外方内圆，表面用减地浮雕和阴线雕刻的方式勾勒出人面纹和兽面纹图像，纹饰繁缛，细若毫发，富于神秘色彩。此外，高城墩还出土了象征氏族首领权力的玉钺和雕有兽面纹的玉锥形器，其象征意义与历代天子之印玉玺一脉相承。良渚玉器的造型、装饰布局以及各式纹样，开启了后世器物造型和装饰构图的风气之先，特别是对商周时期青铜器上的饕餮纹影响深远。事实上，早在马家浜文化时期，无锡先民已经能够制作一些小型玉饰品。至良渚文化时期，制玉业已成为当时氏族部落最重要的手工业之一，出现了玉璧、玉琮、玉镯、玉坠、玉珠串饰等 20 多个品种。良渚玉器品种繁多，雕琢精美，其制作流程，从材料开采、搬运、开料，到制坯、钻孔、雕琢、抛光，每道工序都需要大批技术熟练的玉工，琢玉匠师必然已成为一个独立职业，社会分工现象已然出现。玉器制造是良渚文化最鲜明的特征，特别是以璧、琮为代表的玉文化的发展，为中华文明形成奠定了重要基础，也对后世文明进程产生了深远影响。

良渚文化先民已掌握了高超的钻孔技术，他们能用管钻法在大型玉琮的中心钻出长达几十厘米的深孔，也能在玉珠玉璧上钻出孔径只有 1 毫米的细孔，有的透雕玉佩是用钻孔连接制成的。良渚先民还能用减地浮雕、镂空钻雕或阴线细刻等手法在琮、佩和锥形容器等玉器表面镂刻出精美繁缛的纹饰，纤细的线条可精微到只有 0.1—0.2 毫米。当时金属工具尚未问世，良渚先民用的是石英砂、鲨鱼牙齿或燧石制的钻头与雕刻器来加工玉器的，用这样简陋的工具加工玉器，费时费力可想而知，良渚玉器数量之多、形体之大、式样之繁、质量之精和纹饰之美令人折服，而能如此具有想象力和高超制作技艺，更令人叹为观止。良渚文化玉器在同时代各新石器文化中堪称鹤立鸡群、异峰突起。

随着农业和手工业的发展，良渚文化时期各部落的生产有了剩余，私有制开始出现，集体生活渐趋瓦解。这一变革直接反映在大小墓葬中随葬品数量的惊人悬殊。这种悬殊，既是社会贫富分化剧烈的具体反映，也是社会财富积累与高度集中的真实写照。而这个变革的标志，就是王权与贵族阶级的世袭制出现——社会财富集中在了氏族的显贵阶层，他们为巩固自己的统领地位，在部落联盟之上建立起新的政治实体，形成了"隐现的国家雏形"。至此，无锡地区踏出了迈向文明时代的步伐，开始由部落向国家、从原始社会向文明社会的过渡。

四、马桥文化

正当江南大地被初露的文明曙光照耀之际，一场毁灭性的洪水灾害席卷太湖平原，太湖流域顿成汪洋一片，良渚文化时期所创造的辉煌财富几乎被冲刷殆尽，世代生活在这里的先民也被迫逃奔他乡。到距今3500—3000年，即夏代至商代晚期，无锡地区才出现了新的聚落遗迹，这便是马桥文化时期。马桥文化的 C14 年代数据有 2 个，分别为 3730±150 年和 3114±120 年；热释光年代数据有 5 个，最早为 3470±382 年，最晚为 2890±318 年，据此可以确认马桥文化时期大致与商代相当。

马桥文化时期，吴地先民依然保留了"择高而居"的习惯，位于无锡南门外的许巷遗址，距崧泽文化时期的仙蠡墩遗址仅有数百米的距离，就是这一时期的文化遗存。除许巷村遗址外，位于江阴市云亭镇花山佘城遗址更具规模，乃迄今太湖流域发现的最早的、规模最大的一座马桥文化古城遗址。佘城遗址平面为长方形，南北长 800 米，东西宽 500 米，有高出今地面 7—8 米的城墙，墙基基本保存完好，墙外有护城河遗迹。花山遗址位于佘城遗址西部，与佘城遗址是城与郊的关系，二者构成了一个有机整体。城的出现，是文明时代到来的重要标志之一，由此可见，马桥文化时期的无锡在大洪水造成的断代之后，再次开启了向文明时代进发的历程。

马桥文化与良渚文化的断档期，长达约 500—700 年。因此，与之前不同文化阶段之间具有明显继承关系不同，马桥文化中的良渚文化因素显得十分微弱，生产力水平也不及良渚文化时期发达。洪水造成的荒芜，使稻作农业再次与渔猎业结合在了一起。余城遗址出土了青铜镞，许巷遗址出土了石戈，花山遗址出土了石镞、石网坠，这都说明了当时捕鱼、狩猎的盛行。一方面，农具的"倒退"使农业无法保证先民的生存需求，另一方面，江南地区水丰林茂的自然条件变得适合渔猎，因此直至汉代，江南地区仍是"以渔猎山伐为业"。

这一时期，制陶业依旧是先民重要的手工业，其制作方法多采用原始泥条盘筑法、拍打、轮修和拍印纹饰。许巷遗址出土的鸭形壶和凹底印纹陶罐，是马桥文化时期的典型器物。除此之外，马桥文化遗址还出土了夹砂陶、泥质陶、黑皮陶和原始青瓷器等，其中夹砂红陶最多，器形则主要有釜、鼎、豆、罐等。这一时期相当于中原夏代晚期至商代早期，而陶器的表面除了拍印本地流行的叶脉纹和梯格纹外，还出现了仿中原青铜纹饰的云雷纹。从这些马桥文化遗址出土的陶器分析，其纹样、造型吸纳了良渚文化、江山肩头弄文化、湖熟文化和中原夏商文化的多种文化元素。

马桥文化的陶器有三大类型，器类、造型、纹饰各不相同。其一是夹砂红陶，占25.9%，多为炊器，如鼎、三足双腹束腰甗及圜底釜；其二是泥质红陶，占41.1%，数量最多。因烧结温度不同，陶器呈色和硬度不一，火候高的成为质地坚硬密致的硬陶，釉陶和原始瓷则很为少见。主要为盛食器，有折沿弧腹罐、高颈罐、折沿弧腹碗、敛口带把杯、鸭形壶、鸭形尊等，这类陶器特点均为凹底，通体拍印几何形纹饰，如叶脉纹、席纹、方格纹、云雷纹、篮纹等。其三是泥质灰陶，少量着黑色或黄色陶衣，比例占33%，均为平底或圈足器，器形有簋、豆、尊、瓠、觯、瓦足盘、袋足盉、澄滤器等。器表为素面，多半在肩腹部压印一圈云雷纹或鱼鸟纹，印纹的做法与风格和第二类陶器判然有别。

马桥文化初期，青铜制造业开始起步，出现了刀、凿、镞等小件青铜器。从马桥遗址第四层发掘的3件铜刀、铜镞，以及从花山遗址出土的冶炼青铜块，都表明在中原青铜技艺传入江南之前，这里已能冶炼青铜，标志着江南地区在马桥时期由石器时代进入青铜时代，实现了历史性的飞跃。其中，从余城遗址出土的镂空弧刃青铜镞，工艺精致，显示了较高的青铜铸造技艺。吴地先民利用本地资源铸造出的青铜器，一方面在其形制、纹饰方面受到中原青铜文化影响，另一方面又独具太湖流域的风格。富有江南地域特色的早期青铜文化，在经历数百年的"打磨"之后，至吴越争霸时期，太湖地区的青铜冶炼技术已名列全国前茅，所铸"吴钩越剑"更是被中原诸侯各国视为至宝。吴地青铜器发展如此迅速，让人不得不佩服马桥文化先民惊人的模仿力和创造力。

马桥文化先民已经有了刀、凿、镞等小件青铜器，但他们使用的主要工具仍是石器，种类有翘刃石钺、有肩石斧、有段石锛、石犁、斜柄三角形石刀、厨式石刀、半月形石刀、石镰、石矛、石镞等等。石器一般制作得比较粗糙，往往残留较多的打琢痕迹，不像良渚文化的石器那样通体打磨得非常光洁。

从无锡地区马桥文化遗址出土文物看，这一时期的器物制造，除了具有本地特色外，还吸纳了中原商代文化、东南古越文化和邻近宁镇地区土著文化的元素。与此同时，包括无锡在内的太湖地区以璧、琮为代表的玉文化和印纹陶文化也在北传，影响着商周文明。可见，其时太湖流域与中原地区已有尝试性文化交流，先吴文明在中华文明的起源和国家的诞生过程中，亦有不可磨灭的印记。

断发文身、琢玉制器，一直被视为先吴土著文化的两大标志——"蛮"与"礼"，二者在先吴时代已然交汇，碰撞出了智慧与文明的火花，静候着历史性的"引燃"。时间长河带走了锡地的原始样貌，幸而留下遗存掠影，得以管窥远古的千秋故事，领略这片土地前世的独特文化魅力。

良渚文化从太湖地区消失是吴地历史上的一桩悬案。考古学家认为"从良渚文化至马桥文化显然是起了一个突变"，[①] 但人们又都普遍认为，良渚文化的去向要到马桥文化中去找。[②] 之所以有这样的认识，是因为长期以来人们始终认为每个地区的文化，总是由当地先民首先积淀形成，却忽略了先民的迁徙、流动和文化的分化整合。虽然良渚文化与马桥文化是同一地区前后相继的文化，但事实上它们并非一脉相承。马桥文化并非直接从良渚文化演进而来，因此良渚文化因素在马桥文化中只有次要作用，作为马桥文化主体的几何形印纹陶和硬陶、原始瓷这些文化因素更多来自远方。

江南地域广大、地形复杂，众多的河流和连绵的丘陵把广袤的江南分隔成多个以湖泊河流冲积平原为中心的自然区域，这些为地形所分隔的区域也自然地成为文化区域的分野，各个区域几何形印纹陶的发生、发展、兴盛、衰落的时间有先有后，特点风格也有不同。有学者根据各地印纹陶遗存的不同面貌将其分为赣鄱、太湖、宁镇、湖南、岭南、闽台和粤东闽南七个区域。几何形印纹陶在这七个区域中出现的时间和发展的速度有明显差异，赣鄱和闽台出现最

---

① 黄宣佩、孙维昌. 马桥类型文化的分析［J］. 考古与文化，1983（3）.
② 任式楠、黄宣佩、邹衡、宋健等先生皆持此说，论文见　新中国的考古发现和研究［C］//江苏社联 1981 年年会论文选.

早（新石器时代晚期），发展也最快，至商代后期达到鼎盛；而太湖、宁镇地区此时才刚刚起步，到西周时才达到鼎盛。

马桥文化的几何形印纹陶数量占40%左右，除了叶脉纹、席纹、方格纹、回字纹、云雷纹外，还有更为复杂的组合纹样，这说明马桥文化的几何形印纹陶技术已相当成熟，但在太湖流域的良渚文化中却未见类似赣闽地区那样的早期印纹软陶，说明这种文化因素并非源自本土，硬陶和原始瓷也非太湖地区固有的文化因素，而是源于赣鄱地区。有专家认为，马桥文化先民虽然是江南土著中的一支，但与赣鄱地区有着紧密的文化联系，太湖平原与鄱阳湖平原之间虽有大片山地阻隔，但从金华、衢州到上饶、鹰潭却有一条天然通道将两大平原连接在一起，这条通道也许就是从鄱阳湖平原通往太湖平原的"印纹陶与原始瓷之路"。① 因此，马桥文化的印文陶才有了迥异于良渚文化的新样貌。

良渚文化时期的玉琮

2016年，宜兴下湾发现大片古人类生活遗址，10月考古队正式开展调查勘探。考古发现，这一地块存在三处古文化遗存，由西向东依次为A区（面积约3700平方米）、B区（面积约6500平方米）、C区（面积约3000平方米）。遗址延续时间长度跨越了新石器时代的骆驼墩文化、崧泽文化和良渚文化，包含了商周、汉、六朝、唐宋、明清各时期的遗存。经过8个月的科学考古，共计出土各类文物1300余件，成果极其丰富，为研究无锡地区的考古学文化、聚落布局及弥补古代文献记载之不足提供了重要的实物佐证。尤其是下湾遗址聚落中的生活、生产区和墓葬区严格划分，且墓葬区独立规划于山顶的葬俗，乃长江下游地区史前考古中的首次发现。下湾遗址土墩墓葬，尤其是一墩多墓的埋葬

---

① 王立人主编. 吴文化纵论［M］. 南京：凤凰出版社，2011：23.

形式，将学术界对土墩墓起源的认识提前到了新石器时代（提前 1000 多年），
对研究人类家庭私有制和国家的起源具有重大学术意义。

宜兴下湾古文化遗址（图片来自宜兴文化遗产网）

第三章

春秋战国时期古吴文化

太湖流域水网密布，土地肥沃，滋养了无锡最早的先民。但因文化发源晚于北方，在商周文明已然成熟时，吴地尚处一片蛮荒。大约在3200年前，太伯、仲雍兄弟为让王位给季历，跨越千山万水离开故土周原，南奔梅里①，在这里受到先民拥戴，从而建立了勾吴部落，是为吴国之雏形。泰伯兄弟的到来，使中原文明与江南土著文化有了跨越时空的历史性邂逅，也为江南这片温润灵性的土地注入新动力。

吴国历经600多年发展，一度成为中原霸主，无锡也一度成为吴国的政治中心。公元前473年，吴国为越国所灭，吴越并土，无锡归入越地。公元前306年越国解体后，无锡又成为楚国春申君黄歇的封地。由此，吴、越、楚文化多元交融，聚合融汇，成就了春秋战国时期的无锡文化。这一时期，农耕技术、水利技术、冶炼技术、制陶业均有了较大发展，先民生活得到改善，礼仪制度也趋于完备，为后世社会发展奠定了基础。

由此，无锡文化乃是以先吴文明为基点不断孕育发展而走向成熟。得益于泰伯、季札等开创的尚德传统，并伴随后世吴地发展不断丰富完善，在后世历史发展中形成优秀传统而得以绽放异彩。

第一节　勾吴前期历史

无锡的历史始于勾吴。关于勾吴起源多有争议，但"东吴说"，乃历史文献

---

① 梅里，即今位于无锡东部的梅村，尚存荆村、蛮巷，冶坊浜、泰伯庙、泰伯井等旧迹。

上的传统说法。《史记·正义》①云："太伯居梅里，在常州无锡县东南六十里。至十九世孙寿梦居之，号勾吴。"由先秦时期史官修撰的《世本·居篇》亦曰："吴孰哉居蕃离"，宋忠注之曰："孰哉，仲雍字。蕃离，今吴之余暨也。"后世文献更言之凿凿。东汉赵晔《吴越春秋》云："太伯祖卒，葬于梅里平墟。"《后汉书·郡国志》注引刘昭云："无锡县东皇山②有泰伯冢，民世修敬焉。去墓十里有旧宅井犹存。"唐代陆广微《吴地记》亦云："太伯居梅里，在阖闾城北五十里许。"唐代杜佑《通典》和清代吴熙《泰伯梅里志》也都称："无锡县东南三十里有泰伯城，地曰梅李乡，亦曰梅里村。村东五里有皇山，或云汉隐逸梁鸿居此，又名鸿山。高十丈。泰伯墓，在皇山西岭，冢高一丈四尺，周三十五步。"南朝的《史记·集解》引《皇览》称："太伯墓在吴县北梅里聚，去

城十里。"通过这些文献可以发现，尽管对泰伯城和泰伯墓的具体方位说法不完全相同，但都在今苏锡常范围内。又，今梅村属无锡新吴区，无锡因此而成为吴文化的主要发祥地。

《史记·吴太伯世家》记载了勾吴的缘起："吴太伯③，太伯弟仲雍，皆周太王之子，而王季历之兄也。季历贤，而有圣子昌，太王欲立季历以及昌，于是太伯、仲雍二人乃荆蛮，文身断发，示不可用，以避季历。季历果立，是为王季，而昌为文王。太伯之奔荆蛮，自号勾吴。荆蛮义之，从而归之千馀家，立为吴太伯。"

无锡鸿山泰伯陵前泰伯塑像

---

① ［唐］守节撰《史记·正义》，原为单行本，共30卷，依照条目进行正义（注解），宋初被有意拆散，附于《史记》相关正文下面，亡佚颇多，虽非旧本，然其片段文字依然有参考价值。

② 皇山，即锡东鸿山。原称铁山，因太伯墓而改称皇山、古皇山。东汉时因梁鸿、孟光隐居于此改名鸿山。

③ 太，通泰。太伯，即周太伯，周太王古公亶父长子，南奔吴地后为吴太伯，汉代以后多称泰伯，以示敬意。

一、太伯奔吴　勾吴始兴

司马迁《史记·吴太伯世家》博采善择，依据《左传》《国语》等史料，以 4000 多字的篇幅记述了勾吴古国自公元前 12 世纪初至公元前 473 年的兴亡史。大约公元前 12 世纪初，周族首领古公亶父为躲避战乱，率其部族由甘肃迁徙至今陕西岐山一带，并定居下来，此地后被称为"周原"。古公亶父育有三子：长子泰伯、次子仲雍和幼子季历。泰伯为人宽厚仁慈，按照祖制本应是父位继承人，但父亲却打算将首领之位传给季历。一方面季历贤能有圣德，其子姬昌更是聪明过人，德才兼备，被周太王视为周族未来的希望，不止一次当众说："我世当有兴者，其在昌乎?!"因此，太王希望通过季历而将王位传至姬昌。而太伯权衡利弊之后，有意放弃王位继承权以成全父愿。他还说服二弟仲雍一同出走，以避王位之争。于是，兄弟俩托言往衡山采药而离开了周原。

泰伯、仲雍兄弟一行，一路南奔，最终驻足于太湖之畔的梅里，并在此创立了勾吴部落。泰伯仲雍兄弟最后的驻足地"梅里"究竟位于何处，一直是学界争论的话题。远古之地名沿袭至今，多有变化，今大多考古专家认为，"梅里"即位于锡东的梅村。梅村一带的古地名荆村、蛮巷、冶坊浜等也一直沿用至今，未有改变。梅村的泰伯庙乃东汉郡守糜豹所初建，据说庙址即为泰伯故居所在，若有谬误，至少在东汉时已经发生。《吴地记》《越绝书》等历史文献都对泰伯定居梅里曾建造一座"周三里又二百步"的夯土城有所记载。这座吴城乃夯土城，按照《周礼》侯国之城的规制建造。《越绝书》载，"无锡城，周二里十九步①。"由此看，从开吴的泰伯到十九世吴王寿梦，至少有 19 位吴国君王以梅里为政治中心，在此绵延数百年。

据载，泰伯城历经数百年，直至第二十世吴王诸樊时期才被弃置，但这座存世数百年的吴城，今天早已淹没于历史烟尘而了无踪迹。据说，司马迁写《史记·吴太伯世家》时曾前往探察，但呈现在眼前的只有一片古墟遗迹。北宋著名学人杨时在无锡创办东林书院时，也曾几度寻访梅里亦一无所得，怅然赋诗曰："泰伯城三里，来寻梅里隈。当年建雉堞，今日剩梅苔。"明末东林党人高攀龙的《泰伯城》也描绘过古城的荒芜："泰伯城荒德未荒，至今遗迹尚流芳。试观霸业今何在，不比勾吴让国香"②。

---

① 张宗祥. 越绝书校注［M］. 北京：商务印书馆，1956.
② 该诗现见于泰伯庙廊下碑刻。

遍寻史料，难获这座远古都城的确凿资料，但从梅里位置看，西有闾江口的阖闾城，东南是夫差行宫所在地木渎灵岩山、吴王墓葬之地大真山，东北则有仲雍的虞山墓地，东侧仅三公里处则是泰伯长眠的古皇山（鸿山），梅村的核心位置显然具有可信性。无锡坊间也曾有热心文史考证者，在多年实地勘察后，发现以夹蠡河为界，东起东蠡桥、南至伯渎河曾有断续绵延百余公尺凸起的土墩，土墩泥质特别坚硬，1976 年平整土地时曾撬坏许多铁制工具。此外，泰伯城内有一处地名叫"岸桥弄"，传为当年吴军水师营地，弄内曾有一只石旱船。与岸桥弄隔伯渎河相对的叫"冶浜坊"，传为吴国冶炼兵器之地，梅里又有"荆村""蛮巷""梅里平墟""吴墟"等地名，这些都让人有理由相信，这座古城确实真实地存在过。

泰伯南奔吴地时，正值春秋末年，中原诸侯篡位夺权之风盛行，宫廷内部为争夺王位，兄弟阋墙，骨肉相残之事屡见不鲜。泰伯的禅让行为为当时王权的交替提供了另一种样本，因此在史上广受赞许。孔子赞曰"太伯可谓至德也矣，三以天下让，民无德而称焉"①，他的让王，既是道德与明智的抉择，也为吴文化积淀了第一笔精神财富。东汉永兴二年（154），汉恒帝敕令吴郡太守糜豹以梅村泰伯居处旧址建立泰伯庙，并在东侧的鸿山修建泰伯墓。明朝弘治十三年（1500），官方又对损毁的泰伯庙斥资重建。此后数百年，该庙香火不断，规模不断扩大，清代时已具今日之格局。泰伯庙由金水河、至德坊、棂星门、至德殿、东院、西院等建筑构成，形成了规模宏大的古建筑群②，至德殿后的玉皇殿、关帝殿为明代建筑。至德殿内有清代帝王康熙"至德无名"和乾隆"三让高踪"的御笔横额。2006 年，泰伯庙与泰伯墓被国务院列为第六批全国重点文物保护单位。

农历正月初九乃泰伯的诞辰，每逢此日，十里八乡的民众必聚集梅村，到泰伯庙祭扫，由此形成了江南地区新春的第一个庙会——泰伯庙会。农历三月初三清明节乃太伯祭日，村民们以青麦汁揉粉制作三种"馅心"的青白团子，以纪念泰伯一生"一清二白"和"三让天下"，这一民风广布江南。

二、禅让高风 深得民心

泰伯、仲雍兄弟到来时的吴地，水患频仍，沼泽遍布，当地先民渔猎为生，

---

① 孔子赞语见于汉代司马迁《史记·吴太伯世家》。
② 宗菊如、周解清主编. 无锡通史［M］. 南京：江苏人民出版社，2003：36.

辅以种植，但社会生活水平与周原有天壤之别。泰伯、仲雍兄弟模仿土著装束，"断发文身"①，得到接纳乃至土著拥戴，"从而归之千余家，立为吴太伯"，一个万人以上的部落由此形成。泰伯之所以能得到土著拥戴，归功其筑城守民，开荒拓土，理水垦殖，传播礼仪，还养鸭牧麋，开启了畜牧饲养之先河，今锡山区鸭城桥和后宅镇东坊桥一带，自古有"鸭城""麋城"之名，且沿用至今。泰伯根据水网密布的地貌特点，率众汇通百渎，疏通水系，以备旱涝，开挖了史上最早的人工灌溉河"泰伯渎"。这条全长83华里的河道东连漕湖，西至城南清名桥，贯通苏锡，确保了农田灌溉之需和舟楫往来，泽被后世。

位于无锡南门外的伯渎港与伯渎桥

　　传说，泰伯还"以石为纸、以炭为笔、以歌为教"，传播周礼，并将周族诗歌与吴地土谣加以融合，创造了"吴歌"②。梅村附近的"泰伯歌舞墩"，民间传说就是其当年传授吴歌之处。泰伯带来的中原农耕技术和文明礼仪，不仅为蛮荒吴地引入了文明，更为当地先民带来福祉，"数年之间，民人殷富"③。

　　泰伯逝世后葬于梅村东部3公里处的铁山，大约在汉代铁山改称"古皇

---

① 吴地土著为古越人，颜师古《汉书·地理志》注："（古越人）常在水中，故断其发，文其身，以像龙子，故不见伤害也。"

② 揭开"泰伯奔吴"面纱［M］. 华东旅游报，2005－12－13.

③ 《史记·吴太伯世家》《吴越春秋》皆有此语。

山"①。东汉永兴二年（154），恒帝敕令吴郡太守糜豹在墓侧建造泰伯陵。墓园依山而建，砌有青石罗城、茔门、墓墩，立有墓碑，规模宏伟。此后，历代帝王对泰伯墓不断修葺扩建。唐贞观十三年（639），礼部尚书韩太冲奉诏扩建泰伯墓，在墓前开挖环山河，增建宗会堂、怀德堂、仰止阁、碑亭、拜坛、茔门、陵墓等，占地达130亩，"巍然肖皇山之宫焉"，堪称江南第一古墓。整个墓区建筑古朴，殿宇楼阁朴素厚重，花草树木交相辉映。2006年泰伯墓列为国家级文物保护单位，改称"泰伯陵"。坊间向有"西有黄帝陵，东有泰伯墓"之说，足见泰伯在人们心中的崇高地位。

"江南第一古墓"——位于鸿山的泰伯墓

　　泰伯的审时度势，南奔吴地，既为周族创造了权力和平交接的环境，成全了父亲心愿，也为吴地先民带来福祉。纵观数千年文明史，像明初那样的武力兴替、手足相残几乎成为权力更迭的主要方式，而3200年前的泰伯能顺势而退，为部族王权交接创造了备受称颂的范式，故备受赞赏。《史记·吴太伯世家》中，司马迁引孔子赞曰："泰伯可谓至德也矣，三以天下让，民无得而称焉！"此后，泰伯也逐渐成为华夏文化史上的道德高标，古吴诞生地梅里也因此享有"至德名邦"之誉。可以说，始于泰伯奔吴的"吴文化"，从诞生伊始起就充满了谦让和谐的道德色彩，成为"尚德"文化的标识。司马迁显然满怀敬

---

①　古皇山，原名铁山，后因泰伯墓称古皇山，又因汉代名士梁鸿隐居于此，而改名鸿山。

意将其列在“世家”第一篇，故称“世家第一”。东汉时恒帝敕令为太伯建墓立庙，清康熙、乾隆也亲题“三让高踪”“至德无名”横额，民间更有将泰伯与孔子并称“二圣”，将二者故里称为“北方第一府”和“南方第一家”。

泰伯、仲雍“重宗法，尊孝道，安周室，拓吴地”①，功绩卓著，使落后荒蛮的吴地呈现出新的气象，不仅书写了吴地历史新的一页，也燃亮了吴文化初始的道德光芒。这次南奔的意义还在于，在远古闭塞环境下，成就了周原与江南的跨文化交流，开启了吴地文化打破封闭、接纳异质文化的先河。总之，泰伯的种种作为，有力推动了吴地经济、文化、道德的进步，在“勾吴”这一具有划时代意义的平台上，太湖流域的古越文明②和黄河流域的中原文明发生了最初融会，两个遥远的文化板块发生了历史性的遇合，吴地封闭由此打破。太湖流域历史进入一个新的时代。

汉代以降，上至帝王将相，下至文人墨客，乃至普通百姓，都对泰伯的高风亮节赞美有加。泰伯庙、泰伯墓有诗曰：“志异征诛三让两家天下，功同开辟一抔万古江南”，“三让高风轻社稷，千秋荒塚矗皇山”。后世祭文亦曰：

巍巍泰伯，功德何隆！三让天下，古今传诵。
南奔荆蛮，勾吴斯隆。断发文身，大义为重。
耕织渔猎，术业事功。开凿伯渎，万水汇通。
演乐修礼，尚德启蒙。文脉绵延，俊彦盈充。
舒卷华章，融会菁华。泰伯恩泽，浩浩无终。③

历史证明，泰伯的选择是明智的。其顾全大局、尚德惜誉、以让求全、以退求进的行为，也为后来吴人的审时度势，顺势进退的文化传统开启了先例。虽然，透过史籍的只言片语，也可以感受到泰伯的出走，无论理智、还是情感都远非易事，或许经历了激烈的思想斗争，但最终做出的让王选择，仍显示出道德的巨大力量。

---

① 吕锡生．泰伯奔吴的真实原因是什么［C］//吴文化与区域发展（2010 年吴文化国际研讨会论文集），543.

② 当时生活在太湖流域的族群为古越人，也称古越族。

③ 该祭文乃 2006 年吴文化节大型活动诵读之作，在民间流传的泰伯祭文基础上改写而成。

第二节　寿梦至阖闾时期

在吴国漫长的六百多年历史中，除奔吴开国的泰伯、仲雍，第五世吴王周章受国封侯，此前此后三四百年的十多任吴王皆无所记载。《史记·吴太伯世家》也不过寥寥数语流水账般的记录："太伯卒，无子，弟仲雍立，是为吴仲雍。仲雍卒，子季简立。季简卒，子叔达立。叔达卒，子周章立……"① 由此可知，因泰伯无子，死后由仲雍继任，其后历代吴王皆仲雍后裔。公元前1046年—公元前1044年②，周武王伐纣灭商，天下归一。第五世周章在武王分封诸侯时，获封吴侯（子爵），这意味着勾吴结束了"部落"身份，得以跻身诸侯。周章少子亦获封安阳侯，其驻地乃今无锡惠山区阳山（又名安阳山）。

此后，又有长达十三世吴王的历史，空无记录。直至十九世寿梦（执政时间：前585—前561年），历史才变得翔实起来。梳理650多年的古吴国历史，寿梦与阖闾（执政时间：前514—496），堪称吴国最出色的两位君王，也在无锡历史上留下了深刻的文化印记。强国的寿梦，争霸的阖闾，乃至并未登临君王之位却深受民间推崇的季札，都为这片土地留下了宝贵精神财富。

一、寿梦初霸　吴国始强

在"周章受国"之后的相当长的历史时期内，勾吴默然无闻，并无建树。《史记·吴太伯世家》对二世仲雍至十八世去齐只载有世系，而未明事迹。直至十九世寿梦继位，才有了"寿梦立而吴始益大，称王"③ 的评价。可以说，寿梦是勾吴历史中后期一位有梦想有魄力的吴王。寿梦元年（前585）便效仿楚国改侯为王，自称"吴王"。寿梦元年，"初通中原"，赴洛邑（今河南洛阳）拜会登基不久的周简王，朝见天子，洛邑归宗，得到周简王的礼遇，其"吴王"身份也得到天子认可。

寿梦又拜访中原诸侯，学习先进，引进人才和技术，强军利器。寿梦之"称王"和"初通中原"具有重要意义。吴国肇始之初，僻处江南一隅，落后

---

① ［汉］司马迁. 史记·吴太伯世家.
② 武王伐纣时间史籍无具体记载，公元前1044年为史学家根据天象推演得出的时间。
③ ［汉］司马迁. 史记·吴太伯世家.

闭塞，难免陷于孤立。寿梦继位后的出访交流，开辟了吴国与中原诸侯交往的新时期。寿梦访周途经鲁国时，曾受邀观赏宫廷乐舞，这场观礼让寿梦深感吴国与中原诸侯的差距，感慨"孤在蛮夷，徒以椎髻为俗，岂有斯之服哉！"① 同时，也坚定了他跻身诸侯、同享尊荣的决心。他委派幼子季札出使中原各国，学习礼乐，成为"吴之习于礼乐者"，深化了吴国与中原诸侯的关系，吴国也由此开始活跃于历史舞台。

寿梦二年（前584），楚大夫申公巫臣因获罪于楚，逃亡至晋，获晋景公重用。此时，晋楚两国自城濮之战开始，交战已50余年。申巫臣建议晋景公与吴国通好，联吴反楚。晋景公遂派申巫臣出使吴国。寿梦认为结晋有利于吴国称霸扩张，遂与晋结盟，由此获得人才与新式装备的输入。申巫臣率楚30辆战车至吴，教授吴军使用战车及排兵布阵之法，并让儿子申孤庸任吴国使臣，联络诸国。在申巫臣帮助下，吴国军事实力和外交水平快速提升，并确立了"西拒楚，南制越，北交中原"的国策。寿梦三年（前583），吴国使用兵车作战，先后打败郯国、巢国和徐国，并攻占楚国重镇州来（今淮南），导致楚国大臣子重、子反"一岁七奔命"。战争的取胜，使楚国东南部蛮夷部落纷纷倒向吴国，吴国"是以始大"，成为春秋后期抑楚扩张的主要力量。楚国为反制吴与中原诸侯的联合，多次攻吴。寿梦十六年（前570），在与楚将邓廖300甲士和3000精兵的对战中，楚军大败，邓廖也沦为阶下囚。吴军乘胜追击，攻下楚国驾城。此战的获胜使吴国掌握了战场主动权，奠定了在未来诸侯争霸中的军事优势。

吴国的强大，制约了楚国北扩，也增进了各国间的交往。寿梦十年（前576），吴与鲁、晋、宋、卫等国在钟离（今安徽凤阳）会盟，共商联合抗楚大计，此乃吴国第一次与中原诸侯会盟。寿梦十八年（前568），吴遣大夫寿越赴卫国与晋、鲁、宋、陈、郑、曹、齐、薛等14国结盟。寿梦二十三年（前563），寿梦为扩大吴国在中原诸侯国的影响，邀鲁襄公、晋悼公、宋平公、齐国太子光等在柤地（今徐州邳县一带）会盟，盟誓互利互惠、互不侵犯。这些活动，都昭示了吴国政治军事地位的提升

寿梦在位25年，一直驻守梅里。对内积极引进中原文化，鼓励耕种，充实仓廪；对外联络诸侯各国，强兵利器，扩疆并城，国力日盛。寿梦二十五年（前561）寿梦去世时，吴国已成为可与齐楚抗衡的一方诸侯。

---

① ［汉］司马迁. 史记·吴太伯世家.

二、阖闾称王　雄霸中原

如果说，寿梦励精图治，"吴国始强"，那么阖闾则是率领吴国称霸中原的一代雄主。公元前515年，诸樊长子公子光在伍子胥谋划下，通过刺客专诸成功刺杀吴王僚，夺得王位，史称"吴王阖闾"。为了"强国霸王""安君理民"，他采纳伍子胥"立城郭，设守备，实仓廪，治兵库"①的建议，一方面构筑城池，强兵利器；一方面吸纳人才，采纳良策，任用子胥为国相，伯嚭为大夫，孙武为将军，"与谋国事"。随着吴国国力渐强，阖闾大胆称雄争霸，对内改革政体，鼓励耕种养畜，提升国家实力；对外，确立争霸目标，强兵利器，积极备战。他积极采纳《孙子兵法》《伍子胥兵法》②，提高战术素养，打造精良武器，开始了争霸之路。公元前512年（阖闾三年）至公元前506年，吴国四次攻楚，四战四捷。公元前506年的柏举之战，阖闾率三万远征军，大败楚国20万主力，获得完胜，并一举占领楚国都城郢都。创造了春秋时期攻占大国都城的先例，实现了吴王称雄天下的梦想。

位于无锡城西闾江口的阖闾古城，乃公元前514年阖闾命伍子胥主持修筑的吴城，元《无锡县志》载，阖闾城位于城西胥山、闾江处。伍子胥被夫差杀害后，将尸体裹牛皮抛入江中，"吴人怜之，为立祠，是曰胥山。……今闾江有阖闾城，下有伍员庙。"③曰："阖闾城建造主旨乃"筑城以卫君，造郭以守民"。伍子胥受命后，"相土尝水，象天法地"，巧妙利用地形设计了阖闾城。史料载，伍子胥共筑城两座。闾江口的阖闾城，从战略角度看更多体现出军事要塞之功能。该城有三座陆门，城郭内有东、西两座小城，之间有城门连通。城内有阖庐宫、南城宫、东宫和西宫④。其中，西城为阖闾王宫所在；东城则为兵勇驻地和军备给养存放处。阖闾城外的龙山和胥山湾，皆筑有石城，另有"点将台"等军事设施，构成完整的阖闾城防御体系。考古人员在龙山上发现了一连串的石室土墩，构成一条残高约0.7米、宽约1米的"石包土"形式的石

---

① ［汉］司马迁．史记·吴太伯世家．

② 《伍子胥兵法》，又名《盖庐》，1983年12月出土于湖北省江陵县张家山第247号汉墓，墓主人乃汉高祖5年（前202）至吕后2年（前186）的低级官吏。《伍子胥兵法》共出土竹简55枚，共9篇，原文2093字。竹简经专家整理注释后于2003年由军事科学出版社正式出版。

③ ［元］王仁辅．无锡县志［M］．北京：中国社会出版社，2005：47-48.

④ 张敏．阖闾城遗址的考古调查及其保护设想［J］．江汉考古，2008（4）.

城，这正是保卫阖闾城的外长城。这座阖闾古城，1956 年就被江苏省政府公布为第一批文保单位。2007 年，江苏考古研究所对古城遗址进行勘察复查时，在原先划定文保单位的两个小城之外又发现了面积约 2.94 平方公里的外城城郭，故做出了阖闾城的最终认定①，国家文物总局也将这一发现评为 2008 年度"中国十大考古新发现"。

阖闾城遗址及其遗址博物馆

从泰伯奔吴，构筑"周三里二百步"的泰伯城，至阖闾时"大霸，筑吴越城。城中有小城二，徙治胥山"（《越绝书·吴地传》）的历史记载看，至少无锡曾经有过两座吴城。又据《吴地记》说该吴城"北通毗陵"，毗陵即常州，地处阖闾城北，位置也确凿无误。明代著名地理学家顾祖禹的《读史方舆纪要》中，也称"间江城为阖闾所筑"，并说明末清初"故址犹存"。因此基本可以认定，东至梅村，西达闾江，这一带是古吴文化的核心区域。

2008 年 9 月 10 日，阖闾城遗址专家论证会确认，该遗址年代为春秋晚期，与阖闾时期年代相符。古城遗址有郭有城，西城内有完整宫殿群基础，规模、建制与春秋古城规制一致。古城有水门和陆门，西城内有建筑群落，城外有胥山湾和龙山石城，构成了完整的宫殿群和防御体系。阖闾城遗址地理环境及胥山、间江等历史地名与历史文献记载相符；阖闾城遗址的地理位置、年代等亦与历史文献的记载相符②。国家文物局考古专家组组长黄景略代表专家组宣布，无锡"阖闾城遗址"初步认定为公元前 515 年—公元前 496 年之间春秋时期的吴王阖闾的都城。2013 年 3 月，无锡阖闾城遗址被国务院命名为第七批"全国重点文物保护单位"，并入选国家《150 处重点大遗址保护名录》。

---

① 2008 年十大考古新发现揭晓 [N].中国文物报，2008 - 10 - 31.

② 张敏.阖闾城遗址的考古调查及其保护设想 [J].江汉考古，2008（4）。

三、勾吴中后期社会经济

勾吴中后期的纺织、制陶、冶铸等手工技艺都已达到较高水平。在印纹硬陶、釉陶的基础上出现了青瓷，其制作工艺、生产规模和生产组织都有了长足发展，墓葬中出土的纺织工具和织机部件，都显示出其时纺织技术的改进提高。据载，吴公子季札出使中原时，便以绢帛、缟带为重要国礼。《史记·吴太伯世家》中还记述了吴楚二女因"争桑"爆发战争，可见用于养蚕缫丝的桑树在人们日常生活中的重要性。吴越交战，战败国也多以大宗葛絺作为战争赔偿，这些都表明当时手工纺织业已达到了较高发展水平。

春秋后期，随着冶炼技术的进步，鼓风炉得到改进，有效提高了炼炉温度，使得铸剑质量大幅提高。司马迁《史记》云："吴钩越剑，国之重器"，"吴越宝剑，天下名重"，从出土于不同地区的吴王光剑、夫差剑、勾践剑等诸多宝剑看，历经两千多年仍寒光熠熠，锋可断发，甚至经千年泥水浸淫而不蚀不锈。传说干将莫邪为吴王阖闾铸剑时，以"童男童女三百人鼓橐装炭"，火焰白炽，"金铁乃濡，遂以成剑"。虽然，传说不乏夸张，但从考古实物亦可佐证，吴越之地冶铜和铸铁技术的确领先其他诸侯国。在各类青铜器中，吴地尤以兵器精美锐利、农具种类齐全而著称，其礼器、食器、酒器、乐器则借鉴融合中原（早期）、楚地（晚期）的工艺技术，以陶器的几何纹饰与铜器纹饰交互并用，并创制出薄胎、刻纹的独特青铜工艺，湛卢、纯钧、鱼肠、属镂等"吴干名剑"和铸剑者欧冶、干将、莫邪等因此而名播遐迩。

至春秋晚期，吴地已能炼铁并锻铁为器，青铜和铁制工具的广泛使用，对水利建设和造船、运输业的发展起到巨大的推动作用。夫差时，出于伐齐争霸和水利运输需要，投入巨大人力物力财力，开凿了人工运河邗沟，沟通了太湖与长江、长江与淮河，这条邗沟对于南北交通和商业贸易具有同等重要的意义。

手工业、商业和交通运输业的发展，使吴地市镇在军事、行政功能之外，增加了商贸功能。史中，随处可见"吴市"的记载，虽然这一时期吴地市镇规模和集散功能还处在初级阶段，但城镇中琢玉、铸冶、纺织等手工作坊，陶瓷、青铜器、竹木器等专业集市，已形成繁盛的市廛人烟，孕育了具有江南地方特色的世俗文化。

这一阶段，以渔猎饭稻为生的无锡先民，显然在饮食方面变得讲究，烹调方面至少有了烧烤技艺。虽然历史文献中并无详实的食材与餐饮记录，但《史记·吴太伯世家》《吴越春秋》中都记载了专诸刺王僚的故事。而吴王僚放松警惕被刺客专诸一剑夺命，竟然是为了一顿美味的"鱼炙"（烤鱼）。吴越战争结束后，范蠡觉察越王"可与共患而不可共乐处"①，弃官隐退，"乘扁舟浮于江湖"②，曾在蠡湖养鱼经商，后辗转于齐鲁，司马迁誉之"三迁皆有荣名"③。范蠡作为春秋时期的货殖专家，其经商之术和致富故事，对无锡影响身份深远。近代著名实业家荣德生就曾多次与同道谈论范蠡经商致富故事，云"尝思陶朱公，亿则屡中，非偶然也"，在经营中，他潜心研习"陶公商学"，据以"密察盈虚消长"，预测市场行情涨落，"颇有会通"④。福新后主王禹卿，亦称"概慕范大夫之为人，即师其货殖以起家，复效其散财以治乡"。1927年他在蠡湖旁择地建园，临湖布景，垒石凿池，三年建成，区名"蠡园"，"以濒大夫之名名之，示不忘也"⑤。王禹卿的妻兄陈梅芳，在沪经商发达后于蠡园西侧建"渔庄"，园名亦源自范蠡（渔父）在此养鱼著《养鱼经》之典。实业家薛明剑11岁就读私塾时便表示"此生愿学陶朱公"。诸多工商实业巨子好学勤思、事业大成，范蠡是为他们心中的商神与榜样。

四、勾吴后期人文特征

考察这一时期的吴地文化，一方面尚德诚信、勤政爱民受到推崇；另一方面蛮勇尚武和机智善谋结合成就了其时民风。

1. 谦和诚信与爱民勤政

史界将季札这一时期的让王之举称为"后三让"，与吴地始祖泰伯"前三让"相提并论。司马迁在《史记·吴太伯世家》中赞曰："延陵季子之仁心，慕义无穷，见微而知清浊，呜呼，又何其闳览博物君子矣！"由此可见，季札和泰伯一样，是古吴时期道德文化的杰出代表。在各种版本的史籍中，季札的博学宏远、高风亮节都被后世充分肯定并大书特书。

季札乃十九世吴王寿梦之幼子，也是姬光（阖闾）的叔父，因受封延陵（今常州、江阴一带），世称"延陵季子"。季札一生多次禅让君位，并以善外交、精礼乐、重承诺而见称诸侯各国，父亲寿梦十分欣赏季札出众的品德、才

---

① ［汉］司马迁．史记·越王勾践世家．
② ［汉］司马迁．史记·货殖列传．
③ 同上。
④ 荣德生．乐农自订行年纪事，民国十九年纪事［C］//北京图书馆藏珍本年谱丛刊，第197册，北京：北京图书馆出版社，1999：446.
⑤ 蠡园建成后，园主人王禹卿请人所撰《蠡园记》。

学和为人，欲直接将王位传与他，却遭到季札的婉拒。季札曰："礼有旧制，奈何废前王之礼，而行父子之私乎？"其长兄诸樊即位后，虑及父亲意愿，改王位继承方式为"兄终弟及"，意欲王位最终传于季札。但至余眜（三弟）临终时，季札却隐于乡野而不出，再次拒绝王位。或许厌倦宫廷争斗的他早已无心朝政，决意"弃室而耕"隐居山野。虽然，因为季札的谦让，导致州吁（三弟余昧之子）继位，引发公子光（长子诸樊之子）不满，成为13年后"专诸刺僚"的潜伏因素，但季札的清健高远、淡泊志节仍令人钦佩。季子主张"好善而择人"，其"去之延陵，终身不入吴国""廉让之行，终始若一"①，在史上颇受赞许。后世为其立嘉贤坊，两侧镌有"延陵世泽，让国家风"，且有联赞曰："春秋争弑不顾骨肉，孰如季子始终让国"②。

给季札带来无数美誉的还有"季子挂剑""季子观乐"等典故。司马迁《史记·吴太伯世家》载，余祭四年春，季札奉命出使鲁、郑、卫、晋等国。途经徐国彭城，受到国君徐偃王热情款待。徐君非常羡慕季札腰间精美佩剑，季子遂在心中暗许，出使归来时以剑相赠。一年后季札归途再过此地，徐君却已作古。季札专至徐君墓前，祭奠故人，怅然解剑挂于坟冢，以兑心诺。此举被后人传为美谈。徐国人歌曰："延陵季子兮不忘故，脱千金之剑兮带丘墓。""季子挂剑"的影响，在后世数百首诗词歌赋中可窥见其持久影响，吴地更直接以"季子故里，诚信之邦"为文化品牌，足见其影响之巨。

位于徐州云龙湖畔的季子挂剑台

季札被奉为道德高标，还源于各类撰述之记载。如《左传》中就载有季札

---

① ［汉］王充.论衡·书虚篇.延陵，乃季子封地；"终身不入吴国"此处"吴国"指吴朝，意谓"终身不涉朝政"。

② 该嘉贤石坊，现位于常州红梅公园内。

以德服人、大义退兵的故事。公元前485年冬，楚王令大将尹子期率兵攻打小国陈国，陈求救于吴，吴派季札领兵相救。《左传·哀公十年》载："冬，楚子期伐陈。吴州来季子救陈，谓子期曰：'二君（指吴君、楚君）不务德而力争诸侯，民何罪焉？我请退。以为子民，务德而安民。'乃还。"尹子期竟然被季札几句话所感动，随即也拔营而退，班师回朝。也许并非几句话的力量，而是季札其人深得各国尊敬，故而寥寥数语，晓以大义，便深深打动子期，从而避免了一场殃及百姓的战争灾祸。《吴越春秋》曾这样描绘季札："洁身清行，仰高履尚，惟仁是处，富贵之于我，如秋风之过耳。"季札的"让国、观乐、挂剑、守仁、救陈"等故事对吴地影响久远，其谦让美德，诚信重情，识人知政，博学清言，摒弃世俗等德行，使之成为春秋时期少有的第一流人物。

　　阖闾是吴国史上最复杂、最难评说的历史人物。在尚未即位、成为吴王阖闾之前，姬光是一个壮志难酬、耿耿于怀的政治上的失意者。若非祖父寿梦希望传位季札，父亲诸樊改制"兄终弟及"，他作为寿梦长孙、诸樊长子，无疑是理所当然的王位继承者。然而，因为季札的让王，致使王位传给了州吁（僚），而阖闾偏又是胸怀抱负、志在必得之人，在漫长的隐忍之后终于爆发了。对阖闾的负面评价，主要来自为夺权而谋划的两次刺杀。一次是专诸刺王僚，另一次是要离刺庆忌（僚之子）。虽然，夺回王位对姬光而言理由充分，但行刺并非光明之举，必然招致方家基于道德层面的谴责。《史记·吴太伯世家》和《吴越春秋》的记述比较客观，而附于《吴太伯世家》文末的"述赞"的归纳却是"光既篡位，是为阖闾；王僚见杀，贼由专诸"，明显带有贬义。

　　从历史和发展的眼光看，阖闾执政时期是吴国发展最快、也最辉煌的时期。自泰伯开吴，历经600余年发展，至姬光即位之前，吴国尚未成就一流强国。虽然寿梦时实现"初霸"，但吴国最终彻底摆脱楚国控制、疆域最大，乃至雄起东南、成为一代霸主，则无疑在阖闾时期。在阖闾执政的19年里，吴国书写了最辉煌的一页。阖闾不仅是历史上最具雄才大略、最善治国的君主，知人善用，治国有道，在伍子胥、孙武辅佐下，筑城兴兵，招贤纳善，强军利器，使国力得以迅速提升；而且，阖闾还是一个勤政爱民、体恤百姓、克勤克俭、清正廉洁的君王，他"朝夕勤志""恤民同劳"，在记录阖闾、孙子对话的《吴问》①

---

① ［春秋］孙子佚文《吴问》，1972年出土于山东临沂银雀山汉墓，竹简记载了吴王阖闾与孙武的问答，为传世古籍所未载。后收录于《银雀山汉墓竹简》（壹），1985年由文物出版社出版。

中，阖闾明确说出"王者之道，厚爱其民者也"的治国名言，历经数千年烟尘，此语仍熠熠闪光，极具历史意义。阖闾生活之节俭，《左传·哀公元年》也有记载："吴师在陈，楚大夫皆惧曰，阖庐惟能用其民，以败我于柏举。今闻其嗣又甚焉，将若之何？子西曰：二三子恤不相睦，无患吴矣。昔阖庐食不二味，居不重席，室不崇坛，器不彤镂，宫室不观，舟车不饰，衣服财用，择不取费。在国，天有灾疠，亲巡其孤寡，而共其乏困；在军，熟食者分而后敢食；其所尝者，卒乘与焉，勤恤其民，而与之劳逸，是以民不罢劳，死不知旷，吾先大夫子常易之，所以败我也，今闻夫差，次有台榭陂池焉，宿有妃嫱嫔御焉，一日之行，所欲必成，玩好必从，珍异是聚，观乐是务，视民如雠，而用之日新，夫先自败也已，安能败我。"由此可见，即便是敌楚，在言及阖闾、夫差时，对阖闾也明确持褒扬态度。《国语·楚语下》也记载了楚国大将子西之语："吾闻……阖闾口不贪嘉味，耳不乐逸声，目不淫于色，身不怀于安，朝夕勤志，恤民之赢，闻一善若惊，得一士若赏，有过必悛，有不善必惧，是故得民以济其志。"从上述资料看，阖闾确实是一个亲政爱民的君王，不仅治国业绩赫然，个人品行也属一流，不仅构建了一个伟岸的君王形象，也进一步丰富了吴文化的精神内涵。

2. 蛮勇尚武与机智善谋

司马迁在评价早期吴地民风时云："吴人尚武"，同时亦认同"吴人多谋"。蛮勇好剑、轻死易发，与灵活机智、善于谋略，相互融合，构成了早期吴地文化的鲜明特色。早期吴人虽然尚武好剑，"重然诺、轻生死"，但"机智善谋"善与吸纳的文化性格已露端倪。在有限的历史记录中，从寿梦时向中原诸侯学习战车、弓弩，到阖闾时期接纳孙武《孙子兵法》，有着清晰的进取提升轨迹。在战略战术上，吴国尤其善于学习，融汇了齐国的兵学传统，晋国的车战技术，以及楚国的水战之道，从而形成了自己"好计谋、重诡诈、善变化"的吴人兵法，从而在将士人数、装备水平并不算优越的情况下，凭借灵活智慧，西破强楚，北威齐晋，南伐于越，所向披靡。

无论是阖闾、伍子胥精心谋划的刺杀吴王僚，还是名留军事史册的柏举大战，从中都可窥见这一时期吴人的精明诡诈、善于布局的文化性格。而集战事智慧大成的《孙子兵法》可谓古代军事智慧的巅峰之作，从兵力、武器、阵法、到地形地貌、气候、气概、谋略，都演绎成克敌制胜的战争变数，灵活用兵，极尽变化，充分体现出机智灵活的高超谋略，在战争史上发挥了重要作用，吴国也因此能以少胜多，出奇制胜，称霸一方。

　　早期吴人的灵活机智，很大得益于水环境的化育，四通八达的水，培养了吴人灵活善变、善于观察、善于进退的秉性。当时吴人已经非常善于造船、使船，阖闾时期所建造的"艅艎"，为三层楼船，长40余米，可乘员600余人，自江河可抵海上。长期水上生活和征战，培养了吴人善于观察、判断，灵活驾驶、机智转舵等习性，使之善于辨识环境，懂得适时调整航向，也养成了机智灵活、善于进退的群体性格。这种灵活机智的文化性格，优势十分明显，乃至后来弃武力、重智取，少封闭、善吸纳，舍死板、尚灵活，成为吴地人的群体禀赋。

第四章

吴越并土与黄歇封吴

吴越两国，发展至春秋末期，已形成"大吴小越"之悬殊，吴国疆土面积、军事实力皆远超越国，之所以"吴亡于越"，皆人为原因造成。《越绝书》由此发问："在天与？在人乎？"答曰"皆人也！"① 解析这些人为原因，并非所谓"红颜误国"，而是另有深因：一是热衷争霸，穷兵黩武，影响国力真正夯实；二是夫差缺乏政治谋略，判断失误，固执己见，拒绝忠告；三是错判对手，不识勾践真面目，犯下"放虎归山"之大错；四是错杀良臣，赐属镂剑给伍子胥，逼其自尽而失去智囊。从而导致决策失误连连，最终因"夫差轻越，取败姑苏"，自刎于大阳山，只留"甬东之耻，空惭伍胥"，导致吴国650多年的历史在夫差手里戛然而止。

公元前473年岁末，随着吴王夫差在姑苏大阳山自刎，吴国结束了650多年的历史，吴越疆土由此融为一体，无锡也随之归入越土。本来，吴越两国气候环境地缘皆较为相似，正如《越绝书》所云："吴越为邻，同俗并土"，"吴越二邦，同气共俗"，而经过大规模的战争整合后，更促使得吴越文化发生深度融合，因而后世亦常将二者相提并论，称"吴越文化"。

公元前306年，楚灭越，楚春申君"治吴凡十四年"。黄歇封吴期间，整治河道，重修城郭，构筑宫室，开辟吴市，有力地推动了江南经济的发展，吴逐渐成为"东楚"富足之地，而吴地文化中也融入了楚文化的瑰丽因子，内涵进一步得到丰富。无锡也因此留下了诸多春申君的印记，如城西的黄城，运河中的黄埠墩，惠山脚下的春申涧，江阴的黄山、君山、黄田港、申港等。

---

① 此处引文皆出自《越绝书》。

第一节　勾践灭吴　吴越并土

越灭吴后，越王勾践一度称雄，成为"春秋末霸"，无锡归越。地处吴国核心区域的无锡，逐渐为越国控制，也必然受到越文化影响。吴越争霸中，越大将军范蠡以"计然之术"帮助勾践"雪会稽之耻"，越国完胜。但范蠡很快察觉勾践"鸟尽弓藏，兔死狗烹"的杀心，故悄然隐退，"乃乘扁舟浮于江湖"，化名"渔父"，以养鱼为生，[1] 并写下《养鱼经》，开启了无锡地区人工养鱼历史。

《吴越春秋》《越绝书》中都对范蠡功成身退泛舟五湖有所记载，称其"乃乘扁舟，出三江，入五湖，人莫知其所适"[2]。《越绝书》又称："西施亡吴国后，复归范蠡，同泛五湖而去。"范蠡西施战后泛舟五湖的传说由此在民间传播。在无锡地方志中，也存有关于西施、范蠡的一些记载，元代王仁辅撰《无锡县志》[3] 云："范蠡城，在州西四十里。"《吴地记》云："在历山之西，今谓为之斗城，城迹犹在。"[4]《舆地志》云："历山西北有蠡城，越伐吴，范蠡所筑也。"《无锡县志》又载，"蠡湖在州东南五十五里，与平江、长洲（吴县）县分界，即今泰伯乡之漕湖也。……《寰宇记》云，范蠡伐吴，开蠡渎，通此胡，故号蠡湖。"该志所指蠡湖和蠡渎，即今无锡东南后宅镇附近的漕湖和蠡渎。[5]《无锡县志》称"西施庄，在水东四十里"，《吴地记》云："范蠡献西施于吴，故有是庄"，但今为何地难于确指。《宜兴县志》载，"蠡墅在丁山之西，范蠡功成泛湖，尝居此。"清代王永积《锡山景物略》中的"五里湖"条中也说："一名小五湖，又名蠡湖。名蠡湖者误，蠡自有湖，蠡开之，此则其扁舟处也。"由此可见，范蠡行踪乃先在漕湖蠡渎一带隐居，后至宜兴，再辗转至齐鲁，今无锡市区蠡湖并非真正范蠡西施隐遁之处。

吴国归属越国统辖后，大批越国贵族迁居于自然环境更为温润富饶的吴地。

---

① ［汉］司马迁. 史记·货殖列传.

② ［汉］赵晔. 吴越春秋·勾践伐吴外传.

③ ［元］王仁辅（字文友）. 无锡县志［M］. 北京：中国社会出版社，2005.

④ 这里所说的"斗城"，位于今无锡城西的舜柯山，但其城址迄今尚未发现.

⑤ 宗菊如、周解清主编. 无锡通史［M］. 南京：江苏人民出版社，2003. 见第三章 先秦时刻：45.

2004年，考古专家在无锡东乡鸿山镇发现大批春秋战国时期的古墓，包括丘承墩遗址在内共计108座。考古队对其中的8座进行了发掘，出土了大量远古文物，代表性玉器有螭凤纹璧形佩、出郭龙纹璧形佩、龙首璜、兽面纹韘形佩、双龙管形佩、玉覆面、玉飞凤等；礼器类有盘蛇玲珑球形器、青瓷冰酒器、青瓷温酒器、青瓷盉、青瓷匜、青瓷兽面鼎等；乐器类有青瓷鼓座、青瓷磬、青瓷三足缶、青瓷悬铃、青瓷甬钟、青瓷振铎、硬陶鼓座等，文物总数多达数千件，有的文物乃前所未见，如见诸文字却从未见过实物的"缶"，而盘蛇玲珑球形器和大量青瓷器皿也将中国青瓷、珐琅瓷制作历史前推了数百年。鸿山吴文化遗址的考古发现，引起了国内外考古界的关注，赞为"沉睡数千年，一醒惊天下"①。

鸿山遗址出土的龙形璜、玉飞凤

鸿山遗址的发掘，将中国瓷器史推前500多年，发现了国内最早的微雕玉器、低温琉璃陶器、完整的古代乐器及贵族墓体系，在中国考古史上占有重要地位。国家文物局将其列为全国重点文物保护单位，2004年度鸿山遗址被评为"中国十大考古新发现"，并按中国大遗址保护规划立项。鸿山遗址的发掘，也填补了无锡地区考古历史之空白，进一步确认了无锡在吴文化史上的重要地位。

---

① 施展.沉睡数千年，一醒惊天下——鸿山遗址的保护和利用［J］.江南论坛，2006（4）.

鸿山吴越贵族墓发掘现场

鸿山丘承墩一带，曾是马家浜文化先民的住地，也是良渚文化的玉殓葬地，战国早期又成为越国贵族的墓区，穿越4000年历史的沧海桑田之变，浓缩演化成了遗址地区多达6层的地层堆积。① 随着遗址中高台、墓地、双祭台等文化遗存的相继被发现，丘承墩遗址的历史脉络也得以完整地呈现出来：马家浜文化、崧泽文化、良渚文化、马桥文化，以及公元前400余年的春秋战国文化遗存，较为清晰地勾勒出了无锡一脉相承的远古"身世"。从大量出土的文物，也大致可以窥见其时无锡地区贵族的逐渐趋于完善的生活情况，和精神享受、艺术审美等方面的情况。出土于丘承墩大墓中的玉飞凤，也称玉玄鸟，其形态秀逸灵动、雕工精细，在广泛征集专家和民间意见之后被政府确认为无锡的城市标识。

第二节　黄歇封吴时期

战国初年，楚国日强，越渐弱。勾践死后，越国三代发生弑君的事件，

---

① 吴隽、李家治、吴军明、鲁晓珂、李其江、邓泽群、张茂林（景德镇陶瓷学院、中国科学院上海硅酸盐研究所. 鸿山贵族越墓出土精美原始瓷的器质和产地探析［J］. 中国科学：技术科学，2010（7）.

即所谓"越人三弑其君",陷入内乱。公元前306年,楚怀王"大败越,杀越王无疆,尽取故吴地至浙江"。(《史记·越王勾践世家》)越分裂成无数小国,后解体,古越人部分逃亡南粤,留居者臣服于楚,江淮大地并入楚地,无锡由此为楚国所统辖。

黄歇为楚国贵族,楚顷襄王时,因其广游博学,而被任用,后发现黄歇有辩才而派其出使秦国。当时,秦昭王正欲联合韩、魏攻楚,黄歇以楚远、韩魏近,"邻国敌也",只有"秦楚合一以临韩为上策"说服秦王放弃了攻楚。后黄歇陪同楚太子完,作为人质滞留秦国数年。后闻知楚顷襄王病重,黄歇冒死掩护太子完,扮成楚国使臣逃出秦国,秦昭王发现后欲杀死黄歇,但秦相应侯范雎与黄歇交好,亦不希望日后秦楚为敌,便说服秦王将黄歇放归。楚太子完继位后,称楚考烈王。因黄歇保其登基有功,而任其为令尹(楚相),封为春申君,并赐淮北12县为封邑。黄歇为相期间,救赵、灭鲁,楚国日强。

春秋战国时,楚春申君,与齐孟尝君、赵平原君、魏信陵君一起,被称为"战国四君子"。他们"方争下士,招致宾客,以相倾夺,辅国持权"①,权倾一时。春申君性格张扬,生活豪奢,为与赵比富,曾"使客三千余人,其上客皆蹑珠履以见赵使"。后秦用吕不韦为相,夺取东周。春申君联络诸侯"合纵,西伐秦",但在函谷关遭到秦兵攻击,"诸侯兵皆败走",由此春申君失去了楚王的信任。此后,楚国为避秦而将都城由陈(今河南淮阳)迁至寿春(今安徽寿县)。公元前248年,黄歇认为淮北靠近齐国,"边事急",设郡以利统治,便将淮北12县献与楚王。楚王应其要求,改封黄歇于江东。将"故吴墟"② 为其封地郡邑,无锡地区也归入黄歇统辖。

公元前238年,楚考烈王死,春申君被其上客李园谋杀。黄歇死后,葬于君山西麓(今江阴君山)。三国时,曾在墓地筑东岳庙。清乾隆时期,江阴知县蔡澍专为立墓碑,但此后庙毁碑失,今只存头门、三元殿、古银杏树和金鱼池等遗迹。春申君统领吴地近11年,人称"封吴十年"。虽然这段时间几乎没有明确的史料记载,却在江阴、无锡留下许多遗迹和传说。明《江阴县志·山川》载,"君山在县治之北二里,枕江之滨,旧名瞰江山。后以春申君易今名。"明清以后,君山庙宇、厅亭渐多,乃成为江阴重要的风景区。

---

① [汉] 司马迁. 史记·春申君列传.
② 此处故吴墟,乃指今苏州黄埭,当年春申君在此设郡邑。

《江阴县志》又载，"黄山在县东北六里，以春申君姓为名，其峰为席帽。"此处后成为长江下游的要塞。元《无锡县志》记述曰："黄城，在州西20里。"① 并引《舆地志》，"今历山下有春申君祠，去城三里，故道自此通黄城。其城与斗城相近，俗呼为黄斗城是也。"② 黄斗城位于今舜柯山下，但此处已无旧迹可查。元《无锡县志》又云："春申君祠，在州西惠山下，即楚公子黄歇也。……歇后为李园所杀，吴人遂立祠于其地以祀之。……今惠山下有土神祠，即春申君也。"③ 又曰：惠山"山侧有黄公涧，因黄歇以名。去黄城八里。"④ 这里相传是当年黄歇的饮马之处，今为惠山南坡的著名风景点之一。还有，无锡城中公园的白水荡，传说曾是春申君的行宫所在地。

春申君治理吴地时期，对江南地区的水系进行了大面积改造，使水利文明程度大幅提升。他开河治水，整治桑田，发展水利和交通，江阴的申港、黄田港，也因是春申君所开凿，光绪《江阴县志》（卢思诚修）曰："黄田港在澄江门外，春申君以溉田，故名，为江湖出入总汇。""申港，县西三十里，自三山石堰北行入江，相传为春申君所开。"⑤ 江阴的申港河，自长江分为两股河道，东入无锡，西入武进戚墅，俱达于运河。黄田港、申港河都是江阴引长江之水用于灌溉排涝的水利系统。

《越绝书》中的《越绝外传记吴地传》记载了春申君对无锡湖的治理，无锡湖也称"芙蓉湖"，位于无锡、江阴与武进交界处，"周万五千顷"，乃苏南地区面积仅次于太湖的大湖，"春申君治以为陂，凿语昭渎以东到大田，田名胥卑，凿胥卑下以南注太湖，以泻西野，去县三十五里"，打通了太湖与芙蓉湖之间的水路，大面积优化了区域排灌系统。此外，《无锡县志》《后汉书·地理志》中还记载了春申君开无锡塘、开凿山路等事迹，从这些记载也可以窥见战国时代无锡地区从农田水利建设到交通运输都有了长足发展。

1973年12月，无锡前洲高渎湾出土了一批战国晚期楚幽王时代的青铜器，其中，铜鉴颈部外壁和铜豆盘口外壁都刻有"郏陵君"的铭文，铭文记录的是郏陵君王子申铸造青铜鉴、青铜豆等礼器祭祀皇祖和父兄，这些青铜器乃楚国郢都官府所督造，铭文字体娟秀，代表了战国晚期青铜器的冶铸水

---

① ［元］王仁辅. 无锡县志［M］. 北京：中国社会出版社，2005：124.
② 同上，125.
③ ［元］王仁辅. 无锡县志［M］. 北京：中国社会出版社，2005：135.
④ ［元］王仁辅. 无锡县志［M］. 北京：中国社会出版社，2005：42.
⑤ ［明］冯世仁修. 江阴县志［M］. 南京：凤凰出版社，2011.

平。有学者认为，**郲**陵君王子申可能是楚幽王之子或其弟，乃春申君之后的吴地行政长官，其封赐时间应在春申君被杀之后。① 专家由此推测，无锡地区可能后来是楚国王族鹅陵君王子申的封地。也有学者认为"鹅陵君"乃黄歇初封淮北时的封号，改封江东后才改称"春申君"②。

不管怎样，黄歇封吴及楚国统领时期，吴地农业、水利等都有长足发展，社会比较安定，经济发展较快，吴地文化中因为楚文化因子的融入，其内涵得到进一步充实和丰富。

---

① 李学勤. 从新出青铜器看长江下游文化的发展［J］. 文物，1980（8）.
② 何琳仪. 楚鹅陵君三器考辨［J］. 江汉考古，1984（10）.

第五章

西汉建制到唐宋望县

自秦汉始，北方力量的加入，推动吴地较快发展。一方面体现为生产力的快速进步，另一方面则体现为文化的逐步繁兴。无锡作为吴地的组成部分，自西汉（前202）有了正式的县级建制，又一度被封为侯国，其发展有机地融于吴地的发展之中。

传说公元前224年，秦始皇的大将王翦在锡山驻扎时偶然发现了一块石碑，上镌："有锡兵，天下争，无锡宁，天下清"，无锡遂得此名。

第一节 西汉建县 短暂侯国

泰伯奔吴，筑城守民，汇通百渎，传授农耕，为尚处蛮荒的吴地带来了曙光。公元前495年，吴王夫差利用天然河湖港汊，疏通了由今苏州经望亭、无锡至奔牛，由孟河入长江的"古故水道"。夫差的凿河通运，其初心是为争霸中原，客观上却为无锡的建立发展奠定了基础。几乎呈一条直线的古故水道一路从东南奔向西北，从惠山北经古芙蓉湖，而后流去常州。两百多年后，靠着古运河的滋养，彼时还只是乡野的龟背高地成了无锡城池，故民间有曰："先有古运河，后有无锡城"。

宜兴设县时间较早。宜兴原称阳羡县，古称荆邑。嘉庆《增修宜兴县旧志》卷一《疆域志·沿革》中说："秦并楚，置会稽郡，改荆邑为阳羡县，以属之。"一般认为，阳羡县的设立时间，系秦王政二十六年（前221）。西晋时，周处之子周玘三兴义兵，平定叛乱，晋怀帝感其义，遂于永嘉四年（310）设立义兴郡，郡下辖阳羡、国山等六县。隋文帝开皇九年（589）废义兴郡，将国山、临津等并入阳羡县，并将其改名为义兴县。宋太宗太平兴国元年（976），因避赵光义讳，改名为宜兴县，"宜兴"县名遂由此而来。

西汉高祖五年（前202），建无锡县，属会稽郡。清光绪《无锡金匮县志》卷一《建置沿革》，明确载"会稽郡由秦始皇设置"，分置吴郡。"吴郡"之下，始有"置无锡县"记录。置县后，设子城、罗城两城，均为夯土城。子城位于运河之西，梁溪河之东，恰在两河交汇处，周长2里又19步，设一门四楼。罗城周长11里，设东、南、西、北四正门，这一庞大规模在2200多年前的国内建城史上颇为罕见。

江阴设县时间相对较晚。江阴原称暨阳，秦时属会稽郡延陵乡。汉高帝五年（前202），改延陵乡为毗陵县，始设暨阳乡。江阴正式建县时间为西晋太康二年（281）。《嘉靖江阴县志》卷一《建置记第一》云："晋太康二年，分吴郡置毗陵郡，割无锡县地益暨阳乡，暨阳始为县，而属邑毗陵郡。"暨阳县范围，是以暨阳乡为主，又并入部分原属无锡县的土地，属毗陵郡下辖。南朝梁敬帝绍泰元年（555），废暨阳县，改设江阴郡、江阴县，江阴郡下辖江阴、梁丰、利城三县。隋开皇九年（589），将梁丰、利城二县并入江阴县。五代时南唐升元中（937—942），又设江阴军，置军监使，并在此屯水师战舰，由此军事价值凸显，自古乃兵家必争之地。

高祖六年（前201），韩信获罪，楚国被分为荆、楚两国，刘贾被封为荆王，以吴（苏州）为都，无锡等则属于荆国。高祖十二年（前195），刘濞封吴王。无锡、江阴、宜兴三县改属吴王领地。朝廷的这一分封，有其特别目的，《史记》卷一百六《吴王濞列传》载："上患吴、会稽轻悍，无壮王以填之，诸子少，乃立濞于沛为吴王，王三郡五十三城。"由此可见，此时吴郡和会稽郡，民风强悍，故需特别加强统治。

无锡建县后，凭借天时地利的宜居条件，种植业更得到较快的发展。据考古发现，西汉时期，无锡农业生产已使用铁器农具和牛耕技术，同时兼有冶铁、制陶、铸铜、髹漆等手工业门类。东汉时，一些县令因为官有建树而被记入文献。如《咸淳毗陵志》卷七《秩官一》载，东汉时袁玘（会稽人），为阳羡长，在任时曾建造长桥，给乡人交通带来便利，乡民曾为之立庙，庙称"果利庙"，又称"袁府君庙"，祭祀不绝；孙吴的建立者孙权15岁时，其兄长孙策平定江东诸郡，命其为阳羡长，在宜兴修桥建庙，官声卓著。三国吴黄龙元年（229），孙权称帝，国号"吴"，迁都建业，无锡为吴国地。吴赤乌八年（245），典农校尉陈勋率3万屯兵，将无锡境内一些天然河沟、湖荡疏浚沟通成为一条顺畅的河道——长广溪，为其时屯田开发创造了良好的水利条件。长广溪由此成为这一地区农业发展的长期依赖，保障了无锡自给自足的物质基础。

当年陈勋率3万屯兵疏浚的长广溪

此间，宜兴、无锡、江阴先后被封为侯国。宜兴，汉高帝十二年（前195）被封为阳羡侯国，封尹灵常为阳羡侯，仍属会稽郡。《重修毗陵志》卷第七《秩官一》："（西汉）灵常，高帝十二年封阳羡侯，邑二千户。详见'叙县'。灵贺，常子，袭封阳羡侯。灵胜，贺子，袭封阳羡侯。"由此可知，阳羡侯为灵常、灵贺、灵胜祖孙三代。《前汉书》卷三十四《考证》载曰："按功臣表，中牟侯单右，车邸侯黄极忠，博阳侯周聚，阳羡侯灵常，下相侯泠耳，高陵侯王虞人，并以击布功封；与期思侯贲赫，凡七侯也。"此七侯，均在汉高帝十二年（前195）因征讨英布反叛而记功封侯。至汉文帝十二年（前168），阳羡侯国改回阳羡县，侯国历史结束。

无锡侯国获封时间，晚于阳羡，建立于汉武帝元封元年（前110）。因中央集权与地方诸侯割据矛盾激化，汉景帝即位后，采取削藩之策，引起以吴王濞为首的吴楚七国反叛。七国失败后，汉朝对诸侯王国加以调整，汉武帝行"推恩"策，《史记》（卷一百十二）《平津侯主父列传第五十二》云："令诸侯得推恩分子弟以地，侯之，……实分其国，不削而稍弱矣。"诸侯地位实际已被削弱，此乃无锡侯国之背景。《汉书》（卷十七）《景武昭宣元成功臣表第五》载："无锡侯多军，以东粤将军，汉兵至，弃军降，侯，干户。元年

（前110）封。侯卯嗣，延和四年，坐与归义赵文王将兵追反虏，到弘农擅弃兵还，赎罪，免。"多军封无锡侯的原因是：元鼎六年（前111），东越王余善起兵造反，并自命"武帝"，于是朝廷派兵讨伐，此时东越国内，越衍侯吴阳等反叛东越，杀死余善，投降朝廷。因反叛东越有功，吴阳等人分别获被封侯，东越将军多军，也因配合朝廷军队反叛有功，被封无锡侯。无锡侯国的撤销是在延和四年（前89），多军之子多卯时任无锡侯，在追捕反虏过程中擅自弃军而返，赎罪之后，被免去侯位。

此后，无锡又曾再度被封侯国，《东观汉记》卷二还有一段记载："永平元年帝……封太后弟阴兴之子庆为鲖阳侯，庆弟博为□□强侯，阴盛为无锡侯。"在汉明帝永平元年（58）时，无锡再一次被封为侯国，此时的无锡侯为外戚阴盛。

江阴作为王国的历史则更晚，南北朝陈永定元年（557），陈霸先称帝，建立陈朝，封梁朝最后一位君王萧方智为江阴王，以江阴郡为江阴国。关于这一段历史，《陈书》卷二载："改梁太平二年为永定元年……诏梁皇太后为江阴国太妃、皇后为江阴国妃。"此可为证。后隋朝开皇九年（589），除江阴国，废江阴郡。

宜兴、无锡、江阴虽曾为侯国或王国，但县境规模大致接近。关于无锡县的疆域规模，王仁辅《无锡县志》卷一云："公侯之国皆方百里，古之制也。按《后汉书·地理志》无锡侯国，则知旧邑乃循古制，自汉迄唐，虽废置不同，而是邑封域之广，盖未尝变，按今州在常州东南九十里外，州之境内，东西一百一十五里，南北一百二十七里，是为提封之境。"宜兴县疆域也大致如此，据南宋《咸淳毗陵志》卷第二载："东西百六十五里，南北百十四里，是为提封之境。"江阴县规模据道光《江阴县志》卷之二《疆域》载："（宋）军境东西一百三十五里，南北七十二里；（元）州境东西一百四十里，南北一百里。"

第二节　晋室南渡　望族兴聚

晋永平元年（291）始，北方历时16年的"八王之乱"给西晋王朝以致命打击，"及惠帝之后，政权陵夷，至于永嘉，丧乱弥甚"①。关东地区，在蝗灾和瘟疫的双重打击下，更是"流尸满河，白骨蔽野"②。相比之下，江南虽"无千金之家"，亦无"冻饿之人"，"火耕水耨"即可自给自足③。战争、瘟疫、蝗灾、饥馑接踵而至，西晋王朝内乱之外，又遭五胡乱华，疲于奔命，席不暇暖。琅琊王司马睿在王导建议下，率部开始了史称"永嘉南渡"的大移民。北方士族、地主、富商举家携眷，连带门客、佃户南渡长江，在建邺（南京）建立了东晋。许多部族则抵达太湖一带。据史学家谭其骧统计，永嘉年间北方迁往南方的人口至少有90余万，占北方人口的1/8④。

随着晋室南渡，西晋灭亡，中国的政治经济文化中心首度南移。大批北方民众南下，打破了吴地地广人稀的局面，推动了土地开发与农田垦殖。汉代，无锡地区的人口规模始终处于较低水平。据《前汉书》卷二十八上《地理志第八上》云：整个会稽郡26县只有22.3万户，人口103.26万。又据葛剑雄《西汉人口地理》人口密度统计，汉平帝元始二年（2），会稽郡（北部）人口密度每平方公里仅为14.28人。同属吴地的临淮（淮东）则为42.89人，而楚地郡国为76.87人，泗水郡为40.96人，东海郡为78.93人，临淮郡（淮西）为42.89人，琅琊郡为50.87人，沛郡为69.81人。⑤ 由此可知，西汉后期会稽郡人口规模在当时处于最低水平，而晋室南渡这次大规模北人南迁一定程度上改变了这一状况。

永嘉之乱使无锡地区外来人口增加，此后，中原全面陷落，北民陆续南迁，投奔正统。《晋书》卷六五《王导传》云："俄而洛京倾覆，中州士女避乱江左者十六七。"南迁民众主要定居于长江流域的扬州、荆州、梁州、益州等地，今苏南地区亦在此列。为安置抚慰这些南迁的北方"衣冠"，东晋采用了侨置制度，即在江南设立侨郡侨县，这些郡县往往采用北方原州县名，于是吴越之地出现了青州、徐州、冀州、豫州等地名。无锡的侨县有"杼秋"（原在徐州附近），江阴的侨县有"利城"（原徐州南部）。南北交融虽有矛盾，却带来了文化的融合，也推动了江南的全面进步。一是农田开垦，水利兴修，经济得到发展；二是望族兴聚，经学兴起，文化得到提高。

---

① ［汉］班固. 晋书·食货志.
② ［汉］班固. 晋书·食货志.
③ ［汉］司马迁. 史记·货殖列传.
④ 谭其骧. 晋永嘉丧乱后之民族迁徙［J］. 燕京学报，15.
⑤ 葛剑雄. 西汉人口地理［M］. 北京：人民出版社，1986：97－98.

东晋太兴四年（321），晋陵内史张阖治芙蓉湖，泄湖水入五泄湖，注于太湖。并动员百姓挖土修堤围田，虽未成功，但为其后的围垦打下基础。南北朝时期，北人继续南迁，无锡地区初现人多地少矛盾，耕地趋于紧张，湖荡围垦再起，多于芙蓉湖周边和面积较小的阳湖进行，农田扩大数百顷。

江南湿热多雨，洪涝水患较为严重，《江南通志》云，"太湖之需治尤急"，在与自然的博弈与相处中，民人治水意识被唤醒，农田水利的兴修开始受到重视。六朝时，再次疏通长广溪，并治理芙蓉湖，修治阳湖堰，扩大灌溉面积。梁大同年间（535—546），对古称"西溪"的梁溪河进行大规模疏浚，将原河道拓宽加深为宽十余丈的河流，"梁大同中浚溪，故名梁溪"①。梁溪河打通了无锡南北水系交流，涝时城内之水可顺利泄入太湖，旱时湖水又经梁溪回流入城，极大改善了无锡的水环境。

水利工程的实施，促进农业生产快速发展。尤其是南朝时期，政府劝课农桑，奖励耕织，改水造田，农业经济有长足发展。一方面，来自中原的较为先进的农耕技术得以推广，北方区田法与牛耕得到普及。另一方面，通过精耕细作的农耕技术日趋成熟，铁制农具全面使用，生产力不断提升。南北朝时期，冶铁、铸铜、制陶、烧砖、造船、纺织等手工业也都有较快发展，逐渐显露出"地广野丰，民勤本业，一岁或稔，则数郡忘饥"② 和"渔盐杞梓之利，充仞八方，丝绵布帛之饶，覆衣天下"③ 的富庶样貌。

第三节　隋唐望县　漕运初兴

隋开皇九年（589），灭陈朝，改晋陵郡为常州，辖无锡县。隋王朝结束了南北朝的分裂割据局面，再一次统一了中国。为了加强对南方的统治和南北经济的联系，保证都城长安和边防军队粮食物资的供给，隋王朝决定依托南北多条人工运河和天然河道，对其进行疏浚、开凿，使之勾连贯通，形成了一道贯通江南大地的漕运主干线，把江南牢牢维系在中央王权的掌控之中。这条大运河全长达 2700 公里，"自京口至余杭八百余里，广十余丈，使可通

---

① ［清］光绪，无锡金匮县志．
② ［宋］沈约．宋书·卷五四·孔季恭传．
③ ［宋］沈约．宋书·卷五四·传论．

龙舟"① 的这一段为"江南河",与长江相交于扬州,形成"十字"水路枢纽,形成了"南船北楫竞往来"的通达局面。这条"江南河"沿途串联起当时南方的富庶之区,通达四方,吐纳任由,极大促进了地处江南河中段的无锡的崛起。畅通的南北漕运,为无锡打开了成为经济重镇的机遇之门,让长久以来偏安一隅的无锡从此迈进了繁荣的运河时代。

大运河的贯通很大程度改变了无锡自给自足的传统小农经济,凭借"左姑苏而右南徐,引蠡湖而控申江"② 的地理优势,无锡渐渐由传统单一的农业生产模式向农业与手工业结合、内控与外销兼备的生产方式转变,不仅成为江南重要粮食生产基地,也成为粮食集聚和转运中心,各类贸易码头也因市场需求而逐步崛起。隋朝时无锡段的漕运规模已无从查考,但其时贸易繁荣却有所印证,清乾隆《无锡县志》记载,隋大业八年,位于锡北的利津桥建成,因桥址所在水岸商市十分繁盛,遂改名"大市桥"。

小城无锡汲取着运河的营养悄然成长,北方却在唐天宝十四年(755)爆发了大规模的战争"安史之乱"。这场战争让长安周边的大片土地沦为战场,民不聊生,经济受挫,大唐盛世急转直下,呈现衰颓态势。战乱频仍的北方安居不再,大批北方士族平民四散迁锡,最多的一路向南,于江南湖泽之畔定居下来,兴产殖业,江南再次成为吸纳北民的家园。

人口流动导致长江流域人口密度上升,北人必须通过围垦荒地获得生产资源,锡城西部的大片湖沼由此得到开发,圩田使得无锡耕地面积再度增加。开荒垦殖、改造卑湿之地的同时,中原娴熟的农耕技艺和良种也引入无锡,耕作技术提高,并出现"香粳""红莲"等水稻新品。南北文化的融合再次推动了江南农业的开发,粮食生产逐渐执全国之牛耳。

安史之乱后,中央集权遭到削弱,各地藩王不再愿意主动给朝廷输送粮食,藩镇割据更是阻绝了粮食的陆路运输。唐肃宗李亨即位之后(756),京城粮需越发倚仗江南。"当今赋出于天下,江南居十九"③,大唐经济中心由北向南转移,江南遂成为朝廷最倚重的粮仓。

为解决运河南北水位差带来的水上通航问题,隋唐至两宋,无锡地区兴修了多个水利堰闸,调控水位,蓄泄有时,不畏旱涝。唐景龙二年(708)在

---

① [汉]司马光.资治通鉴·隋纪五.
② [元]王仁辅.无锡县志·卷四.
③ [唐]韩愈.韩吕黎集,卷十九,送陆歙州诗序.

城区束带河上曾建将军堰；《宋史·河渠志》载，唐至德年间（756—757）修望亭堰闸，通漕，灌溉常州至望亭运河两岸田；《新唐书·地理志》载，唐元和八年（813），常州刺史孟简于无锡南五里开泰伯渎，东连蠡湖，以济漕运。京杭大运河怀拥无锡城而过，与之相接河道众多，有直湖港、五牧河、锡澄运河、锡溧运河、伯渎河、曹蠡河、望虞河等，① 支流则更为繁多，水城风貌尽显。

京杭大运河无锡段

唐大历十二年（777），伴随城市规模扩大，人口增多，无锡升为望县。北方士族的南迁落户，为无锡带来人力、财力、技术与资源，推进经济发展，也影响了文化与风气。江南，不仅成为北方缙绅平民的避难地，也是士族文人的精神家园。唐代，无锡走出了科举史上的第一位进士——李绅，成为后世人才蔚起之先声。

"汴水通淮利最多，生人为害亦相和。东南四十三州地，取尽膏脂是此河。"② 南北大运河的贯通，极大促进了无锡的繁荣。运河两岸逐渐形成大市街、南市街等贸易市场，交易商品种类繁多，本地稻米、土布、丝绸、铁具、杂货、金银饰品等，与外来陶瓷用具、漆器、铜镜、茶叶、布帛，交相辉映，

---

① 无锡县志编纂委员会编．无锡县志［M］．上海：上海社会科学院出版社，1994：141．

② ［唐］李敬方诗．汴河直进船．

共同造就了贸易繁荣。水上的商品交流、文化互动逐渐推动无锡纳入经济文化的中心地带，运河漕运让无锡上承太湖之利、下接江淮之货，借漕运之兴脱颖而出，盛唐望县名副其实。

第四节　宋元升州　文教兴邦

宋开宝七年（974），宋太祖自江陵顺流而下进攻南唐，于第二年攻下金陵、占领常州。至此，无锡置于宋室的一统之下，继而开启了城市发展的白银时代。

宋室顺水而得江南，对水利建设十分重视。宋代运河，仅无锡水利堰闸工程，就修筑了五泄堰、莲蓉闸、斗门闸等堰闸，分段蓄水、调节水量，以确保防洪灌溉，补给运河水源，保持舟楫通行。宋淳化元年（990），废望亭堰，宋嘉祐年间（1056—1063）废梁溪堰，开运河沟通梁溪，通入太湖；宋天禧四年（1020），江阴知军崔立开横河，长60里，以通漕运；又疏浚利港，以利农田；成形于东晋元帝年间（317—322）的锡澄运河，于宋皇祐三年（1051）再加疏浚，自宋至明清，成为京杭大运河苏南复线漕运航道。宋嘉祐六年（1061），宜兴县尉阮洪疏浚了49条渎港；嘉祐年间，宜兴知县司马旦还开凿了新溪。

航运的贯通，战时利于军力军备运输，安时则利于粮食商品漕运。尽管自唐末吴越王钱镠便屡有禁令，限制围湖垦殖，但对粮食的需求却一再加速着围湖造田的步伐，中小型的阳湖、荌湖等皆被围成圩田。同时，农具的推陈出新，如用于除草的新式耥耙、带有木机械性质的龙骨水车，多重作用之下，无锡农业发展迅速，不仅形成了"稼刈麦种禾，一岁两熟"[1] 的稻麦两熟制，且水稻品种繁多，"香粳""红莲稻"等优质稻米更成为朝廷贡品，每年上贡多达五六万石。

至靖康之乱，北宋灭亡，宋室南迁，许多中原人士再次避乱吴地。北人落户后，继续对境内湿地进行围垦，导致河道淤塞，湖面湮废。面积超过一千平方公里苏南大湖芙蓉湖（也称无锡湖），至宋咸淳四年（1268）水面仅余"南北八十里"，至元代，芙蓉湖"岁久湮废"，再缩小至"东西四十五

---

① ［北宋］朱长文．吴郡图经续记．

里，南北四十里"①。土地的大面积开垦，无锡成为良田美地的富有之乡，又因培植选用良种，广泛实行稻麦间种，加之河泥等肥料的使用，太湖流域中等年景，亩产已可达二至三石，"国家根本，仰给东南"②，无锡业已成为举足轻重的角色。

南宋时，江南人口数量已两倍于北方，地少人多的矛盾在助推农业精耕细作的同时，也推动了手工业商贸活动的发展，原有的农耕理念和经济模式被打破，以农为本、工商谋富的新经济格局逐渐呈现，运河两岸的制陶、纺织、冶金、铸陶、金银饰品、造船、造纸等手工业都十分兴盛。在经济中心逐渐南移的同时，中原文明也在与江南文化的融合中得到延续和发展。宋立之初，宋太祖便有"兴文教，抑武事"的方针，南迁士族的文化带动和科举考试的刺激，无锡民间读书仕进风气大盛，崇文气质愈加显露。

无锡县学始建于北宋嘉祐三年（1058），设在学前街文庙，是无锡最早的官办学校。同样始于宋代、以自由讲学议政为特色的书院则在无锡文教史上留下更为浓墨重彩的一章。政和六年（1116），北宋名士杨时在无锡创建东林书院，为无锡书院之始。东林书院的设立，满足了民间教育需求，创新了锡地教育方式，促进了文化交流，铺垫了人才的崛起，于科考方面初见端倪。整个唐代无锡只出了一位进士，而两宋无锡进士数多达 69 人（北宋 167 年中有进士 31 位；南宋 152 年中，进士数增至 38 人），嘉定十六年（1223），又诞生了无锡历史上的第一位状元蒋重珍。"耕读传家""仕进兴家"，逐渐成为江南人家最朴实的生活理念和文化传统，民间办学出现了新的形式——私塾。元代元贞元年（1295），强以德创办梁溪义塾，在梁溪东置屋 30 余间、田千余亩，是无锡最早的规模化义塾。此后义庄、义学遍布城乡，民间崇文重教蔚成风气。

元代，对运河改道取直，元至元三十年（1293）元世祖完成了京杭运河的贯通，江南运河地位更为重要，以运河为主形成的运河网络，其主体部分一直保留至今，泽被古今。京杭大运河对无锡经济文化影响极大，明清时期无锡之所以形成布、米、丝、钱四大码头，正因为这条大运河，可以说运河构成的水网带来了无穷交通与灌溉之利。

自盛唐起，江阴逐步成为长江下游与日本、朝鲜和东南亚进行贸易的重

---

① 无锡市水利局编. 无锡市水利志［M］. 北京：中国水利水电出版社，2006：148.

② ［元］脱脱·阿鲁图等. 宋史·范祖禹传.

要港口，王安石的《求守江阴未得酬朱昌叔忆江阴见及之作》曾描写过这一盛况："黄田港口水如天，万里风樯看贾船。海外珠犀长入市，人间鱼蟹不论钱。"唐宋时，黄田港口一带商业贸易繁荣，形成了"江下市"。南宋绍兴十六年（1146），市舶务在江阴设立，管理对外贸易，相当于当代的海关。江阴与广州、杭州、宁波、温州、泉州、上海等，成为宋代的 10 个市舶司（市舶务）之一。①

苏常熟，天下足。苏南粮食自唐宋始已能影响朝廷税赋收入和天下人的生计。元代《无锡县志》云："总以一县之土，计之得一万五千八百六十顷三十八亩有奇，而田居十分之九，山水共得其一。故贡赋之出，莫不尚于勤农，以为邦本，虽易世不能变。"粮食生产一直是无锡农业的基础，水甜土濡，所产大米颗粒饱满，晶莹似珠，软糯馨香，历来为朝廷征赋的主要对象之一。元代，设无锡为官粮集中地，中央政府通过运河向大都输送粮食，择无锡设立亿丰仓，"合是州及义兴溧阳之粮，凡为石四十七万八百五十有奇，悉于此输纳焉。"②

运河上"商旅往返，船乘不绝"，交通的便利，贸易的兴盛，全面带动了手工业的发展，运河两岸商铺鳞次栉比，城中金银、彩帛、香烛、油酱、食米等作坊错杂开设。元元贞元年（1295），无锡县与江南诸县一起升为州，属江浙行省常州路。随着经济的发展、市场的繁荣，无锡地区人口不断增加，街市日渐兴盛，原有城区逐渐扩大。早在北宋乾兴元年（1022），县令李晋卿主持修筑了无锡最早的砖城墙，将子城范围扩大近一倍。元至正十五年（1355），无锡重修城墙，规制有所收缩。至正十七年（1357），起义军张士诚占据无锡，部将莫天祐为加固防守，以砖石砌筑城墙，城周开挖深 2 丈、宽 7 丈的护城河。但城墙的加固并未能阻止起义军之间的互搏，朱元璋在消灭陈友谅军队后，向张士诚割据的太湖地区大举进军。元至正二十七年（1367），朱元璋占领无锡。次年，明王朝建立，无锡由此进入一个新的历史时期。

---

① 关履权. 宋代广州的海外贸易［M］. 广州：广东人民出版社，1994：136.

② ［明］解缙. 永乐大典·陈迈亿丰仓记.

第六章

明清时期的乱世繁华

明清时期的江南，社会思想和政治经济格局都经历了最剧烈与纷繁之变。明洪武二年（1369）四月，无锡州复为县，属常州府。元末明初的战乱，让无锡遭受了重创，人口锐减，洪武十年（1377）无锡人口仅剩 13.8 万人，而元代的数字是 35.5 万人。此后，经过近 60 年的休养生息，至宣德十年（1435）人口才增至 21.76 万人。

明代是风起云涌、外忧内患的时代，倭寇为患，屡侵东南。嘉靖三十三年（1554），无锡民众在知县王其勤率领下，就地取材南门砖石，将原来的土城垣改筑为砖石城墙，日夜赶工，短短 70 天时间就筑起了周长 18 里、高 2.1 丈的城墙，以抵御外敌。四月倭寇来犯，王其勤率"窑兵"，登城抗敌，激战数日，在坚实城墙守护下，无锡这座小城终于得以保全。

大明王朝，曾是世界上手工业与经济最繁荣的国度。随着政权趋于稳定，科举再兴，海禁渐开，手工业、商业得到恢复发展，促进了市场经济化和城市化进程，在明中期形成了继西汉、宋朝之后的第三个高峰。除了明清之际因战乱一度受到破坏，这一高峰基本上持续到了清朝。随着白银外贸的繁盛，明朝的江南已成为绝对的经济中心。当时的商业大都会有北京、南京、扬州、苏州、广州、西安、成都等，无锡所在的太湖流域商贸最为繁盛。

在农业方面，自唐宋起太湖流域就一直是朝廷重要的粮仓，民谚"苏湖熟，天下足"所云正是此意。明初，朝廷为促进农业生产，修复了许多水利工程。宣德年间（1426—1435），工部侍郎、江南巡抚周忱大规模治理芙蓉湖（无锡湖）并在圩堤内新垦近 12 万亩良田，号称"十万八千芙蓉圩"，无锡县占地近 7 万余亩。加上水稻育秧移栽技术的推广和普及，无锡粮食产量逐年增加，《清朝续文献通考》引陈斌《沟洫论》说，"春豆夏麦，秋收禾稻，中年之岁，亩得三石，石一百斤"。无锡白米不仅产量丰，更以软糯馨香名播天下。明代万历年间，光禄寺①仓廒专设储存无锡白米的无锡仓，进贡朝廷每年一千石，约15万余斤。因征收官粮定额连年增加，无锡地产稻米外流，本地居民食米不够，需依赖外省客米补充，于是外地稻米由此向无锡集散。明万历二年（1574），无锡北门大桥附近米市已经形成。清康熙时期"皖豫米商纷然麇集，浙东籴贩靡不联樯"，至清雍正、乾隆年间，米市尤盛，"米豆之业甲于省会"②。南门外的伯渎港、黄泥垹两岸，遍布经营米麦豆黍的粮仓米店。北门外的北塘大街、三里桥一带，更是繁华异常，粮油栈店，鳞次栉比，商贾辐辏，百货骈阗。

明代始，江南农业生产已呈现出明显商业化色彩，其标志是农产品并非仅用来自己消费而是主要面向市场，粮食商品化趋势也日益明显，商业性农业的发展加速了各地区之间的商贸联系，许多重要商品的贸易，已不再局限于地方局域的狭小市场，而被贩运到远地销售，乃至行销全国。

宋代开始出现的市镇、市集，在明中叶以后有了更快发展，大量市镇的出现一方面对自然经济发展起到调节作用，一方面加速了人口聚集和市场繁荣，以至成为地区性工商业中心。无锡的梅村、东亭、甘露、荡口、羊尖、南泉、洛社等，都是人烟繁庶的古镇。由城市到市镇，再到星罗棋布的乡村集市，构成了一个地区性的贸易网络。可以说，江南地区是明中期以后最为繁华的地区。江南小镇店铺林立，早市、夜市"买卖昼夜不绝"，小贩、货郎走街串巷，来自全国各地乃至国外的商品琳琅满目，国外客商往来不绝，一派繁荣景象。

运河两岸，街市民居，依河而建，户户开门见水，家家枕河而居。"万井鳞次，崇垣粉堞，相错如绣"，明代《锡山纪略》将无锡城内民宅描绘成一幅精美的绣卷。隔河相望的亲水码头，曲折幽长的石板街巷，林林总总的各色店铺，伴随着欸乃的摇橹声，构成了小城鲜活的滨水生活图景。

在商业大潮中，许多地主富绅也积极从事商贸活动，推动了商业发展和家族转型。他们以商业资本崛起，又凭科举入仕，从而亦文亦宦，名利双收。同时，在望族富绅推动下，斥资兴学，私塾遍地，社会文风日盛，理学昌明，大批文化学者如邵宝、顾宪成、高攀龙等，兴办书院，设坛讲学，汇聚天下文士，倡导实学救世，传播经世思想。

---

① 专司宫廷膳食及祭享、宴劳、酒醴的官署。
② 清光绪十八年（1892）无锡米豆业公所建积余堂碑文。

明清之际工商业蓬勃发展孕育出资本主义商品经济的萌芽，同时发出破土之声的还有新兴市民阶层。"风声雨声读书声，声声入耳；家事国事天下事，事事关心"，东林领袖顾宪成作于 14 岁时的对联成为东林书院最鲜明的旨归，知识分子不再"一心只读圣贤书，两耳不闻窗外事"，而将"修齐治平"作为人生目标。东林党人超越传统知识分子的坐而论道，既是学术群体，也是政治派别；既钻研学问，又有政治诉求。反映出明末思想观念的变革。东林党人要求开通言路，"天下之是非，自当听之于天下"，主张"惠商恤民""四民平等"① 思想，都传达出体现社会进步的民主政治主张，和挑战封建专制的平权意识，也为清代以后实业报国提供了理论铺垫。

无锡的教育，也于明清时期进入了新的历史区间。明代二泉书院、城南东林书院、崇正书院，清代共学山居、锡山书院，文化学术中心、舆论宣传阵地遍布锡城。城乡私塾更如雨后春笋般破土而出，到清宣统元年（1909），无锡、金匮两县共有私塾 866 所，生徒 9400 人。与此同时，以义学为主要形式的家族教育在望族士绅的推进下得到极大发展。官方办学与民间办学共襄教育之盛。由此创造了一系列科举奇迹。唐宋至明清，无锡一县就出了 5 名状元、3 名榜眼、6 名探花、3 名传胪、530 名进士、1200 多名举人，也在科举史上创造了"六科三解元""一榜九进士"的佳话。

清雍正二年（1724），为加强对经济强县无锡的控制，分无锡为无锡、金匮两县。清乾隆年间，社会稳定，无锡人口剧增，两县总人口突破百万。晚清，无锡逐渐超越了科举框架，出现了一批崇尚科学、勇于实践的学人。华蘅芳、徐寿、徐建寅、薛福成，一批活跃于晚清社会舞台的英才，让无锡在鸦片战争后，得开放风气之先，引领中国民族工商业的步伐，开创出城市发展的黄金时代。

清道光二十年（1840），鸦片战争爆发，英军以坚船利炮打开了中国大门，拉开了屈辱与抗争的中国近代史序幕。战后，东西方的经济、文化相互交汇，动荡间碰撞出变革的火花，东南沿海地区则成为中国近代政治、经济、文化变革的摇篮。生计飘摇、国运未卜，动荡乱世间，精明的无锡人看到的是一种新的文明正在孕育，一个新的舞台正在搭建，一个新的时代正在开启。近代百年风雨沧桑，无锡有识之士面对国家民族的危难，承继经世致用、求真务实的传统，走实业救国的道路，创造出全方位挣脱封建陈腐观念、独立

---

① 　王培华. 明中期以来江南学者的"是非"之论［J］. 苏州大学学报，1998（2）.

创新的工商文化，谱写了无锡近代百年崛起的华章。

清咸丰十年（1860）爆发太平天国战乱。在历经三年多酷烈的战事之后，无锡城已残破不堪，战前的64万人口锐减至27万，只余四成。[①] 同治元年，锡金城乡士绅恢复了恒善堂，处理地方善后事宜。此后，逐渐发展为议事机构，管理地方公款公产，直接插手地方政事，开地方"自治"之先河。战后的无锡，显示出惊人的修复能力。清同治五年（1866）后，一度被毁的无锡米市逐渐恢复。至光绪九年（1883），米行已增至80家，[②] 在城北、南、西水运要道形成了"八段米市"。其中三里桥一带、古运河沿岸，米行林立，每年粮食成交额在400万—800万石。对岸的江尖渚附近，粮食堆栈鳞次栉比，仓容量达200万石。粮船往来，朝夕不绝，帆樯如织，篙橹交声，商贸再度繁荣。光绪十四年起，清政府把浙江各州府的漕粮转到上海、无锡采办，又指定江苏各县的漕粮在无锡集中装运，无锡成为江浙两省的办漕中心和漕粮转运站。运河北岸，码头衔接、粮行相连、堆栈相傍、客商云集。

经历了太平天国战火的劫难，无锡原有农业经济格局被打破。战乱平息后，流亡上海的绅商地主返乡，并迅速兼并散亡户的土地，重修宗族义庄，恢复生产。他们敏锐察觉到市场走势，设茧灶，缫丝弄桑，建立仓厅，将地租收入转化为工商运营资本。明清时期，土布交易堪称"吾邑生产之一大宗"，明弘治时期无锡仅莲蓉桥布市已"一岁所交易，不下数十百万"[③]。清中叶时，土布织机遍布乡野，全县有织布木机约4万—5万台，年出产土布约300万匹，占全国棉布产量的6.7%，经销土布则达700万—1000万匹。清同治元年，清廷允许洋人采办土货，清光绪时，无锡各乡镇丝茧交易已蔚为大观，"每至四月间，茧行林立，收茧之多，岁必数万金。"[④] 无锡蚕桑业与手工缫丝业初具规模，城乡三大丝市分布于北门外、南门外和东乡鸿山，丝行共30余家，每逢新丝上市，"蚕农丝商云集，道之为塞"[⑤]。据锡金厘金总局统计，光绪四年苏常镇三府生丝总产为35.5万斤，其中无锡以13.8万斤

① Lynda S. Bell, From Comprador to Country Magnate: Bourgeois Practise in the Wuxi Country Silk and Industry, In Joseph W. Esherick, Mary B. Rankin. (eds.), *Chinese Local Elite and Patterns of Dominance*, Berkeley: University of California Press, 1990, pp. 125.

② 无锡粮食局编. 无锡粮食志［M］. 长春：吉林科学技术出版社，1985.

③ ［清］黄卬. 锡金识小录·卷一·备参上·力作之利.

④ ［清］侯鸿鉴. 锡金乡土地理. 无锡艺文斋话文本，清光绪三十二年（1906）版.

⑤ 陈璧显主编. 中国大运河史［M］. 北京：中华书局，2001.

独占鳌头，超苏州生丝量的 68.29%。其后两年，无锡手工缫丝产量为 32 万斤，其中生丝输出超过 18 万斤。① 清光绪六年，《申报》称："近年来苏地新丝转不如金、锡之多，而称之销场亦不如金、锡之旺。"② 无锡丝茧市场甲于东南，"丝都"的誉称由此而来。

清光绪九年，英商在许舍首设其均蚕行，直接收购鲜蚕烘干运上海工厂缫丝。至 19 世纪 90 年代，茧行规模较大者有 70 余家，茧灶 800 余座，并出现了为中外丝厂代理收购蚕茧的茧行。由于外商在锡收购，加上水运便利，省内及浙江、安徽等省部分县的蚕农纷纷到锡售茧。

频繁的商贸活动，培育了无锡工商业的先行者，他们以敏锐的目光和开放的心态，及时抓住历史性的发展机遇，充分利用区位优势、民智民力，用经世致用的智慧改写了城市历史，推动着无锡从一个县治小城成为清末民初的经济重镇，进而在近代民族工商业发展进程中大放异彩。

---

① 陈璧显主编. 中国大运河史 [M]. 北京：中华书局，2001.
② 农学报，第 26 期，光绪二十四年三月中，引自陈璧显主编. 中国大运河史 [M]. 北京：中华书局，2001：554.

第二编 02

| 工商名城 百年华章 |

　　无锡是中国民族工商业的重要发祥地，在近代百年书写了非同凡响的璀璨华章。因为民族工商业的快速崛起，小城迅速走向繁荣，最先完成了近代化的进程，在历史舞台上绽放出耀目异彩。

　　新中国建立后，无锡又最早开始经济的探索，20世纪50年代诞生了第一家乡镇企业——春雷造船厂；在新时期改革大潮涌动之初，无锡勇立潮头又创造了具有阶段性意义的乡镇经济范式——"苏南模式"，书写了新的传奇。1985年，无锡跻身全国"十五个经济中心城市"之列，2004年，无锡荣获"2004 CCTV中国最具经济活力城市"美誉，颁奖词充满激情地赞扬无锡曰：这座拥有千年文明、百年繁华的城市，诞生过中国最早的民族工商业，中国最早的乡镇企业。从"苏南模式"到"外资高地"，这座城市始终在用行动表达：这里不仅"盛产"风景，"盛产"院士，也盛产创造财富的奇迹。2012年，美国《外交政策》在全球两万多座城市中评出了75座"全球最具活力的城市"，中国有29座城市入围，无锡位列其中；2013年，无锡获福布斯公布的"中国创新能力最强的25座城市"第二名，2015年再获"中国大陆最佳商业城市"地级市第一名。事实上，无锡所有经济荣誉的获得都离不开其深厚的历史渊源，以及20世纪上半叶实业家们所开创的优秀工商业传统。

第一章

民族工商业的发轫

　　无锡风光秀丽，物华天宝，唐宋以来一直是宜居之地。因为自然环境得天独厚，交通条件便利通达，民性灵活开放而务实，很早就积淀了发展商品经济的肥厚沃土，为近代工商经济的崛起奠定了重要基础。

　　几千年来，中国传统文化一直对商业贸易表现出极大蔑视，工商之业被视为不入流之"末技"，"士农工商"的阶层排列也将"工商"排在后位。白居易《琵琶行》为歌姬"老大嫁作商人妇"而喟叹，冯梦龙的《杜十娘怒沉百宝箱》中，杜十娘的自沉主要源于对李甲的绝望，捎带的还有对孙富的不屑，这些古代文学作品折射出商人遭人鄙薄的社会现实。这种排斥工商的极端观念，长期以来严重制约了中国经济发展和科学进步。直至外辱频繁的近代，受到外国列强深深伤害的国人才开始意识到自身文化的缺陷，实业兴邦、工商强国的愿望得到激发。在新旧思想碰撞和观念转变中，无锡却显示出了迥然相异的群体开放性与灵活性，在"工商强国""实业救国"思想影响下，无锡人务实创业，开拓进取，走出了一条不同的实业兴邦的辉煌之路。

第一节　巧做能工，蕴藉千载

　　早在春秋战国时期，太湖流域就在印纹硬陶、釉陶的基础上出现了原始瓷器，器型、纹饰也繁复多变。从春秋墓葬出土的纺织工具看，也有了早期的"绣衣锦裳"。鼓风炉的改进，使吴地冶炼技术，尤其是铸剑技艺名闻天下，《越绝书》等历史文献中，都记载了铸剑大师干将、莫邪夫妇为吴王阖闾铸剑、以"童男童女三百人鼓橐装炭"，火焰白炽，"金铁乃濡，遂以成剑"的故事，他们铸剑的大山也因此得名"莫干山"。司马迁在《史记》中说"吴钩越剑，天下名重"，可见其时吴钩越剑受到重视的程度。

春秋晚期，吴地先民已能锻铁为器，青铜和铁制工具开始用于水利、造船、运输业。吴越战争结束之后，范蠡先后在无锡养鱼，宜兴经商，又辗转于齐鲁，成为富可敌国之巨贾。① 可以说，范蠡的货殖经验、经商之术和致富之道，深刻影响了无锡。荣德生就说："尝思陶朱公，亿则屡中，非偶然也"，并潜心研习"陶公商学"，且"颇有会通"，自认创业成功乃深受范蠡影响。

西汉无锡置县。这一时期，吴地经济有所发展，铸铁技术也得到改进，"脱碳成钢"和"炒铁成钢"技术的发明，以及锻打、淬火、脱碳等技术的应用，推动了"百炼钢"（一种优质韧性铸铁）的问世，陶瓷业、丝织业、砖瓦业等也在不断扩大的需求中增加了产能供给。

西晋末期的八王之乱，导致"晋室南渡"，90万北方士族的移民江南，为吴地带来了资金、技术、人才和发展机遇，江南地区开始成为经济文化的中心，无锡全面受到带动。唐代，长达八年的"安史之乱"，再次造成中原大批移民南下，为江南输送了大量人才和资源。及至汴梁陷落，宋廷南迁，再次造成大量北方士族和物资货币向南流动。在数度大规模动乱中，北方一再遭受重创，人才、资源严重流失，而江南却因此而快速繁兴，无锡也在得益之列。

南宋时期，偏安一隅的朝廷对民间悄悄兴起的农商活动采取宽松政策，促进了江南经济的开发，形成了朝廷"辇越而衣，漕吴而食"的格局。宋元时期，宜兴陶瓷手工业迅速崛起，江阴成为海外贸易的重要港口，无锡养蚕缫丝业遍布乡野，缫丝织造工艺不断改进。制茶工艺日趋成熟，茶叶贸易日渐兴盛，阳羡、雪浪等无锡名茶声名远播。同时，造纸业的发展，为明代无锡刻书印书业"大盛于世"提供了物质条件。明代中期，无锡文人刻书逐渐向商业性书坊发展，铜活字印书、装帧技艺不断提高，成为全国刻书印书业高地。

明清时期，无锡工商经济走向繁盛。市镇建设的兴起，推动砖瓦业成为无锡最重要的产业之一，"向自吴门而外，惟锡有砖窑，故大江南北不远数百里取给于此"。明代洪武时期起，无锡连年为南京墙提供大批城墙用砖，称盛于正德时期。清代时，砖瓦生产规模继续扩大，南门一带砖窑多达150多座，并出现了专为大窑提供瓦坯的专业户。无锡"砖瓦盛行于数百里内外"，质量数量皆属一流，"大江南北，以无锡之砖为贵"②。

漕运的繁荣有力带动了吴地造船业的发展，唐宋时期，吴船已遍行天下。

---

① ［汉］司马迁．史记·货殖列传．

② 李伯重．江南的早期工业化［M］．北京：社会科学文献出版社，2000：211－213．

明代时，江南造船形成专业化生产规模，无锡有"五姓十三家"获得朝廷批准的造船特权，所造船只类型包括航船、货船、渔船、游船（灯船）、渡船、营船（"沙唬"战船）等，尤以大棚宽舱、雕梁画栋的灯船驰名于江南。有一种"西漳船"乃无锡人独创，它改良多种船型的产物，舱容大、吃水浅、航速快、易装卸，成为清中后期内河木船的主要船型。

无锡的冶铸业，明清时期也有长足发展，形成了王源吉等多家专业冶坊，所产"无锡锅"不仅供应江南，还远销辽东、宣府、大同等地；钟鼎磬炉等寺庙专用法器，则以曹三房为代表冶坊，泥型、砂型、拨蜡等工艺被用于铸造，器物造型稳重美观，钟磬声音洪亮，余音绕梁，产品遍销国内古刹名寺。

明清时期，无锡酿造业十分繁盛，黄酒、酱油、酱菜是无锡重要的特色商品，其中，尤以惠泉黄酒享誉全国。惠泉黄酒由南宋时居于惠山的蒋氏所首创，采用上等糯米、粳米为原料，以二泉之水酿造而成，口味醇厚、风味浓郁，行销全国，是当时民间最受青睐的馈赠佳礼，名列"四大南酒"之首。清代惠泉酒风靡京城，久盛不衰。康熙帝南巡时曾品尝此酒，并留下《无锡小民以羔羊惠酒争献御舟笑而遗之》一诗。酿造业全盛时期，无锡全城酒坊多达200余家，年产酒"数十万斛不止"，清诗人杜汉阶有诗"惠山泉酒久驰名，酒店齐开遍四城。最是江尖风景好，红栏绿柳远山横"，可领略其时盛况。

无锡的棉纺织业最早形成规模，明末时，民间纺织已经超越官办企业形成了庞大的规模。无锡的怀仁、宅仁、胶山、上福等乡，家家户户大都以纺纱织布为副业。因为出产的土布数量多质量好，被誉为"泰伯乡"的许家桥出产的窄幅"高丽布"和荡口等地用黄麻和蚕丝混纺用来制作夏衣的缣布，在市场上最受欢迎。

因为纺织业的繁兴和社会分工的细化，无锡出现了许多专门销售、加工、贩运棉麻纺织品的商铺、作坊和运输商，又因获利丰厚而刺激了民间商贸业的发展。无锡北门外的莲蓉桥堍，就是当时纺织品的交易之地。运河上客商往来，舟楫不绝，沿河一溜排的商铺形成了相当规模的布市。布商们坐地收购，再销往其他地区，仅与淮阴、扬州、高邮、宝应地区的交易"一岁之交易不下数十百万两"。至清初时，无锡已是远近闻名的布码头。

鸦片战争前，花行、布行和丝茧交易与北门外的粮食交易一起，形成了运河沿岸的繁荣景象，仅棉布一项，年销售量就达近1000万匹。当时城乡交易量较大的布行有十多家，四大著名商号有"唐时长""李茂记""王隆茂""张全泰"。正是民间纺织品生产交易的刺激，纺织业才最终成为近代无锡重要的支柱产业。

鸦片战争以后，蚕桑缫丝业成为乡村主要富业，家家养蚕，户户机杼。19世纪六七十年代，无锡蚕丝开始销往欧洲，1878年，已成为江苏最大的产丝县。1880年丝产量高达3220担，其中40%出口海外，60%销往上海、南京等地。无锡乡间茧灶、茧行蔚起，19世纪后期薛南溟等官宦商贾的加入，推动无锡步入机器缫丝时代。小城无锡很快成为国内丝绸生产重要基地，绸缎庄遍布街头，县城内就有数十家。20世纪30年代，无锡丝厂总数、蚕丝产量、品质和出口吨位，均高居全国榜首。

除了米市、布码头、丝茧市场及其背后的碾米、磨粉、榨油、棉纺织、缫丝等手工业，无锡还以大宗商品长途运销为基础，形成了一定的市场组织和交易方式，成为近代工商经济和工商文化发展的直接前导。

第二节　厚积薄发　实干兴邦

无锡民间的务实传统并非无源之水，而有士族学人的理念作为支撑。从明代东林党人的"经世致用"思想，到晚清薛福成"工商强国""导民生财""殖财养民""藏富于民"的建议，工商思想早已根植人心，实业兴邦、科教济世成为无锡民间共识。当时的东林学人目睹江南民间手工业的蓬勃发展，一反重农抑商、崇本抑末的传统观念，大胆提出工商为"生人之本业"（赵南星语），"农商同利"、"士商异术而同志"（王献芝语）、"良贾何负宏儒"（戴震语）等观点，并要求朝廷应"为商为国"、"曲体商人"（高攀龙语）、"爱商恤民"（李应升语）。这些务实主张，连同现实中的工商实践，最终沉淀为无锡社会独特的主流价值观念。知识分子"黜浮靡，崇实学"的主张，成为了近代以降无锡民族工商业迅猛发展、经济日趋繁荣的重要思想根源。

从1840年鸦片战争爆发至20世纪前叶，是中华历史上最忧患深重、多灾多难的时期，李鸿章称之"数千年来未有之变局"。但民族灾难也激发了国人的兴邦之梦。无锡的有识之士积极投身社会变革大潮，闯出了一条实业救国的振兴之路。自杨宗濂、杨宗瀚兄弟1895年开办第一家民企业勤纱厂后，1902年，荣宗敬、荣德生兄弟在古运河畔西水墩创办了无锡第一家面粉厂——保兴面粉厂（后更名茂新）；1904年，在上海创下雄厚基业的周舜卿，在家乡东绛开设了无锡第一家缫丝企业——裕昌丝厂；1905年，从事面粉加工获利的荣氏兄弟，又与族人合办了振新纱厂；1909 年，石塘湾人孙鹤卿在投资地产获得巨利后转向实业，建办了乾牲丝厂（1911 年正式开工）；同年，孙鹤卿又与薛南溟等集资 6 万两纹银，在锡创办耀明电灯公司，开启了无锡地区用电历史。1903 年和 1909 年，实业家祝大椿先后在锡创办了源康、乾元两家丝厂；1910 年，常州人许稻荪和杜凤标、丁汝霖三人集资 10 万两，在古运河畔的南下塘 213 号创办了振艺丝厂，盈余甚巨。1922 年该厂由许稻荪独自经营，增资扩厂，缫丝车规模达 828 部，成为全县缫丝车数量之冠，也是当时全国规模最大的丝厂之一。1910 年，从事碾米和绸布经营的唐保谦、蔡缄三合作创办九丰面粉厂；1910 年，邹海周创办邹成泰碾米厂，为日益繁荣的米市提供现代加工技术手段。1908 年，投资上海永泰丝厂的薛南溟，回锡租赁西门外的锡金丝厂，并从上海聘请徐锦荣任厂长，改厂名为锦记丝厂。1910—1911 年，无锡还先后出现了润丰、俭丰、恒丰三家机器榨油厂。至 1912 年，无锡已有 20 余家民办企业，基本奠定了纺织、缫丝、面粉加工三大城市工业主体，也形成了一个"锡商"群体。这个群体在后来的岁月中，日渐庞大，成为推动城市经济发展最重要的一股力量。

在实业家们的积极创业和拼搏下，无锡在江南诸城中最早完成了城市的近代化转型，工商业发展推动经济实力上升，城市快速崛起，地位不断提高，为小县跃入现代工商强市奠定了基础，也加快了整个苏南的近代化进程。

实业家群体的创业，不仅带动了城市经济的崛起、小城地位的提高，实业家们对城市基础设施的积极投入，很大程度改变了小城旧貌。北门杨氏斥资建设了城北地区的路桥设施，城西荣氏修建了开元路和宝界桥、大公桥等七十余座桥梁；杨氏、荣氏、王氏、周氏还开发建设了鼋头渚、梅园、蠡园、周新镇等园林城镇，极大改变了城市面貌，也为未来城市山水园林开发打下了基础。无锡实业家还广泛涉足各项社会公益事业，兴办教育、设立医院、建设图书馆、修缮古建筑、整治河道以及各种慈善救助等，提升了城市管理、公共文化和百姓生活水平，为日后崛起蕴藉了力量。他们的积极创业和精神追求，也深刻影响了城市人文风气和百姓群体性格，务实勤勉、注重实效、顺应潮流、敢于竞争，成为这座城市共有的民性。

第二章

"四大码头"美名播扬

明清之际的无锡，虽然只是一个县，但南临太湖、北依长江，大运河穿城而过，水运交通条件可谓绝顶优越。凭借江运、漕运的地理优势，无锡很快便成为江南向北方输运粮食的主要集散地，逐渐与长沙、芜湖、九江一起成为中国的"四大米市"，交易量达到总量的四分之一。米市之外，无锡同时也拥有了"丝码头""布码头"的美称。伴随商品贸易的快速发展，由商业资本金拆借周转衍生而成的金融业也快速跟进，无锡因此还有了"钱码头"之称，为这座江南城市近现代工商业的跨越式崛起埋下了伏笔。

无锡是一座与水休戚相关的城市，因水而兴，因水而荣。沿着千年汩汩流淌的古运河，沿岸分布着无数个码头，以方便人们下船登岸，运输货物。但此处说的"码头"，并不仅仅是实指的码头，而是另有深意。在无锡，"码头"不仅意味着泊船登岸之处，还专指滨河商贸交易旺地，生意人往来各地做买卖，也总说成是"跑码头"。

翻开历史长卷，无锡究竟有多少码头？老人们最熟悉的当数"书码头"。以前人们习惯将评弹的弹词称为"说书"，听评弹的场所称为"书场"，20世纪前中叶评弹艺术最红火时，无锡的书场曾多达上百家，从南门到北门，书场里经常座无虚席，闹猛异常，因此赢得了"江南第一书码头"之誉。此外，还有"酒酱码头""蔬果码头""茶叶码头""陶器码头""绣品码头""机械码头""印刷码头""香烛码头"……，无数码头名噪一时。粗略统计，近代以来在无锡被呼为"码头"的至少有30多个。

老北塘一带是这类码头最集中的地区。北塘莲蓉桥下东西桥堍有金银码头，状元楼附近湾巷里有木材码头，茅泾浜上有柴火码头，江尖渚上是陶器码头，一年四季缸甏堆积成塔；北塘沿河还有菜码头，批零经营南北地货；蓉湖庄一带是仓储码头，仓库栈房最为集中。大河池沿河有水产码头，每日清晨鱼虾交易最是红火，故有"南门豆腐北门虾，鱼腥虾蟹闹北塘"的民谣流传。酱园浜上的酱码头也很知名，历史上无锡酱糟业非常发达，1930 年前后有 50 多家酱园糟坊，其中 38 家都在北塘，正是这些特色鲜明的码头——专业贸易市场，造就了北塘的整体繁荣兴旺。

当然，无论从经济规模的角度，还是从历史意义层面审视，最凸显无锡经济实力和重要地位、最能反映无锡工商业兴盛与繁荣的"码头"，是"米码头""布码头""丝码头"和"钱码头"，经常被并称"四大码头"。19 世纪中期，无锡沿河贸易兴旺，20 世纪初以来运河边更是工厂林立，与漕运、码头交易互相呼应，共同造就了经济的繁荣。无锡作为浙漕经太湖北上的必由通道，"米市"形成由来已久，始于唐，兴于明，盛于清，在古代粮食贸易和皇朝漕粮采办中一直拥有重要地位。20 世纪前半叶的短短数十年，无锡已然夯实面粉加工、纺织业、缫丝业等三大基础产业，而这些企业的兴盛无疑也成为"码头经济"的重要支撑。

一、米码头

无锡众多"码头"中，以"米码头"名气最大。所谓"米码头"就是粮食贸易集散地，也称"无锡米市"，其交易不仅包括稻米、小麦面粉，还有黄豆、油饼及其他杂粮交易。这一带，在古代粮食贸易和朝廷漕粮采办中一直拥有重要地位。漕运鼎盛的明清时期，平均每年粮食吞吐量高达 800 万—1200 万石。清光绪时，无锡形成了北塘、三里桥、黄泥桥、北栅口（称"北四段"）和伯渎港、南上塘、黄泥垮（称"南三段"）及西塘共八段米市。在八个米市中，北塘的三里桥粮食市场规模、交易量名列第一，也位列全国之首。这里，每天船来舟往，岸上米行密布，人流如织，交易繁荣，是无锡最热闹繁华的商贸高地，经济活跃度远胜于其他地区。因为经济贸活跃，各类配套服务业最齐全，无论钱庄、堆栈，还是老无锡人津津乐道的老字号聚丰园、状元楼都集中于此。

给无锡带来美誉的码头经济，在运河水岸得到了最充分的展现。支撑米码头在近代持续繁荣的，除了交通便利的商业区位优势，还有发达的粮油加工产业背景和无锡人精明的商业意识和管理能力。中国的"四大米市"——无锡、芜湖、九江、长沙，都依傍长江或运河，交通便利，环境优越，而无锡米市因市场秩序好、交易公平而更受青睐，交易量位列四大米市之首。"无锡米市"的形成，是封建社会农业商品经济时期的产物，对促进粮食生产、贸易流通发挥了积极作用，也给当地经济发展、民众生活带来了巨大裨益。无锡米市经历数百年沧桑，20 世纪 80 年代一度重现辉煌，1990 年粮油交易量再居"四大米市"

之首，2011 年因城市建设需要，无锡米市移址快速内环西北段内侧继续经营，其规模与影响力已难与鼎盛期同日而语，但作为当年米市鼎盛旋律的一脉余音，令人回味。

　　闻名遐迩的"四大米市"，是中国封建社会农业商品经济不发达时期的产物，但对促进当时粮食生产、贸易流通发挥了积极作用，也为当地经济发展、民众生活带来巨大裨益。四大"米市"有一个共同特点，那就是依傍长江水系，漕运便利，粮食生产丰富和商贸发达。无锡米市主要由南北两大市场组成。南市场以无锡粮油中转储备仓库为基地，拥有铁路粮油专线、京杭大运河米码头的优势，以稻谷、小麦、大豆、玉米等大宗原粮交易为主；北市场以原粮油市场为主体，以成品粮油现货交易为主，满足锡城及周边地区居民米袋子菜篮子需要。三里桥一带是国内最大粮油集散地，1990 年粮油成交量仍居诸城老"四大米市"之首。

位于运河畔三里桥一带的无锡米市旧址

二、布码头

　　早在明弘治年间，无锡民间的家庭土布织造已十分普遍，四乡农村几乎家家有纺机，户户织棉布，民间的土布贸易十分活跃。明弘治年间，无锡北门外莲蓉桥南边就已形成热闹的布市。至明代后期，无锡北门一带的布行巷已成为江阴、武进、宜兴、常熟等地土布的重要集散地，"坐贾收之，拥载而贸于淮扬高宝等处，一岁所交易不下数十百万"，"布码头"的美誉开始蜚声海内外。明代，是徽商贸易活动十分频繁的时期，许多徽商落户无锡，"布码头"的美称便是从徽商中传布开来的美称。明末清初，布码头曾一度衰落。至清代中叶，无锡民间的家庭棉织业再度兴起，全县织布木机有 4 万—5 万台，年产土布 300 万匹，占全国棉布产量的 6.7%。各地布商云集无锡，从北栅口至北塘，形成绵延数里的布市，花纱布交易市场主要集中于江阴巷中段的石柱下。无锡"布码头"之称，始见于清代乾隆年间黄印的《锡金识小录》，内云："尝有徽人言'汉口为船马头，镇江为银马头，无锡为布马头'，言虽鄙俗，当不妄也。"从杨伦的诗句"晓听机声夜纺纱，不知辛苦为谁家。长头卷好郎欢喜，冒头冲寒去换花"；"花布开庄遍市廛，抱来贸去各争前。要知纺织吾乡好，请看江淮买卖船"也可窥见当时民间棉花布匹交易的纷纭景象。乾隆年间，无锡每年经销的土布达 700—1000 万匹。因此，无锡有了"布码头"之称，与汉口的"船码头"、镇江的"钱码头"，并称为长江"三码头"。

三、丝码头

丝码头，即丝市。《诗经》有诗曰："绿兮丝兮，女所治兮。"早在春秋时期蚕桑丝织就已成为江南百姓生活的重要内容，长江流域的楚、吴、越等国都已有蚕桑与丝织业，吴越之间、吴楚之间都因为女子争桑而发生过战事。历经千年发展，至明清时期，江南生丝市场已十分成熟，尤其是清末制丝业发展更为迅速。至 19 世纪 80 年代，江南生丝年产量已达到 350 万—400 万公斤。光绪四年（1878）时，无锡的生丝产量约为 13.8 万斤，占苏、常、镇三府生丝总产量的 38.83%，是江苏省最大产丝县。最能激活无锡生丝生产的是民间兴旺的蚕丝贸易，那一时期无锡每年蚕丝交易量达"数十万斤之巨"，蚕丝经营总量远超本地生产总量，在大宗蚕丝交易中亦获利不菲。生丝乃农家自产的土丝，蚕丝加工手段也主要依赖手工缫丝，植桑、养蚕、收茧、缫丝、织绸等工序全部在乡间完成。光绪六年（1880），无锡年输出生丝约 10 万公斤，出口约占总产量40%，其余六成销往周边地区。当时无锡已形成多处土丝集散中心，最大的是江阴巷的交易市场，丝行林立，每年 6 月土丝集中上市时，四乡蚕农纷纷赶来，导致"途为之塞"。经营规模较大的丝行有 30 余家，这些商行除了收购本地土丝，贩至上海售给洋行或华商丝行，还大量收购或转运邻近各县土丝，年营销总量超过 20 万斤，是无锡本地生丝产量的 2—3 倍，由此成为甲于东南的丝茧市场。

建于 20 世纪 30 年代初的丝茧仓库，现为北仓门生活艺术中心

运河边的北仓门丝茧仓库全景

　　据清政府厘金总局的统计，光绪五年（1879）无锡出口生丝产量达 91184 公斤之多，光绪七年（1881）无锡开设茧行收茧，1910 年已有茧行 140 家。1913 年无锡养蚕户达 142005 户，占无锡县农户 99.91%，可谓家家栽桑、户户养蚕。19 世纪末，江浙两省出现了代收蚕茧的茧行，土丝集散逐渐让位于蚕茧购销，丝市遂转变为茧市。随着机器缫丝业的兴起，蚕茧需求随之增加，民间手工缫丝日渐衰落，蚕茧交易市场形成。1904 年，周舜卿率先在东堰创办裕昌丝厂。1910 年，浙江全省仅有 4 家缫丝厂，而无锡一县已有裕昌、锦记、源康、乾牲、振艺等 5 家丝厂。其时，无锡茧市兴旺，民间茧灶多达 800 余座。外商也

纷纷来锡设立茧行，吸引了省内外、包括浙江、安徽等地的茧农从水路载运蚕茧来锡出售，无锡再次成为苏、浙、皖三省蚕茧交易的集散地。

四、钱码头

北塘的前竹场巷，是无锡早年的金融街，后被人归为"钱码头"。随着米、布、丝码头的兴盛，银钱业应运而生。清咸丰、同治年间，无锡已有大小钱庄6家，主要集中在北门和西门。那时大量米船抵锡后，商人一般会购买些丝绸杂物带回，而钱票放在钱庄里更加安全便利。1904年，周舜卿在锡开办"信诚银行无锡分行"，是为无锡最早的银行。这一时期工商业的迅速发展，促进了银钱业的壮大，至1930年，无锡钱庄数量增至23家，银行6家，大都设在莲蓉桥堍，成为苏南地区的金融中心和远近知名的放款码头。

商贸码头的形成，首先源于交通的便利。北塘大街依傍运河，原为芙蓉湖旧址一部分，河面较宽，河底较深，便于商船停泊。米市交易兴盛时这里可停粮船千艘，载粮百万石，宛若一座水上的巨型仓库，是南来北往商船的天然良港。依傍北塘大街有九条河道，恰似四通八达水上的路网，一是贯通南北的京杭大运河，唐宋以来就是南北漕运主动脉，而北塘河段位于绝佳的黄金地段；二是北塘的内塘河，此河直通无锡城里，使船只自如进出于大运河而无风浪之忧；三是通往北闸贸易集市的顾桥顾港河；四是直通长江的高桥锡澄河；五是通往太湖的双河杨溪河；六是围绕联通无锡城的梁溪河；七是可以抵达江海的北新河，另外还有沟通无锡北乡贸易的沌米庙河道和咸塘张塘河，每条河的河岸边都有街巷、集市和登岸码头，形成了一张庞大而有序的商业交易网络，为北塘的经贸兴旺输送了生命活力。北塘的兴旺，正赖于此。

第三章

无锡的实业情况

第一节　繁荣兴旺的粮油业

无锡米市的繁盛，有赖于地理位置优越，交通便利，且依托于无锡发达的粮油加工产业。

江南乃稻米产地，加之粮食交易繁兴，无锡的粮食加工业很早便已起步，并随着工商经济崛起而日益繁盛。1902 年，荣氏兄弟就在运河畔的太保墩集资创办了无锡第一家机器面粉厂——保兴面粉厂，由此起步在数十年中逐渐成为名闻遐迩的"面粉大王"。1909 年，唐保谦、蔡缄三、夏子坪等 9 人也合股创办了九丰面粉厂，成为继"保兴"之后的又一大面粉加工企业。1907 年无锡诞生了第一家机器碾米厂——大丰机米厂，在国内率先使用电力进行机械化粮食加工。至抗战前夕，无锡已有 20 余家面粉厂、17 家碾米厂，依托米市的大环境，无锡的粮食加工在运河沿线形成了生产、加工、仓储、交易一体化的经营模式，成为全国粮食加工业的高地，粮食堆栈容量亦为东南各省之冠。而且，因为无锡拥有其他粮食的集散吐纳优势，面粉加工、榨油等行业也应运而生，共同构筑了无锡近代以来粮油业的繁荣。

一、"面粉大王"荣氏兄弟

无锡粮食交易的活跃，一方面源自历史传统的延续，另一方面源于粮食加工业的繁荣。历史上，粮食加工业一直是城市重要的三大支柱产业之一，自荣氏兄弟 1902 年开办保兴面粉厂（后更名"茂新"），迄今已有一百多年历史。2005 年年底，茂新面粉厂原厂房被改造为"无锡中国民族工商业博物馆"，正式向公众开放。

茂新面粉厂初名"保兴"，由荣宗敬、荣德生兄弟与朱仲甫等共同集资创办，是荣氏兄弟涉足民族工商业的第一家企业，见证了荣氏集团发展壮大的历程，也见证了小城无锡民族工业崛起的不凡历程。作为无锡首家面粉厂，"茂新"诞生于特殊的历史背景下，1900 年八国联军的入侵，令中国陷入重重危机，国运衰微。在广东三水河口厘金局任职的荣德生，在 204 种进口商品中敏锐觉察到面粉业的巨大商机；在上海经营钱庄的荣宗敬，也从日常汇兑业务中发现了面粉加工的丰厚利润，兄弟俩一拍即合，决定兴办一家面粉厂。

荣氏兄弟和父亲的朋友朱仲甫等联合出资 30000 大洋，买下城西梁溪河畔太保墩上的 17 亩地作为厂址，历经重重艰难波折，面粉厂终于在 1902 年 3 月建成投产，是为国人自主创办的第三家民营机器面粉厂。此前，上海已有阜丰面粉厂（1889），通州已有复新面粉厂（1900）。次年，朱仲甫撤资，荣氏兄弟增持股本，并改厂名为"茂新"。数年内，茂新添置钢磨，改造扩建，并引进美国最先进的面粉生产设备，1910 年生产能力已达 89 万包，为建厂时的 10 倍。1918 年，茂新厂再增美制机器 12 部，日产量增加到 8000 包，资本增加到 60 万大洋。"兵船"牌面粉以其优等质量行销国内外。

当年荣氏茂新面粉厂面粉车间一角

同时，荣氏兄弟以令人目不暇接的速度快速进行着产业扩张，1916 年，租办无锡惠元面粉厂，改名茂新二厂；同年，租办无锡泰隆面粉厂；1917 年，又租办宝新面粉厂，改名茂新四厂；1919 年，荣氏在茂新二厂基础上组建了茂新三厂。又以 25 万大洋资本在济南购地建厂，并沿用了茂新四厂名称。至 1921

年，茂新系统麾下已有 4 厂，日产量达 21000 包。

早在 1912 年，荣氏兄弟已将面粉加工业拓展到了大上海，与王尧臣、王禹卿兄弟，浦文渭、浦文汀兄弟联手创办了福新面粉厂。次年，又租办上海中兴面粉厂（改名中兴恒记公司），并在上海购地兴建福新二厂。在此基础上，又先后创立了福新三厂和福新四厂。1917 年，租赁华兴面粉厂，将其更名为福新六厂。1918 年，荣氏在汉口筹建福新五厂，次年开工投产。1919 年，荣氏在上海再建福新七厂、八厂，成为福新系统中规模最大的两家面粉厂。从 1902—1921 年，荣氏的茂新、福新两大面粉生产系统从 1 家工厂发展至 12 家，从 4 爿石磨发展到 301 部钢磨，生产能力从日产面粉 300 包增至 75000 包，占国内面粉加工总产量的 30%。至 1936 年，茂新、福新两大系统面粉年产量高达 1694 万多包，占全国机制面份总产量的 27%，资本总额增至 245 倍，荣宗敬曾骄傲地说荣氏的面粉棉布"衣食半个中国"，荣氏兄弟"面粉大王"的美誉亦由此而来。

荣氏 1902 年所建茂新面粉厂抗战中被炸毁，此建筑为抗战
胜利后重建，现为中国民族工商业博物馆

抗战期间，荣氏企业遭遇了前所未有的打击和巨大损失，不少厂房、生产资料毁于战火。抗战胜利后，荣毅仁奉父命主持重建茂新面粉厂，今天的中国民族工商业博物馆就是那时于旧址上修复的建筑。虽然历经大半个世纪的风风雨雨，厂房依然坚固完好，那五层楼高的谷仓、三层的办公楼，以及车间、机器，都保持着当年的原貌，办公室内的桌椅也是当年的旧物。从这里，不仅可以追溯无锡工商业数百年的繁华，也可以看到近代无锡粮食加工业走过的辉煌历程。

二、唐蔡"润丰"与"九丰"

在无锡近代粮食加工业史上，"唐蔡集团"拥有一席之地。1909年，经营米行的唐保谦、蔡缄三、夏子坪等9人合股创办了九丰面粉厂，成为继"茂新"之后又一大厂。"九丰"位于惠山之麓，商标名"山鹿"。初建时，拥有钢磨12部，动力450匹，日产面粉5000包。十年间，九丰抓住一次世界大战的机遇，加紧生产，迅速扩张，至1918年盈利总额已高达70万元，是投资时的7倍。"九丰"十分注重市场需求，不断提高面粉质量，精心搭配各种小麦比例，使面粉颜色韧度都达到理想状态。唐保谦曾听从办麦主任季郁文的建议，让工厂管理人员都食用自己工厂的面粉，这样便于听取意见，及时改进生产，提高面粉品质，从而打开了市场。

唐蔡企业灵活智慧，扬长避短，占领浙江市场。唐保谦重视信息和市场分析，曾高薪聘请了擅长预测天气的"孙仙人"，对当年天气趋势和小麦收成进行预测，准确率一直很高，为企业往何处放款购麦、到哪里拓展市场提供了决策的参考。

粮食业的繁荣催生了仓储的需求，唐保谦瞄准商机，转而投资堆栈业和碾米业。1915年又低价盘进了杨翰西的润丰榨油厂（无锡第一家机器榨油厂）。从九丰面粉，到益源、福源堆栈，在到润丰榨油，由此形成了一条粮油生产销售的产业链。唐蔡粮油加工业的成功，为日后创办庆丰纺织厂打下了坚实的基础。

昔日米厂仓库，成为今日运河畔的一道文化景观

三、碾米业龙头"邹成泰"

江南地区有丰富的稻米资源，加之江南"米市"的影响力，1907年无锡就有了第一家机器碾米厂——大丰机米厂。至辛亥革命前，除了专为清廷加工漕粮的两家米厂，无锡还有了宝新等3家机器碾米厂，业务也由代客加工逐步发展到自行组织稻米生产成品大米。除了供应本地外，还运销上海、杭州、松江等地。

1927年，无锡碾米业始用电力生产，1930年采用橡胶滚筒砻谷机，1932年仿造德国自动筛成功，生产效率和大米质量不断提高。至1937年，无锡已有碾米厂17家，资本总额16.5万元，有砻机和碾米机81台，年加工白米、糙米300多万担。依托米市的大环境，各碾米厂主要附设于粮食堆栈内，形成仓储、交易、加工和抵押放款相结合的良性经营模式，由此不断发展，成为当时全国的五大碾米中心之一。

在无锡从臼坊舂米向机器碾米的发展过程中，"邹成泰"颇具代表性，不仅是第一家以电为动力的碾米厂，还成功制造了机器自动筛，为碾米工业机械化和自动化打下了基础。邹成泰米厂创始人邹海洲，自小父母双亡，由舅家抚养长大，养成勤勉务实性格。他的三个儿子在创业中相辅相成，互补短长，成为得力助手。开朗豪爽的长子邹福威负责对外联络，精明干练的次子邹颂范负责生产管理，诚信厚道的三子邹继康负责工厂财务。设在江尖的邹成泰臼坊，先代客加工，兼营饭米销售，后拓展业务，建立了邹成泰机器碾米厂，日产白米240石，成品大米十分畅销。1927年，邹成泰改用电力生产，成本更低，赢利更为丰厚。1929年，世界性经济危机导致外商向中国市场大肆倾销洋米，邹成泰瞄准商机大量购进洋米，恰逢次年遭遇洪水，农业减产，米价飞涨，邹成泰因此赚得盆满钵满。但在1932年的米价暴跌中，邹成泰巨亏20万元，因此元气大伤。

除了碾米厂，邹氏家族还经营着邹成茂油饼厂、信泰碾米厂、邹成泰堆栈、邹成泰石粉厂、邹成泰橡胶辊筒厂等企业，并参股投资于面粉厂、纱厂、水泥厂等。1932年，邹颂范在参观杭州万国博览会时，引进了德国产自动米筛，安装后产能提高，节约大量人力。后邹成泰自行仿制并不断改进，后又研制成功谷米分离筛，为无锡碾米业的机械化做出了贡献。

1949 年前后北塘三里桥附近热闹的粮油交易场景

四、浦氏的恒德油厂

无锡出现最早的榨油业，是杨翰西 1914 年创办的润丰油饼厂，但次年该厂便已易主，转手给了唐保谦。1919 年，厚桥人浦文汀创办了恒德油厂，后成为无锡最大的榨油厂。浦文汀生于 1874 年，因父亲经营米业失败而家境贫困，十多岁即到粮行学徒，他勤奋善学，出师后入上海米厂工作。1905 年，被茂新面粉厂聘为负责原料采购的办麦主任，成为企业的核心高管之一。1912 年，他投资 1.2 万元，与销粉主任王禹卿和荣氏兄弟共同创办福新面粉厂。1917 年，他拿出多年积累的薪金与红利，在东梁溪路创办了慎德堆栈，仓储容量约为 8 万石，另有储茧仓库一座，可储茧 1.6 万包。两堆栈地处车站附近，运输便利，年盈利达 2 万多大洋。

1918 年，浦文汀又投资 10 万元，在东梁溪路创建了无锡恒德油厂。企业拥有立式螺旋铁榨油机 48 台、老式木车 40 台，是当时无锡最大的一家榨油厂。此后，他又不断增添设备，至 1930 年，生产能力达到日加工黄豆 30 万斤。作为茂新、福新二厂的办麦主任，浦氏深得荣氏兄弟的信任，对面粉业务也极为熟悉，但他自陈"不愿与德生先生争利"，所以并未在面粉行业有所谋划，而是去经营风险更大的榨油厂。恒德油厂创立前，无锡已有润丰、庄源大、俭丰、邹成茂、振华、大昌等 6 家油厂，与恒德榨油厂几乎同时创办的还有陆同仁、张源大，以及从油坊改装机器榨油的刘三和、尤源吉、巨元等 5 家。时值安徽、河南等黄豆产区严重水灾，中原战事频仍，油厂原料不足，竞争较为激烈。但拥有丰富市场经验的浦文汀却胸有成竹，从容应对。他亲赴东北考察，分批购进96部水压圆形海饼榨油机，又与东北大豆种植基地做好沟通，确保生产原料供应充足。在此基础上他还向无锡广勤机器厂订购了仿造大连式榨油机96部，继续扩大生产规模。同时，浦文汀还扩建储油池，将储油量达到100万斤。恒德油厂所生产的"天字"牌、"惠山"牌豆饼和豆油，因其良好的品质而畅销各地，除了内销至苏、浙、皖、闽、粤外，还远销东南亚。20世纪30年代，恒德油厂日生产能力已经达到日加工黄豆60万斤，被誉为"关内第一油厂"。1936年，恒德油厂的固定资产总值已达100万元，是创办时的10倍。

抗战爆发，侵华日军对无锡狂轰滥炸，恒德油厂损失惨重。1938年，日商井户边庆藏仗势欺人，欲强行与浦文汀合作，遭浦严词拒绝。浦文汀因此避居上海多年，宁可停工也不向侵略者臣服。1945年8月15日，日本天皇宣布投降，抗战胜利。消息传来，浦文汀振奋精神准备回锡复业，9月却突发脑溢血病逝于苏州，享年71岁。此后，战乱不息，恒德油厂勉强维持至新中国建立后，20世纪50年代被改组为地方国营企业——无锡市植物油厂。

第二节　名声远播的纺织业

贸易的繁盛，有力促进了无锡纺织业的发展。而纺织业的繁荣是布码头的强大支撑。清末时，无锡年共有4.5万台木织机，年产土布300万匹以上，制丝业和纺织业也迅速成长起来。虽然漕运日趋式微，但无锡却紧紧抓住了京沪铁路通车的机遇，快速推动工商业拓展，成为民族资本主义的代表城市之一。

和其他城市不同，无锡从工业初创时期就以比较纯粹的民间资本作为投资模式的。1895年，弃官下野的杨宗濂、杨宗瀚兄弟集资20余万银两，引进国外机器设备，置纱锭一万余枚，在运河边的羊腰湾创办了无锡历史上第一家近代纺织企业——业勤纱厂，由此开启了无锡近代工商实业的序幕。1900年，匡仲谋创办了无锡第一家织布厂——亨吉利布厂。1904年，发迹于上海的周舜卿回到家乡东绛开办了裕昌丝厂。1907年，吴玉书兴办了劝工染织厂，生产"小金山"牌色织布。同年，荣氏兄弟开始涉足纺织业，荣宗敬、荣德生、荣瑞馨等七人集资创办了振新纱厂。一次世界大战期间，西方列强忙于战事暂时放松了对中国的经济侵略，无锡棉纺织业在此期间有了较大发展。2012年无锡三大支柱产业初步形成，棉纺、缫丝三分天下占其二。

民国时期，在城市北部的布行弄和江阴巷（今春申路）一带，形成了规模庞大的布市，店家林立，生意兴隆，直至 20 世纪 80 年代这一景观才消失于城市的改造。

1917 年杨宗濂之子杨翰西在城北建广勤纱厂，1921 年，吴玉君、方寿颐创办豫康纱厂。1922 年，唐保谦、蔡缄三创办庆丰纺织厂，同年，唐骧庭、程敬堂等集资创办丽新染织厂。小城无锡有了 6 家棉纺企业，纱锭 143886 枚，占全国华商总纱锭的 9.55%；布机 804 台，占全国总数的 11.88%，创下了历史上纺织业的第一轮辉煌，占据了全国纺织业重要的一席之地，无锡也由此成为一座以轻工业为特色的工商城市。

陈列在工商博物馆中的纺织
设备，已有百年以上历史

至 1936 年，无锡已有 315 家工厂，产业工人约 6.5 万人，年总产值 7700 多万元。缫丝厂和缫丝车数量，分别占全省的 94% 和 95%，居全国城市首位。纱锭 24 万多枚，布机 3500 多台，分别占全省的 38% 和 92%。工业产品的产量，棉纱占全国 0.8%，面粉占 12%，蚕丝占 40%。据 1937 年国民政府军事委员会《中国工业调查报告》统计，无锡在全国 6 大工商业城市中，无锡产业工人数仅次于上海，位居第二；工业产值仅次于上海、广州，居全国第三；资本总额居全国第五位。小城无锡由此跻身工商经济大市，在中国民族工商业发展史上写下了辉煌的一页。

一、杨氏兄弟：拉开无锡民族工商业序幕

创办无锡第一家民族企业的杨宗濂、杨宗瀚兄弟，原都是李鸿章麾下幕僚。1862 年，李鸿章率淮军东进上海时，杨宗瀚即应聘入幕司章奏；杨宗濂则率本地团练一营加入淮军，成为李鸿章进驻上海的先锋营。兄弟俩均因功擢升官职。杨宗濂一度主持天津武备学堂，清末民初那一代英武彪悍的北洋系军阀将领，大多都是他的门生。1885 年刘铭传督台湾军务并任台湾巡抚，杨宗瀚总办商务、洋务、兼开埠事宜，并督办台湾水陆营务处并负责营建岛内铁路。1891 年，李鸿章因上海机器织布局的经营出现巨额亏损，电召杨宗瀚前来接办该业务。在

杨宗瀚的悉心经营下，机器织布局很快出现转机，"物美而出数亦旺"。不料，此后的一场意外火灾，致使织布局 200 多万资产付之一炬，杨宗瀚因此哀恸至极，引咎离职，其职务亦由常州人盛宣怀取代。

1895 年，杨氏兄弟创办的业勤纱厂，其旧址现辟为文化创意街区

1895 年，离职后的杨氏兄弟回到在无锡，在两江总督张之洞的鼓励支持下，集资 24 万银两创办了业勤纱厂，其中 8 万两为杨氏兄弟自有股金，其余为面向官绅社会的集资。"业勤"拉开了无锡工商创业的大幕，在民族工商发展史上具有开启性意义，也成为无锡作为中国民族工商业发祥地之一的重要标志。1895 年是无锡经济史上的一个分界点：此前，无锡城乡经济增长比较滞缓，而此后至抗战爆发前夕，数十年间民族工商业迅速崛起，纺织、缫丝和粮食加工有力带动了其他产业的发展，使小城无锡和上海、广州、武汉、青岛等城市一起，率先进入了工业化发展阶段

杨氏兄弟的办厂之举，一是受当时工商救国、洋务思想的影响，二是得益于无锡悠久而繁荣的经济传统，加之丰富原料和熟练劳动力等基础条件。1896 年初，业勤纱厂开工生产。杨宗瀚有过企业管理经验，谙熟纺织业务，在其治厂的十余年间，业勤纱厂生意兴旺，"昼夜开工亦供不应求"。1896 年至 1907 年，业勤纱厂连年获利，盈余达 50 余万两。

杨宗濂、杨宗瀚去世后，宗濂之子杨翰西和宗瀚之子杨森千为争夺业勤厂的经营权而发生矛盾，企业出现危机。1915 年，杨翰西在堂兄弟、时任山东省财政厅长杨味云（杨宗济之子）劝说下，从业勤纱厂撤出股份，与任财政总长的周学熙等合股，集资 80 万元（大洋）创办广勤纱厂。此时，恰值第一次世界

大战爆发不久，进口棉纺产品锐减，为民族棉纺业创造一个良好发展之机，加上杨家在工商界的声望和杨翰西的精明，企业获利甚巨。经过十多年经营积累，至 1930 年，广勤资本已增至 150 多万元，纱锭数增至 23000 余枚，年产纱 1700 余件，布 42000 匹，用棉量 6 万余担。

在财富快速积累的同时，杨翰西不断投资其他行业，扩展产业链。1911 年，他与友人集资 23 万元创办了无锡第一家电话股份有限公司；1914 年，又与人合资创办了中国内地第一家机器榨油厂——润丰榨油厂；1919 年，创办了肥皂厂（后改为广勤丝厂）等企业，他还担任了无锡中国银行的首任经理。杨翰西的投资经营活动，善于借鉴先进经验，大胆摸索，不断改革，为中国经济近代化和城市现代化实践提供了先例。

从近代无锡民族实业家的创业史看，业勤纱厂的创办可谓开风气之先，体现了杨宗濂、杨宗瀚兄弟精明善察、勇于开拓的精神，而其后人杨翰西、杨森千等的工商运作实践，也有力地促进了城市经济近代化的发展。

二、荣氏兄弟：成就无锡棉纺霸业

荣宗敬、荣德生兄弟是无锡最著名的实业家，也是中国民族工商史上的风云人物，被毛泽东赞为"中国民族工商业第一家"。他们的创业起步于经营钱庄。兄弟俩的父亲荣熙泰，曾在浙江乌镇一家铁铺里做过账房，1883 年随清廷税官朱仲甫在广东省三水县厘金局和肇庆府衙任账房，因而有所积蓄。荣氏兄弟都是十四五岁便赴上海钱庄学徒。荣德生 19 岁时随父赴广东帮办账务。1896 年，荣熙泰出资 1500 银两，与人合资共 3000 两，在上海鸿升码头开设广生钱庄，由荣宗敬任经埋，荣德生管账，不久后在无锡设分部，由荣德生负责打理。

在钱庄获利基础上，荣氏兄弟开始转向实业，向面粉加工和纺织领域发展。1907 年，荣氏出面集资 27 万元（大洋）创办了无锡振新纱厂，当年秋天发生亏损，董事会遂决定由荣德生出任经理。荣德生一面主管茂新面粉厂，一面坐镇振新纱厂，很快企业就转亏为盈。第一次世界大战期间，外纱进口锐减，纱价飙升，振新纱厂赢利颇丰。荣德生建议趁热打铁在上海、南京、郑州创建振新二厂、三厂、四厂，但这一计划遭到了多数董事反对，荣德生愤而辞职，并退出振新，自谋发展。

1915 年和 1917 年，荣氏兄弟在上海集资建立了申新一厂和申新二厂。1919 年又集资 200 万元（大洋），在无锡创办了规模最大的申新三厂，企业组织形式为无限公司，大胆将身家财产与企业捆绑一体，足见其信心与胆气。1921 年申新三厂建成投产，拥有美、英制造设备纱锭5万余枚，附设轧花厂和布厂。至抗战前的1936年，申新三厂已拥有纱锭7万枚、线锭4192枚、布机1478台，资产增值至500万元。

在申新三厂，荣德生率先改革旧式工头管理制度，努力营造新型企业文化。他聘请纺织工程师担任高管，制定操作规定，实施奖惩考核，设立"劳工自治区"，实施各项劳工教育和福利制度，努力调动工人积极性，生产效率大幅提高。他还建造了设施完善的女工宿舍、职工医院、消费合作社、职工子弟学校、机工和女工养成所，工人晨校、业余夜校、职工食堂、茶室、剧场、储蓄部、自治法庭、尊贤堂、英雄祠等，形成了一整套完整的现代企业管理运行模式。作为伟大的实业家，荣德生怀揣着一个宏大的产业振兴计划，但因连年战乱，经济萧条，这一计划未能实现。即便如此，荣德生除了性拌面粉、棉纺织企业外，还建了全国第一家亚麻贴胶纤维的天元麻毛棉纺织厂，和制造纱锭、织布和磨粉等机器的开源机器厂。

20世纪20年代末，荣德生的三子荣一心、女婿唐熊源自美国罗威尔纺织大学学成归国，担任申新三厂副经理，又重启管理体制改革，建立起一套近代企业管理体制。随后，荣氏其他企业也都程度不同进行了管理机制改革。20年代中后期，各地工人争取自身权益，罢工浪潮风起云涌，而荣氏企业既引进西方泰罗制的严格管理，又糅合了中国传统儒学"仁爱、德治"的精神，建成了"恩威并施"、自成一体的管理模式，从一定程度上缓和了劳资矛盾。

位于梅园内的乐农别墅和加了铁箍的石磨盘

今天，无锡城西梅园荣德生"乐农别墅"一侧，有三张造型奇特的石桌，石桌的桌面各是一扇加了铁箍的石磨盘，旁侧石碑镌有文字："念创业维艰，遂置石磨于梅园浒山南麓……1992年迁往乐农别墅，以资保护并昭示敬业精神"，石磨碾谷，坚韧前行，这三爿历经百年风雨的创业石磨，便是荣氏家族艰苦打拼的历史见证，也是无锡民族工商业坚韧创业历程的形象解读。

三、庆丰纺织：唐氏辉煌的创业传奇

唐家，在无锡是妇孺皆知的名门望族。太平天国运动的混乱结束后，从"春源布庄"起步，通过购买土地，兴建仓厅，囤售粮食，成为富甲无锡东北乡的大户。1866 年，年迈的唐懋勋将家业交给儿子唐洪培、唐福培打理，兄弟俩青出于蓝而胜于蓝，除经营"春源布庄"、唐氏仓厅外，又创立了"同济典当""德仁兴茧行""同兴木行"等商号，生意十分兴旺。

唐氏的第三、第四代大都在严家桥出生成长，从小受到良好教育和培养，成人以后进入无锡和上海创业，从 20 世纪初到三四十年代，他们在锡、沪两地创办了多家唐氏企业，如杨万和布庄、九大布行、九余绸布庄，以及著名的庆丰纱厂、协新毛织厂、丽新纺织印染厂、九丰面粉厂等。无锡民间，向有民族工商业"六大资本集团"之说，其中，唐氏就占了两个：一是以唐骧庭（殿镇）为核心的"唐程集团"，二是唐保谦（滋镇）的"唐蔡集团"，两大集团都源出一个唐氏，麾下企业被誉为"两丰"（庆丰与九丰）和"两新"（丽新与协新），但其资本相对独立。

保留下来的唐氏企业老建筑

1916 年，唐骧庭与程敬堂等筹集资金，接盘了冠华手工织布厂，并将其扩建为丽华机器织布厂，1919 年又在无锡映山河创立了丽华第二布厂。因办厂需要，其子唐君远遵从父命，从上海弃学返乡，加入企业管理经营。1922 年，唐骧庭再次与程敬堂等合资，创立了丽新机器染织股份有限公司。丽新染织是当时无锡染织业资本最雄厚、设备最完备的企业。此后丽新不断扩大生产规模，

于1933年成立丽新纺织漂染整理公司，拥有纱锭1.6万枚、线锭6400枚、布机650台，年出纱4000件，出布20万匹，所产"双鲤"牌布匹畅销全国，远及欧美。至抗战爆发前夕，丽新已发展成为拥有纺、织、印染技术和自发电能力的综合性、全能化企业。1935年，唐氏又集资创办了无锡首家具有毛纺、织、染整套设备的协新毛纺织染厂，并从澳大利亚进口上等羊毛，生产"万宝齐来""不蛀呢"等新型毛纺织品，质量优秀，适销对路，蜚声海内外。

注重技术革新和质量提升，不断采纳国外最新技术，是"丽新"获得成功的关键。为此，"丽新"十分不仅四处搜罗专业人才，高薪聘请国内外纺织专家，还引进了英国立脱精梳机、精元机、印花机、轧府绸整理机，瑞典汽轮机、发电机，德国自动加煤锅炉，以及国外"海昌兰"染料，生产出的布料永不褪色。还从国外购进新型增白剂，以科学配比加入浆料中，以提高布料色彩的鲜亮度，生产的正反交织鸳鸯府绸、泡泡纱、提花布、精元布等多达百种，其中"九美牌"府绸、"鲤星牌"提花布、"长胜王牌"精元布等名牌受到欢迎，在市场销售中长盛不衰。"长胜王牌"精元华达呢、直贡呢和印花深色斜纹哔叽超越了日商同类产品，

1920年3月，唐保谦（滋镇）与蔡缄三等人集资创办了无锡庆丰纺织厂。次年4月成立了庆丰纺织股份有限公司董事会，由薛南溟任董事长，唐保谦任经理，蔡缄三任协理。该厂于1922年建成，规模为纱锭1.48万枚，织机250台，1000千瓦汽轮发电机组1座。[①] 1934年，庆丰增建了漂染工场，所产"双鱼吉庆"牌棉纱及"双鱼""牧童"牌平布颇受市场青睐。1928—1935年，庆丰盈利达285万元，资本随之增至300万元。至抗战爆发前，庆丰公司已拥有纱锭6.47万枚，线锭4024枚，织机725台，发电机装机容量达到6600千瓦，成为无锡七大纺织企业之一。

唐保谦次子唐星海（1900—1969），从清华学校毕业后，进入美国麻省理工学院攻读机械制造和纺织管理专业，获硕士学位。学成回国后，任庆丰纺织厂副总管兼纺织部工程师。上任伊始，他就订立了"忠实勤奋，励精图治"的"厂训"，并努力以身作则。他对技术与管理大刀阔斧地进行了改革，取消了传统家长式管理制度，废除了总管督办制，取消了稽查处，仿照美国先进管理模式，推行厂长负责制，建立以工程师为核心的工务处，生产效率明显提高。

---

① 虞晓波. 比较与审视：南通与无锡模式研究［M］. 合肥：安徽教育出版社，2001：103.

在唐氏苦心经营下，至 1934 年，庆丰已拥有纱锭 62200 枚，线锭 41200 枚，布机 720 台及全套漂染设备。1931 年，唐星海又筹建了庆丰漂染厂。到 1936 年岁末，庆丰漂染厂的资本已由初创时的 82.89 万元，激增至流动资金 300 多万元，固定资产 570 万元。"庆丰"为了拓宽市场，还在上海、临潼、徐州、广州设立了代营机构、办事处或营业所，并将上海的办事处改为总公司。

1937 年 10 月 1 日，沿沪宁线狂轰滥炸的日寇飞机炸毁了无锡火车站，有三枚炸弹落入车站附近的庆丰厂，一枚将漂染工场全部摧毁，另两枚炸毁了部分厂房设备，引发一场大火，损失难以计数。面临严酷战争现实，唐星海打算移师汉口，但日寇铁蹄很快逼近中南地区，他只好折回上海，在租界地筹建"保丰"厂。不久，日寇又接管了上海租界内的纺织业，大肆抢掠，致使"保丰"连遭重创。

直至抗战结束，唐星海才得以重整旗鼓，复苏企业。在获得国际救济总署的四万担美棉资助后，唐氏企业很快恢复了生产，短短数年企业生产能力就超过战前水平。在恢复旧企业的同时，唐氏还新办了许多新企业，如"公永纱厂""庆源号""大利达布庄""宝丰堆栈"等。但接踵而至的内战，使企业仍处境艰难，如陷水火。1948 年 8 月，政府发行金圆券，强购民间黄金、美钞，绝望中的唐星海不得已携眷远赴香港，开始了海外创业之旅。

唐氏子孙传承了祖辈优秀的经商基因，代有创业精英，企业从无锡拓展到上海、香港，并遍布海内外。唐氏企业传至第四代唐星海（炳源）、唐君远（增源）时，可谓发展到了一个新的高峰。唐君远（唐英年的祖父）曾担任上海政协副主席，在第五代"千"字辈的 64 人中，也绝大多数卓有成就，成为海内外知名企业家、金融家、各领域专家、教授、工程师。杨、荣、唐等纺织业大亨的艰苦创业和辉煌成就，不仅为无锡在 20 世纪初的崛起奠定了坚实的产业基础，也为中国民族棉纺织业的发展提供了优秀的经营范式。

第三节　名播遐迩的缫丝业

一、裕昌丝厂：无锡缫丝业的初兴

无锡的第一家机器缫丝厂——裕昌丝厂，创办于 1904 年，其主人是近代著名实业家、"煤铁大王"周舜卿。周舜卿是中国近代工商史上杰出的先行者，

1896 年，就与薛南溟联手在上海投资永泰丝厂，并在苏州投资了苏经丝厂和苏纶丝厂。1902 年，周舜卿为处理已购进的积压生丝，向上海华伦丝厂购买了 96 台旧丝车自行缫丝，获利颇丰。1904 年，他斥资 8 万银两（约折合银洋 11.2 万元）在家乡东土苧置地建厂，购入仿意大利式缫丝车 96 台，开办了裕昌丝厂，生产"锡山""金鱼"牌优质生丝，销往美国、法国。开办初期企业盈利平稳，1911 年，受到清廷覆亡和国际丝市萧条的影响，裕昌出现亏损。精明的周舜卿遂将丝厂资产分成"实业"与"营业"两块。"实业"即厂房、设备等固定资产，"营业"则是指出让企业经营权，由租赁者每年向周舜卿缴纳租金，通过这一办法转移了经营风险。

第一次世界大战爆发后，欧美列强疲于应付战事，给中国民族工业以发展机会，国产生丝出口量猛增，市场环境好转。周舜卿见情况转好，遂收回了裕昌丝厂的经营权，很快便获利倍增。鼎盛时的 1922 年获利高达 15 万元（银洋），企业资产也翻了三倍。1920 年，周舜卿投资 4.2 万银两（约折合 5.88 万元银洋）将位于无锡金钩桥的堆栈改建成了拥有 272 台丝车的慎昌丝厂。

1882 年，胡雪岩曾最早在上海开办丝厂，经营蚕丝出口，他高价收购生丝，抗衡洋商的压价收购，但终因洋商排压而倾家荡产。十多年后，周舜卿却凭借智慧和胆识将丝厂办得风生水起，赚得盆满钵满，可谓奇迹。

二、丝茧大王：薛氏由仕而商的成功转型

薛氏是无锡城中的著名望族，也是近代无锡民族工商业的六大资本集团之一，薛宅因其占地之巨而被称为"薛半城"，有民谣曰："走穿脚底跟，跑不出薛家门。"薛氏代表人物薛福成（字叔耘，1838—1894），以副贡生入曾国藩府任幕僚，为"曾门四大弟子"之一。曾国藩去世后，薛福成在李鸿章幕府协办洋务，与曾纪泽、郭嵩焘、马建忠等同为洋务派喉舌。在宁绍道台任上，率部顽强抵抗法军入侵，在中法海战中取得了中国晚清海战史上唯一的胜利。1888 年，薛福成受命任出使英、法、意、比欧洲四国的大使，在处理外交事务之余，他认真考察西方列强，汲取先进思想，提出许多富民强国建议，主张学习西方，实行君主立宪，支持私营工商实业，创办新式学堂。

1894 年薛福成去世，早就不满官场现状的薛南溟趁为父发丧而申请丁忧，随后毅然弃官从商，开始了新的人生追求。薛南溟所处年代，正是中国被列强瓜分的动荡时代，列强依仗经济实力和各种特权，疯狂掠夺中国资源，包括中国丝茧。他们在中国各地设立茧行，开办丝厂，垄断蚕茧收购，操纵丝茧价格。

薛南溟目睹这一现状，而江南遍地蚕桑，他决定从收茧起步，先是代理一位意大利商人收茧，熟悉经营过程。不久，薛南溟便在无锡四乡投资设立茧行，1910 年时已独资开设茧行 14 家，拥有茧灶 530 多副，每年收鲜茧约 5 万多担，烘干后销往上海，获利甚丰，为创办缫丝厂打下了基础。

永泰丝厂 1896 年创办于上海，1925 年从沪迁
至无锡古运河畔，今为丝业博物馆

1896 年，薛南溟在上海结识了同乡周舜卿，二人合资 5 万银两（约折合银洋 7 万元），在上海开办了永泰丝厂。当时，国内丝茧市场完全操控在外商手里，他们先囤积蚕茧，再高价转售给中国丝厂，后又故意拖延收购生丝，等中国丝厂资金告急再压价买入，许多中国缫丝厂因此倒闭。永泰丝厂创办伊始，根本无力与洋商抗衡，加之薛南溟不善经营，企业一年便严重亏损。周舜卿见状，果断抽回了本金。

薛南溟多方告贷，并拍卖了原产才勉强渡过难关。此后，永泰丝厂几易经理，仍回天乏术。焦头烂额之时，有人向薛南溟推荐了原上海纶华丝厂的总管徐锦荣。深谙企业之道的徐锦荣，狠抓管理和产品质量，很快生产出"金双鹿"牌高质量生丝，形成市场、价格双重优势，企业才得以扭亏为盈。1912 年，薛南溟又在无锡租赁了锡经丝厂，并改名"锦记"以示对徐锦荣的感恩。1918 年又出资 5.2 万两（约折合银洋 7.28 万元）收购了周月珊的隆昌丝厂，又以 5 万两（约折合银洋 7 万元）建造永盛丝厂。获利后，1920 年再出资 4.8 万两（约折合银洋 6.72 万元）建造了永吉丝厂。1921 年在美国纽约举办的万国博览会上，"金双鹿"牌生丝荣获"金象奖"而一举成为国际知名品牌。

1925 年，薛南溟在无锡南门外的知足桥堍，辟地 20 亩，迁上海永泰丝厂于锡，并将永泰、锦记两厂交给留学归来的幼子薛寿萱管理。至此，薛氏已拥有永泰、锦记、隆昌、永盛、永吉 5 家丝厂，有缫丝车 1814 台，工人 3000 多名。当时无锡共有丝厂 14 家，缫丝车 4012 台，资本额 118.7 万元，薛氏集团所占比例分别为 36%、45% 和 29%。

薛寿萱（1900—1972）肄业于苏州东吴大学，1921 年赴美入伊利诺思州立大学学铁路管理和经济管理。其妻荣卓仁乃著名实业家荣宗敬之女。1925 年永泰丝厂迁回无锡后，薛寿萱出任永泰、锦记协理，不久便成为薛氏财团的当家人。薛寿萱主持企业经营后，永泰开始步入新的发展时期。为提高蚕丝质量，他首先致力于蚕种、桑种的改良。他曾在《锡报》刊文曰："改革华丝，根本须谋改进蚕桑。"1929 年，薛寿萱与人合资创办了永泰系列蚕种厂，培育"永字牌"优良蚕种，并设立永泰蚕事部，选拔有丰富蚕桑经验者赴乡村组织合作社，免费指导合作社的蚕农。最高潮时，仅无锡县的养蚕合作社就有 120 余所，技术指导员达 300 余人。永泰蚕事部还在江阴、武进、宜兴、溧阳、金坛等县兴办蚕农合作社，受其实际控制的蚕农合作社多达 400 多个。经过改良的蚕茧不仅生丝质量好，且每担丝可少用 80 斤鲜茧，性价比明显提高。为了垄断优质茧源，薛寿萱还通过各县地方势力控制茧行，至 1936 年薛氏已控制了 600 多家茧行，每年收春茧 30 万担、秋茧 20 万担，成为国内丝业大亨。

薛寿萱还大力改造生产设备，多次派人赴日本丝厂考察，引进日式煮茧机和新式立缫车，生产效率大大提高。1929 年，他聘请专家自行研制了国内第一台新型立缫车，以此取代进口设备。至 1933 年，薛氏已拥有 922 台改良丝车，进一步提高了生丝质量。至此，永泰系统缫丝厂所使用的设备从抄茧到打包，全流程工艺先进完善，其实力一般丝厂不能望其项背。

"永泰"的发展，首先得益于薛南溟的知人善任，使处于危机之中的"永泰"在徐锦荣管理下起死回生。其子薛寿萱出任经理后，不仅继续设备更新改造，也很重视人才和管理。他不惜重金聘请专家来永泰工作，如邀请麻省理工大学毕业的薛祖康任永泰丝厂厂长、工程师。还多次组织高级职员赴日考察学习，开阔眼界，提高业务，并在厂内开办中级职员技术训练班，学习制丝学、日文、工厂管理等，为永泰培养了大批管理人才。

1929 年秋冬，全球爆发经济危机，国内丝厂受到欧美市场影响而大幅滑坡，从而陷入困境。无锡全县 48 家丝厂，资本总额 250 万元，半年内损失总额竟高达 400 万元以上。蚕茧价格从 1929 年的每担 80—100 元，1930 年暴跌至每担

20—25 元。① 1932 年，生丝出口业务断绝，许多丝厂被迫停工甚至破产。

抗战前，中国的生丝出口全部为外国洋行所垄断。一方面，洋行控制了生丝检验权，竭力压低中国丝价；另一方面，又操纵市场从中盘剥华商。面对严酷现实，国内实力较为雄厚的丝厂，始终为摆脱洋行控制而努力。1930 年，薛氏联合无锡乾牲、振艺，上海瑞纶丝厂等组织成立了"通运生丝股份贸易公司"，薛寿萱出任董事长，联合体内的丝厂可通过通运公司直接将生丝运销国外，获得远超洋行销售价一倍的利润。1932 年，薛寿萱又在美国成立了纽约永泰公司，通过海外自销生丝，获利丰厚。此后，他还在英国曼彻斯特、法国里昂、澳大利亚墨尔本等地聘请买办，直销永泰丝品。20 世纪 30 年代永泰丝厂的生丝出口量占上海出口总量的 50%，在旧中国蚕丝对外贸易史上，能够摆脱洋行控制、自主开拓国际市场的唯有薛氏。

1936 年，薛寿萱联合无锡 36 家较大的丝厂，发起组织无锡兴业制丝股份有限公司，自任经理，以实现内联外挤，提高与日商丝厂的竞争力，进而控制江浙皖地区 600 余家茧行，形成了一个以永泰为中心的丝茧垄断集团。永泰系统直接控制的丝厂有 16 家，其中自办丝厂 5 家，租营丝厂 11 家，流动资金高达 120 万元，丝车总数 6674 台，日产生丝 85 担，产量占无锡丝业的 60% 以上，资本占无锡缫丝业资本比重的 78%，从而确立了在中国丝业的霸主地位，薛寿萱也因此赢得了"丝茧大王"的美称。

抗日战争中，永泰丝厂遭严重毁坏，受到致命打击。1938 年 1 月，薛寿萱只得携家眷定居美国。1972 年，薛寿萱因患肺癌在美国纽约病逝，终年 72 岁。薛氏虽然大多迁居海外，但为无锡丝业乃至中国丝业的崛起做出了重要的历史贡献。

第四节　商贸流的金融砥柱

在无锡的诸多商市中，北塘一带是最热闹的所在，尤其晚清时无锡商市已经从南市转向北门一带，北塘便成了无锡首屈一指的商贸重地。繁荣的商业经济促进了金融流动，典当银行纷然出现。从清末至新中国建立前，北塘一直是无锡钱庄、银行最密集的地方，金融机构最多时有四十多家，成为无锡乃至苏

---

① 　钱耀兴. 无锡市丝绸工业志［M］. 上海：上海人民出版社，1990：82.

南的金融中心。北塘也成了无锡城门之外，最具规模也最有活力的经济生活文化圈。莲蓉桥堍的竹场巷，一度被誉为"小外滩""无锡华尔街"，在许多后来的比喻中，"钱码头"也逐渐成为与米市、布码头、四码头相提并论的词儿。

事实上，因为金融流动是看不见的商贸活动，所以"钱码头"是一个虚拟的概念。但作为商业贸易的金融砥柱，它对米码头、布码头、丝码头发挥了重要的金融支撑作用。因为有了与商流、货物流相适应的资金流转，无锡也因此成为依托上海的区域性资金融通枢纽，是长江下游地区重要的"放款码头"。而无锡人的精明灵活、聪明能干的特征也在金融经营服务中得到更为充分的展示。

近代以来，包括金融在内的社会经济生活发生急剧变化，多元矛盾相互羁绊、冲突，形成了更加错综胶结的经济社会联系。透过资金的周转环流，可以看到无锡金融组织制度的深刻变迁，及其在经验积累、风俗演化、思想熔炼等方面所做出的积极贡献。

早在唐代，江南一带已有可用来寄存钱物、异地支取的柜坊，类似于今天的异地汇兑，服务于南来北往商人商贸活动的需要。唐以后，柜坊逐渐沦为赌场，最终为官府所查禁。宋代时，官府对大宗商品运销实行"交引"制度，通过发放盐引、茶引等有效凭证（类似汇票）来调控盐茶交易，即在一地交款换取契券，再凭证到产地提货（盐、茶），再运至指定地点销售。

随着米、布、丝码头的兴盛，无锡的银钱业随之兴旺。光绪十四年（1888）起，江浙两省漕粮集中在无锡采办，米市繁盛，各业富商纷纷集资开设钱庄。太平天国的战火平息之后，无锡丝业恢复，钱庄规模也开始壮大，出现了恒德钱庄（后改名达源）、知仁钱庄（后改名辅仁）、亨茂钱庄等，经营存放款和汇划结算等信用业务。清咸丰、同治年间，无锡已有大小钱庄6家，主要集中在北门和西门一带，无锡商市中，最早最大的典当行大多位于此。运粮船返回时，老板们总会购买些丝绸、棉布等商品带回去，钱票放在钱庄里使用起来也更加便利。至清末，无锡已有钱庄14家，并形成"汇划钱庄"与"挑打钱庄"（小型钱庄）并存互补的格局。汇划庄的资本比较雄厚，可以从事跨地区的汇兑和结算业务。挑打庄的实力相对较弱，局限于本地收解款和结算业务。还有一些小钱庄，分为"元""亨""利""贞"四等，业务上也各有侧重。

民国初期，政局动荡，商贸受抑，加之因灾粮食减产，有多地禁止稻米出境，致使无锡米市不振，钱庄业务也受到影响，有的钱庄被迫停业。1914年，无锡钱庄仅剩9家。第一次世界大战期间，外国资本势力暂时收缩，民族工商业得到生息发展，钱庄业务也迅速有所起色。上海颜料商薛宝润等联袂在锡开设永吉润、宝康润等 6 家钱庄，被称为"润"字号钱庄或"颜料帮钱庄"。至 1920 年，无锡较具规模的钱庄已有 21 家。同年，钱业公会也宣告成立。至 20 世纪 20 年代末期，无锡银钱业发放的工商业贷款余额 2200 多万元，其中钱庄为 1400 余万元，占比 65% 强。①

无锡银行的发展与近代工商业是紧密依存、相辅相成的关系。1906 年，在清廷官方支持下，无锡实业家周舜卿在上海开设了国内第一家私人商业银行——信成商业储蓄银行。该行办资本 50 万两，由周舜卿自任总经理，沈缦云为协理。1907 年 2 月周舜卿在无锡成立了信成商业储蓄银行无锡分行，后又在北京、天津、上海北市、南京等地开设分行。经营存贷款、汇兑、票据贴现和发行钞票等业务。清政府对这家银行给予了钞票发行特权，建行 5 年间累计发行钞票 110 万元（银洋）。信成银行信誉优良，经营灵活，利息优厚，很快在无锡吸储了 30 万元（银洋）。

信成银行发行的十元面值银票

信成银行无锡分行设于北塘财神弄口，注册资本为 10 万两，由蔡缄三出任经理。无锡分行的经营业务与钱庄大致相同，办理信用放款，兼办抵押贷款，对无锡粮丝贸易以及振新纱厂重组、茂新面粉厂的技术改造等都予以了重要支持。辛亥革命上海光复也得到了信成银行的很大支持，从购买军械到捐助军饷，信成银行实际上充当了沪军都督府的财政收支机关，垫资不下数十万元（银洋）。清王朝被推翻之后，信成银行失去了钞票发行的特权，又受到清廷灭亡牵

① 本章相关行业数据采自汤可可. 工商华章（第四章：环流金融）［M］. 南京：江苏人民出版社，2006：113－156.

连而遭到储户挤兑。同时，支持同盟会和上海革命军的大笔款项无从收回，成为银行坏账。在多重不利因素聚积之下，信成银行只得宣告破产。

1908 年，官办裕宁、裕苏官银钱局由张之洞奏准在锡设立分局，作为地方性的官办金融机构，裕宁、裕苏起初只受理官方存款，裕宁偏重盐款，裕苏偏重税款，后逐渐兼办民间存贷业务。辛亥革命爆发后裕宁、裕苏随之关闭。

1912 年岁末，江苏银行无锡分行成立，代理省金库，兼营商业银行业务。1913 年 4 月，官商合办交通银行无锡支行成立，主要进行铁路、电力、邮政、航运四业的投融资活动。1914 年 7 月，中国银行无锡支行创立，隶属于南京分行，面向无锡地方工商业办理存放款及收付业务，由杨翰西任经理。1917 年至抗战爆发前，上海商业储蓄、大陆、中国实业、中南、浙江兴业、中国通商、新华信托等商业银行，先后在锡开设分支行或办事处，经营各项银行业务。1919 年，无锡籍银行家谈荔孙在天津创办了大陆银行，设总管理处于北京。1920 年在上海开办分行，并相继于南京、无锡、苏州、南浔、杭州、绍兴等地设立分支机构。

此时期的无锡银行，其运行机制已转型为西方金融组织制度，但仍融合了传统的思想理念和文化因素，既依托现代信用制度，又比较注重人际关系；既注重严谨规范的制度，严格责任约束，又善于灵活调剂，努力满足客户需求，做到客户至上，精细周到，为无锡百年来的经济发展、城市崛起发挥了重要作用。

"四大码头"的繁荣见证了无锡工商业的崛起，也为近代无锡经济的腾飞创造了重要条件。新中国建立后，尤其是改革开放后，企业生产经营环境发生了巨大变化，以"码头"为依托的经济形式已成为过去，无锡也早已迈进了"后码头"时代，但四大码头所延伸出的产业依然存在和繁荣，"四大码头"为无锡带来的美誉也将载入史册，成为城市最美好的历史记忆。

第四章

民族工商业的卓越机制

无锡实业家的创业，不仅让乡人摆脱了贫困，也对城市发展产生了重要作用。据 1936 年（抗战前不完全统计）资料，当时无锡产业工人数仅次于上海，位居全国城市第二位。城市工业生产总值为全国城市第三。① 在跻身"工商六强"的城市②中，无锡是唯一的县。经济的发展有力推动了城市地位提升、市域范围扩大，竞争力提高，城市近代化脚步加快，人民生活得到改善，这些，都为无锡从一个"县"跃上现代工商大市行列奠定了坚实基础。

无锡工商文化传承了吴文化敏察善纳、尚学包容精粹，也吸纳了新的时代文化元素，善于审时度势，长于吐故纳新，富于创造活力。既敢于创业，又善于经营，既务本求实，又能灵活变通，是优秀传统文化与近代工商实践相融合与升华的产物，成功地糅合了传统伦理和现代理性，很好调节了社会化大生产背景下的人际关系，形成一种具有时代内容和地域特色的人文精神、思想理念、社会心理，以及与之适应的社会文化系统。

文化学者汤可可指出："无锡工商文化并不仅仅是中国传统文化——儒家学说的延续传承，而更重要的是在近现代经济、社会发展的历史背景下，对于新的价值观的创造和建树。无锡工商经济发展和工商文化孕育的实践，表明中国传统文化并不完全是封闭保守的观念所主导，它也包含有与新的生产力、生产关系相适应的理性精神。而无锡工商文化的成就，也就在于把中国传统伦理改

---

① 数据见日本兴亚院华中联络部 1936 年编制《无锡工业实际情况的调查报告》和国民政府军事委员会相关资料。抗战前夕，无锡工厂数 315 家，仅次于上海、天津、广州和武汉，居全国第五。工业投资总额为 1407 万元，居全国第五。工业生产总值 7726 万元，居全国第三。就业工人数仅次于上海，位居全国第二。在非条约通商口岸城市中，无锡的轻工业发达程度居全国第一。

② 20 世纪 30 年代"工商经济前六强"城市：上海、广州、武汉、天津、青岛、无锡。

造成适应于近现代经济社会发展的精神理念。"①

一、开放创新：崛起发展的文化灵魂

无锡的工商文化，是吴文化步入近代以后的演变与升华。19世纪中叶以后，由英格兰发轫，工业革命成为时代潮流。工业革命的内核是以机器大生产替代传统手工业，其积极意义不言而喻。面对如此重大的世界性社会变革，无锡人顺势应变，得风气之先，以开放心态，吸纳先进文化，发展工业文明，开始了对传统的革新。这种开放创新、善于汲取的精神，不仅催生了无锡工商文化，也成为无锡工商文化的一个基本特点。

上海崛起之后，无锡选择主动靠近与接纳，这种积极姿态使无锡大受裨益。大批无锡子弟在上海完成了最初的市场熏陶与锻炼，成为后来创业的精英。许多上海滩的优秀经验被很快引入无锡，这方面荣氏兄弟堪称典范。20世纪初，国内大多企业都还是家族式管理经营，而荣氏率先引进了董事会机制，在保证董事权益同时，有效规避了董事干政。企业管理制度上，也以一种"中庸"的温和方式改良旧式"工头制"，虽然遇到阻力，但终获成功。荣氏申新、唐氏庆丰等纺织厂还仿效美国"泰罗制"劳动用工制度、工资奖励制度和技术管理制度，强化企业科学管理，生产能效明显提高。荣氏麾下企业还不拘一地引进国内外管理和技术人才，参与企业管理运营，保证企业始终在先进理念指导下运作。

在生产技术领域，无锡实业家积极采纳先进技术，提高产品质量，挖掘生产潜力。荣氏企业为提高产品质量，维护更新设备，组建了开源机器厂，从面粉加工、纺织缫丝行业又向重工业领域拓展，表现出在艰难世道求生存、谋发展的顽强意志和对企业发展的独到见解。1912年，荣氏率先注册了国内第一个商标"兵船牌"。1947年，荣氏又不惜斥资200亿法币创办全日制江南大学，并首设粮油科、工商科，在全国高校首开应用专业先河。

---

① 汤可可. 无锡工商文化的基本特征［M］//庄若江主编. 创业华章——创业文化与地域经济发展. 南京：江苏文艺出版社，2013：3.

以荣毅仁为首的荣氏茂新系统管理团队

事实上，竞争意识始终伴随着无锡工商创业先驱们的前进步履，在与买办资本、官僚资本、同类企业的竞争中，这些民族工商企业经风历雨而不衰，历经挫折坎坷而不败，在竞争中沉浮、壮大，在革故鼎新中浴火重生。近代无锡的开放进取、合作共赢姿态，促进了市场有序竞争，而敢于竞争、善于竞争，正是无锡工商文化性格的体现，也是民族工商经济成功的重要原因。无锡最早的两家工厂——1895年创立的业勤纱厂和1902年创立的保兴（后更名茂新）面粉厂，创办之初，都曾呈请官府给予"十年专利保护"政策，但实际上并未形成垄断封闭，甚至苏州常州的实业家也都选择来锡创业。

无锡工商文化一向善于以竞争进取为动力，而开放创新是其得以不断发展的核心精神。实业家门勇于开拓、善于竞争，锐意改单，敢为人先。他们大胆革新，兴利除弊。荣宗敬认为"建设工业，实为要图"，在经营中"造厂力求其快，设备力求其新，开工力求其足，扩展力求其多"[1]，荣德生先生更豪迈地表示"勇往直前，敢作世界之竞争"[2]，这种以竞争为动力的企业家精神，为无锡近代社会造就了不同于传统的人文风貌。

---

① 荣宗敬. 振兴实业发展经济以惠民生计划书［J］. 人钟月刊，第三期，1931（11），转引自 荣氏家族无锡创业史料［M］. 香港世界华人出版社，2003：178－179.
② 荣德生. 欲纺织业之发展全在认真［M］//荣德生文集，上海：上海古籍出版社，2002：287.

二、义利并举：趋利向善的双向互动

商业文化的根本特征是"趋利"，但无锡工商文化却超越了纯粹的牟利目的，体现出义利兼顾的文化特点。无论荣氏、杨氏、唐氏、薛氏，虽皆为商人一族，然都能在经营中信奉儒道、恪守诚信，"信义经商"，逐利而不忘义，尤能兼善天下。荣氏兄弟的父亲荣熙泰曾教导儿子："治家立身有之余，顾族及乡，如有能力，即尽力社会；以一身之余，即顾一家；一家之余，顾一族一乡，推而一县一府，皆所应为"，与儒家理念如出一辙。

儒家"以天下为己任""先天下之忧而忧"的道义精神，在荣德生身上折射得最充分，他遗留的文字中，有许多探讨国家、民族、社会问题，或城市未来，或为人处世之理。在《乐农自定行年纪事》中他写道："吾国地大人多，若不进步则已，若能进步，走上生利之途，则人多手多，生产勃兴，未可预卜。一切事在人为，成败关键即观其是否走向积极与消极、生利与分利、能进与不能进而已。但社会进步亦不能过分逾越界限，否则进之不已，人心无底，必起争端。……人人安守本分，知足乐业，笃于忠信，崇尚道义。国力既强，并须敦睦邻国，稽和万邦，辅助弱小国家，绝无武力侵略之想，此时即成大同世界矣。以上为余期望祝祷之理想。……今后余生，更当尽我之力，为人民服务，以此身贡献社会，鞠躬尽瘁，此吾志也。"① 寥寥数语，足见一位有着深厚文化积淀的实业家的高尚气度、远见卓识与博大胸襟。

在企业管理中，实业家也很讲究中庸忠恕，荣氏兄弟将"德治"引入企业管理，希望通过"施爱、树恩"来治理人心。日常生活中，他们重"乡谊""仁义"，捐资办学，铺路架桥，扶弱济困，热心公益，积德行善，造福桑梓。

实业家的尚德向善之举，并非纯粹对儒家传统的继承，对忠义、仁爱、诚信、中庸等儒家传统道德规范的秉持，而更多是在新的历史条件下对优秀传统的升华和发展，赋予了其新的精神内涵。列强入侵、国家贫弱、生灵涂炭的民族危机，深刻激发了这一代工商实业家的社会责任感和使命感，"实业救国""富民强国"的追求成为他们发奋创业的内在精神支撑。因此，在经营牟利的过程中，他们既追求经济利益，讲求"创业务须快""求利务须多"，又坚持"以义取财""诚信待人""不苟取"的道德底线。发家致富之后，"仗义疏财"积极回报社会，让更多乡民分享福利成果，实现了"趋利"与"向善"互动。

---

① 荣德生.乐农自定行年纪事续编［M］.上海：上海古籍出版社，2002：222－224.

面对严酷市场竞争，许多实业家恪守诚信，将"仁义信用"视为道德原则，做生意不取"欺诈之法"，荣德生曾亲笔手书"戒欺"二字悬于室内，时时提醒诚信经营。

朴素简洁的荣德生故居

作为成功的企业家，荣宗敬曾不无骄傲地说："从衣食上讲，我拥有半个中国"，但荣氏兄弟衣食住行却仍保持着简朴，布衣布履，出门轻车简从，荣德生往来上海只坐廉价车厢，一切有如平民，而大量财富则乐于捐助公益，乐善好施，扶贫济困不吝千金。梅园的诵豳堂内，挂着荣德生亲笔书写的座右铭："立上等愿结中等缘享下等福，择高处立就平处坐向宽处行"。1942 年，荣氏成立"族益会"，主要"助学、散粟、赈款、舍棺"，扶贫济困，并开办了平民习艺所、孤儿院、残废院、妇女救急院等慈善事业，参与赈济苏北水灾和黄河水患治理。无论在事业上，还是经济、社会、文化、教育上，荣氏都是后世创业者的典范与标杆，为民族工商业发展写下浓墨重彩的一章。

实业家的善行，为无锡工商文化增添了道德光芒，也树立了人格操守的高标。荣德生秘书朱复康在《回忆录》中记录了荣先生教育子女时所说的话："今国家为何世乎？财源将殚，人莫之知。源不开，流不节，社会经济陷入断潢。涸辙枯鲋，其何能免？故竭我一分精神，兴我一分实业，即为国家社会多留一分元气，各其勉之。"荣德生不仅义利兼顾，甚至能够义在利先、重义轻利。他在创业初获成功后，便不断捐资兴学，扶弱济困，捐款赈灾，兴办水利，造桥铺路，承担许多公益责任。1912 年 10 月，胸怀天下的荣德生发表了《无锡之将来》，为家乡无锡未来发展勾画了宏伟蓝图，又与荣宗敬一起着手太湖风景区规划设计，希望将这里打造成一片"安适富足"的温馨乐园。抗战胜利后，他又提出"建设大无锡"的设想，建议将苏锡常三地连成一片，建成京沪线上人口最多、最繁华的工商都会。1929 年，荣德生联合当地实业家发起成立千桥会（百桥公司），先后建成宝界桥、大公桥、乐农桥等近百座桥梁，修建开原路、通惠路等 40 余里的道路，还拿出资金开发梅园、锦园等园林胜景，参与修缮妙光塔、东林书院等名胜古迹，开办公益图书馆等。其他实业家也颇有善迹，祝大椿创办了大椿小学，杨翰西创办了广勤小学，匡仲谋创办了匡村中学，华绎之创办了鹅湖学校，钱殷之创办了江南中学，正是得力于实业家们的大力兴学，无锡基础教育才呈现出前所未有的发展态势，快速成为文化科技人才的高地。

为荣氏智囊的薛明剑，后来自己创办了允利化学公司，拿出公司 80% 的利润设立无锡城乡建设 10 项基金，用以鼓励支持本地教育、文化和科学研究。实业家们"义利兼顾""求利顾义"，甚至"义在利先"的做法，充分体现了其高远道德追求，也对当地社会风气的优化做出了最好榜样。

实业家们之所以能义利并举，实现"道义"与"利益"的良性互动，除深受传统文化影响，还源于内心深处的一份情愫。他们热爱桑梓，心理深层有着报效家国的愿望，体现于行动则表现为热心家乡建设，造福一方民众，在奉献中享受着人生快乐。钱穆在《师友杂忆》中曾追记自己与荣德生的一段对话。钱穆问："君毕生获如此硕果，意复如何？"荣德生答："人生必有死，即两手空空而去。钱财有何意义？传之子孙，亦未闻有可以历世不败者。……我一生惟一或可留作身后纪念，即自蠡湖直通鼋头渚跨水建一长桥。"荣德生认为，家财万贯无所意义，自己日后能够被家乡百姓记住的，唯有此桥。今天，在无锡依然随处可见当年工商业巨子们造福桑梓的留痕，1905 年由工商业者集资兴建的"公花园"（城中公园）被誉为"华夏第一园"，运河边上的茂新面粉厂旧址、横跨蠡湖之上的宝界双桥，城西春梅绽放的梅园，以及大公图书馆、公益中学、江南大学等，都是当年实业家们奉献社会的真实佐证。

"宝界双虹"——荣氏祖孙先后建造的两座宝界桥，乃无锡蠡湖上的独特人文景观

三、务实进取：悠久民性的本质彰显

无锡工商文化的一个基本价值向度，就是务本求实，经世致用，倡导实业兴邦，科教济世。在无锡工商实业发展的进程中，"产业报国""实业救国"一直是伴随发展全程的主旋律。

早在明代资本主义萌芽时，东林学者就把"商经济事实"列入讲学内容，表现出与传统"重本抑末""重农轻商"思想的极大差异，这一强调务实的"经世致用"思想深刻影响了民间风气。晚清时，洋务思想先驱薛福成，大胆提出"民先富而后国才能富，国先富而后才能强"，积极主张发展工商实业，鼓励民间商贸活动，建议提高关税"夺外利以富吾民"，其精彩言辞和东林学人"经世致用"的思想一脉相承，成为无锡民间务实创业的理论支撑。

务实进取的精神文化，不仅让无锡人当仁不让地选择了经济，而且，从实业家的行业选择上也体现了"务实"特点。无锡基础产业主要集中在"吃"与"穿"两大层面，从粮食加工、机器榨油，到缫丝、纺织、印染以及为之配套服务的机械行业，全都紧紧维系人的两大"生计"。这样的行业选择也许带有偶然性，却是实业家在脚踏实地调查后的不二选择，不仅因为任何时代任何人都离不开衣食，还因为实业家在投资前都做过实际而细致的市场考察。他们讲实际，兴实业，做实事，求实惠，重实效，脚踏实地发展工商实业，并将创业紧紧维系于社会民生，可以说"务实进取"是实业家成功的重要宝典。

工商文化的务实和功利性，决定着无锡人的意识和行为，历史地看，无锡地少人多的矛盾突出，从事工商弥补土地资源不足是务实的选择；而工商文化的本质又促使人们产生强烈的求实、逐利要求，基于此，务实而机智的无锡人在经济活动中，总能"遇到红灯绕着走，遇到绿灯抢先走"，表现出既灵活又踏实的作风。从早期的民族工商业崛起，到新中国成立后乡镇企业的振兴和新时期的自觉转型，无锡人总能审时度势，冲破藩篱，快速找准方向和机遇。

四、智慧灵动：水文化蕴育鲜明个性

无锡老城水网密布，河道纵横，城市因水而兴，因水而荣。水不仅润万物，还能行舟楫，通八方，兴城邦、亨国运、济民生，便利通达的水上交通成就了无锡的"四大码头"和"小上海"的美称。可以说，水，不仅形成了无锡最鲜明的地貌特征，也培育了当地人们智慧灵动、开放包容的群体禀赋。

无锡文化是浸润着"水"的文化。水有柔德，温软宜人，却刚柔相济。老子说，"天下莫柔弱于水，而攻坚强者莫之能胜"①，形象地道出了水的两面性。水柔却可以克刚，柔而不弱，顺势而行，韧而善进，刚柔相济，是水的特点，也是许多无锡实业家的行事作风。无锡历来重工崇商，实业家门在发家致富过程中，一方面注重操守，精忠报国，理想高远，另一方面也表现出无锡人特有的柔韧灵动和通达善变，聪慧灵动的性格特征在市场竞争中有着充分的显露。正是这种灵活机智的敏感和应对作风，让无锡人能够快速抓住难得的历史机遇，造就了近代以来激动人心的两次经济大飞跃，极大提升了无锡的城市地位和经济实力，使无锡跻身中国工商强市，强化了无锡在全国经济发展格局中举足轻重的地位。

这种灵活机智、善抓机遇的处事作风，当年在荣氏等企业家身上体现得淋漓尽致。在实业创办和发展过程中，实业家们很早就发现了旧式管理和经营模式的种种弊端，而能积极引进国外先进管理理念，推行现代企业管理，使企业在竞争中立于不败之地。在改革遇到阻力甚至爆发矛盾时，实业家们也没有采取强硬措施激化劳资矛盾，而能以温和的"太极拳"方式化解矛盾，安抚人心，化"危"为"机"。无锡实业家不仅有很强的改革竞争意识，也善于进退，懂得灵活巧妙地处理问题，荣德生在面粉厂获利丰厚之时，曾经遭遇下属王禹卿、浦文汀另起炉灶、与企业争利益的问题，面对这样严峻的，甚至威胁到企业未来生存问题，他却以一种温良恭俭让的姿态机智地化解了矛盾，既让下属另创企业的愿望得以实现，又将新办企业纳入荣氏系统麾下，壮大了自己的实力，又赢得了对方认可，可谓长袖善舞，舞姿漂亮。

---

① 老子.道德经，第七十八章.

在动乱频仍、外商欺压的年代，无锡的企业没有崩溃倒闭而能在夹缝中艰难求生存、谋发展，不能不归功于实业家们观念开放、头脑灵活。灵活机智的应变，善于审时度势抓住机遇，快速顺应时代和市场需求，是无锡民族实业成功的重要经验。这个传统一直延续至今。无锡工商文化的善于自寻出路，敢于探索，善抓机遇，既吸纳包容，又灵活机智，这些优势特质的汇聚交融，令无锡的经济发展大受裨益。

无锡成功的工商实业家，都善于审时度势、把握机遇，根据市场变化，精准决策经营。实业家们一方面特别重视市场信息搜集和分析，敏感于市场诉求，从而做出正确的决策。另一方面，也善于构筑市场竞争优势，了解供产销行情，把握市场动态，根据市场情况灵活调整策略。近代以擅长经营著称的王尧臣、王禹卿兄弟，浦文渭、浦文汀兄弟，唐保谦、唐星海父子，唐骧庭、唐君远父子等，都是灵活机智、智慧过人的实业家，他们注重市场信息，企业经营者外出办事，都必须随时了解各地市场情况和民情风俗，从中提取有利于企业决策的信息。丽新纺织厂等企业，还专门对畅销产品进行研究，重金购买有用情报，破解技术秘密，在市场角逐中都取得了出奇制胜的效果。

在资金营运上，无锡的实业家们十分善于灵活调节，相互挹注，实现互惠互利。他们将商企的盈利转为工业企业的技术改造投资，而工业企业的间歇资金则投入商业铺号进行季节性周转，做到资金的集中使用，有利于企业的积累扩张，也实现了效益的最大化。

在管理和技术资源上，无锡企业之间很少互相挖人才、挖墙脚，而更多是"借材异地，聘之毕业于外洋者"①，广纳贤才，甚至高薪聘请国外工程师、管理者。为了企业更好发展，企业内部则举办各类养成所、训练班，培训企业急需的各类管理技术人才和熟练操作工人，致力于员工素养提高，谋求企业长远发展。薛氏的永泰集团，为了摆脱洋行的中间盘剥，实现外贸自主经营，联合苏沪多家骨干丝厂，采用参股、租赁、托管等方式，实现原料采办和产品外销的统一经营，联手改良蚕桑种植，更新生产设备，整合茧丝商业，优化经营资源和技术力量的配置，构筑起跨国经营的竞争优势。无锡工商企业家们的这种互利合作、互为支撑、综合配套的"宏观经营"，已超越了日常的"小聪明"，体现出一种坚定目标与灵活措施相结合的"大智慧"。

---

① 荣德生. 欲纺织业之发展全在认真［M］//荣德生文集，上海：上海古籍出版社，2002：287.

第三编 **03**

| 滨水之城　风情无限 |

　　无锡，一块古老而富于灵性的土地，一座生机勃然的现代城市。她因水而生，因水而兴，因水而荣。水，赋予了无锡无尽的生机与活力，也赋予这座城市无限的灵秀气韵。如果用一句话来概括无锡城，那便是：一颗闪烁着潋滟水色的璀璨江南明珠。

夕照下的无锡蠡湖风光

在中国的文化版图上，江南是一片美丽而神奇的土地，处处闪动着水的波光幻影。江南美，美就美在江南之水。白居易曾用"日出江花红胜火，春来江水绿如蓝"的诗句，描绘着充满诗意的江南；韦庄更是对江南一往情深，"人人尽说江南好，游人只合江南老。春水碧于天，画船听雨眠……"。在诗词歌赋中，那许多江南的写意从来都离不开水，"小桥流水""枕河人家"，既是江南随处可见的庸常，也是江南最烂漫的风雅。它可以是"绿浪东西南北水，红栏三百九十桥"；也可以是"小楼昨夜听春雨，深巷明朝卖杏花"；还可以是"烟水吴都郭，阊门驾碧流。绿杨深浅巷，青翰往来舟。"古往今来，歌咏江南的诗词佳篇，总是浸润着水的氤氲。

而无锡，就是这样一座闪动着粼粼波光的水城。无锡地处江南中心，有着得天独厚的优越环境，水资源十分丰富。滔滔不息的长江在城市的北面奔流东去，浩渺的万顷太湖在她的西南流光溢彩，千里京杭大运河在这里拥城而过，绿意葱茏的梁溪河蜿蜒于城内宛如一条绿色的腰带，水网如织，湖光山色，美不胜收。古往今来，自然与城市交相辉映，从太湖湾、蠡湖湾、贡湖湾到运河湾，水系构成了城市美学的新空间，太湖新城，马山岛，运河风光带，梁溪风光带，共同描摹出这座"东方曼哈顿"的新轮廓。

无锡，恰如镶嵌在太湖畔的一颗璀璨明珠，熠熠生辉，气象万千，风光无限。美丽的山水风光、深厚的人文底蕴和强劲的经济活力共同构筑了无锡的城市个性，也营造出无锡鲜活的文化魅力。自然灵秀的生态文明，精耕细作的农业文明，包孕吴越的太湖文明，以及近代以来的工商业文明，尽致地造就着无锡的悠久和绚烂，展示着鱼米之乡的富饶殷实，闪烁着江南这颗"明珠"独特的自然和人文光彩。

千年文明、百年繁华和美丽山水，共同织就了江南名城的绚丽风景。作为著名的旅游城市，不仅无锡首批获得"中国优秀旅游城市""全国假日旅游重点城市"桂冠，"太湖明珠——无锡"还被评为全国旅游知名品牌。无锡市拥有鼋头渚风景区、灵山胜境、中视传媒无锡影视基地3个国家5A级景区，锡惠园林文物名胜区、薛福成故居、荡口古镇等27个4A级景区，13个全国工农业旅游示范点。在这里，人们既能充分领略到多姿多彩的自然风光，体验丰富多样的水乡生活，江南独特的文化风情和人文底蕴更是令人难忘。

第一章

太湖佳绝处

许多人都熟知那一句流传已久的"无锡是个好地方",这并非个别人的看法,而是生活在这方土地上人们的共同心声。无锡之美,之宜居,很大程度仰仗于太湖的滋养与垂青,这里环境优越,滨湖通江,水网密布,尤其是拥有太湖最美的一段湖岸线,自然风光得天独厚,可谓"湖光山色水云间,风姿摇曳独风华"。

第一节　水波潋滟明珠城

无锡是一座名副其实的江南水城,水网密布,纵横交错,不仅构成了典型的鱼米之乡,也浸润出一片山明水秀的自然景色。碧波万顷、烟波浩渺的太湖、逶迤穿城的大运河、绿意波光的梁溪河,营造了无锡如诗如画的水乡风情,几千年的文明在水波荡漾间孕育了江南的古风雅韵、荟萃人文。无处不在的水,也用丰美的产出、宽广的胸怀和母亲般的温情,滋养了生于斯长于斯的人民,也孕育了无锡人的聪明智慧。

据无锡市水利局最新编撰的《无锡市水利志》,无锡规划范围内的水系骨架,是以京杭大运河为纵轴,北有锡澄运河、锡北运河、北兴塘、九里河、伯渎港,南有直湖港、梁溪河、马蠡港、曹王泾、蠡河、大溪港等区域性通江入湖河道所组成。在这些骨干河道之间,还有众多的地方性主干河道和圩内河道组成的稠密河网。全市河道多达5983条,总长6998公里,是一座十分典型的江南水乡城市,名副其实的"东方威尼斯"。

据《无锡市水利志》记载,1949年前,无锡老城厢内外有一个稠密、完整的水系,即以大运河、梁溪河、转水河、伯渎港向四周辐射,由护城河环向沟通组成骨架,其间又有众多小河道沟通街巷里弄,共同构成交通和引排水的网络。在老城中心区，以古运河为主干河道，在城墙内有环城弧形的里城河。直河与里城河之间有九条横向河道并列，其状如"弓张箭发"，因"箭河"共有九条，所以被称为"一弓九箭"。当时的无锡老城厢面积不过2.5平方公里，如此之多纵横密布的河道，构成了一个引排自如、航运畅通的城中水系。无锡东西南北的四个城门同时设有方便水路通道的水关门，与外界的水路沟通十分方便。整座锡城处处小桥流水、人家枕河、岸柳映绿、舟船穿梭的水城景色。

20世纪50年代起，随着城市建设的兴起，为了方便交通，在扩修道路时许多河道被填埋。九条箭河中除了个别河道因为短窄而自然湮灭外，其他的箭河全部被填埋变成了后来的置煤浜路、新开河路、槐树巷路、学前东路、东河头巷、崇宁路、田基浜路和人民东路。1958年，人工开挖惠山脚下的映山湖，挖出的土方被填入城中直河，变成了中山路的一段。随着城市骨架延伸和外扩，20世纪六七十年代，再次填河筑路，填埋了周山浜、龙船浜、谈渡河、尤渡里浜……90年代，城市房地产开发形成热潮，曹婆桥浜、耕渎浜、九里基浜、张巷浜、绢纺厂浜、大成巷浜等河道再次消失。据《无锡市水利志》的数据，1949年以来，无锡地区至少有1000条河道被填河筑路，现在城市各处的地名中，许多带"浜、渎、河、塘、溪、泾"的地方，都是当年泛着盈盈水波的河道，新开河、白水荡、荷花荡、前西溪、后西溪、东河头、西河头、置煤浜、水车湾、周山浜、田基浜、老鸦浜、鸭子滩、南上塘、南下塘，以及三凤桥、茅竹桥、迎溪桥……，保留至今的许多城市道路都有着透着波光水色的前世，引你去想象旧时锡城绿水萦绕，舟樯往来的水城景象。

隋唐以降，由于大运河的开通和太湖的治理，大片湖滩土地得到开发，无锡西北部的兆阳湖、临津湖、荚饶湖、阳湖及面积最大的芙蓉湖都被逐步改造成可耕田，圩田面积不断扩大，江南，逐步成为朝廷粮食的主要供应地，故有"苏湖熟，天下足"之说。今天已基本消失殆尽、却留下诸多文字记载和遗存的，是充满诗意的湖泊——芙蓉湖。中唐诗人、开元宰相李绅，晚年在游历家乡无锡后，写过一组五首《却望芙蓉湖》的诗篇，在他"水宽山远烟岚迥，柳岸萦回在碧流"，"逐波云彩参差远，背日岚光隐见深"的赞美诗句中，我们依稀可见当年芙蓉湖的幽静与壮美。李绅笔下的芙蓉湖，其面积至少有太湖的三分之一大小，是吴地除了太湖之外的第一大湖，又名无锡湖、射贵湖，因湖面浩大也被称为"巨浸"。翻开汉代的《越绝书》，有记载称："无锡湖，周万五千顷，其一千三顷，毗陵上湖也，去县五十里，一名射贵湖。"宋代《寰宇记》亦云："无锡湖，通长洲（今苏州），多鱼而甚清。"南朝《南徐记》也记载：

"横山之北曰上湖，南曰芙蓉湖。"唐代陆羽的《惠山寺记》称该湖"南控长洲，东泊江阴，北淹晋陵（今常州）"。无锡旧县志亦载："无锡故水区也，芙蓉号巨浸。"芙蓉湖水清且浅，长满荷花，盛产莲藕，故以"芙蓉"为湖名。

　　芙蓉湖的消失，与历代泄水造田直接相关。古代无锡，多发水患，芙蓉湖的治理成为历代地方官的头等要事。早在战国时期，楚国春申君封在江东，即开始治理芙蓉湖，"治以为陂（河岸）""立无锡塘"，京杭大运河无锡段别称"塘河"，即出于此。无锡地名中的上塘、下塘也有不少与此相关。汉代时无锡县的北门，也叫莲蓉门。东晋元帝时（317—322），晋陵内史张阖曾泄芙蓉湖水入五泻河，注入太湖。五泻河即今白荡圩。张阖在其任上希望将芙蓉湖改造为圩田，因财力有限未能实现。南朝宋元嘉年间（424—453），在五牧之南和安阳山之北构筑了阳湖堰，得良田数百顷。唐贞观三年（629），又在北门筑莲蓉桥，莲蓉桥也为无锡最古老桥之一。北宋元祐年间（1086—1093），又筑莲蓉闸，并筑堰泄水为田。绍圣时（1094—1097），两浙转运副使毛渐开挖莲蓉河，引水入长江，芙蓉湖水位再降，百姓又开垦出一批良田。至明宣德年间（1426—1435），江南巡抚周忱，帅众上筑溧阳东坝，下开江阴黄田港，外泄湖水，又在芙蓉湖西部筑堤修成芙蓉圩、杨家圩，得圩田10.8万亩（折合平田7万余亩）。由此，芙蓉湖不断缩小，明代时湖面"东西亦五、六十里"，面积只剩100平方公里左右。清代时，芙蓉湖缩小成仅20多平方公里的小湖圩。直至新中国建立后的"文革"时期，芙蓉湖被彻底围垦造田，绿洲无存。

　　现在，芙蓉湖只留下数十片圩田，被称为"芙蓉圩"，上世纪尚存的东西两片水域（西湖在玉祁，东湖在前洲）是早年芙蓉湖的中心湖区，曾经满植荷花，芙蓉飘香，而今也已经消失于城市开发的烟尘之中。但前洲仍有"浮舟""前舟"的村名留存，今"前洲"之镇名也是由"前舟"而来。原芙蓉湖的区域内，还有许多带有"宕""墩""尖"字样的地名，隐隐透露出与芙蓉湖的那一段前世因缘。如玉祁的唐家宕、郑家宕、印家宕、邹家宕、施家宕、魏家宕、徐家宕等。"宕"与"荡"同音、同义，意为浅水的湖荡。因芙蓉湖水面不断缩小，水位不断降低，一些"墩"和"尖"便浮出水面。"墩""尖"都是凸起于运河中的小岛，如无锡老北门外的江尖、南尖、北尖、小尖、双河尖，其身世都与芙蓉湖有关。传说，战国时春申君黄歇在此治理芙蓉湖，湖水降低之后惠山脚下有礁石凸现，后人为纪念黄歇将此礁命名为"黄埠墩"。古代的芙蓉湖烟波浩渺，水面与北门外的运河相连，江尖渚即芙蓉湖中的一个渚岛，古称芙蓉尖、蓉湖尖。明代周忱再度治理芙蓉湖，水势缩小，江尖渚上的民居渐多。

清代，渚上开设了大批陶器店，到处堆满缸甏，因此被百姓称为"缸尖渚"，后经方言演变，谐称"江尖渚"，简称"江尖"。玉祁的凤埠墩（即玉祁大墩）、东北塘的芙蓉山，原先也都是芙蓉湖中的小岛，皆因水落而变成陆地。此外，武进境内的芙蓉镇，无锡的蓉湖庄，也都得名于芙蓉湖。

　　至清初时，黄埠墩至惠山尚余十里湖面，游船往返于三里桥与五里街的上河塘、下河塘之间，这段当时旅游的黄金通道，十里水道，风光优美，沿途尽享湖光山色。清代诗人林友兰这样描述了惠山脚下的景色之美："扁舟春向惠山来，岚翠波光入镜台。最好试泉亭下坐，千红万紫一齐开。"清代诗人杨芳灿有词云："记否蓉湖湖水涨，千柄风荷，红影争摇荡。消夏湾头停两桨，新词付与玲珑唱。"倪城的《小金山》也吟咏道："十里蓉湖一镜开，湖光山色拥楼台；窗前鸟唤游人至，水底天浮画舫来。"秦仪的《题芙蓉湖图》这样描绘芙蓉湖的景色："风帆叶叶过沙洲，杨柳拖烟古渡头；最是蓉湖好时光，落花飞絮一登楼。"今天，湖已消失，但诗意的芬芳依旧。城市的南扩，终于将美丽的蠡湖拥入怀中，使得绿色波光再次融入无锡人的日常生活。蠡湖仿佛无锡人的一个梦，因为它太美，太诗意，太浪漫。范蠡西施泛舟五湖的传说，给人无限遐想，为原本美轮美奂的景色增添了神秘的诗意和浪漫的气息。

夕阳下的蠡湖之畔

　　今无锡市区，规划范围内有3301条村级以上河道，总长达到2970.78公里，河网密度为2.3公里/平方公里。在这些河道中，有省级河道2条，长68.5公里，市级河道21条，长238.57公里，平时储水容积超过800万立方米；县区级河道 46 条，长 278.1 公里，镇级河道 329 条，长 882.4 公里，村级河道 2903 条，长 1499.71 公里，地表水十分丰富，外来水源补给充足。这里流域性河道面宽一般在 40—70 米，老城区河道宽约 10 米左右，通常水深为 2—3 米。蠡湖等湖泊面积达 397.3 平方公里，鹅湖、漕湖等 14 处湖荡面积约 14.3 平方公里，辖太湖水域面积 644.67 平方公里。

2010 年，因为优美的自然环境和人均绿地指标位列江苏第一，无锡荣获"国家森林城市"的荣誉，2011—2015 年，无锡先后三次进入"中国十大宜居城市"排行榜，2017 年获得联合国人居环境委员会"绿色城市"殊荣。在 2013 年中国社科院公布的"宜居城市排行榜"中，无锡更是荣居除香港、澳门之外的内地城市第一位，"山水名城""宜居之城"的赞誉可谓名至实归。

对无锡而言，纵横交错的庞大水系，就如同城市鲜活的血脉，这是大自然留给无锡一脉血传，也是维系无锡发展与未来的关键资源。无锡是中国著名的鱼米之乡，物华天宝，繁华富庶，自明代起素有布码头、钱码头、窑码头、丝都、米市之称，也是中国民族工业和乡镇工业的摇篮。无锡因水而兴，因水而荣，在无锡的发展沿革中，水是最为重要的元素，没有水就没有无锡城。从古代遍行天下的"吴船"，到橹声不歇的大小河道，处处彰显着无锡的生机与活力。温润的太湖，水浅而物丰，通达的河流，输送着财富，为无锡吴地百姓缔造了富庶安逸的生活。

浸润于粼粼水波中的无锡，已有 3200 多年历史，在其漫长的历史沿革中，无处无不伴随着人们艳羡的目光。春秋时期，公元前 11 世纪初，周部落长子泰伯三让王位，南奔吴地，驻足梅里，建立了勾吴部落（勾吴古国的雏形）。是水，令他结束了迢迢千里的跋涉，停卜了疲惫的脚步；1900 多年前，东汉高士梁鸿孟光夫妇为了避祸，从中原南奔江左，最终落户锡东鸿山，从此不再离去，在这里"举案齐眉，相敬如宾"。梁鸿孟光的选择，既是被泰伯高尚人格所吸引，也是被江南这片旖旎的山水所诱惑；明朝正统初年，无锡荣氏的先祖荣清偕友人同游江南，途径无锡时瞬间就被这里如诗如画的山水环境所深深吸引，竟然决定举家南迁，最后定居于惠山南麓、太湖北岸开源的长清里。历史上因"八王之乱""安史之乱""靖康之耻"而引发的三次大规模移民过程中，无数的北方的贵族世家也许都是这样的原因，义无反顾地选择了无锡。

那些来过无锡的墨客骚人，对这片山温水软之地也是一往情深，在他们的笔下远不止那一句"无锡是个好地方"所能囊括。宋代大诗人苏东坡（1036—1100）熙宁七年时赴镇江赈灾，途径无锡专程到惠山游山品茗，登绝顶，望太湖，美丽的山光水色让他流连忘返，欣然赋诗曰："踏遍江南南岸山，逢山未免更留连。独携天上小团月，来试人间第二泉。石路萦回九龙脊，水光翻动五湖天。孙登无语空归去，半岭松声万壑传。"（《惠山谒钱道人》）后来，苏东坡甚至上书朝廷，恳请恩准自己定居宜兴的青山碧水之中。而离乡的无锡人在谈及家乡时更是一往情深。钱钟书夫人杨绛在回忆录里写道："'两棵大树高粉墙，一条小河映花窗。江南处处有此景，难辨张家和李家。'这是钟书当年在无锡七尺场的家。我特别爱吃家乡送来的新鲜菜蔬，尤其是冬笋，我这只大熊猫终归欢喜吃咯。"带着浓浓乡音的语言，可以让人感受到追忆的温度。江南的美景和人文也吸引了当代文人墨客造访无锡，留下许多美妙诗章。1924 年二三月间，大诗人郭沫若寓居无锡东大池，写下了《漂流三部曲》；20 世纪 50 年代，现代女作家丁玲栖居无锡太湖边的七十二峰山馆，创作了长篇小说《在严冬的日子里》；20 世纪 80 年代，著名剧作家沙叶新住在锡剧团的小楼中，写下了振聋发聩的剧作《假如我是真的》；2001 年以来，台湾著名诗人余光中在十多年中六度来到无锡，美丽的自然风情令诗人魂牵梦绕，先后为无锡写下《红豆》《蠡湖》《寻桂》《不甘秋去》等 4 首诗歌。

　　沿着湖岸，分布着中央电视台的大型影视基地——唐城、三国城、水浒城，乃国内第一个集影视摄制和文化旅游两大功能于一体的影视旅游胜地。规模宏大的人造文化景观与得天独厚的自然风光得以完美结合，具有影视拍摄功能和文化旅游休闲功能。盛唐金碧辉煌的宫殿，三国雄浑粗犷的营寨，北宋工巧和谐的街巷建筑，以及《贵妃册封》《三英战吕布》《义取高唐州》等场面宏大的情景再现表演，精彩纷呈，极大满足了游客的需求，也使无锡呈现出"东方好莱坞"的文化繁荣景象。影视基地常年活跃着众多影视剧组，明星汇聚，许多脍炙人口影视作品就是在这里拍摄而成，从《水浒传》《三国演义》到《太平天国》《大宋开国》，从《唐明皇》《武则天》《杨贵妃》《少年包青天》到《大脚马皇后》《皇后驾到》，从《笑傲江湖》到《边城小子》……，在无锡影视基地封镜的影视剧已难以尽数，许多游客甚至为了一睹明星风采，专此探寻影视奥秘而来。

　　影视的魅力，历史的氛围，山水的资源，在这里美妙地融于一体。江南美丽的灵山秀水，与巍峨雄浑、气势磅礴的古代建筑群绵延相合相契，为旖旎的无锡风情带来了些许硬朗和风骨，使之阴柔之中多了几分雄壮，给人别具一格的审美感受。

第二节　太湖佳绝处　毕竟在鼋头①

　　烟波浩渺太湖（古称震泽、具区、又名五湖、笠泽），号称"三万六千顷，周围八百里"，实际水域面积约为 2400 平方公里，为国内第三大淡水湖。太湖，平均水深不足 2 米，水性温和，出产丰富，盛产鱼虾，是哺育了整个江南的母亲湖。得太湖水滋养，整个流域土地丰腴，物华天宝，生活富庶，自古以来就是著名的鱼米之乡。

　　太湖的湖岸线总长约为 400 公里，沿线滨湖城市有苏州、无锡、常州、湖州等多座，无锡所拥有的湖岸线不足 10%，是几座城市中湖岸线最短的。但是，只要一提到太湖，人们第一时间联想到的就是无锡。这是因为，无锡位于太湖的西北岸，得天独厚地享有太湖沿岸最美的那一段蜿蜒曲折的精华水岸。20 世纪 50 年代末，著名诗人郭沫若在游览太湖、造访鼋头渚之后不久写下了一首《蠡园唱答》，诗的最后两句为"太湖佳绝处，毕竟在鼋头"，"佳绝"之说便由此而来。其实，又何止鼋头渚是太湖佳绝之处呢，整座无锡城都得到太湖滋润而风光独秀于江南。不过，自从诗人郭沫若的"太湖佳绝处，毕竟在鼋头"蜚声海内外之后，"太湖佳绝处"也就自然而然成了无锡城的最经典的一句广告语。

---

　　①　本节图片均为太湖鼋头渚。

　　浩渺的太湖在无锡这里形成了多个水湾，曲折有致中造就了无数的美景。山脚下，水岸边，分布着诸多的园林，透过这些园林里看太湖，就不再是一览无余的苍白，而有了婉转的层次和无尽的回味。诗人郭沫若所赞美的鼋头渚，是太湖西北岸的一个半岛，因有巨石突入水中，其形状如浮鼋翘首而得名。鼋头渚是整个太湖名胜风景区的最经典的自然之笔，得天地之造化，独占太湖风景最美一角，融太湖美景淡雅清秀与雄奇壮阔于一体，碧水辽阔，烟波浩淼，峰峦隐现，气象万千。鼋头渚也是最能代表无锡山水特色的标志性景区，太湖的美景在这里得到了浓缩的呈现。

　　从空中俯瞰，鼋头渚仿佛一只天降神鼋伏卧水中，桀骜凸起的巨大礁石伸入湖面，使舒缓的湖岸线陡然有了层次和诗意。在亭台楼榭、绿树灯塔的衬托下，在自然神力和人工雕琢的融合下，太湖鼋头渚无疑成了太湖沿线最美的所在。所谓"鼋头"，其实是湖岸边的一座小山，名充山，又名南犊山。山的西南麓石脉延伸入湖，因状若鼋头而得名。明代王永积的《锡山景物略》载："……有一巨石直瞰湖中，如鼋头状，因呼为鼋头渚。"鼋头渚凸现于青山绿水之间，七分自然天成，三分得人机巧，构成了自然风光与人文景观和谐相融、天人合一的太湖名胜景区。鼋头渚景区的总面积为 13.5 平方公里，其中陆地面积为 4.1 平方公里，绿化覆盖率达 91.9%，林木森然，全然是一幅马远夏圭笔下美轮美奂的天然画图。

　　今天，步入鼋头渚风景区不远，在往返太湖三山仙岛的游轮码头附近，即可见到一处砖石牌坊，上有"太湖佳绝处"五个大字乃郭沫若墨宝。穿过这座石牌坊，一幅巨大的太湖山水大图瞬间便铺展在了你的面前，烟波浩渺，渔帆点点，山光水色，尽收眼底，灵动秀美，诗意盎然。牌坊一侧的拱门上，两面分别镌刻有"利涉"和"问津"字样，精要地点出了鼋头渚的地理位置和价值——"利涉"的意思是船舶停泊之处，这里很早就是古代出行的码头，也是舟船归航的停泊之地。"问津"的原意为打听渡口在何处，这里应是指游客可以从此处去寻访心中的"桃花源"。

穿过这道拱门，景致更为迷人。有着百年历史的长春桥就卧波于一泓澄碧的湖水之上，将烟波浩渺的湖面点缀成一道可亲可近的风景线。尤其是到了每年初春的三、四月间，这里樱花盛绽，云蒸霞蔚，长春桥一带忽然变成了一片缤纷的花海，这就是名播遐迩的"长春花漪"了。

樱花盛开时节的鼋头渚

樱花季的鼋头渚景色

鼋头渚风景区，是无锡的三个国家 5A 级景区之一，渊源深厚，历史悠久。早在南朝萧梁时期（502—557），这里便是文人墨客喜爱的江南"桃花源"，充山北麓的"广福庵"梵音禅意溶化于烟雨山林之中，是"南朝四百八十寺"之一。南宋初期，进士钱绅致仕读书于宝界山中，"疏岩剔薮，立台亭，莳松竹为游"，为鼋头渚一带建山庄墅园之始，鼋头渚开始成为读书养生游览之地。元末，以孝子著称的华幼武曾登上湖畔的鹿鼎山，赋诗曰："雨洗春泥软，山高兴转孤。振衣临绝顶，拊掌望平湖。晨雾遥迷梦，烟光直过吴。乾坤万里阔，不泣阮生途。"

鼋头渚一带，自古风景秀美。北宋大思想家、文学家范仲淹曾在此留下《太湖》一诗："有浪即山高，无风还练静。秋宵谁与期，月华三万顷。"明代，鼋头渚已是胜迹遍布，受到众多文人骚客的青睐，春日游人络绎不绝，"太湖春涨"被奉为"锡山八景"之一。明代著名旅游家、游记文学家徐霞客一生游历无数地方，曾经多次从这里的古码头起航，开始他外出考察祖国名山胜水的旅程。被誉为"吴门四才子"之一的文徵明的《太湖》"岛屿纵横一镜中，湿银盘紫浸芙蓉。谁能胸贮三万顷，我欲身游七十峰。天远洪涛翻日月，春寒泽国隐鱼龙。中流仿佛闻鸡犬，何处堪追范蠡踪"，诗中也闪动着鼋头渚妙曼的身影。

鼋头渚风景区的全面开发是在近代，虽然如此，园中却留存有许多汉代以来的人文遗迹，如汉代的朱山宝界、宋代进士钱绅读书处遗址、明代王问王鉴父子的湖山草堂旧址，以及东林领袖高攀龙湖畔踏浪所遗留"高宪公濯足处"及其镌诗"马鞍山上振衣，鼋头渚下濯足"等许多珍贵历史遗迹。兀立于灯塔后的巨型刻石，正面所镌的"鼋头渚"三字，为光绪年间举人秦敦世的笔迹，背面的"鼋渚春涛"四字则是清末状元刘春霖所书。时任无锡知县的廖纶，惊叹于三万六千顷太湖之浩淼恢弘，欣然题下"包孕吴越""横云"，镌刻于临湖峭壁之上，为鼋头渚山水又添佳景。清代著名文人陈夔龙，也在游览了鼋头渚美景之后感慨万千，留下楹联赞美曰："山横马迹、渚峙鼋头，尽纳湖光开绿野；雨卷珠帘、云飞画栋，此间风景胜洪都。"

鼋头渚风景区的正式开发是在1916年。那一年，李鸿章的幕僚、中国民族工业的先驱杨宗濂之子、中国银行无锡分行首任行长、举人出身的杨翰西，买下了这里的80亩水岸，建造了横云山庄，进行了景区的早期开发。此后，他又多次斥资对这里进行开发建设，到20世纪30年代，景区已初具规模。杨氏的横云山庄，王氏的太湖别墅及陈家花园、万顷堂、茹经堂等近代园林建筑的先后建成，使鼋头渚的景区格局逐步完整，质朴又不乏诗意的园林风格不断得到凸显。1934年，上海联华影片公司《大路》摄制组到无锡拍片，外景地就选在太湖边上，当时，宝界桥和环湖公路正好都在修筑中，影片正好利用这一背景

镌有"色孕吴越""横云"的临湖峭壁

进行了拍摄。聂耳作为影片的作曲者，白天和筑路工人一起劳动，体验生活，晚上就住在今鼋头渚内陈园的小楼里，完成了电影插曲《大路歌》的创作。后人为了纪念这位著名的音乐家，将聂耳在鼋头渚住过的小楼命名为聂耳亭。新中国成立后，刘伯承元帅来此将充山上的一座亭子题为"光明亭"，这些都使景区的人文底蕴不断得到丰富。

　　鼋头渚景区的特色，在于得天独厚的自然山水与大量名胜古迹、人文景观的汇聚，集湖光、山色、园林、古迹和丰富的植物资源于一体，具有极高旅游价值和审美价值，因此名播遐迩，在海内外享有很高知名度。景区分为"包孕吴越""鼋渚春涛""长春花漪""湖堤春晓""中犊晨雾""十里芳径""鹿顶迎晖""湖山真意""太湖夕照""藕花深处"等十个片区，108个景观的提炼，为美丽景色画龙点睛、锦上添花。这里四季均有佳境，令游人流连忘返。横云山庄、湖山歌碑、七十二峰山馆、聂耳亭、光明亭、王昆仑故居、茹经堂、人杰苑等历史人文景观的保护与修建，不仅体现了鼋头渚的历史底蕴，也极大丰厚了人文内涵。日本音乐家池田大作对鼋头渚的波光柔情一往情深，他创作的那首脍炙人口的《无锡旅情》，优美的旋律传唱海外，影响深远。

　　鼋头渚景区还是太湖流域植物种类最为丰富的大型植物园区，四季绿意葱茏，春夏花开绵延不绝。每逢初春时节，数千株樱花竞相绽放，缤纷如雪，烂漫如霞，游人如织，络绎不绝。历经数十年苦心经营，这里已成为海内外著名的赏樱胜地。鼋头渚还拥有许多珍贵的古树名木，如银杏、苦槠、麻栎、桧柏、桂花、茶梅、五角枫、银鹊、杜仲等，入选无锡古树名木的多达69棵，最高树龄已近700年。因为园区内生态优良，栖居的野生动物多达百余种，其中仅鸟类就有 60 多种，一路行来绿荫深处鸟鸣婉转，令人心旷神怡。

鼋头渚内的园中园——江南兰苑

　　江南兰苑是鼋头渚景区内风格独特的园中园，建成于 20 世纪 90 年代，集古典园林与现代风格于一体，园内修竹扶疏，幽兰飘香，亭台花榭，游鱼戏水，是游人最钟情的品茗观鱼之处，幽雅娴静，让人乐不思归。兰苑也是全国唯一的兰花种质资源保护研究中心，以丰富的植物资源和珍贵古树名木构成了特色独具的新园林景观，藏有最丰富多样的兰花品种，兼具观赏价值和科学研究价值。

　　登上位于鼋头渚充山之东、高 96 米的鹿顶山，视野豁然开朗，太湖美景尽收眼底，碧波万顷，波光闪烁；景区风光一览无余，层峦叠翠，林壑幽美，四季花香，景色秀美，素朴灵秀，宏阔大气，汇集江南山水园林精华于一身，是太湖流域最具代表性的国家级景区，也是华东地区最具旅游潜质和吸引力的旅游景区。鼋头渚风景区在海内外享有极高的知名度，其得天独厚的天然山水风光，和众多名胜古迹、特色园景、人文景观，融合了大自然的鬼斧神工和人类的智慧艺术创造，共同构成了鼋头渚优美独特的景观风貌，得到了中外嘉宾和广大游客的广泛首肯，古往今来，鼋头渚始终是人们流连忘返江南之旅的首善目的地。

　　"太湖佳绝处"对无锡而言，还是无锡城市的品牌与指称。无锡是一座美丽的山水城市，是世所公认的一颗"太湖明珠"。这颗明珠得上苍恩赐，幸运地落在中国版图的最佳位置上——北纬 31°07′—32°02′，东经 119°31′—120°36′。这里气候温润，四季分明，土地肥沃，物产丰饶，自春申君治水之后，便逐步成为富庶宜居的鱼米之乡。

"太湖明珠"是无锡的美誉，脍炙人口的《太湖美》是无锡的市歌，"无锡充满温情和水"也曾是无锡对外宣传的旅游广告语。水，不仅是吴文化的特质，也是无锡城市的一张名片。靠着得天独厚的自然环境，无锡可谓"山泽淑慧"，"人杰地灵"，不仅景色优美，人文昌明，百姓禀赋与城市气质也得到了陶冶。在水的浸润下，无锡的山水可谓"波光潋滟晴方好，山色空濛雨亦奇"，蠡湖足以媲美西湖，风景丝毫不输苏杭。"春水碧于天，画船听雨眠"的诗意画面，烟雨朦胧的江南风貌，"小桥流水""枕河人家"，既是无锡随处可见的庸常，也是江南最浪漫的风雅。

老子说，"上善若水。"孔子说，"智者乐水。"因为得水滋润，所以无锡不仅古来水产丰美，百姓生活滋润，而且在漫长的历史演进中，水的滋润也在文化性格上养育了独特的城市气质，既包容灵活，又务实进取。水上的生活，也磨练了人们的生活技能，培育了生存智慧和敏察善变、机智灵活的个性禀赋，因此在社会转型和发展机遇到来时，无锡人总是能够最早发现机遇，最早勇立潮头，这绝非历史的偶然，正是水的启迪与实践，给了无锡人独特的启悟和慧解，也使得这座小城在历史的舞台上成为引人注目的角色。

第二章

梁溪母亲河

绿绸一般美丽的梁溪河，宛若一条波光粼粼的腰带，系在了无锡这位美人的腰际，为这座江南水城平添了几分绰约迷人的风姿。梁溪河，又名梁清溪，是无锡最古老的一条自然河流，千百年来养育了一方水土一方百姓，被人们亲切地誉为"无锡的母亲河"。

穿越城市的母亲河——梁溪河

梁溪河发源于惠山，是沟通城区水系、京杭大运河、蠡湖和太湖的一条天然形成的水体，也是早期排水灌溉、养育先民最重要的一条河流。古梁溪河源出于惠山，经山北双河口，过黄埠墩、江尖进入环城河，流经西门桥后在西水墩分流，经仙蠡桥、蠡桥，至大渲、小渲、五里湖，最终流入太湖。梁溪河流经之处，处处绿意，处处风景。无锡最早的地方志书——元代王仁辅编撰的《无锡县》"山川·总水"载："梁溪，即梁清溪，距州城①西四十丈，阔十丈，深三丈，源发于惠山之泉，入溪为南北流。其南绕惠山西南三十里，自小渲淹

---

① 无锡县在元代时一度升为州，故县城被称为州城。

西流，出浦岭独山二门入太湖。其北至五里桥，与运河通，今谓之双河口。"比之其他河流，梁溪应是无锡最古老的河流，梁溪河岸也是最早有先民聚居生息之地，据考古发现梁溪河北岸的仙蠡墩（也称仙女墩）是距今约5000—6000年前的原始聚落，出土过不少崧泽文化、良渚文化时期的石器、陶器及房屋基址。梁溪河沿岸景色优美，传说吴越战争结束后，范蠡西施曾在此登岸赏游；南宋时，大诗人尤袤曾在梁溪河畔建乐溪居，作为别业；明代时，"梁溪晓月"已成"无锡八景"之一，著名谏臣顾可久也择居于梁溪河畔，有旧居清溪庄。明著名学者、《永乐大典》编撰人之一的王达对此美景曾咏叹道："微波皱绿回清风，溪流直与南湖通。人家两岸几兴废，鸥影萧萧夕照中。"大戏剧家汤显祖也曾来泛舟，北眺惠山九龙峰，西望太湖云烟，留下"横山断尾若龙蹲，悯雨平芜势独尊。日暮花溪泛桃水，太湖西去有双门"的诗句。康熙二十三年（1864），著名诗人纳兰性德（字容若）随圣驾巡幸江南后后曾写下一组《梦江南》，其中描写无锡的有："江南好，真个到梁溪。一幅云林高士画，数行泉石故人题。还似梦游非。""江南好，水是二泉清。味永出山那得浊，名高有锡更谁争。何必让中泠。"

《无锡志》还曰："凡岁涝，则是邑之水由溪泄入太湖；旱则湖水复自此溪回，民居借以溉田。俗云：州人不能远出，出则怀归，以此溪水有回性所致。"可见，梁溪河不仅具有实用功能，还是人们的乡愁所系，在精神上维系着城市文脉和百姓的殷殷乡情。

梁溪河的源头在惠山，山中流泉时隐时现，常年不绝。每逢雨后，山水汇成涓涓溪流，从高处沿着深浅不一的山涧汩汩流向下方，山水在巨大的隐风石处汇聚成一股可观的瀑流，从巨石顶部飞泻而下，散成几个小瀑布，最后落入石门旁悟空泉中。山水在山坡上形成了一连串的山泉，除了悟空泉、珠帘泉外，还有七子泉、明月泉、九阳宫古泉、凤泉、洗心泉、洗足泉、古凤泉等。雨大时，这些不断得到补充的山泉水流量越来越大，于是穿过龙舌尖古桥后，与望公坞东侧的另一条山涧之水汇合后向惠山下方流去，这是惠山山脉流出水量最大、最长的一股山水，也是梁溪河多个源头的主脉。这里海拔高度达300米，是整个山脉最峻峭雄奇之处。位于这里的石门，山水奇绝，景物中透着一缕超然之气，古来就有许多道教宫观聚集于此，留下了许多人文古迹。

今天的梁溪河，已成为与百姓生活密不可分一道绿色的风光带，是无锡人追求诗化生活的真切体现，河上水清波阔、宁静悠远，一路行来，风光无限。2004年市政府启动了梁溪河水环境全面整治工程，整个沿河风光带建设至2008

年全面完成。经过4年多的努力，沿河两岸建成了"梁溪晓月""仙蠡怀古""霜叶古渡""清溪濯缨""鸿桥遗风""落霞映池"等诸多梁溪新景，昔日建筑零乱、噪音嘈杂的梁溪河，如今水清岸绿、流水潺潺，是无锡风情独特的一道水岸人文景观，极大地提升了两岸居民的生活质量和居住惬意度。

河岸上，除了廊桥水榭、亭台楼阁，还建造了40多座造型各异、形制轻巧、富有江南水乡特色和风韵的景观桥，加上八座跨梁溪河的大桥（梁韵大桥、蠡桥、青祁桥、蠡溪桥、隐秀桥、鸿桥、景宜桥、梁湖大桥），7公里长的风情梁溪河景观带一共汇集了50多座大小桥梁，以如此高的密度汇集众多景观桥梁，在其他城市十分罕见，充分凸显了无锡江南水城的独特风情，绿意掩映之下，亭桥相望，美不胜收。

沿线建设的梁韵苑景区、仙蠡墩景区、蠡溪苑、渔趣园、梁湖生态园等多个开放式水岸景区，还将梁溪河连接为穿越历史人文，回归自然生态的风情化景观带。梁韵苑位于蠡桥东侧、梁溪河自北向南折而向西的转弯之处，是梁溪河、大运河和马蠡港三河交汇之地。主体景观梁韵阁高28米，飞檐翘角，清雅脱俗，居闹市一隅，掩映于一片绿意葱茏之中，是附近市民踏青休闲漫步的好去处。"仙蠡墩"景区得名于以省级文物保护单位仙蠡墩遗址，以仙蠡墩、蠡公池为主景，风格古朴自然，展示了新石器时期的稻作文化、渔猎文化，同时融入范蠡、西施泛舟于此的传说，亦梦亦幻，是休憩、游赏的一处佳地。

无锡的母亲河——梁溪河

以梁溪河上的蠡溪桥为界，还建设了蠡溪东西两苑，总面积达到7.2公顷。蠡溪东苑以江南水乡田园风光为主景，运用桑树园、小桥流水、水车草庐，营造了浓郁的江南乡土风情，同时将纪念唐代"悯农诗人"李绅和元代大画家倪瓒的景观点缀其中。蠡溪西苑则以江南水乡枕河古街和纪念宋代抗金名相李纲、明代谏臣顾可久，以及清代诗人顾光旭的名人墅园为主景，更多强调人文特色，使得自然与人文互为补充，相映成趣，韵味无穷。位于梁溪河南侧、鸿桥与景宜桥之间的渔趣园，总长约一公里。园中建有根据范蠡《养鱼经》中所提到的九州八谷设计的生态鱼池，载有无锡历史上关于治水的水利史情和渔父范蠡的一系列人文典故，很好地凸显了江南鱼米之乡的"鱼"文化，为游客提供一个充满人文和野趣的开放式亲水公园，在这里，可游可赏，可以垂钓。随着梁溪河转向西南，位于梁溪河西南端大渲口的东北侧、梁湖大桥与景宜桥之间，还建设了一座梁湖生态园。根据元代王仁辅的《无锡志》，这里原先就是一个以夏景秋色见长的天然生态区，因此，在规划建设中充分运用了原有环境资源，因地制宜地进行自然生态的修复，通过人工造景美化，更好彰显了江南水乡清纯素雅的天然魅力。

清代诗人刘嗣绾（1762—1821）曾以《梁溪》为题，吟咏了梁溪美景与人文："倒影卧芙蓉（湖），波心落九峰。水云真冷淡，鱼鸟亦从容。野井寒谁汲，山村夜自春。五噫①遗响尽，风入隔溪松。"经过多年建设，"春来江水绿如蓝""红栏三百九十桥"早已是无锡寻常的美丽景致，河岔港湾码头边，杜甫笔下"门泊东吴万里船"的景观也随处可见，梁溪河两岸，百姓诗意栖居，水上船桥相望，可谓风情无限。今日梁溪河，是无锡的一首蕴意丰满的绿色长诗，上阕是古代的文化遗存，下阕是今天不凡的诗意创造。

关于梁溪河的得名，说法不一。一说因其是在南北朝梁武帝大同年间（535—546）进行拓浚整治而得名，《吴地志》云，"古溪极窄，梁大同中重浚，故号梁溪。"民间另一说因东汉高士梁鸿曾隐居于此，并率众疏浚河道，故名"梁鸿溪"。"梁溪"之名，与"锡山"一样，被用作无锡的雅称，旧时，无锡学人雅士会友题词时，总喜欢自称"梁溪某某"，如"出将入相"的南渡名臣李纲就自称"梁溪居士"；清代文人顾光旭和周有壬编撰的诗文集就分别名为《梁溪诗钞》和《梁溪文钞》。今天，"梁溪"还成为合并后老城区的区名，2015年10月，国务院批准无锡老城区崇安区、南长区、北塘区三区合并，新行政区称呼也叫"梁溪"。

---

①　指梁鸿当年所写的《五噫诗》，梁鸿因此诗开罪皇上，故南奔隐居于无锡古皇山（后称鸿山）。

第三章

运河水弄堂

　　千里古运河，在中国是与长城齐名的活化石，记录着民族的足迹与历史的年轮。所不同的是，巍巍长城是冷兵器时代阻挡胡人铁骑的高墙，倨傲而巍峨；而悠悠古运河则是维系着经济发展与文化血脉的通途，亲近而祥和。古运河无锡段，写满了历史的精彩和城市的记忆，作为唯一穿城而过的古运河段，它仿佛一条闪动着波光的珠链串起了无锡千年的历史与文化。

　　古运河的开凿始于春秋，成于隋唐，历史厚重而深远。在以漕运为主的时代，这条古运河为国家做出了巨大的贡献，也给无锡带来了诸多福祉。不仅便利了无锡的交通，也促进了文化与经济的繁荣。如果说，万里长城的精华在八达岭，那么千里运河的韵味无锡几乎占了一半。在这段穿越城市汩汩流淌的古运河的沿岸，众多的文物古迹、工商遗址、名人故居，以及古韵犹存的历史街区，就星罗棋布地散落在运河两边，恰似一串璀璨闪亮的珠链。

已有千年历史的运河古邑

第一节　精彩纷呈水弄堂

隋唐时期开通的大运河，全长接近2000公里。今天，经过截长取直还剩下1794公里。大运河是中华民族历史上最伟大的壮举，对中国文化的交流和经济的繁荣产生了无与伦比的意义。当年，隋炀帝在开挖大运河时，所有河道并非全部由人力开挖而成，而是通过连接贯通许多自然河道而成。大运河由南至北蜿蜒千里，途径数十座城市，起点位于北京的通州，终点落在了江南的杭州，是古代横穿中国广袤大地的唯一高速通道。

大运河带给人们的恩惠显而易见，凡是处在大运河沿线的城市，无一不是受到运河的带动，而得以繁荣兴旺，杭州、苏州、无锡、常州、淮安、镇江、扬州、南京、开封、洛阳、德川、济宁……，不一而足。然而，大运河带给无锡的福祉远不止此，古运河在途径绝大多数城市时都是绕城而过，却单单从无锡这座小城里穿城而过。这一穿，可谓意义非凡。小城的命运因此而改变了。

被称为"运河绝版地"的水弄堂

无锡境内的古运河长四十多公里，无锡人嘴里说的"水弄堂"，指的是京杭大运河堪称最精彩的一段——无锡南长街附近的那段河道。2014年6月，在卡塔尔首都多哈召开的第38届世界遗产大会上，中国大运河成功跻身《世界文化遗产名录》，古运河无锡段和清名桥历史文化街区也成为大运河乐章中最华美的乐段之一。

　　据史料记载，早在3200多年前，泰伯奔吴定居梅里（今无锡梅村），率众汇通百渎，将当时地面上无数自然形成的小河引入一条主渠道，并对这条河道进行了修整疏浚，形成了中国历史上最早的水利设施之一的伯渎河。伯渎河全长40多千米，从无锡一直抵达苏州。伯渎河的缘起之处即城南与古运河交接处的伯渎港。勾吴古国末代吴王夫差，为了军事需要，再度开凿了无锡运河段，至隋唐时期，伯渎港、古运河已经与京杭大运河连通，成为贯通中国南北水道的重要组成部分，无锡的交通也由此进入新的历史阶段。

伯渎河与古运河的交汇处

　　京杭大运河古时绕城而过，今日穿城而流。当年最繁华热闹也最狭窄的一段就是今天的南长古街、南下塘沿线，长度大约1500米。这一段河道狭长，两岸建筑密集，房屋错落，人家枕河，桥梁众多，商贸繁华，被老百姓亲切地称为"水弄堂"。无锡人之所以将这一段古运河叫作"水弄堂"，是因为这一段河面不宽，两岸民居枕河排列，百姓推窗见河，两岸相望的邻居可以隔河而语。水弄堂的两岸既有南禅寺、妙光塔、道观、南水仙庙、书场等宗教和文化建筑，也有民宅、古窑、商铺、作坊等民生建筑与景观，还有民国时期的丝厂及名人故居，呈现出多元杂糅的文化形态，在斑驳的光影中散发出诱人的人文气息。水弄堂的独特景观和人文格调让许多人赞不绝口，清华大学的吴良镛教授就盛赞"水弄堂"是"国内绝无仅有的文化建筑遗产"。

　　无锡老城不大，明清时期的城墙依古运河而建，运河的部分河段就做了古无锡城的护城河。当时的无锡，东南西北各有一座城门，名靖海、望湖、试泉、控江，出了城门便是运河，市区内有许多小河都接通古运河，居民大都沿着这些小河两岸定居，人们出行的主要工具，便是咿呀作响的摇橹小船。"江南水弄堂"的格局，大体在明代就已经形成。无锡的先民傍河而居，因河设市，生活出行都十分便利，在千百年无声无息的沧桑巨变中，形成了独具特色的江南水乡风情。在春风细雨里凭窗眺望嫩柳飞扬，夏日里围坐在运河边乘凉说古，伴着秋风收获河里的鱼虾，在飘洒的冬雪中围炉温酒期待来年，正因有了运河，才有了无锡人诗情画意的生活。

古运河是一条装载着财富的河，一条承载着文化的河，也是一条鲜活悠长的历史画廊，沿岸民居鳞次栉比，自然景观五彩纷呈。从"江南第一山"惠山，到"天下第二泉"，从业勤纱厂、茂新面粉厂到永泰丝厂，无锡历史上诸多著名的人文景观，大部分都分布于古运河之畔，沿岸密集而重要的人文历史景观，为这条河增添了不凡的气息。所以，古运河又是一条充满人文意味的河，对无锡的文化意义尤其重大。承载着深刻思想和浓郁书香的东林书院，底蕴深厚，凝重雅致；薛福成、钱钟书、顾毓琇、秦邦宪、阿炳、祝大椿、薛南溟等名人故居，焕发着恒久的人格魅力与人文光彩，昭示着城市走过的历史足迹；荣巷老街的明清民居，粉墙黛瓦，古朴简洁，是不可多得的早年江南民居的珍贵生活样本；古运河近旁的崇安寺、南禅寺文化商业街区，传统与现代交融一体，散发着诱人的鲜活魅力；窄窄长长的"水弄堂"，两岸民居枕河排列，安逸闲适的水岸人家，营造出曲幽深邃的独特水岸风情，与一侧热闹喧嚣的南禅寺商业街区一动一静，相映成趣；惠山脚下鳞次栉比的祠堂群落，形成于漫长的历史烟云之中，是全国独一无二的祠堂建筑群落，众多祠堂不仅昭示了深厚的家国文化，也折射出这座城市崇德敬贤的良好民风，也是古运河畔不能绕过的旅游新亮点。

无锡人所说的"运河绝版地"水弄堂，有着难以估量的历史价值和文化价值。始建于明朝万历年间的清名桥，古朴稳健，浑厚端方，历经数百年风雨侵蚀，仍稳稳地横跨于水弄堂之上，向今人展示着先人的智慧和审美，也见证着城市的历史与运河的过往。这段窄窄的河道上，曾经穿梭着无数的船只，河埠头边，人群熙攘，交易繁忙，一片繁荣景象。今天，参差的民居，古老的石桥、高耸的宝塔、悠闲的游人，岸边的绿色风光带与河上穿梭的船只一起构成了一幅流动的江南风情长卷。无锡的老年人，都还记得民谣中有这样一句话："先有古运河，后有无锡城"。的确，若没有隋炀帝开通了京杭大运河，若不是无锡就在运河的边上，也就没有无锡的今天。从水上络绎不绝的小船，到橹声不歇的河道，运河带给无锡无限的生机与活力，也为无锡带来了经济文化的繁荣。汩汩流淌的古运河水，如血脉一般催动着整座城市的经济跃动，也输送着来自各地文化营养，滋润着城市的人文风韵，深刻影响着百姓的生活。

虽然有着不一样的过往，但南长街的水弄堂，与姑苏的山塘街还是颇有些相似，一样的狭长的河道，一样错落的枕河人家，一样的繁华热闹，一样流淌千年的碧波荡涤着众多人家后门的码头石埠。唐代诗人杜荀鹤的那首"君到姑苏见，人家尽枕河。古宫闲地少，水港小桥多"的诗，拿来比喻无锡的水弄堂，一样十分贴切。到了夜晚，沿河人家的数百只红灯笼亮起，水弄堂变得灯影迷离，霓虹缤纷，更是迷人。江南雨季来时，丝丝缕缕的小雨飘洒在粉墙黛黑上，顺着屋檐滴落于青石铺就的长街古巷，婀娜的江南女子撑着花伞袅袅婷婷地走过，湿湿的，也诗诗的。

古运河上清名桥

水弄堂周边一带，是无锡市历史文化保护街区——清名桥历史文化街区。它包括了南长街、南下塘街、大窑路街和伯渎港街等四条街巷，和清名桥、大公桥和伯渎港桥等三座老桥。其中，清名桥的历史最为悠久，这座横跨于水弄堂上的古桥，是古运河上规模最大、保留最完整的一座单孔石拱桥。其建造者是无锡"寄畅园"的主人秦燿的两个儿子——秦太清、秦太宁。兄弟俩处世十分低调，斥巨资建桥却不肯留名，但百姓们出于感恩，各取他们名字中一字，作为桥名——"清宁桥"。该桥在清康熙八年（1666），由无锡县令吴兴祚重建，

古运河上的清名桥

一直留存至今。到了道光年间，因讳道光皇帝的名字"旻宁"而改名为"清名桥"。如果说古运河的水弄堂见证了无锡城的历史变迁，那么，清名桥周边的生活图景更像是属于无锡的一幅《清明上河图》。

浓缩的城市变迁史

江南平原，河湖交叉，水就是大地的灵魂，而运河是无锡人的血脉。而位于京杭大运河尾端的无锡城，从崛起到繁华，几乎就是这条千年运河变迁的缩影。

大运河无锡段北接长江，南连太湖，与京、津、冀、鲁、豫、皖、浙等省舟楫相通。加上无锡境内河道纵横，与周边城市交往便利，所以，自7世纪末以来，这里的商旅便络绎不绝。京杭大运河的开通，对无锡经济发展推动巨大，河道中常年"商旅往返，船乘不绝"，商贸活动促进了城市经济的崛起，沿河金银、彩帛、烟酒、油酱、食米等作坊错杂开设，市场日益繁荣，小城无锡终于成为一块美丽而富庶的江南宝地。试想，大小船只经过长途航行之后，忽然看到两岸鳞次栉比的灯火人家、商户店铺，很自然便会停船靠岸，歇脚采买，而后来布码头、米市的形成更激活了运河沿线的工商脉动。就这样，川流不息的船只，带来了源源不断的生意，刺激了岸上的商贸活动，而这些生意无疑都变成了财富，小城就这样崛起了、繁荣了。

明清时期，无锡已成为闻名海内的米市和布码头。因水甜土濡，地产无锡白米软糯可口，颇受青睐。元代诗人耶律楚材曾有诗赞曰："春粳白如玉，煮饭滑流匙。"因此，明代时无锡白米曾作为宫廷用米，朝廷所设的光禄寺仓厫就设有无锡专仓，每年宫廷征收的无锡大米在一千石以上。明末史学家谈迁的《谈氏笔录》载："无锡县供御上白米，岁一千三百三十一石，常用七百余石。"明清时期，朝廷对运河漕运的依赖，刺激了无锡运河经济的繁荣。清代后叶，朝廷将在浙江征收的漕粮改为折银征收，集中到无锡采办。因为无锡在漕运中的重要地位，朝廷还将原来设在上海的漕粮局迁到无锡，并指定无锡作为江苏各县的漕粮转运站。由此，无锡成了江、浙两省的漕运管办中心。每年承办的漕粮数量为全国之最。后来，随着上海人口的激增，无锡的米粮集散数额也日益增加，到了清末时，"皖豫米商，纷然麇集，浙东籴贩，靡不联樯"，古运河沿岸，粮行参差林立，形成了北塘、三里桥、黄泥桥、北栅口、伯渎桥、南上塘、黄泥垶、西塘等"八段米市"，共设粮行80家，米市粮食年成交量高达9亿多斤。到抗战前夕的1936年，无锡有面粉厂4家，碾米厂16家，油料加工厂15

家，粮行 120 多家和 35 家堆栈。这些企业的粮油食品生产使无锡的漕运业更加兴旺，北塘、三里桥一带的街道常年商贾如云，古运河中日日粮船首尾相接，粮食交易量高达 18 亿斤，在全国著名的"四大米市"中，无锡米市规模居首。

运河是无锡城市的经济命脉，这条贯穿南北大动脉的开通，对无锡近代经济的繁荣也产生了至关重要的作用。1895 年，当无锡的第一座近代工厂——业勤纱厂的厂房矗立在运河畔的羊腰湾，标志着无锡迈入近代化工商业时代。此后，1902 年荣家在西水墩兴建了保兴面粉厂（后更名茂新），短短十年中无锡又有了缫丝厂、榨油厂，为了交通运输的便利，这些工厂无一不是建在运河沿岸，无锡的六大财团——杨氏、薛氏、荣氏、周氏、唐蔡、唐程，他们的发家创业无一不是与运河有着紧密相联的关系。小小无锡就这样伴着千年流淌的古运河开始了迈向近代化的征程。

古运河水弄两岸人家尽枕河

如果说太湖是无锡的母亲湖，大运河就是无锡的血脉经络，不仅为无锡人带来生意，也为无锡文化不断输入新的活力。如果只有太湖，也许无锡的文化会比较安于自我循环、不乏安逸保守，而有了这条贯通南北的大运河之后，无疑为小城原本略显封闭的文化注入开放、变通、吸纳的活力，来来往往的舟船激活了无锡人的经济意识，而生意的促成也必然依赖于文化的接纳与交流。就这样，静水流深，细水通达，开放的运河文化恰到好处地弥补了"湖塘文化"的缺憾，让无锡的文化变得更为丰富多元和趋于完美。

第四章

嘉园逸趣美

　　无锡得自然之宠，是一座山水资源十分优厚的滨水花园城市，古往今来，山清水秀，嘉园遍布，城市各处充满了自然之美，意趣之美。进入新世纪之后，无锡"打太湖牌，唱运河歌，建山水城"，努力将城市建设成为惬意诗性的美丽家园和令人欣羡的山水人文城市，经过多年努力，已经结出美丽硕果。一个人与环境和谐发展的城市绿化和生态环境系统，正在逐渐成型。生活在这里的无锡人，越来越真切地触摸到了满目葱茏的生活。

　　绿色，是山水园林的颜色，也是无锡的天然色彩。如果每座城市都有属于自己的主色，那么，无锡的色彩无疑是绿色的。温润的湖水、绵延的青山、宜人的气候环境，无锡有着天然的绿色优势。新世纪开局后的无锡，恰似尽情泼绿的画师，一大批绿地、广场、场馆、小区的相继竣工，使城市面貌异彩纷呈，为急速扩张的城市版图不断地增添着生花彩笔。无锡人以一种前所未有的姿态，出手不凡地撒播着一片片绿荫，为自己营造着美丽宜人的家园。每到清晨或傍晚来临，市民们流连湖畔河边，在绿意丰盈的园林中，品味着逍遥自在的情致，享受着诗意的休闲空间，在自然谐趣与人工精巧的完美结合中，纵享和谐清嘉的诗意境界。

一、"凤谷行窝"寄畅园

　　锡惠景区是无锡市内最美的休闲之地，始建于1958年，占地90多公顷，是国家首批重点名胜风景区，也是4A级旅游景区。战国时期，无锡曾是楚公子春申君黄歇封地，惠山脚下就留下了春申涧等遗迹。锡惠公园林木茂密，鸟语花香，四季风景怡人。位于景区内的寄畅园，更是无锡历史最悠久、最有说头的古代名园之一，迄今已有500年的历史。

　　寄畅园肇始于明正德年间（1506—1521），称为"凤谷行窝"。建造者名秦金（1467—1544）字国声，号凤山，乃秦少游的第十七代孙。秦金于明弘治六年中进士而入仕，历任两京礼部尚书、兵部尚书，兼户部尚书，历孝宗、武宗、世宗三朝，其西水关的"尚书第"有门联曰："九转三朝太保，两京五部尚书"。嘉靖六年，秦金将其所购置的惠山寺的"沤寓房"改建为一座园林别墅，名"凤谷行窝"。因秦金号"凤山"，而园子所在的惠山有九峰九坞，坞也称"谷"，园址选在惠山第二坞——桃花坞，故称"凤谷"；"行窝"的意思则是别业、别墅、山庄。

锡惠公园内的园中园——寄畅园

凤谷行窝，匠心独运地选择了一个有山、有寺、有泉、有水，园内有墩、有池、有树的绝佳环境，但初园并无太多作为。秦金去世后，该园由秦氏后人接手，在数百年间对园子多次改造，利用自然，施以人巧，垒石叠山，挖土为池，园林的空间结构不断得到优化，遂成为秦氏后人寄情山水、笑傲烟霞的精神家园。

寄畅园是一首"物化的诗"，也是漫长的历史的见证。

乾隆十六年仲春时节，温阳高照，和风煦畅。运河上，一条大型龙船缓缓驶近，停在了通往惠山浜的河口。乾隆皇帝在随驾官员的陪同下，移步换乘一条精致的江南小船，沿着惠山浜向秦园方向驶去。已登帝位 16 年的乾隆，效法祖父康熙开始了他的首巡江南之旅，也和康熙一样，他决意落脚惠山，去看看那座祖父青睐的秦园。

此后，乾隆帝每次巡游江南，无一例外都要驻跸惠山，都要临幸寄畅园。和康熙一样，乾隆一生也是六下江南，也是七次来到秦园。"寄畅"的园名就是康熙所题赐。一座江南园林，竟让一对帝王祖孙如此情有独钟，如此流连忘返，史上实为罕见。这座私家园林因此而名声大噪，与南京的瞻园、苏州的拙政园和留园一起，被并称为"江南四大名园"，且堂而皇之名列四大名园之首。

移步园内，首先映入眼帘的是左壁上两幅绿意环绕的石匾——"山色溪光""玉戛金枞"。"山色溪光"为康熙所题，表现的是"目之所揽"的园中美景；而乾隆御笔"玉戛金枞"所传递的则是"耳之所闻"园中之声。祖孙二帝，意到笔到，各有千秋。经过改筑的寄畅园，在康乾时期"风景益胜"，不仅吸引了《红楼梦》作者曹雪芹的祖父、江宁织造曹寅等名流纷至沓来，更受到帝王的青睐。自康熙二十三年（1684）至乾隆四十九年（1784）的一百年间，成就了康熙、乾隆各六次南巡，均七幸寄畅园的盛事，成为园林史上的精彩之笔。

乾隆曾对人说："入江南境，扬州但繁华，无真山水；金山佳矣，而有戒心。惟惠山幽雅闲静矣。"在《游寄畅园题句》中，乾隆还专门题写了"清泉白石自仙境，玉竹冰梅总化工。"的赞辞。在乾隆第六次南巡时，他还专门带来了宫廷画师，将寄畅园仔细临摹下来，将图纸带回京师。之后，乾隆着人在万寿山下依样建造了一座园林，取名"惠山园"。在《惠山园八景诗序》①中，仍可以见到这样一段文字注释："江南诸别墅，惟惠山秦园最古，我皇祖赐题'寄畅'。辛未春南巡，携图以归，肖其意于万寿山之东麓，名曰惠山园。"

然而，乾隆对京城仿建的惠山园并不甚满意，毕竟时日尚浅近，花木未繁茂，他觉得京畿惠山园终不及江南寄畅园。在《寄畅园迭旧作韵》一诗中，他

---

① 《惠山园八景诗》乃乾隆所作，其原诗为："岩壑有奇趣，烟云无尽藏。石栏遮曲径，春水漾方塘。新会忽于此，幽寻每异常。自然成迥句，底用锦为囊？"

这样写道:"双河舟溯慧溪湾,雅爱秦园林壑间。月镜光含窗潋潋,云绅声落涧潺潺。清幽已擅毗陵境,规写曾教万寿山。一沼一亭皆曲肖,古柯终觉胜其间。"显然,撤去了江南的气候环境和山水映衬,惠山园总是少了一些江南灵动秀丽的气韵。

惠山园于清嘉庆十六年(1811)进行了改建,并改园名为"谐趣园"。谐趣园和圆明园内毁于战火的廓然大公(也称双鹤斋),都是仿无锡寄畅园的园林之作,然而,离开了杏花春雨的熏染,又何来江南园林的神韵呢?寄畅一园,可谓江南山水与江南智慧、江南审美的完美结晶,而康熙、乾隆二帝的多次游历与题赠,更为寄畅园增添了一抹悠远的人文气息。

数百年来,寄畅园几经罚没、抄家、兵灾、焚毁等灾祸,乾隆十一年时,秦时族人在园内"供奉御书并立家祠",使之"始可永垂不朽",该园遂成祠园(秦氏公产)而得到保护。新中国建立之后的1952年,秦氏家族将寄畅园献给国家,20世纪50年代至80年代,政府对寄畅园两次大修,1988年被国务院公布为全国重点文物保护单位。20世纪末,寄畅园复建了院东南部毁于1860年的建筑,至此,寄畅园基本恢复了鼎盛期的历史风貌。寄畅园的历史价值和独特之处还在于,江南园林大多几易其主,但寄畅园从正德年间初造,直至晚清、民国,五百年来园子从未换过秦氏以外的主人,其文化也五百年一脉相承,建筑风格相对保持完好,文脉完整而纯正,在诸多江南园林中鲜有可与之匹敌者,因而历史价值更高。

寄畅园西依惠山、东接锡山,怀抱一池绿水,西侧叠假山于惠山东麓,园内假山承续了园外真山的余脉,举目东望,园外锡山龙光塔如园中之景,达到了园外有园,景外有景,浑然一体,使有限园林透出无限情趣。陈继儒描述曰:"入园窈窕幽径,绿玉万竿,中汇涧水为曲池,环池竹树云石,其后平冈逶迤,古松鳞鬣,松下皆灌丛杂木,茑萝骈织,亭榭翼然。夜半鹤唳清远,恍如宿花坞,间闻哀猿啼啸,嘹呖惊霜,初不辨其为城市为山林也。"[1]

寄畅园美在幽雅精致,构思巧妙。园内,黄石叠山,掘土为池,环绕着一池碧水——锦汇漪,建有郁盘亭廊、知鱼槛、七星桥、涵碧亭、清御廊等诸多的亭台廊榭,另有秉礼堂、含贞斋等精美建筑。最醒目的是探入碧波之中的知鱼槛,方亭翼然,成为寄畅园中众多景物的瞩目焦点。惠山淙淙流出的"二泉"水,被巧妙地引入园内曲曲折折的沟涧,一路潺潺有声,故有了"八音涧"的

---

① 陈继儒. 小窗幽记·卷六·景.

美名。与苏州的城市园林不同，寄畅园属于山麓别墅型园林，既有江南园林屈曲宛转、布局精妙、注重空间变化之特色，又巧借山势，融和自然，格调古朴而清旷。参天的古木，婆娑的竹影，高台曲池，美石嘉树，迷花醉月，共同营造出了寄畅园沉静雅致、清幽宜人的诗化境界。而独一无二的借山、揽月、引水之法，使得园外的山月与园内的景物浑然相接，气韵相承，山无止境，水无尽意，山容水色绵延交融，浑然一体，相映成趣。可谓"虽由人做，宛若天开"。

二、惠山精魂　天下第二泉

惠山，得名于曾在此结庐修行的慧照和尚，"慧""惠"相通，故称惠山。惠山泉，浓缩了惠山的精华，是惠山的精魂，也是无锡的标志性景物。历史上，二泉曾引得无数文人墨客竞折腰，留下诗词歌赋无数。

惠山古木参天，幽谷清静，有"九龙十三泉"之说。惠山泉之水源于惠山多股泉瀑，水流自上而下涓涓而出汇聚成泉。位于惠山寺附近的惠山泉原名漪澜泉，传为唐朝大历年间由无锡县令敬澄所开凿，泉水流至山下，注入上、中两池，上池呈八角形，中池呈四方形，以条石为栏。"茶圣"陆羽曾栖息于惠山寺，在品尝山泉之后，盛赞其水质清纯可口，将其列为天下20处名泉之第二，因此，惠山泉也称"陆子泉"或"天下第二泉"。另有评水大家刘伯刍也说："宜于煮茶的泉水有七眼，惠山泉是第二。"宋代时，又在下方开一长方形大池，池中游鱼欢畅。明代时，有雕刻家在池壁雕刻了一尊探池螭首（石龙头），中池泉水由此通过石龙头注入大池而终年涌流不息。大池前有漪澜堂，苏东坡有"还将尘土足，一步漪澜堂"（《游惠山》）的诗句。

惠山一带林木葱茏，景色优雅娴静，泉水甘洌，更因诗人墨客的赞美而名重天下。唐代诗人李绅曾赞曰："惠山书堂前，松竹之下，有泉甘爽，乃人间灵液，清鉴肌骨。"惠山泉水纯净透明，甘美适口，系泉水之佼佼者，"人间灵液"名不虚传。惠山泉名重天下，受到历代帝王青睐。唐武宗时，宰相李德裕嗜饮惠山泉水，曾令地方官使用坛封装，驰马传递数千里，将泉水运至长安，供其煎茶。宋徽宗时期，惠泉水时供应朝廷的贡品。宋高宗赵构在遭遇靖康之耻、金军追击的南逃途中，也不忘到无锡惠山一品名泉。今泉旁的二泉亭，即当年地方官吏为接待赵构所建。元代时，因到惠山泉汲水者过众，官方为限制人流曾在此设卡收税，"漪澜堂下水长流，暮暮朝朝客未休"便是当时的真实写照。清康熙乾隆两帝每次南巡均会驻跸惠山，品泉饮茗，乾隆还写下"惠泉画麓东，冰洞喷乳糜。江南称第二，盛名实能副。流为方圆池，一倒石栏甃。圆甘而方劣，此理殊难究。对泉三间屋，朴断称雅构。竹炉就近烹，空诸大根囿"。此诗虽拙，却是御笔，故镌于惠山泉前景徽堂壁上。

赵孟頫所题"天下第二泉"

惠山泉也是文人墨客的最爱。南宋诗人杨万里曾诗赞二泉："惠泉遂名陆子泉，泉与陆子名俱佳。一瓣佛香炷遗像，几个衲子拜茶忙……"元代翰林大学士、著名书画家赵孟頫不仅为惠山泉亲题"天下第二泉"五个大字（今完好存于泉亭后壁），还有《留题惠山》诗一首："南朝古寺惠山前，裹茗来寻第二泉，贪恋君恩当北去，野花啼鸟漫留连。"宋代大文豪苏东坡熙宁年间，曾和友人同游惠山，在品饮二泉水烹煮之茶后，连声妙赞，写下"雪芽为我求阳羡，乳水君应饷惠泉"，他的"独携天上小团月，来试人间第二泉"更成为千古传颂佳句。

明朝，关于二泉更是题咏不绝。明初听松庵的高僧性海，请湖州竹工做了一只竹炉，以二泉水煮茗待客。著名画家王绂为竹炉作画，并有《惠山煮茶》一诗，描绘了敲冰汲泉、寒夜围炉、煮茶品茗的仙人般生活境界："寒斋夜不眠，瀹茗坐炉边；伏火煨山栗，敲冰汲涧泉，瓦铛翻白雪，竹牖出青烟；一啜凤生腋，俄警骨已仙！"吴门才子文徵明，在明正德十三年（1518）清明节时，与友人茶会于惠山，兴会所至，挥毫作《惠山茶会图》，描绘了诗人、画家竹炉煮茗、茅亭小憩的情景，该画卷现藏于故宫博物院。

二泉亭上有景徽堂，在此既可烹泉品茗，又可欣赏周边景致。二泉亭附近有听松亭，亭内置一古铜色巨石，称为石床，光可鉴人，可以偃卧。石床一端镌有"听松"二字，为唐代书法家李阳冰所书。大诗人皮日休曾在此聆听松涛，留有"殿前日暮高风起，松子声声打石床"的佳句。民间艺术家阿炳的名曲《二泉映月》也是在此获得的艺术灵感，可谓"甃石封苔百尺深，试茶尝味少知音。惟余半夜泉中月，留照先生一片心"。人们为纪念阿炳，1984 年在二泉亭重建了华彦钧之墓。从二泉亭北上，还有清代竹炉山房、秋雨堂、云起楼等古建筑，秋雨堂结构精巧，陈设古雅，著名电影《家》就曾取景于此。

二泉近旁曾是古人惠山茶会之地

三、晴红烟绿　大美蠡园

位于无锡五里湖畔的蠡园，是蠡湖风景区景物最胜之地，也是人们心目中最经典的江南近代园林。蠡园没有鼋头渚景区那么宏阔，但是更唯美，更精致，更妩媚，更旖旎，也更具江南山水园林的神韵。

蠡园春日景色

五里湖也称蠡湖，是太湖东北岸的一个内湖，因越国大夫范蠡而得名。而蠡园则是因蠡湖而得名。春秋后期，越国大夫范蠡帮助越王勾践灭吴之后，看透越王内心暗藏的杀机，体悟到繁华背后的悲凉，悄然离开宫廷，隐遁于山野江湖。在美好的民间传说中，范蠡曾偕美人西施泛舟五湖，在烟波浩渺的蠡湖（其时漕湖称蠡湖）隐居养鱼，范蠡被称为"渔父"，还在此完成了《养鱼经》。浪漫的英雄美人传说虽无法得到印证，但江湖之上无疑是当年泛舟隐居的最佳选择了。

蠡湖一带最早的园林开发是在民国初年。无锡青祁村人、时任无锡县第三区区长的虞循真筹资在湖畔营建了"青祁八景"，那时这一带就被人们誉为"山明水秀之区"。1927年，无锡籍实业家、福新面粉系统的掌门人王禹卿，在五里湖边买下了一片面积约两公顷的风水佳地。之后，他在虞循真的帮助下，耗资20余万元，历时3年，在原有山水景物的基础上再次大兴土木，兴建亭台楼阁，种植花草树木，构筑了一座美丽的湖畔园林——蠡园。1936年，王禹卿之子王亢元又在蠡园东侧拓地十余亩，建凝春塔，湖心亭、颐安别业等建筑。1928年、1946年、1948年蒋介石曾经三次来无锡，或赴宜兴寻根问祖，或游山览水作短暂滞留，1946年11月的无锡之行，蒋宋夫妇就选择住在蠡园的别墅景宣楼内。那时的无锡已经开发的园林还有鼋头渚和梅园，成了大上海的一座后花园，每逢春秋时节，大批上海游客到太湖游览观光，游湖赏景，这里也一度成为上海电影制片厂的天然外景地，蔡楚生执导的电影《渔光曲》外景就取自蠡湖。

1930年，王禹卿的妻舅、上海滩有名的"呢绒大王"陈梅芳，又在蠡园西侧购入4公顷土地，着手建造一座更大的园林，并将此园命名为"渔庄"，别名"赛蠡园"。但是，因为抗战爆发，该园并未能够竣工完成。

新中国建立后，1952年人民政府将蠡园、渔庄两座园林进行了合并，拆除围墙，并以长廊沟通，并称"蠡园"。原来属于王禹卿的东蠡园则辟出一部分景观归入湖滨饭店。1954年蠡园又增建了四季亭、连心桥等新景观。1980年前后，蠡园再次向西延伸，拓建了"层波叠影"新园区，总占地面积达到123亩，进一步丰富了蠡园自然景观的层次感、多样性。2006年，市政府又根据范蠡西施的历史传说，斥资1.5亿元在蠡湖的水面上构筑了总面积为30472平方米的西施庄——一大一小两座湖心岛。岛上建有船舫、陶朱公馆、展示表演厅、绣楼、夷光茶楼，游船码头等。今蠡园，不仅是太湖景区代表性景点，且名列国家4A级旅游景区和省重点文保单位。

蠡园精巧的园林构思，形象展示了当年富商巨贾的审美情趣和精神追求，布局巧妙，疏密有致，远眺翠嶂连绵，近闻长浪拍岸。假山耸翠，曲径通幽，花漪烟柳，亭台楼阁，层波叠影，长廊枕水，移步换景，深得中国古典造园之机巧。每到春天，蠡湖的长堤之上，一片桃红柳绿，风光旖旎，风情无限，令游人流连忘返。夏天到时，蠡湖水面百亩荷花竞相绽放，摇曳生姿，美不胜收。大文豪郭沫若当年在游览了蠡园之后，曾咏有佳句："欲识蠡园趣，崖头问少年。"

蠡园门不大，但古朴端庄，保留了原渔庄风格，门楣上镌"蠡园"二字。穿过敞厅，进暗廊月洞，再转过假山屏障，才见景色豁然开朗，充分体现了"山重水复疑无路，柳暗花明又一村"的古典审美思想。院内修竹土岗自成一坞，百花山房雕花门窗十分精美，房后长廊名"浣芳"，并有"范蠡西施"系列故事画廊。长廊终端接思越亭，内有西施、郑旦蜡像。循径向前，有1985年建成的"濯锦"茶楼，是歇息品茗佳处。漫步蠡园，既是健足，也是美的陶冶。在这里，收获的不仅是满眼的风景，还有历史的遐想，人文的精神和审美的愉悦。精妙雅致的布局，动静相宜的山水，精雕细琢的建筑相得益彰的花木，以及画龙点睛的书画楹联，无处不流转的浓郁的诗意。

蠡园四季亭畔花漪烟柳，春色旖旎

著名园林理论家陈从周认为："中国园林是由建筑、山水、花木等组合而成的一个综合艺术品，富有诗情画意。"① 注重环境，崇尚自然，追求精致，营造诗意，是江南园林的共同诉求，也是江南文化的极致彰显。蠡园中的一水一石、

---

① 陈从周．说园［M］//见蔡达峰、宋凡圣主编．陈从周全集（第六卷），江苏文艺出版社、浙江大学出版社联合出版．

一草一木，处处都显露出传统审美的意蕴，而布局中的疏密、虚实、阴阳、向背、留白等表现手法，也都体现出书画艺术的独特韵味。诗情画意与园林巧构的有机结合、浑然融合，由于作者的双重身份而在江南的园林中得到了集中的展呈。蠡园的美，也折射出华夏民族对至美生活的理解，无锡人将自己对生活诗意的理解和想象，一并融入了园林构建之中。通过山石花木、亭台楼阁这些有形之物将美好的希冀，固化为园，凝结为林。于是，园林便成了一首首凝固的诗，一幅幅流动的画。素朴简约的建筑，精致的构想，淡雅的审美，与旖旎的美景，温润的气候，安逸的环境，无忧的衣食和温婉的情调一起，共同构成了无锡的诗意生活。

四、暗香疏影　诗意梅园

在江南，赏梅的最佳之地一定要数梅园了。比起南京的梅花山、苏州的香雪海，无锡的梅园有了山水园林的衬托，无疑更添了一层诗意和韵味。每逢冬末春初，乍暖还寒时节，无锡西郊的梅园便早已热闹起来，游人纷至沓来，看梅花疏影横斜，景色如画，无疑是枯涩季节里最赏心悦目的事。不仅漫山遍野绽放的梅花暗香浮动，烂漫如雪，让人流连，这里的许多景点也给人历史的回味，梅园刻石、洗心泉、米襄阳拜石、天心台、揖蠡亭、清芬轩、香海、诵幽堂、招鹤亭、小罗浮、念勋塔、豁然洞、开原寺、松鹤园、小金谷、吟风阁等，都承载着一个时代的厚重记忆，物是人非，令人遐思。

梅园，位于东山和浒山南坡，距太湖仅 1.5 公里，背山面湖，自然环境十分优越，历经百年打造，已成为遐迩闻名的赏梅胜地。此外，梅园也是国家 4A 级旅游景区，全国重点文物保护单位。梅园始建于 1912 年，最初为著名无锡实业家荣宗敬、荣德生兄弟所建。据说，荣德生曾做过一个梦，风景秀丽的太湖之畔、东山脚下忽然间化作了一个硕大的聚宝盆，一对盛开的如意莲花从地上一直伸展到天空，化作了满天绯色的祥云，山山水水都笼罩在一片烂漫的霞光之中。不久，荣氏兄弟便买下了东山下的这片土地，利用清末进士徐殿一的小桃园旧址进行修建改造，经过十多年建设，梅园初成规模。1930 年时，梅园的面积已达 81 亩，植梅数千株。初春时节，梅花盛绽，暗香浮动，秀色满园。荣德生先生怀着"为天下布芳馨"的心愿，梅园不设门票，免费供游人赏玩，共享天然之趣。荣氏作为民族实业家的道德典范，建设家乡、回报桑梓的社会实践也由此拉开了序幕。1955 年，荣毅仁遵从父亲荣德生遗愿，将梅园及横山等150 多亩园林和建筑一并捐献给了国家。

梅园大门石上"梅园"二字，荣德生亲笔

　　早年，梅园中所植梅树多为果梅，政府接管梅园之后，多年来不断引进梅树品种，扩大梅树数量，梅花品质也不断得到优化。目前，园内植梅面积达60余亩，植有8000多株梅花，其中不少梅树来自外地，有些晚梅品种甚至引自海外。另有梅桩盆景2000多盆，品类数千，从银红、假朱砂，到骨里红、素白台阁等，多为珍贵品种。最著名的有素白洁净的玉蝶梅，有花如碧玉萼如翡翠的绿萼梅，有红颜淡妆的宫粉梅，有胭脂滴滴的朱砂梅，有浓艳如墨的墨梅，有枝杆盘曲矫若游龙的龙游梅，还有造型幽雅、虬枝倒悬、枯树老干、疏影横斜的梅桩艺术盆景，因此，梅园是江南梅花品种最多最齐全的园林。

　　梅园的设计构建朴素大气，而又别具匠心，设计者根据地势高低，以梅饰山，倚山植梅，梅以山而秀，山因梅而幽，自然天成又别具风情。登上天心台、洗心泉、清芬轩、招鹤亭等赏梅景点，漫山遍野的梅花，尽收眼底，可谓"众芳摇落独喧妍，占尽风情向小园。疏影横斜水清浅，暗香浮动月黄昏"，美不胜收。荣氏梅园再早期设计时，就不求奢华，而以"老藤、古梅、新桂、奇石"来营造其素雅古朴的风格，可谓园如其人。公园大门处的巨石上，"梅园"二字仁厚遒劲，乃荣德生先生1916年亲笔所题。刻石旁的紫藤，也是荣先生当年亲手所植，迄今均已有百年历史，当时的寓意为"紫气东来"，而今已成珍贵历史记忆。

　　高处的念劬塔，是梅园的点睛之笔，也是梅园的标志性建筑。宝塔为八角三层，高18米，建于1930年，是荣宗敬、荣德生兄弟为母亲石太夫人建造的纪念性建筑。那一年，是母亲石氏的80冥寿，荣氏兄弟特地建造此塔，以怀念父母的养育之恩。初名"念慈塔"，后书写塔记的钱振锽先生来梅园赏梅，他建议改塔名为"念劬"，出典取自《诗经小雅》"哀哀母心，生我劬劳"和《诗经凯风》"棘心夭夭，母氏劬劳"之句，意谓纪念感恩母亲之意。

梅园是荣代兄弟"为天下布劳馨"所建开放式公共园林

　　建于1914年的香海轩，也称"香海别墅"，是梅园的点题建筑。别墅前的空地上有一尊荣德生半身铜像，别墅门联有篆书"万花敢向雪中出，一树独先天下春"，门楣上方则悬有"香海"匾额。据说，荣德生曾以50两白银托人觅得康有为手书"香雪海"额，悬于堂前门楣。1919年8月康有为亲往梅园一游，揭穿原匾系他人伪作，乃挥毫重书了"香海"。但原匾遗失，康有为的学生、著名书法家萧娴女士于1979年为此重书，替代原作。1991年，康有为原书手迹在南京博物馆被发现，又重新制匾悬于轩内。

　　香海别墅后面的诵豳堂，是"荣氏梅园"最重要的主体建筑，诵豳堂面阔九间，三间正厅以楠木为梁，故称"楠木厅"，与香海轩南北呼应，建成于1916年。"诵豳"取自《诗经·豳风》，寓意耕耘辛劳之意。厅上横额为书画家吴作人1979年所书。额下悬梅园全景图，乃同年周怀民之作。中堂两侧，悬有时乃风书《诗经·豳风·七月》，两侧楹联，有秦岐农录祝京兆句："四面有山皆入画，一年无日不看花。"有钱以振赠、唐肯书的楹联"使有粟帛盈天下，常与湖山作主人"。堂内还有钱塘沈兆霖书写的出于左宗棠的楹联："发上等愿，结中等缘，享下等福；择高处立，就平处坐，向宽处行。"堂前檐有广西岑春煊的"湖山第一"匾。1932年9月，荣宗敬夫妇的60大寿的庆寿活动主会场就设于此处，当时从上海、汉口、济南、南京、镇江、常州、苏州等地赶来祝寿的嘉宾，以及无锡本埠前来庆寿者多达13000余人，无锡商团会长杨翰西率城区九个支队四百余人，整队赴梅园贺寿，整座园林灯火辉煌，人潮涌动，园内大戏演出整整三个昼夜，其间杜月笙的夫人也应邀献演一曲青衣，被赞为"金声玉振，曼妙无比"。今天，堂内陈设一应物品均为荣家原物，建筑与陈设珠联璧合，令观者睹物思人。诵幽堂西山坡为留月村，建有碑亭和牡丹亭。

荣氏兄弟所建梅园念劬塔

乐农别墅建于1919年，因荣德生先生号"乐农"，所以为此建筑取名为"乐农别墅"。1985年春天，荣毅仁先生返回故里，特为"乐农别墅"题额。现作为"荣氏历史陈列室"对外开放，向众人展示荣氏家族当年艰苦创业、实业救国、造福桑梓的历史功绩。乐农别墅背后的坡上有一座造型别致的"招鹤亭"，亭柱上对联"道心水皎洁，傲骨山嶙峋"，循园路向东北方向不远，便可见石驳垒起的台地有另一座别墅，名"宗敬别墅"，乃荣宗敬50寿诞时所建，门前也有一座荣宗敬青铜半身胸像。

沿盘山道向东，是豁然洞读书处，此处原为一座校舍，名经畬堂，开办于1927年，1929年增建。建筑经全面整修目前已基本恢复旧貌，堂上所悬匾额"心正意诚"为荣德生先生于1943年亲题，堂壁挂有荣德生撰写的《豁然洞读书处存文序》，国家副主席荣毅仁童年时就在此接受新学教育，因此门前立有荣毅仁纪念塑像。今天，这里作为荣氏历史陈列室，展出着荣氏的生平与不凡业绩。陈列室正厅的中堂，有荣德生先生1943年手书的"心正意诚"横幅，及其撰于1929年的《豁然洞读书处文存序》序文等珍贵文物，两侧的东西厢陈列有当年读书处的学生作文。

梅园内还有一些特色景点：天心台建于1914年，源于"梅花点点皆天心"

之意。台前耸立着三峰太湖石，酷似"福禄寿"三字，故称"三星石"。天心台南有一峰太湖石，名"米襄阳拜石"。相传宋代大书法家米芾任职丹徒时，此石即为其园中之物，因其爱石成癖，后人戏称之曰"米襄阳拜石"。梅园内有两口泉。一口为研泉，因园林初建凿泉时挖得古砚一方，背刊"文光射斗"四字，荣德生先生因名之曰"砚泉"，因古汉语"砚""研"相通，故篆书泉名时作"研泉"。其二为洗心泉，凿于1916年，荣德生先生专为其取名"洗心泉"，意思是"物洗则洁，心洗则清"。该泉1983年重浚，泉畔补立刻石，梅花专家陈俊愉教授为其重书泉名，石壁上所镌之文为荣毅仁少年时代撰写的《洗心泉记》。

今日梅园，已成为荣氏兄弟留给锡城百姓的珍贵纪念，梅花性本高洁，"不要人夸颜色好，只留清气满乾坤"，其高贵气质正是荣氏兄弟高洁品德的写照。

第五章

灵山吉祥地

　　无锡是一方吉祥福地，气候温润，风和日丽，自古少有自然灾害。在这片富饶的土地上，各种文化相依相存，和谐共荣。风景如画的江南自古禅意浓郁，佛学兴盛，历史悠久。早在东吴时期，佛教就已经传入江南。梁启超曾说："举要言之，则佛教之来，非由陆而由海，其最初根据地，不在京洛而在江淮。"东吴时期虽然只有五十多年，却开启了江南佛教史上的诸多第一。

　　梁武帝建都于南京后，"建寺、写经、度僧、造像甚多"，热衷佛教的他甚至弃国投佛，数次剃度为僧，三次舍身同泰寺（今鸡鸣寺）为奴。帝王的尚佛极大地推动了佛教在当世的传播，而江南大地开放包容的胸襟，也为佛教找到了最好的驻足与传播之地。从东吴到东晋，以及东晋之后以江南为中心的五朝五代，历时三百年，佛教在江南发育得枝繁叶茂。"千里莺啼绿映红，水村山郭酒旗风。南朝四百八十寺，多少楼台烟雨中。"唐代大诗人杜牧的这首诗，道出了南朝时期佛教在江南的繁盛景象。

一、多少楼台烟雨中

　　佛教文化对一方水土和人文有着深远的影响。今天，无锡市中心区的两大最繁华的商业街区——崇安寺街区和和南禅寺街区，就与两座历史最悠久的寺院密切相关。

　　历史悠久的崇安寺，曾和上海的城隍庙、苏州的玄妙观、南京的夫子庙齐名。相传寺院的前身是东晋书法家王羲之的宅社，晋哀帝兴宁二年（1364）改建为寺院，名"兴宁寺"。宋代改称"崇安寺"，清乾隆时封为"静慧寺"。辛亥革命后寺庙神像陆续被毁，房舍改作他用。

　　位于古运河畔的南禅寺，历史也十分悠久，距今已有1450多年历史，乃"南朝四百八十寺"之一。南禅寺始建于梁武帝太清年间，规模宏大，高僧辈出，号称"江南最胜丛林"。位于禅寺东侧的妙光塔高43.3米，始建于北宋雍熙年间，距今已逾千年。古塔为七级八面阁楼式架构，飞檐悬挂有铜质铎铃，清风吹动时，"十里传闻金铎响，半天飞下玉龙来"，是著名的"锡山八景"之一。南禅寺历经风霜，历经多次兴废，但最终得以存续，于北宋天圣年间重建，宋仁宗赐名"福圣禅院"。八年之后，宋仁宗又为与南禅寺相对的北禅寺赐名"寿圣禅院"，可见当时无锡佛教界的地位和影响。经过历代修复，目前南禅寺内，有大雄宝殿、天王殿、妙光塔、五戒堂、放生池等佛教建筑，均为唐代建筑风格，佛殿宏伟辉煌，寺内香火鼎盛，香客络绎不绝。改革开放后，无锡以寺兴市，围绕南禅寺建成了12万余平方米的综合文化商城，商城北部为仿明清风格建筑群，南部为仿宋风格古建筑，妙光街被改造为旅游街区，是国家4A级旅游景点。

已有近1500年历史的南禅寺

位于锡惠公园内的惠山寺，建于南北朝时期，距今已有1500多年历史，是无锡存世最久、历史遗存最多的寺院。历史上，有"梁溪丰大刹，首惠山，次南禅"，可见惠山寺地位更在南禅寺之上。惠山寺的前身是南朝刘宋司徒右长史湛挺创立的"历山草堂"，刘宋景平元年（423）草堂被改为僧舍，称"华山精舍"。梁朝大同三年（537），将其改建为寺院，建大同殿，易名"法云禅院"。唐宋时期，又先后改名为昌师院、普利院、旌忠荐福功德禅院等。惠山因佛而兴，因佛而荣，作为禅宗道场，惠山寺历史上香火旺盛，高僧众多，唐宋鼎盛期僧舍曾一度达1600多间。从唐朝会昌至清朝同治的千余年间，惠山寺曾五次遭劫，又五次重建。清朝乾隆皇帝曾多次到惠山寺礼佛，留下许多诗篇，并亲为"惠山寺"题额。清咸丰至同治年间，清军与太平军在锡发生激战，惠山寺毁于战火之中，仅存寺门匾额。1863年，李鸿章为纪念与太平军交战中的阵亡将士，在惠山寺废墟上建了昭忠祠，辛亥革命后改为忠烈祠。

鼎盛于唐宋时期的惠山寺

惠山寺因其悠久的历史和深厚的文化，而列无锡十大丛林之首。保存完整的唐代听松石床、唐宋经幢、香花桥、宋代金莲桥、明代古银杏、清代御碑等珍贵文物及近年修复建造的大雄宝殿、惠山寺钟等，都向今天的人们默默讲述着惠山寺繁华的过往。在惠山寺古华山门内的两侧，两座古老的石经幢分列左右，南侧的一座陀罗尼经幢建于1100多年前的唐代，是无锡现存最早的地面文物；北侧的大白伞盖神咒石经幢建于宋代，两幢并存，为世所罕见，具有极高的人文、艺术价值。山门内的金莲桥建于北宋靖康年间，距今已有800多年历史，是无锡最古老的石桥。寺旁，那棵树龄近700年的古银杏树，是无锡首屈一指的寿星树，每年深秋，银杏叶款款随风飘落，满地金黄，是无锡人最爱的秋景。2004年4月26日，拥有1500余年历史的江南名刹惠山寺正式修复开放，从此香烟梵音、晨钟暮鼓重又飘荡在锡惠山麓。

虽然，无锡的佛寺比不上杭州南京那样兴盛，但留存下来的寺院庙宇也颇为可观。尚有南禅寺、开原寺、广福寺、华藏寺、静慧寺、永兴寺、永宁寺、南山寺、青山寺、胶山寺、伽蓝寺、长寿寺、显云寺、福寿寺、保安寺、天坛寺、祇陀寺，以及朝阳寺、七云禅寺、裕庆禅院等，其中开原寺、广福寺、静慧寺、华藏寺等跻身"无锡十大名刹"之列。

佛教传入山明水秀的江南，就沾染了江南机敏秀逸的灵气。两宋时期，佛教与社会有了较为深广的结合，明清以降，佛、儒、道出现了融会贯通的趋势，更多转向为现世中人解道释惑，注重为黎民百姓服务，而被称为"人间佛"。1947年，近代高僧太虚法师正式创立了人间佛教，认为学佛其实是学做人，成佛的基础在于人格的完成。由人而佛，道德圆满即成佛。赵朴初在此基础上，进一步提出了以"出世之修养""入世之精神"，主张佛教应心系民生，利益众生，而灵山大佛的规划设计与建造，正是这一利民思想外化的结果。

二、人间佛教新圣地

灵山胜境佛文化景区的开发建设，是无锡宗教文化和旅游文化结合的一大手笔。它坐落于山清水秀、风景宜人的马山太湖国家旅游度假区，距无锡市区17公里，规模庞大，气势恢宏，建筑初成就有了许多可圈可点之处：神州最大的立佛，"华夏第一照壁"灵山大照壁，"江南第一钟"祥符禅寺大钟，"神州第一鼎"万年宝鼎和"天下第一掌"的大佛巨掌，以及万佛殿、古井莲池、银杏梅椿、一万平方米佛教文化博览中心等景观。

早在唐代，这里就建有祥符禅寺，处马迹山之幽境，"昔人施荒丘，作寺灵山址"，后来宋、元、明、清几代经过增修，渐成规模，达"优钵花开西域种，浮屠法演上乘禅"之境。马迹山邑人，唐右将军杭恽舍山建刹，玄奘大弟子窥基首开慈恩宗，历经杭州中天竺寺智澜和尚悯古寺废弛，继领寺事，至清康熙帝敕赐"水月禅心"额，道风远播，高僧辈出，绵延不绝，乃江南地区一大丛林。祥符禅寺历经太平天国战火遭到毁坏而衰落，民国二十年（1931）为常州天宁寺下院，此后劫难不断，僧众星散，盛况不复。幸得香积厨、八角井、银杏梅桩、古井莲池、石鼓星墩等遗迹旧物犹存，成为十分珍贵的历史记忆。

宏伟庄严的灵山大佛坐落于太湖之滨，左挽青龙（山），右牵白虎（山），北踏青峰，尽揽山光之美；南望太湖，一挹水色之秀；流云拂面，清幽静谧，鸟语花香，包融天光地宝；大佛屹立，气宇轩昂，法相庄严，从容慈悲，俯瞰众生，更显胜境之灵。在山光水色衬托之下，可谓"万顷湖光耀佛像，千峰秀色落僧房"。

灵山大佛景区的落成，是赵朴初人间佛教在现世的实践成果。其选址和建设，是当代人智慧的选择，也是历史的天成。这里背山面水，山水佳绝，风水占尽，清康熙帝每下江南曾至此地，还为祥符禅寺御笔亲题了"水月禅心"的横额。大佛背后的小灵山，原名"秦履"，是马山诸峰之一。马山，也称马迹山，大大小小共有十四座山峰，它和西洞庭的四十一峰、东洞庭的十七峰，被合称为"太湖七十二峰"。传说秦始皇统一六国之后，曾策马游幸至此，离去时其胯下坐骑龙马因留恋美景而不愿离开，腾挪跌宕、徘徊踟蹰，在此留下两个硕大的蹄印，"圆个盈尺，深五六寸，水落则现"，马迹山因此而得名。就在秦始皇与龙马周旋时，不慎脱落了一只靴子，所以，这座山得名"秦履山"，也作"秦履峰"，后改称"小灵山"。

明正德年间，户部尚书、文渊阁大学士、一品宰相王鏊，人称震泽先生，位高权重而文名远播，王鏊乃吴县人，对江南山水十分熟稔，但驻足此间仍不免感慨万千，说"望之渺然如世外，即之茂林平野，闾巷井舍，仙宫梵语，星布棋列"，并称"其为胜何如也，遍行天下，惟是有之。"一位太湖东山人士，竟说自己走遍天下风景这边独好，可见此地风光不凡。灵山东南不远的桃坞岭上，长眠着名闻遐迩的清代大文豪赵翼（1727—1814），"江山代有才人出，各领风骚数百年"的名句就出自他的手笔。这位不满时政、飘逸潇洒的大才子，与袁枚、张问陶并称"清代性灵派三大家"，其著作《廿二史札记》与王鸣盛《十七史商榷》、钱大昕《二十二史考异》合称"三大史学名著"。这位常州人士也对此地的山水胜景情有独钟，临去世前，他唯一的愿望就是要葬在这里，生不能与青山碧水为伴，死将与之常依依，饱览万顷波光四围山色，聆听中宵梵唱清昼钟声。

虽然我们无法想象，历史上的帝王将相、才子佳人与马山半岛有着怎样的因缘邂逅，却有幸见证了赵朴初先生与灵山大佛的不解之缘。这位走过千山万水、为灵山建设最后一锤定音的老人驻足于此，极目四野时，是怎样的一番贯通天地灵犀、"千年等一回"的心灵感应。也许这就是因缘，它集中了世间所有的"必然"和所有的"偶然"。

1947年，赵朴初从人间佛教首倡者太虚法师手里接过了《人生佛教》（即人间佛教），从此积极倡导人间佛教，推动佛教重回人间，利益众生。他还提出佛教也要适应时代社会，真正发挥慈悲济世、觉悟人群的作用。历史的因缘际会与当代人的希冀梦想，在1994年春天发生遇合而成就了灵山。是年4月，赵朴老首次登临马迹山麓，立刻被这里的景色感动，即兴赋词《调寄忆江南·龙头渚》："龙头渚，景色胜天堂。七十二峰争供奉，小灵山里建禅场，大佛法中王。"

灵山大佛于1994年10月20日奠基，历时三年，于1997年金秋初现尊容，巍然矗立在灵山之中，大佛铜像高88米，加上莲花瓣的大理石基座，总高达到101.5米，乃当时国内最高的一座青铜佛像。11月15日开光之日，海内外高僧齐聚灵山，90岁高龄的赵朴老第三次赴灵山，亲自主持了开光活动，海内外八万信众纷纷赶来灵山参加这一规模空前的盛典。赵朴老在开光仪式上说：神州大地原已有四佛——北有云冈大佛、中有龙门大佛，西有乐山大佛，南有香港天坛大佛，无锡灵山大佛落成后成为东方大佛，从此五个方位形成了"五方五佛"鼎峙呼应的格局，"五智具足，圆融无碍"。由此，灵山大佛获得了比肩四佛之地位，太湖沿岸也添了一方佛教圣地。

以大佛为中心的灵山胜境文化景区，既是一个庄严恢宏的佛国圣地，也是一个人们禅修放松的好去处，是吉祥和合文化的象征。

2008年，灵山景区的又一座宏伟的建筑——梵宫落成了。宏阔宁谧而美轮美奂的大殿，给人一种发自内心的震撼，这个有着大善大美，集西方教堂、东方庙宇和博物馆、会议厅多种风格功能于一身的建筑，其大胆的创新创造给人带来了别样的审美享受。梵宫的宏大气度、富丽堂皇和精湛工艺令人折服。高耸而华美的穹顶，粗大的金丝楠木廊柱，由2000名东阳木雕大师雕刻的总面积达15000平方米的精美浮雕，还有12幅由著名油画大师施本铭绘制的巨幅油画，呈现出的大美气象堪称当代宫殿史上的绝唱。大型壁画《天象图》是敦煌研究院美术研究所所长侯黎明所创作，代表了中国当代敦煌壁画创作的最高水平。梵宫的镇宫之宝，是由160块长1米、宽0.5米的琉璃构建组成的琉璃巨制"华藏世界"，面积达100平方米，乃世界之最。壁画中还镶嵌了大量黄金、琉璃、翡翠、玛瑙、珊瑚等佛教"七宝"圣物，展示了多种传统工艺，为中国琉璃工艺史上前所未有。宫内荟萃的佛教艺术珍宝，诸如瓯塑浮雕、扬州漆器、景泰蓝须弥灯迪翁多能，无一不代表了当今工艺的顶尖水平，整座宫殿可谓星光璀璨，流金溢彩，艺术氤氲浓郁，令人沉迷流连。

灵山梵宫外景

灵山梵宫内景

2009年3月28日，第二届世界佛教论坛在灵山梵宫拉开大幕。大会的主题是"和谐世界，众缘和合"。在会上，佛界领袖之一的星云大师预言道："无锡灵山将成为世界性的弘法圣地。"2012年5月30日，灵山正式挂牌，成为世界佛教论坛的永久会址。2015年10月，第四届世界佛教论坛再次在梵宫举行，进一步奠定了无锡灵山在世界佛教界举足轻重的地位。

灵山五印坛城

五印坛城是一座奇异的藏传佛教建筑，在整个景区中十分引人注目，似乎藏着许多秘密。建筑借鉴了著名的"婆罗浮屠塔"的建筑理念，并进行了大胆创新，韵味独特。五印坛城占地约5000平方米，是呼应灵山梵宫的又一佛教建筑奇观。和梵宫的宏大辉煌不同，五印坛城给人强烈的异域感，一座座雕像，一幅幅唐卡，繁复、绚丽、浓郁、透着神秘的气息。这里似乎汇集了全世界的色彩，也汇集了藏传佛教的全部精华，其绚丽精美的程度堪比塔尔寺和布达拉宫，给游客带来别具一格的藏式文化体验，让游客感受到独特神秘的藏传佛教境界。驻足五印坛城楼顶的高台之上，极目远眺，整个灵山景区尽收眼底，四野苍茫，大佛巍然，心胸也为之舒展。太湖澄碧，山峦苍翠，任人俯仰天地，呼吸晨昏，永不生厌。

灵山精舍与禅意小筑

　　位于灵山梵宫东南面的曼飞龙塔，颇具异域风情，是南传佛教中的代表建筑，也是景区值得一到之地。曼飞龙塔为实心塔，仿云南著名的佛教建筑曼飞龙塔建造而成。塔身基调洁白，造型玲珑，建筑由主塔和八座小塔组成，塔基为一圆形须弥座，塔上有各种浮雕、陶塑、佛龛、佛像和精美纹饰，造型美观别致。

　　灵山还有一个静谧的去处，那就是灵山精舍。这是一座十分古雅别致的建筑，清幽而神秘，适宜静思与禅修。建筑内部庄重古雅，禅意十足而又不失时尚气息，原木家具透露出朴拙的古意，身置其中，处处浸润流转着佛禅文化的清雅意味，是人生不可多得的体验。客房布置精巧而妥帖，简单而不简陋。推开房门，小小的院落鹅卵石铺地，树影婆娑，秀竹清疏，花草葱茏，在细雨的滋润下，透着清润与雅致。

第四编

04

| 魅力老街　幽深古镇 |

　　泰伯开吴，阖闾筑城，黄歇封国，在这片土地上，无锡先民用勤劳与智慧创造了灿烂的文明，也留下了无数历史遗痕、文物古迹，是弥足珍贵的文化遗产。虽然历经沧海桑田、战乱破坏及人为损毁，许多重要古迹已不复存在，如东晋名刹崇安寺，梁代丛林南禅寺、惠山寺，唐代李相（绅）读书台、北宋李忠定公（纲）祠、明代江南著名园林愚公谷、清代皇帝赐建秦氏"人伦坊表"石牌楼等，但在历尽风雨沧桑之后，仍有大批文物古迹、名人遗址留存下来，成为不可多得的人文珍宝。

　　无锡古城内外、县区乡镇，共有重要的文物古迹、遗址和近现代民族工商业发展史迹400余处，其中有全国重点文物保护单位14处，省级历史文化保护区13处，省级文物保护单位31处，市级文物保护单位90处，市区文物控制保护单位30多处。这些文物古迹和近现代史迹，有80%分布于老城区和周边地带。

　　古城之内，历史久远的街巷、建筑随处可见。崇宁路附近的小娄巷迄今已有900多年历史，位于崇宁路与八佰伴之间的镇巷（清光绪时也称正巷）也至少存在了700多年。老城厢级别最高的全国重点文物保护单位也有多处，始建于清光绪十六年（1890）的薛福成故居建筑群，规制恢宏，现尚存原建筑130

余间，占地21000平方米，其规模之大，布局之精，处理手法之特殊，为江南一带所罕见。位于无锡老城东门附近的东林书院，是明代江南地区最具影响的书院，始建于北宋，重建于明，顾宪成、高攀龙等东林学者，在此讲学议政，声名远播，现在东林书院旧址也已列为国家级文保单位。城中二泉广场一侧的民间音乐家阿炳故居，七尺场的钱基博、钱钟书故居，老无锡县城隍庙旧址，无锡县立图书馆旧址，无锡锡金商会旧址，以及革命家秦邦宪故居、陆定一故居、张闻天旧居等，也都是重要的省级文物保护单位。

千年流淌的古运河，是系在古城腰间的一条风情妙曼的绿色绸带，沿河分布着北宋妙光塔、南宋文天祥纪念建筑黄埠墩正气楼、明代南水仙庙、西水仙庙、清代清名桥等17处文物保护单位，仿佛腰带上的颗颗璀璨的珠宝。沿河数以百计的石级码头，以及南门至清名桥沿线鳞次栉比的枕河民居，陪衬出古运河独特的街弄风情，将水乡古城的风貌特色展露无遗。

锡山惠山，近在古城西侧。山不高而古朴，林不深而幽美。古树名木众多，人文史迹丰富。自新石器时代到民国，几乎每个历史时期都留有代表性的实物遗迹，令人流连忘返而发思古之幽情。这里有全国重点文物保护单位、明代著名别墅式园林寄畅园，有省级文物保护单位惠山寺石经幢、金莲桥，以及名闻海内外的"天下第二泉"，还有新石器时代良渚文化时期的锡山遗址，战国时期春申君黄歇饮马处春申涧，唐代就有的听松石床，明代的二泉书院、龙光塔，以及大量唐宋明清至民国时期的祠堂建筑，可谓无锡的一座珍贵的露天历史博物馆。

作为一座西汉旧县城，2000多年来，无锡城址未迁，城名依旧，宋元时期形成的平面格局也基本未变，这在全国尚属少见。城内城外，现有清名桥、惠山、荣巷、小娄巷、荡口等五个文化历史保护街区，且都规模较大，古街两侧商店作坊林立、民居尚存，绝大部分为清代或民国时期原物，风貌保持较好。其中，清名桥街区、惠山古镇被公布为"中国历史文化名街"，被列为国家级、省级双重"历史文化名镇"。

第一章

老城厢古街魅力犹存

克罗齐曾说："一切历史都是当代史。"解放环路内的老城厢曾经是无锡历史的全部，这里拥有着老无锡的所有城市记忆与怀旧情愫。从崇安寺，到南长街，再到曾经繁华无比的北塘，虽然历经风云舒卷、运动波及和数轮城市大规模改造，但还是为我们留下了诸多痕迹，值得追寻和记忆。

第一节　千年繁华崇安寺（街区）

今天无锡最繁华的传统商业和文化中心，无疑是市中心的崇安寺街区，它与上海的城隍庙文化商业街区、南京的夫子庙秦淮河风光带和苏州的观前街商业街区，被并称为"江南四大特色街区"。在无锡人的心目中，崇安寺就是无锡市中心的代名词。崇安寺街区包括崇安寺、洞虚宫、城中公园和诸多琳琅满目的商铺，是既古老又充满活力的集传统商业、民俗文化、宗教活动和休闲娱乐于一体综合性商业街区。

崇安寺原为一座佛寺，源于东晋书法家王羲之别墅改造的兴宁寺，后来这里成了美食、摊贩、游艺、杂耍之所，人气逐渐旺盛。洞虚宫则是紧邻崇安寺的一座道观，原有建筑中的玉皇殿、三清殿、雷尊殿、火神殿的基本布局历经数百年得以保留下来，阿炳早年就居住在雷尊殿的偏房，许多名曲便创作于此，也逝世于此。三清殿则在辛亥革命后被改建为无锡县立图书馆（即钟楼）。城中公园原名叫作"锡金公园"，是国内第一个免费对市民开放的公共花园，因此也被市民称为"公花园"。在繁荣的商业遮掩下，崇安寺街区内还留有很多特色独具的历史遗存，如王羲之洗砚池、秦起烈士纪念碑、阿炳故居，以及原为春申君离宫旧址的白水荡等。

崇安寺街区西起中山路，东至圆通路，北靠县前街，南临人民路，占地面积约为 16.8 公顷，以城中公园为中心，涵盖崇安寺、洞虚宫、盛巷民宅及白水荡小学，胜利门中学及外圈的大型商业办公楼，整个街区呈环状构架。崇安寺街区的历史十分悠久，历经晋唐七代，迄今已有 1600 多年。伴随历史的发展演变，街区形态样貌与当初早已不同，建筑屡有兴废，名称多有更迭。遗留至今的只剩下玉皇殿、县立图书馆（原三清殿）、雷尊殿（阿炳故居）、火神殿几座建筑和一个大致未动的格局。

无锡古城内部交通以水路为主，纵横水道呈网状分布，古运河南北穿城而过，今天的中山路是一条弦河。崇安寺街区就位于南北主水道弦河与东西主水道箭河的交叉处，且北临九箭河，东靠盛巷水道，中间有白水荡，在以船为主要交通工具的时代环境位置非常优越。因此人气旺盛，建筑增多，逐渐成为城市公共活动的中心。

崇安寺街区的形成，可追溯至战国时期。据《吴越春秋》载，战国末期楚国令尹黄歇（春申君）封吴，管辖江东十二县，其间曾于无锡城内修设离宫，今天的白水荡就是当年离宫的后花园。公元 347 年，东晋书法家王羲之官拜右军将军，为了方便到建康（今南京）上朝议政，便在中

崇安寺街区俯瞰

途的无锡辟地建墅，往来时常居于此。晋衰帝兴宁二年（364），王羲之易地居住，便将这座宅舍捐为寺院，取名"兴宁寺"。兴宁寺大门内第一进建有天王殿，被称为"祝圣都道场"，横额为王羲之亲笔。中院有大雄宝殿，殿后有禅堂五间，藏经阁五间，阁前有一水池，因王羲之常在池中涮洗笔砚，而得名"墨池"，也称右军"洗砚池"。

梁武帝初年（503），兴宁寺更名为静慧寺，山门上方砖雕镌有"梁朝古刹"四字。宋兴国初年（977），寺院获御赐寺名"崇安寺"，该名一直沿用至今，已有千年历史。元代王仁辅《无锡县志》载，"寺内有五轮大藏，雕刻精

致，机栝工巧，为邑奇砚。"宋兴帝的御赐题额引发了各方人士的投资热情，纷纷到此建馆，崇安寺一带遂开始兴盛。宋末时，崇安寺一带的整体格局已经初步成型。梁大同年间有人在胶山建了一座清元宫，后因失修而废。宋大中祥符三年（1010），清元宫获赐"洞虚观"名，重建于崇安寺旁侧，其后两度遭火焚毁，在嘉祐初年得以重建，并于元代天历年间改称"洞虚宫"。元代至元年间其建筑再遭火毁，直到明洪武二年（1369），一位名叫陈道安的道士来到这里，穷毕生之力募集资金重建了洞虚宫，主体建筑有三清、玉皇、雷尊、七元、真武、三宫殿宇六所，规模堪比崇安寺。

明弘治年间，御史盛颙曾归隐于此，他在白水荡北侧建了一座"方塘书院"，开"清风茶墅"，结交各界名流，聚集文人墨客，并叠石挖池，花巨资造园，盛颙之举给崇安寺带来了一股风雅之气，也推动了这一带从自然苑囿向人工园林的转型。明末，崇安寺和洞虚宫陆续增建庙殿，扩大寺观，形成了"佛道双轴并立，前庙观后园林"的格局。崇安寺、洞虚宫双轴线平行，"僧道两院长廊相连，屋舍相接，规模宏伟，共有房舍五千零四十八间"（见《无锡地方史料汇辑》）。佛寺道观互为映衬，佛道文化相映成趣。

清康乾时期，洞虚宫又扩建了左右两翼的诸天殿。但清咸丰到同治年间，崇安寺街区先后发生两次火灾，大量寺观建筑被焚毁。同治十三年（1873），洞虚宫重建了三清、灵宫、火神、雷尊、长生、祖师六殿，后来，道士秦瑞芳又集资重建了玉皇殿。光绪元年（1874）无锡知县廖纶，在崇安寺大雄宝殿前建造了"圣谕亭"，即今日的"皇亭"，并在亭内供奉皇帝牌位，上书"当今皇帝万岁、万岁、万万岁！"每逢农历初一、十五或皇帝婚丧喜事，地方官都要到"皇亭"礼拜或祭奠。

光绪三十二年（1906），无锡名流俞仲还、吴稚晖、陈仲衡等人捐筹资金，在原洞虚宫废墟的北后部靠近方塘书院、清风茶墅和池上草堂的地方，挖塘垒石，堆筑土岗，种植花木，构筑了无锡的第一个开放式市民公园"锡金公园"。

辛亥革命之后的1912年4月，无锡当地名流丁宝书、顾倬、候鸿鉴、秦玉书等12人发起，俞仲还等14人赞助，经无锡军政府批准，并委任秦琢如、顾倬为经济董事，负责筹建无锡县立图书馆事宜。图书馆建于在洞虚宫三清殿旧址，建筑面积为1300多平方米，是当时无锡县城内最高的建筑，楼顶安放了一口大自鸣钟，作为全邑校时标准，因此被人们称之为"钟楼"。县立图书馆于1914年年底建成，1915年元月正式开馆，国学大师钱基博亲任图书馆馆长。钟楼的建立，不仅让无锡有了鲜明标识，也为崇安寺融入了现代气息。民国时期，崇安寺一带的园林进一步得到扩建，军政府拆了部分僧寺庵观，将其辟为公园用地，并将所截留的官僚在锡资产充作经费，由俞仲还、秦效鲁、裘保良等人负责公园的扩建，还专门聘请了日本造园师松田负责公园的监造。县立图书馆、公花园的建造，与光复门至火车站马路开拓工程一起，被人们誉为当时的"三大德政"。

1915 年初正式开馆的无锡县立图书馆——钟楼

在公园的扩建工程中，陆续将明代御史盛颙的后乐院、秦氏旧居的池上草堂划入公园地块，使公园面积从 20 亩扩大至 40 余亩。园中设立了同庚春禊、绣衣拜石、桃林披锦、白水试泉、樱丛鸟语、龙岗访梅、石掩幽楼、松崖挹翠、方塘邀月（方塘引鱼）、西社赏芍、茶墅话旧、草堂敲棋、涵碧仁月、多寿道暑、樱花夕照、兰簃听琴、藤棚招凉、红枫绚彩、石弇问梅、小苑天香、天绘群芳、杉亭咏雪、花坞看云、东篱品菊等 24 处景题，这些行为可视为无锡追求诗意生活的开始，公花园也成为民国时期的风雅之地。1933 年，九位当地耆老士绅杨筱荔（志濂）、杨幼梅（春灏）、杨心栽、蒋遇春、王鉴如、杨透声、江焕卿、顾资箴、陈肇卿等 9 人捐资，在公园西侧建造了一座方形二层重檐建筑——"九老阁"，阁顶琉璃瓦乃邹同一资助，牌匾为吴稚晖所书，后毁于"文革"动乱。21 世纪初，该阁在原址按照原样恢复重建，牌匾由书画家费新我重书。

与崇安寺街区建筑和公园扩建同步，特色商业和民俗活动也快速发展起来。原先那种传统商业集市与宗教庙会相结合的模式开始被打破，单一的宗教活动场所逐渐成为了集商品交易、宗教活动、休闲娱乐于一体的商业文化综合体，抱着不同目的而来的人们在这里汇聚成了摩肩擦踵、熙熙攘攘的人流，崇安寺的文化经济中心的地位至此完全确立。

因为崇安寺街区内并存着当时无锡最大的佛寺、道观，所以宗教活动与庙会也十分兴盛。在人们的需求下，宗教活动与庙会一直得以延续，为实质性的商贸活动披上了节庆化、民俗化外衣。定期举办的庙会，深刻影响了整个街区的布局形态，崇安寺大雄宝殿前的皇亭，原是宗教节日的布斋场所，后逐渐演化为民俗小吃的天下，而山门与金刚殿之间的广场则成了人们舞狮说唱的娱乐区。玉皇殿与三清殿之间，原为道士们做道场的地方，后来成了传统商品、古玩字画的买卖交易区，不断扩建的城中公园平日里则成了人们喜爱的喝茶议事聊天的休闲之地。抗战爆发后，无锡沦陷，崇安寺一带受到战火洗劫，惨遭重创。1940年，日军焚毁了崇安寺大雄宝殿和皇亭，侵占了洞虚宫玉皇殿作为日军诊所，传统庙会也被强行取消，各种宗教文化活动也逐渐衰退，只留下一些民俗小吃，街区功能结构趋于单一。

"华夏第一公园"刻石

从历史发展轨迹看，崇安寺街区"佛道双轴并主，前庙观后园林"的特色格局对其走向商业鼎盛具有不可替代的作用。在这里，佛道文化相互交融，相得益彰，佛教崇安寺建筑群和道教洞虚宫建筑群双轴线平行，僧道两院屋舍相接，建筑风格和谐统一，反映了宗教相融性。崇安寺和洞虚宫后半部分，是僧侣道士休憩的园林，环境幽美，与前半部分的宗教活动场所氛围迥异。皇亭一带是本埠小吃的集汇处，承担了传统商业中心功能，对市民有着深远的影响，人们只要提到崇安寺，都会联想起皇亭小吃。

洞虚宫建筑群保存至今的有玉皇殿，县立图书馆（三清殿）和火神殿、雷尊殿（阿炳故居），历史上对崇安寺街区的兴盛和街区格局具有重要影响。城中公园作为崇安寺和洞虚宫的依托，对街区发展作用很大，同时作为古城内最大的绿化空间，对城市环境景观意义重大。

崇安寺街区历史上曾是繁华的传统商业和文化中心，是集传统特色，专业商店，民俗文化，宗教活动和游玩休憩于一体的古老商业与文化街区。城中公园，系无锡最早的公园，也是中国第一个向市民免费开放的公园，史称"华夏第一公园"。园内土石林木、河池草地构成优美自然环境，街区内现存无锡县立图书馆（原三清殿）、阿炳故居（雷尊殿、火神殿）、玉皇殿三处，均为文物保护单位。

崇安寺街区保存了大量的历史人文印记，洗砚池为东晋书法家王羲之所留，白水荡为战国春申君所留，绣衣峰为明朝俞宪题名，方塘书院为明朝御史盛颙所立。春节期间，无锡最热闹的民俗活动是"游崇安寺"，其间特色商品，地方小吃，舞狮说唱都在崇安寺集中展开，在金刚殿（现拱北楼）前比赛锣鼓，整个活动持续到正月半"掉龙灯"。除此之外，还有元宵节的"灯会"、三月十四"香会"、三月二十八"庙诞"、十二月初八"佛诞"等节日期间均在崇安寺街区举行各种庆祝活动，成为无锡地方民俗之一。

第二节　古韵犹存南长街（清明桥历史街区）

南长老街，是无锡古运河畔最具传统风貌和文化韵味的一条长街，至今仍保持着晚清至民国初年的建筑风格，被誉为"最无锡"的地方。然而，洋溢浓郁市井风情的南长街，历史上曾是马蹄哒哒的一条古驿道。

南长街的历史可以追溯到北宋时期。官府在这里开设了一条与古运河水上驿道并行的陆上驿道，它南连苏州、北接常州，是苏常之间的重要通衢。南长街北端的马昌弄（原名"马场弄"），因地处水陆要津，所以自古是一个重要的水陆驿站，名锡山驿馆。驿馆是古代传递公文、物资，以及往来官员歇息换马之处，兼具车站、旅馆、物资供应、接待服务等多种功能。来往的车马多了，驿道边上便开始多了住户、商铺，逐渐热闹起来。

南长街沿古运河水弄堂而建，汩汩流淌的古运河见证了一座城市的发展，南长街也或深或浅烙印着城市发展的历史印记。这里最早的一座古桥黄泥桥始建于南宋，南长桥、日晖桥、清宁桥（清名桥）则建于明代，可惜有些桥已经被拆除或重建。从南禅寺到清名桥的运河两岸，明清时期曾先后树立过8座牌坊，现在只余下一座牌坊的残柱。

南长街是一条历史悠久的老街，地处城市繁华区域，有着典型的江南水乡特色，由南长街、京杭大运河无锡段、南下塘、伯渎港、大窑路一带等具有丰富历史文化底蕴的区域组成的清明桥历史街区被誉为"江南水弄堂，运河绝版地"。以古运河为轴，占地约18.78公顷，由寺、塔、河、街、桥、弄、窑、坊、馆等众多景观组成特色环境，构筑了独具风韵的江南水弄风光。2014年6月22日，清名桥历史街区被列为世界文化遗产大运河中的江南运河无锡城区段组成部分。吴文化、运河文化及工商文化的历史印记充分融入景观设计之中，是一幅活态的21世纪的江南"清明上河图"。

无锡古运河畔的南长古街

这条十里古街，如今已成为无锡古城数千年吴文化、水文化、佛文化凝聚而成的缩影。清名桥是南长街上的标志性建筑，也是街区名称之由来，更是市区现存规模最大的古代石拱桥。20世纪80年代，日本歌手尾形大作所演唱的《清名桥》更使其名声远播。该桥初建于明代万历年间，乃寄畅园主秦燿的两个儿子太清、太宁捐资建造，故呼为"清宁桥"。清康熙八年（1666），无锡县令吴兴祚对其进行了重建。道光时期，因讳道光皇帝的名字旻宁，改名为"清名桥"。咸丰十年（1860），在太平天国的战火中，桥再度被毁，于同治八年（1869）再次重建。

清名桥一侧的大公桥，乃民国遗物。早年，无锡民族工商业沿运河逐渐兴起，南上塘、南下塘路旁的丝厂多达13家，丝厂女工需乘船摆渡过河上下班，交通十分不便。1929年，振艺丝厂的一名女工在摆渡过河时不慎落水身亡，厂主许稻荪为了平息事端，也为方便工人上工，遂决定集资建桥，荣德生知情后亦出资襄赞。1930年4月完工，取名"大公"。大公桥与清名桥、跨塘桥不同，是一座三跨钢筋混凝土桥，具有鲜明的近代工业性格特征。

位于清名桥、大公桥堍的中国丝业博物馆，借助当年薛氏永泰丝厂旧址改造而成。1926年，周舜卿与薛福成长子薛南溟将其在上海合资经营了30年的永泰丝厂迁回了无锡，后薛南溟在大公桥堍建起了厂房，在这里生产的"金双鹿""银双鹿"牌生丝颇受市场欢迎，畅销欧美。新中国建立后，永泰丝厂改为国营无锡丝织二厂。2009年3月，原厂房改建成为"中国丝业博物馆"。

南长街的南段，还有一座窑群遗址博物馆。明清时期，水弄堂东岸的伯渎港河口一带，曾建有一百多座砖瓦窑，因此这里被称为"老窑头"或"南门窑上"。这里出产的砖瓦，因品质上乘而被誉为"大窑货"，以区别于其他"小窑货"。1932年这里被定名为"大窑路"，一直沿用至今。现在，在大窑路沿线，至今仍能看到的40多座残存的古窑，延绵达1.5公里之遥，其中较完整保留的有19座，大部分为倒焰窑，少数为环窑，其数量之多、分布线之长、保存之完整，在国内实属罕见。大窑路的窑业，兴于明代，盛于清至民国，嘉庆年间甚至承接过故宫金砖的烧制，故民间有"上塘十里尽开店，下塘十里兴烧窑"之说。2013年，大窑路窑群遗址从无锡市级文保单位升级为全国重点文物保护单位。

南长街的南端有一座南水仙庙，原名叫松滋王侯庙，是为纪念明嘉靖年间率民抗倭的湖北松滋籍无锡县令王其勤而设立，附祀在抗倭斗争中牺牲的何五路等36位义士。庙址靠近古运河，多有生活在水上的船户进香，于是有了"南水仙庙"的俗称。庙旧址处原还有一座双忠祠，为祭祀南宋文天祥血战五牧（无锡与武进交界处）时阵亡的部将尹玉、麻士龙所设。清康熙二十二年（1683），在双忠祠南侧建松滋王侯庙时，两庙合为一座。1765年，乾隆帝南巡，途经无锡古运河段，适逢农历三月初七王其勤诞辰，该庙举行纪念活动，乾隆下令停舟登岸祭祀，嘱太监持香烛致祭，故庙内留有"翠辇停骖"匾额。南水仙庙在乾隆四十六年（1781）曾重修，咸丰年间遭毁，同治时期再次重建。有头山门、二门、戏台、大殿、双忠殿、蚕丝殿等建筑。庙内还存有王其勤所书"湖山胜概"石刻。

沿南长街有多条巷弄，如支脉般连接着南长街，充满独特的地域特色和历史印记，在南长街改造中均得到保护，巷弄的历史与古运河相互呼应。不同类型不同大小的亲水平台和码头，以及绿化、景观、石栏杆，为沿河老街平添了几许诗意。长街道路两侧，高大的梧桐树给人一种特别的仪式感，交错的建筑之间种植的修竹、芭蕉和垂挂植物，沿河营造出绿意盎然的氛围。两岸民居鳞次栉比，码头石埠错落有致，白天人家临窗面水，夜晚船家橹声灯影，粼粼水波上倒映着霓虹灯光，旖旎妩媚，好一幅"人家尽枕河"的民俗风情画。

如今，虽然南长老街被包围在高楼霓虹之中，但仍保留着当初运河水弄、枕河人家、小桥流水的风貌，那些铺路的条石、粉墙黛瓦、镂花木窗，以及悬挂于水岸人家屋檐下的红灯笼，仍为今天来此休闲的人们营造着生活的诗意，霓虹闪烁的夜晚，南长街更是引人入胜。

夜幕下的古运河水弄堂

今日南长街，没有了箍桶、竹编、修理木器的小店，没有了弹棉花、修锁配钥匙的匠人，各色民俗文化商品和美食成了南长街的特色。舌尖上的美食，是南长街的有一大特色，世界各地的酒吧、茶肆，全国各地的特色美食应有尽有，成为"吃货们"心中的天堂。

2008 年，无锡市政府将南长老街纳入清名桥历史文化街区加以保护，以古运河为纽带，依托运河两岸人文古迹，连接南禅寺、清名桥、水弄堂、古窑址等特色景观，恢复枕河人家的民间建筑特色，规划"古运河之旅"旅游观光线，在新的起点和更高的平台上彰显南长古街的人文魅力。得以保留的晚清至民国时期的街巷与建筑格局，使这里成为无锡最具个性特色和江南风情的地方，千年运河古韵与百年工商繁华交相辉映，令人流连忘返。

第三节　人文渊薮小娄巷

无锡市中心最繁华的崇安寺附近，有一条闹中取静的小巷，名"小娄巷"，在无锡人心目中，这里是位于老城中心的一块人文荟萃宝地，也是无锡城书香文化的重要标识地，更是老城厢最能代表无锡传统风貌的历史文化街区。从兴盛的宋元时期算起，小娄巷已经走过了 900 多年的历史，这里历经战火洗礼、岁月风雨，每一块石头砖块上都写满了沧桑。走进这条窄长的小巷，仿佛走进了另一个时空，悠长、古旧，而又幽深、静谧。巷子里，老旧的大门，幽深的天井，斑驳的墙壁，花格的镂窗，院中的古井，还有角落里曾经燃烧的旧煤炉……，在这里，时光仿佛倒流了几十年。

小娄巷历史文化街区保护范围东到小娄巷横街，西到新生路，南接崇宁路，北到福田巷、俟园，面积约为 1.19 公顷，巷内历史建筑密集，有多个古院落建筑和保存完好的百米备弄。当老城厢被无数高楼大厦所充满，只有这里还残留着繁华丛林中最后一片古老朴素的旧式民居群，从 44 号到 52 号的"绣衣坊"等，是尚存的清代建筑和历史官宅的典型，真实地反映了封建时代建筑布局特点和长幼有序的大家庭生活方式。虽然半个多世纪以来，小娄巷的历史遗迹遭受了严重破坏，但依然保存了"一巷、五弄、一园、多组大院"的空间格局。"一巷"是指东西向的小娄巷；"五弄"为福寿堂东侧备弄、南北向由小娄巷进入院落的少宰第弄，和其他两条小弄，以及东西向连接新生路的大院弄；"一园"指位于福田巷的俟园及秦毓鎏故居；"多组大院"指独门独户、明清至民国的历史建筑群。福寿堂东侧的备弄保存得最为完整，长约百米，贯穿南北，为无锡地区所少有，是小娄巷人儿时最深的记忆。

用"人杰地灵"描绘小娄巷的前世今生，最恰切不过。明清两代，从这条小巷中走出过 1 位状元、13 位进士、15 位举人和近 80 位秀才，可谓人才云集，墨客熙攘，名流摩肩。从古代的兵部尚书，到当代的两院院士、著名高校校长、专家、学者，这里着实称得起人才旺地。秦观、谈开、孙继皋、秦邦宪（博古）、秦毓鎏等著名人物都曾在小娄巷里居住过。无锡地区历来是望族聚居之地，但小娄巷的家族并非因财富而望，而都是书香绵延的世家，崇文尚学是这条街巷的人文底色，也注定了小娄巷的建筑风格同样是内敛而低调的。

以前住在小娄巷里的人家，大都很有些说头，最著名的是谈氏、秦氏、孙氏几大望族。这几个大户皆为书香世家，名人学士辈出，在漫长的科举时代，小巷子弟恪守成规，遵循"读书、出仕、立言、功业"人生模式，出现了不少俊才。这些大家族也因诗礼传家的悠久家风而历世不衰。儒家的入世思想和"兴于诗、立于礼、成于乐"人文情怀是回响于小巷中的文化主旋律。梁溪厥、鸣珂里、谈氏宗祠、玄文馆、万备堂、延恩楼、绣衣坊、少宰第、修俭堂、福寿堂、佚园等建筑，正是这种文化主旋律的物化载体。宋高宗和明嘉靖皇帝乃至国民政府大总统孙中山，都曾为小娄巷的家族题字赐匾。残存的历史建筑及其遗韵，不仅保留了无锡历史上传统文化士族阶层的生活空间记录，也折射出传统名门望族的沿革与发展历程，老旧破落的街区成为已经逝去时代的珍贵标本。

小娄巷还维系着许多历史节点，深藏诸多历史记忆。在历史的风云际会中，也时时闪动着小娄巷人物的身影，他们与东林学派、辛亥革命和无锡解放等重大历史事件，都有千丝万缕的联系。1911 年 11 月 5 日夜里，华兴会副会长、同盟会的重要人物秦毓鎏在自己家中（小娄巷 44 号）的福寿堂召集同盟会骨干 40 多人，密商无锡光复事宜，并宣布无锡独立。至今，巷内还保存着孙中山和国民党元老胡汉民题词的石刻"佚园"，佚园内还有一只明万历年间的石香炉，可惜历久已经残破。一条百米小巷，承载了如此厚重的历史，实属罕见。2011 年，随着一册秦效鲁题款的《佚园十景图》被发现，神秘的佚园也逐渐浮出水面。这本仅有 13 页的横开线装画册，首页为秦文锦所题"林壑散怀"，次页为秦毓鎏所作"佚园记"，其后的十页为秦文锦之子、秦毓鎏的族侄秦淦（清曾）所作的"十景图"。画风工整，十分雅致。末页为秦淦的跋。据书中序跋所留年款"戊辰"应为 1928 年成书。秦毓鎏（1880—1937）字晃甫，号效鲁，是辛亥革命时无锡光复的主要领袖，其故宅"佚园"内的水池假山和古树至今仍在，是珍贵的历史见证。

小娄巷佚园修复设计图

小娄巷也是江南嘉乐堂王氏的世居地，1949年户籍统计时，小巷里有50多家王氏后人。明朝万历年间，王氏先祖置宅于城中小河上（今崇宁路）小娄巷中段。西临明朝状元孙继皋的少宰第，东侧与许氏、孙氏大宅为邻。王氏大宅颇为宏伟，嘉乐堂乃耗巨资所建，大堂为本埠少有的几座楠木厅之一。雍正四年（1726），园内添建了"章庆堂"转盘楼（后归秦氏），宅内的"重阳阁"前还有清代兵部尚书彭玉麟手植的一棵银杏树。嘉乐堂后院主楼称"爱日楼"，建于清同治年间，后花园有仓厅晒场，假山、方池，并植有枣、杏、桃、槐、梧桐等树，假山顶上立一块巨型太湖石，称"五老峰"。此石乃宋高宗赵构赐恩师谈阁老的花石岗，是极为罕见的珍贵花石。谈家没落后，宅院归属王家。但这块极具历史价值的文物级奇石，新中国成立后被移至锡惠公园映山湖畔，在"文革"中被作为封资修的东西砸烂、烧成石灰。恢宏的王氏住宅群（包括楠木厅）在1995年锡城改造时也被拆毁，原址上建造了公安司法办公大楼。

嘉乐堂王氏自古家学深厚，历世书香，墨香盈门，其家训曰"孝悌、廉耻、读书、簪缨"，世代以"家循礼让，代庆簪缨"为荣。第十一世祖王永积留给后人的遗言是："孝悌为田，廉耻为本，读书乃第一义"。从《王氏族谱》看，从元贞二年（1296）至清嘉庆元年（1796）的500年中，王氏赢得明清二朝皇帝敕命、诰命共33道。有明代父子进士王表（户部主事、礼部郎中、翰林）和儿子王立道；有兄弟进士王永吉（礼部主事）和王永积（兵部职方司郎中）；有清代主考官王宽（兵部主事、知府、广西主考官）和王绰（户部员外郎、福建副主考官、翰林）等。

近代以来，小娄巷王氏仍才俊辈出，从第 13 代至 15 代裔孙中，连着走出许多可圈可点的人物，如现代文学家王蕴章，优秀出版家、梓业雄才王益，两院院士、被誉为"当代毕昇"的科学家王选，以及中科院学部委员王序，中科院院士王迅，工程院院士金怡廉（王宛兰之子），民国时期的著名爱国儒将王赓，抗日英烈、飞行教练王廓，著名企业家、留德经济学博士王兼士，留美博士王兴安，清华大学的第一位女博士倪以信（王宓之妻）等，可谓俊彦辈出，英才荟萃。

小娄巷近旁的镇巷（清光绪时也称正巷）迄今也有 700 多年历史，镇巷得名于"镇山"，镇山即"金匮山"，原为老城厢的一座小山，据说东晋文学家郭璞曾埋黄金符匮于山下，故得名。镇巷曾名"怀仁坊"，最早出现于元代王辅仁《无锡县志》记载中。与小娄巷、大娄巷一样，镇巷也曾是望族世家云集之地，最知名的大户乃锡山秦氏。太平天国战争时这里的建筑大多遭焚毁，只有太平军留作自用的"秦保誉堂"得以存世。秦保誉堂位于今镇巷 20 号，乃锡山秦氏清代秦瀛的家宅。秦瀛（1743—1821）字凌沧，号遂庵。清乾隆四十一年举人，乾隆五十八年任浙江温处道，政绩不详，但他与"东方三大"的故事却为人所乐道。据《秦氏文抄》记载，当年乾隆下江南时途经泰山，一时心血来潮，要江南才子都赶到泰山去会考，并钦定以"东方三大"（泰山、孔庙、黄海）为题。考生大多数人都不知"东方三大"为何，只有秦瀛不仅切题，文笔精当，连字的书写也颇得董其昌神韵。殿试之后，乾隆爱其学问，便将其带回朝廷做了内阁侍读。其实，秦瀛是在赶往泰山会考途中，路经淮阴时在旧书摊上买了一本明代手抄本，巧合的是，书里所讲正是"东方三大"。秦氏由此发迹，"秦保誉堂"面积约为 2400 平方米，有大厅小厅各一，宽五开间，楼房平房交错，并有数百平方米的花园。最稀罕的是园内的十二生肖太湖石，"秦保誉堂"四字乃乾隆之子荣亲王所题写。

"秦保誉堂"后主是秦瀛的裔孙、清代书画家秦宝瓒（1856—1928），字岐臣，号穉云、懒云、聩叟。其山水师法倪瓒及清初"四王"，花卉取法恽南田，秦篆汉隶、行草楷书样样俱精，无锡梅园、锡惠公园、城中公园等处皆有其墨存。秦古柳、贺天健都曾来此跟他学画。秦古柳 12 岁时拜名家吴观岱为师，研习画艺，后因与吴观岱的丫头暗生情愫，惹恼祖父而被逐出家门。秦古柳只得借学画到"秦保誉堂"暂住。秦宝瓒也是顾毓琇的亲舅舅，顾父早逝，顾毓琇在"秦保誉堂"一直住到考取清华学堂，其文学功底很大程度得益于三舅秦宝瓒、四舅秦宝璐（秦敦世）。秦宝璐乃光绪十一年举人，民国时期受聘教育部，在京创办了国家历史博物馆。无锡鼋头渚灯塔下的"鼋头渚"三字石刻便是秦敦世的手迹。

20世纪初，无锡民族工商业迅速崛起。不足百米的镇巷，一些有名望的民族工商界大户陆续在此择地翻建新宅。这些私人建筑大都砌有三四米高的围墙，宽3—4间，内部则3—5造，青砖白缝，清一色的民国建筑。有在南门伯渎港开设童万泰粮行的童轶群，1946年他为了修复私立无锡中学，以镇巷住宅向银行抵押贷款；有在上海经营钱庄，后回乡开办大成绸布店的许震初；设塾授徒的清末举人许国凤故宅也在镇巷内。最醒目的是位于镇巷9号的唐氏家族祖宅，唐英年先祖唐保谦、唐星海、唐翔千祖孙三代，直至移居香港之前都曾住在这里。20世纪60年代，这座老洋房里住的是唐翔千（唐英年之父）的弟弟唐寿千。唐寿千时任协新毛纺织染厂厂长，后移居上海。洋房大门饰白铁皮铆钉，门上有一堆狮头门环，进门处有砖雕门楼，青砖铺设天井，左右分别为书房、会客室，左侧有备弄供下人进出。第一进为二层楼房，底层两侧为唐保谦卧室，中间为客厢，厢中悬中堂、对联，有长台、八仙桌、太师椅及待客用的八对茶桌茶椅。房子高大宽敞，地面铺设水磨方砖，后有转盘楼梯，地面铺设广漆地板。每造门前均有天井，二进、三进为唐星海及子女居室，楼上各有三个大卧房，并设有一个书房，二造楼顶有宽大阳台可作休闲、晾晒之用。四造为餐厅，五造为杂物间和浴室。唐寿千迁居上海后，房子长期无人打理，便将其处理了。今天，镇巷里的这些老宅仍然一如当年低调内敛，不事张扬，但门内的历史和曾经的旧主却是无锡老城厢难忘的历史记忆。

第二章

老城外街镇韵味独具

早在 20 世纪初，伴随民族工商业的快速兴起，无锡城就已然突出城墙的围囿，伸向城外广袤的田野。虽然，这里比不得老城厢的商贸繁华，但在民间工商经济的带动下，在民族实业家们的砥砺耕耘下，全新的城镇崛起于绿色的原野，街巷经济朴拙低调而繁兴，乡民们踏实而坚韧地走出了一条自给自足之路，形成了乡村包围城市的格局，不断扩展着城市的版图，成为无锡另一番可圈可点的人文景观而韵味独具。

第一节　"工商吉地"荣巷老街

荣巷，位于无锡惠山南麓，南邻梁溪河，北靠梁溪路，东至大张巷，西到朱祥巷，面积约 0.82 平方公里，可谓一片藏龙卧虎之地。荣巷因荣氏而得名，明正统元年（1436），荣氏先祖荣清从金陵举家迁来无锡，定居于梁溪河下游北岸的长清里，他率领子孙，筑坝建宅，开辟草莱，种植桑麻，将这里逐渐建成一个安居乐业之所。荣清育有继先、承先、念先三个儿子，三子所居住的村落分别称为上荣、中荣和下荣，后来子嗣繁衍，房舍相连成片，故统称"荣巷"。

荣巷在清代形成规模，与其他古镇老街不同，荣巷的繁荣得益于工商实业的带动，在无锡百姓心中，荣巷是一块具有独特文化意义的"工商吉地"。近代以来，荣巷得益于梁溪河航运的便利，近代时这里的居民就远赴上海学徒，参与上海的经营活动，从而生活较为富庶，家庭积累相对丰厚。尤其是荣宗敬、荣德生兄弟，早年随父荣熙泰外出学生意，积累了丰富的商场经验，从开设钱庄起步，后投资面粉与纺织业，获得巨大成功，赢得了"面粉大王""棉纱大王"美誉。在他们的引领带动下，一批在外创业成功的荣巷人，回到故里建房造屋，使荣巷规模日益扩大，街市逐渐繁荣，民国中期已成为城西的一个重要商镇。

清代，在太平天国战火中，荣巷遭遇了一次前所未有的劫难。荣宗敬、荣德生的父亲荣熙泰是这个家庭唯一的幸存者，因远在上海而幸免于难。太平天国战乱平息之后，荣巷逐渐生息复苏，大批居民凭借交通便利，外出做工或学徒，事业有成者，致富后纷纷携资返家，在故乡造房建宅，修路筑桥，带动了古镇的发展。至民国中期时，荣巷已是房屋鳞次栉比，商贾店铺林立，一派百业兴旺景象，是无锡西乡消费购物的首选之地。时人把朱祥巷、荣巷和大张巷比喻为一根藤上的"三只金瓜"，更有人将其喻为梁溪河北岸翘首欲飞的一条巨龙，朱祥巷是龙首，荣巷是龙身，大张巷则是龙尾。

荣巷古镇最繁荣的主街——荣巷东街与西街，是荣巷的中轴线。其形成于清末民初，全长380米，呈S形婉转向东西两侧延伸开去，以润记弄为中心，西至德生弄，东以大池路口为边界。街道窄长，路面由片石铺成，道路两侧建筑，粉墙黛瓦，花格门窗，屋檐相对，邻里之间伸手可及，是典型的江南一带的老街巷风情。沿街两旁多为店铺，一房一店，风格各殊，货色齐全，各自不同，行行不缺，十分丰富。每逢农贸集市，这里更是人头攒动，摩肩接踵，熙熙攘攘，市声喧哗，热闹非凡。集市上各种生活用品、时令蔬菜，山珍水产，乃至衣帽鞋袜，品类齐全，很好地满足了周边方圆数十里的乡民、渔民、山民的生活与生产所需。

因为古荣巷的建筑基本毁于那场战火，沿街现存建筑绝大多数重建于晚清，基本还原了昔日的街镇风貌。那时，荣巷人已经开始接受洋务思想，走出家乡看世界，因此建筑群众间或也夹杂着个别西式建筑，折射出那时荣巷人的心胸、眼光与审美。

沿街店铺背后，繁衍生息着一代又一代的荣氏子嗣。从主街延伸出的许多小弄堂幽深古朴细长，砖头铺地，粉墙斑驳，和精巧的垂花门斗与多姿多彩的瓦楞花窗一起，营造出古色古香的气息。弄堂的名称，有七报、润记、大生、德生等，点明了主人家族的世袭声誉，也向今天的人们发出了"弄以人名、名以弄识"的历史回响。

窄细的街巷两侧是镌刻着岁月风霜、斑斑驳驳的土墙，青砖灰瓦里书写着历史的道道遗痕；攀援而上的古藤、铁线莲仍然延续着数百年的生命活力，那些粗大厅柱上的裂纹与伤痕，则透露出年代的久远和岁月的沧桑。建筑连着建筑，园中有园，门洞相连，移步换景，妙趣横生。粉墙黛瓦，花格长窗，封火马头，石库门脸，门当户对，无一不透露出早年江南民居独特的韵味。造型设

位于荣巷的荣氏故居

计上，屋面披坡，瓦溜泄水，用阳山石制成的承滴，日久天长水滴石穿，在地面留下一个个凹坑。门楼上，细腻的砖雕图案丰富而多样，有"因荷得藕（偶）"，有"狮子彩球""五福临门""吉祥如意""万象更新""九九归一"，辟邪消灾，寓意吉祥，整座建筑无处不流淌着中华传统文化的馨香。

荣巷老街的建筑中，有100多组近代建筑，多达几百个建筑单体，建筑形制多样，文化内涵丰富，江南吴地建筑气质与西式建筑风格在这里也有着奇妙的融合。这些近代建筑，有传统中式建筑，如荣巷街83号的荣瑞馨花厅，有三座仪门和一个严整的石制门头，花厅五间五造，门窗栏杆和轩廊雕刻，均工艺精湛。位于中荣29号的颐养堂建于1924年，迄今已有90多年历史，但砖雕门楼和马头墙保存完好，格局为两间三进院落，是荣巷街区中传统民宅的建筑经典。中西合璧的建筑典型，是东浜13号的"电报大王"荣月泉的宅第，东方砖雕、木雕与西方马赛克、铸铁花栅完美交织融合，中西交融的建筑风格折射出主人不凡的阅历和文化背景。中荣87号的荣予清宅，是一座规模较大、糅合现代功能和传统院落的建筑，除建筑的砖雕门头和中式门窗外，建筑构件、雕刻手法和室内装饰均带有鲜明西洋风格。欧化得更彻底的西式建筑，是荣巷街6号的张惠臣宅，这是一座清水砖墙的欧式洋房建筑，二三层为错层，外形美观洋气，砌筑工艺精良，历经近百年风霜仍保存完好。

荣氏古里石牌坊

2001 年 6 月，无锡市邀请了国内文物保护专家和古建筑专家对荣巷老街进行了全面考察。专家们一致认为，荣巷老街作为聚集了诸多名人和历史文化资源的建筑群，具有很高价值，应予以完整保护。专家们的建议得到了采纳，荣巷古镇得以整体保留，重点建筑进行了复原和保护性修复，并在古镇北侧的入口处竖立了一座"荣氏古里"的高大石坊。

荣氏故居，是荣巷古镇最具标志性的建筑。荣氏的故宅本来位于荣巷西浜头。1918 年，事业有成的荣宗敬、荣德生兄弟开始在荣巷西首辟建新宅。这座新宅占地 3000 多平方米，最终完成于 1933 年。整座建筑包括门厅、承德堂、戒欺堂、修身为本堂、书房、承馀堂、花厅和西花园等。门厅前原有一座镌刻"鸿禧"二字的八字照墙，后因修建军营，照墙和修身为本堂、西花园被拆除，其余建筑基本完整保留至今。这组规模宏大的民国建筑群，颇具时代风格和江南特色，无论在近现代史研究方面还是在开发旅游资源方面，都具有重要价值。

2008 年，为纪念包括荣宗敬、荣德生、荣毅仁在内的荣氏家族为国家做出的重要贡献，在荣氏故居旧址建起了荣毅仁纪念馆，和荣氏故居、大公图书馆及移建于此的荣毅仁北京旧居连成一片，集中展现了荣氏家族的爱国创业、造福于民的事迹和他们旧时的生活历史场景。

荣巷是一个有历史深意的地方，许多历史记忆被悄然留存下来。一座座宅子里走出了许多成就斐然的俊杰，一个个院落中藏着许多传奇故事。2009 年春，荣巷老街修复工程启动，西浜 287 号房主都荣娣搬家时偶然发现家里的门板竟然是"经畬堂"的一块老斋匾。"经畬堂"原为荣德生的私塾老师荣云璋（1890—1936）的堂号。荣德生9岁入塾，6年中师从荣云璋读完了《幼学》《大学》《中庸》《论语》《孟子》《诗经》《易经》等传统经典，一生获益匪浅。1927年军阀混战内乱兴起，公益中学因故停办，为解决族人子弟的读书问题，荣德生在梅园设立豁然洞读书处，出于对荣云璋先生的尊敬感恩，他以老师堂号"经畬堂"命名之。

梅园豁然洞读书处——经畬堂

荣巷还有一块具有家族图腾意义和文化内涵的历史文物——天地山海碑，它是荣氏家族从金陵迁居梁溪600年的历史实证，也是荣巷逐渐走向繁荣兴盛的历史记忆。碑上文字为迁锡始祖荣清亲笔所撰，因民间传说"天地山海"石碑能够镇火消灾，所以荣清曾在荣巷立了两块石碑，希冀"汇天地精英、纳山海百川"以护佑荣氏先民安养生息，也有人认为"天地山海"寄寓了人们"天人合一"的理想，不管内涵如何，这块存于荣巷西浜、现移至公益小学旧址内的这块天地山海碑，都是荣巷历经几百年的风雨的珍贵历史遗迹。

位于荣巷西浜191号的荣氏故宅，因20世纪初曾遭遇火灾而化为一片瓦砾。人们曾经在废墟中清理出了一个直径一米左右的石磨下爿，乡人指认说这是当年荣家早年创业开办牛磨坊的旧物，迄今已有百年历史。荣熙泰于1895年从广东厘金局因病辞职返乡后，曾在荣巷街40号开了一家加工面粉的磨坊，由长子荣宗敬负责打理，因为荣巷是城西的一个中心集镇，因此需求旺盛、生意兴隆。后来荣氏兄弟在无锡投资建了茂新面粉厂，生产口感细腻、色泽洁白的机制面粉，但因乡民吃惯了土制面粉，牛磨坊因此仍持续了一段时间。直到后来机制面粉打开销路，牛磨坊才告歇业。

由于荣巷经济繁荣，实业家乐善好施，所以社会事业也得到同步发展，如救熄会、电灯公司、邮政所、黄包车站、河埠码头、班船、汽车站、祠堂、庙宇，特别是设施完备的中小学校，可谓应有尽有，生活十分便利。今天在公益中学校园内还保留着一块长一米多的金山石界石，上镌"公益农事试验场"七个字。公益中学的前身是公益工商中学，创办于1919年，至今已近百年历史。当年荣氏兄弟成为"面粉大王"后，致力于改良小麦品种，在南京、无锡等地乡下都创设了小麦试验场。无锡的实验场设在舜柯山北麓的藕塘，占地约30余亩，留日归国的农学家顾复曾担任实验场的场长。这块"公益农事试验场"的界石，真实记录了荣氏泽被乡里、惠施农家的不懈努力。

荣巷公益小学内的日式晴雨操场，是一座醒目的标志性建筑。甲午战争的失败，令国内的有识之士意识到了向西方学习、借鉴的重要，主张变革维新、增强国力。民国著名教育家胡雨人，早年在东渡日本时带回了晴雨操场的图纸，仿建于家乡堰桥的胡氏公学和荣巷小学。这座晴雨操场占地近500平方米，为高10米的二层日式建筑，底层为集会用礼堂，二楼为有顶无墙操场，遮风挡雨又采光透气，是学生体育活动的理想之地。在经历了近100年的雨雪风霜之后，建筑基本保持良好，可见建筑质量的优秀。据说，建造者荣福龄当年为这座建筑，不惜耗费重金购买德国水泥、美国洋松、日本钢筋和马口铁皮，施工认真，建造时间长达一年，从而确保了建筑质量。2001年6月，被专家组认定"国内仅存的且仍在使用的早期室内体育设施"而列为文物保护单位。

荣氏公益小学内的日式晴雨操场

第二节 崛起自农田的周新镇

在老无锡城南 10 公里处，南骂蠡港与闪溪河交汇之处，有一个百年老镇名叫周新镇。这里原先叫东绛，平林沃野，蚕桑耕织，生息在这里的人们世代以务农为业。直到周舜卿的出现，才改变了这里人们世代务农的命运。

周新镇与别的江南古镇有着全然不同的前世，它并非因为人群集聚、商贸交易自然而然形成的市镇，而完全是人为在乡间田野之上建造出来的一座全新市镇。东绛原本只是一个普通的江南村落，住户不多，此前并无商贸集市，村民生活购物颇多不便，即使是到最近的镇子购物来回也要走三四里地，若要进城采购，往返则需整整一天。

清光绪二十六年（1900），在上海经商致富的周舜卿，回到东绛。他看到乡民外出购物因交通不便不堪其苦，同时也有心在家乡投资建厂，扩大经营，考察之后他决定在这里建造一座全新的市镇。他高价向当地乡民购置了沿河的百亩土地，亲自规划设计，沿河道辟街衢、设店铺，修路造桥，两年时间建起了一个房屋鳞次栉比、商铺林立的全新市镇，并以周姓为小镇命名——周新镇。这座诞生于田野之上、已经走过一个多世纪的古镇，它的诞生无疑是中国建城史上的一个奇迹。

周新镇建成伊始，为了聚集人气，周舜卿率先开店，接着又办厂，修码头，办学校，为小镇不断注入活力。此后又不断投资公益，造福乡民，修桥铺路，一掷千金。1921 年，年逾古稀的周舜卿，以乡董身份提议从周新镇到无锡城，修筑一条两丈宽十多里长的马路，并先行垫付 2000 元银洋作为启动资金，工程历时一年完成，通车之后极大方便了进城下乡民众，成为当时锡城百姓奔走相告的喜事。

为了生意，周舜卿经常奔波于锡沪之间，深知交通便捷的重要性，他向有关部门提出申请，争取在镇西南的周泾巷建火车站，还出资在运河边修建了船运码头。码头设在周新镇老街的东沿河，这是一排整齐的矮脚楼，楼下建有沿河通道，便于过往船只停靠。周舜卿还沿着周新河（南骂蠡港）修了直达圩田的道路，沿路建了两桥，一座跨曹王泾（梁塘河）的单孔石拱桥，因周舜卿被清廷赐予四品京堂，故桥名为"周京堂桥"；另一座桥以周舜卿父亲名字"让三"命名，称"让三翁桥"。现在，两座桥都已不存，但他留给无锡的记忆却永远被载入一座城市的史册。

周新镇，街巷肌理清晰、历史遗存丰富，是反映无锡民族工商业发展的重要历史地段。老街临河而建，是典型的江南水乡风貌，人与环境和谐融洽，流露着寻常巷陌特有的温暖。2008年底周新镇被第一批列入"无锡历史文化村镇保护名录"，按照保护规划核心保护区的面积为1.53公顷，包含周新老街（望湖街）、周新中路步行街、闪溪河滨水商业街及风貌协调区、商业配套区。

今天，走进这条百年老街，庙桥港（南骂蠡港）贯境而过，与直街形成十字形街巷，民居依河而建，粉墙黛瓦、码头驳岸，错落有致，仍保持典型的江南水乡村镇的传统建筑格局。桥塥边的张卓仁故居是一座小洋楼，经过整修保护，内外一新。两侧民国风味的两层木楼，矮脚飞檐，透过一扇扇木质大门，依稀可见当年繁华。庙桥港西侧老街危房已完成修复，还原了粉墙黛瓦、花窗木门的原貌，路面与原来一样采用了"一字纹""席纹"等传统铺砌样式。老街转角处的骂蠡港河埠码头，也已整修一新。

修缮后的周新镇老街巷

沿河往里，俞甲里、扬甲里的一些老建筑也得以保留。俞甲里74号是俞文彬的故居，带有鲜明的清末民初建筑风格，五造进深，前两开间、后三开间，有着江南典型的封火马头墙和贯穿前后的背弄。故主人俞文彬原先跟随周舜卿学生意，在创办裕昌丝厂过程中成为周的得力助手，丝厂建成后俞文彬担任了企业的主管会计，颇得信任，收入丰厚。这座大宅院便是俞文彬用在丝厂工作积攒下的一万多银洋所建造，建筑面积近900平方米。虽然目前房子已经老旧破败，但从建筑格局看仍可窥见当年的恢宏，庞大的院落，对称的布局，错落有致的封火墙，粉墙黛瓦的色调，造价显然不菲，从中可见俞文彬富裕的经济状况。

庙桥港东侧的沿河房屋尚未修葺，沿河长长的滨水凉棚虽然破旧却仍是旧时模样。临河的民居均为悬河而建，透过临近窗口木地板的缝隙，可以看到下面的潺潺流水。步入桥旁的小弄堂，这里还留有一些江南最典型马头墙的老房子，这些房屋都是有着百年历史的老建筑，粉墙黛瓦，难得一见的挞门，残留着许多百年前的历史痕迹。

光绪十八年（1892），周舜卿在家乡开办裕昌祥茧行，并在多处设立分行，为英商怡和洋行在江南一带收购蚕茧。十年后，怡和洋行因丝茧生意无利可图而拒绝接受裕昌祥已经收购上来的蚕茧。面对可能出现的巨额亏损，周舜卿向上海华纶丝厂购买了 94 台旧丝车，在裕昌祥楼上自办缫丝厂，不仅没有损失，反而有所获利。1896 年，周舜卿与薛南溟合资五万银两在上海开办永泰丝厂，不久又与苏州籍状元、时任国子监祭酒的陆润养联手投资苏经丝厂和苏纶纱厂。光绪三十年（1904）春天，周舜卿回到东土垱，斥资八万银两，开设了无锡第一家机器缫丝厂——裕昌丝厂，规模为 96 台意大利立式缫车，生丝产品广受中外客商青睐，锡山牌、金鱼牌等生丝远销海外。

今天，周新老街的建筑还依稀可见当年的繁华，周舜卿不仅为东土垱带来了繁荣，也开扩了东垱人的眼光，不少村民通过技术培训进厂做了工人，因此脱贫而彻底改变了人生轨迹。更有不少乡民受到带动，走向大上海参与商贸活动而发家致富。镇里原有两座两层砖楼，这是当年周舜卿专门为外地员工建造的职工宿舍，是镇里当时最好的房子，其善待员工可见一斑。周舜卿还大力兴办地方教育，独资开办小学、廷弼商业中学，培养了许多人才。他还置地三千亩，设周氏义庄，资助贫寒子弟念书。他开筑了扬名路，沟通城厢交通，并建筑了京堂、让三等桥梁，极大地改善了村民的出行环境，提高了百姓的生活水平。在其鼎力打造下，周新镇短短数年便成为城南的一个重要商贸中心，街道店铺林立，经营商品齐全，人气陡升，盛况空前。

第三节　英才荟萃的礼舍老街

人杰地灵的江南，人才之密集在礼舍有着最典型、最集中的呈现。山不在高有仙则灵；水不在深，有龙则灵。礼社始建于南宋，乾隆年间，兴建街市，成为江南著名的商业集散地。村内老街现长 200 余米，两侧多为明清至民国时期的深宅大院，石库门、方砖楼、花墙、雕梁、花园等别具一格。礼社村自古人才辈出，除了被誉为老一代经济学家的孙冶方、薛暮桥，还涌现出"一门四博士"（薛光鄂、薛光琦、薛光钊、薛光铖）、"一村四院士"（薛暮桥、薛禹群、薛禹胜、秦伯益）。此外，近代实业家、教育家薛明剑，国家特级工艺美术大师薛佛影，书画名家秦古柳均诞生于此。走在这条不长的老街上，随处可见历史幽深的遗痕。

礼舍最早称吕舍，因南宋著名儒学家吕祖谦次子吕文缵在宋室南渡时期于此处筑草舍定居而得名，迄今已有 800 多年历史。后来，薛氏一族逐渐繁盛，于清代乾隆年间在此兴街开市，成为集镇，更名礼舍。礼舍古街形貌特别，街道两端和中间略高，形似元宝；街道虽短却不笔直，而是蜿蜒似龙形，被视为吉祥兴盛之地。即使经历了无数的雪雨风霜，老街仍然还保留着旧时水乡古镇的风貌，街道两侧住着 60 多家士绅地主，90% 的人家皆为薛氏一族，为了光耀门庭、显示气派，各家门楣皆题有堂名，如"永善堂""居善堂""敬义堂""慎修堂""一乐堂"，堂名中或多或少昭示着主人的追求或家族的文化。街上一色高低错落的粉墙黛瓦，一样老旧的木栅花窗，依稀透出历史古远的气息。铺着青石板的小街上，人们行走步态从容，脸上笑容安详恬然，舒缓的生活节奏中仍可嗅到一丝朴拙的乡土气息。

礼舍，是一个富庶之地，在清代就已是一个繁华的街镇。这里不仅鱼虾水产、农副产品丰盛，也最早产生了商品经济的萌芽，这里的士绅不仅懂得诗礼传家、文化怡情，也深谙经济兴邦、实业兴家。1892 年，薛立夫就率先设立了公昌茧行，此后玉祁一带茧行很快增至 13 家。随后，薛子瑜等又集资购买了无锡地区第一部日产自动化烘茧设备，使这里成为丝茧加工高地。1916 年，只有 600 余户人家的礼舍就有织布机 300 多台，平均每两户一台。1917 年，礼舍又添了织袜机，家庭手工业再上新的台阶。这一年，礼舍的地主乡绅们还合资购买了一架机器水车，拉开了农耕机械化的序幕，此事被经济学家薛暮桥誉为"实农业机械之先声"。五年后，礼舍人又购置了三台电动碾米机，开办了粮食加工厂。1923 年，薛克勤、薛学坤等发起创办了"竞明电气会社"（电厂），开始为家乡供电，薛克勤还引入无声电影放映并将自己拍摄的家乡风光片在礼舍播放，引得十里八乡百姓纷至沓来。1930 年，受到城里工商的带动，礼舍又建起了农民银行、电话局，可谓地方虽小，百业俱兴。

礼舍，也是一个适宜读书的地方，也是一个蕴藉深厚、人文浓郁的地方。数百年来，这里俊彦辈出，人才济济。早在科举时代，这里曾出过 23 名举人、秀才，近现代更是英才荟萃，出了 130 余位教授级以上人才。及至今天，这个小村也不过 3700 多人，人才的密集程度乃世所罕见。从这条老街走出的名人，最让礼舍人自豪的是被誉为"经济学界双子座"的著名经济学家薛暮桥（中科院院士）、孙冶方，他们的青少年时代深受"七分资本、三分封建"的礼舍文化熏陶，也目睹了工商资本的兴起和传统农业文明的衰落，礼舍成为他们最初观察思考社会经济问题的起点。孙冶方成为第一个对"苏联社会主义经济模式"提出大胆质疑的学者，并主持建立了改革开放后的物价管理制度体系，被誉为社会主义经济理论的奠基者。薛暮桥则系统地提出了全面推进新时期经济体制改革的建议，将中国市场经济取向的改革和政策论述提升到了一个新的历史高度。

小小礼舍走出的科技人才也可圈可点，"一门四博士""一村四院士"是礼舍人的骄傲。民国时期，薛氏四兄弟薛光鄂、薛光琦、薛光钊、薛光铖分别毕业于英国剑桥大学、美国哈佛大学和日本早稻田大学，获得博士学位。他们学成归国后分别担任了民国政府检察院首席检察官、教育部次长（副部长）、中央大学教授和江苏省长公署参议。从礼舍走出的四位院士，除了中科院院士薛暮桥，还有水文地质学专家、中科院院士薛禹群，电力自动化专家、工程院院士薛禹胜（薛明剑之子），和解放军军事医学科学院院长秦伯益少将。同为薛家子弟的出色人才还有微生物学专家薛禹谷，著名医师薛邦祺，消防器材创始人薛震祥等。

礼舍还是一个诗礼传家、人文浓郁的地方。早在 1905 年，被誉为"薛氏三公"的薛乃飞、薛永铭、薛福荣，就率先引进先进教育理念，将传统的薛氏义塾改办为新式教育的群智学堂，比荣德生的公益学堂创办时间还要早一年。接着，薛寿祺等又创办了女子开明学堂，让女孩子们也走进学堂接受教育。1916年，薛寿祺等又筹办了藏书 5000 多册的图书馆，翌年，薛子安等又为图书馆筹资建造一座新式洋楼。曾任国民政府国大代表、立法委员、社会活动家、实业家的薛明剑，也在这里兴办芙蓉圩水利工程和中小学，创建锺瑞图书馆，为礼舍经济文化做出了重要贡献。1926 年，薛仲华创办了玉祁境内第一所中学——立达中学，小小礼舍，兴学之盛，令人叹为观止。正是在这样重教崇文风气陶冶下，礼舍走出了民国著名女教育家、哥伦比亚大学教育学博士薛正，她主持的上海中西女中为国家培养了大量优秀女性人才。在浓郁的人文氛围浸润下，礼舍还走出了著名书画家秦古柳，微雕大师薛佛影等艺术人才，他们在新中国书画雕刻艺术领域都有着不俗的开拓与成就。

老街上的古建筑大多毁于"文革"，在古砖、碎瓦、残墙、断柱中还能让人依稀辨识当年的雕梁画栋和建筑风貌。坐落于西街的薛氏宗祠，始建于明隆庆年间（1570），重建于乾隆壬申年（1752），整座建筑原为三楹一巷，前后二进，中设墙门，如今只余南墙门上的一副楹联"礼舍世居，望重河东；经文纬武，源远流长",默然地向人们讲述着礼舍薛氏 16 支脉生息繁衍、曾经荣耀的历史。

"九十九间半"是薛氏鼎盛时期的产物,这片宏大的建筑群乃十七世薛谦培所建。其父薛熊光为候选员外郎,赏戴蓝翎,官至直隶州州判,授文林郎。因其见识过京城皇宫之形制气派,故建筑设计有"内观分室独立,外观连成一体之布局"特色,卧室、书房、会客厅、天井、花园、亭台、晒场、仓廪一应俱全,朴实中透着气派。该建筑前后共九造,南侧一造九间,北侧一造十二间,每间六架,中间一间正门宽度为九尺九,南北有长廊相连,两侧房屋毗连对称,整齐恢宏,堪比南京"九十九间半"的甘家大院。

坐落在西街中段的永善堂,面阔三间,深四进,占地面积 917 平方米,乃清道光十九年(1839)由 85 岁的薛交泰在礼社义庄基础上所创办。薛交泰举人出身,授文林郎,曾就职州判。他自购田 400 余亩,加上义塾的 220 亩,作为永善堂的永久资产。永善堂每天在礼社东街的一个弄口设粥棚施粥,"叫花弄"由此得名。后来太学生、官至四品布政司的薛佩苍,弃官从商,回乡主持永善堂事务,他置仓聚谷,捐米赈济,集资修桥,抚恤孤寡病老,年终发放寒衣,除夕送米钱,慈善事业有声有色。永善堂还承担了春秋两季的祭扫公坟,祠堂祭祀等事务,使礼社的慈善救济从单一族人义庄扩大到了全社会的慈善救助,体现出高度仁爱之心和社会责任感。

礼舍留存的文物旧址还有很多,经过修缮恢复,今礼舍老街沿途随处可见名人故居,一砖一瓦间隐约闪现着人文异彩。位于老街中段的是经济学家孙冶方(薛萼果)故居,是一组临街而筑的清代晚期建筑,主体建筑坐北面南,前后五进,每进建筑皆有院落天井分隔,每进阔三间,后二进为回楼,是典型的江南大户民居。老街 195 号的秦家大院,是著名画家秦古柳的出生地。秦家乃当地最大官宦世族,建筑十分恢宏,其形制原为八进,如此巨制在江南颇不多见。20 世纪 60 年代被拆毁四进,现存四进深度已达 500 米,可谓"庭院深深深几许"。秦家人口众多,财力丰厚,当年拆房时从第五进中曾拆出过一副金骨牌。从尚存的石库门、花墙、备弄,天井里的旧石墩,后院的古井圈,都可依稀感受当年建筑的大气辉煌。秦古柳的祖父不仅拥有大片房产,且酷爱书画收藏。两个儿子继承遗产分家时约定一人选择房产,另一人选择书画藏品。秦古柳的父亲选择了书画,后迁离礼舍。其子秦古柳因此结缘书画,12 岁拜江南名画家吴观岱为师,21 岁已在上海、杭州、南京、武汉等地举办个人画展,终成一代书画名家。

礼舍 287 号慎修堂在秦家大院的东北不远处,是著名经济学家薛暮桥故居,

2008年7月对外开放。这座普通的砖木结构江南民宅，占地300多平方米，原为三间三进的清末平房建筑，现保留了第一进（门厅）和第二进（大厅）三间，为始建时的原物。第三进1998年被改造为三层楼房。故居天井里一株百年蜡梅是老宅忠实的守护者。薛家曾为大户，但薛暮桥年幼时家境清贫，父母和兄弟姐妹六人，全赖一个小邮政代办点和做些小生意勉强维持。薛暮桥15岁时父亲离世，初中毕业的他从此离乡外出谋生。礼社薛氏一族人才济济，除了薛暮桥、薛萼果（孙冶方）外，还走出了微雕工艺大师薛佛影、水文地质学家薛禹群、电力系统及其自动控制化专家薛禹胜等，这些杰出人才的出现，无疑令古老的礼舍熠熠生辉。

正因历史厚重、名人辈出，礼社古村作为历史文化名村2012年首批入选中国"传统村落"名录。

第三章

悠悠古镇渊深厚重

古镇，是江南水乡文化的经典标本，也融会了吴地智慧的江南生活范式，她安静宁谧，小桥流水，粉墙黛瓦，诗意盎然，洋溢着浓郁的水乡风情。而无锡的几座古镇，更因有了人文浸润和厚重内涵，在诸多江南古镇中脱颖而出，风情独具。

第一节　文脉悠远的惠山古镇

无锡惠山，素有"江南第一山"的美誉，仿佛城西的一道天然绿色屏障，为平缓的地势增加了一缕波澜，也为城市平添了几分灵气。惠山虽不算高，最高主峰不过329米，但灵气十足，底蕴十足。其山势蜿蜒，共有九峰，每峰一坞，留有诸多名胜古迹，自古这里便是人们修心养性、踏青赏景的好去处。据《蠡溪笔记》载，惠山为晋代禅师西域僧人慧照所首开，慧照在这里居住时曾与许多名家交往频繁，一时间名声远播，因此得名慧山，"慧"与"惠"相通，后来在百姓们口中传为"惠山"。惠山的称呼在漫长的历史上多有变化，老子在《枕中记》里称惠山为"西神"，《汉书》中则载名为"历山"，《隋书》中被称为"九龙山"，《郡国志》中称"龙山"，《吴地记》里的名字叫"华山"，唐代陆羽曾在此小住，写下《惠山寺记》，称此山为"斗龙山""古华山"。

惠山脚下的惠山古镇，是一个历史悠久、内涵丰富、底蕴深厚、风情浓郁的地方，其主体为惠山横街、直街至宝善桥以东惠山浜一带，面积约15万平方米。山脚下的惠山寺香火旺盛，始建于明代万历间的锡山龙光塔，是古镇高处胜景。唐代陆羽曾来此煮泉品茗，"天下第二泉"因此得名。唐代、宋代惠山寺留下的石经幢至今耸立在古镇中心。始建于北宋的金莲桥、唐代就有的听松石床，以及唐代诗人皮日休"千叶莲花旧有香，半山金刹照方塘，殿前日暮高风起，松子声声打石床"的诗句，都是古镇久远的最好的历史坐标。还有明洪武初年惠山寺僧人种下的古银杏，迄今已有 600 多岁，近处的古玉兰、古香樟树龄也有 400 多年，至今仍根深叶茂。始建于明代的寄畅园、愚公谷旧貌犹存，明代"千人报德坊""华氏四面牌坊"在这里已经屹立了数百年，是古镇牌坊群中的佼佼者。

　　然而，和其他安逸宜居的江南古镇不同，惠山古镇的重头戏在这里鳞次栉比的祠堂，它们不仅成就了"中国之最"，也承载着惠山古镇独特的文化与灵魂。在这片不过 0.3 平方公里的土地上，沿着直街、横街、惠山浜密密麻麻分布着形式各异的祠堂，其规模和数量都堪称"中国之最"，这就是蜚声海内外的惠山祠堂群。惠山祠堂以其数量最多、密集度最高、涉及姓氏最多、建筑类型最丰富、祠堂形态最多样、保存最完好，构成了特色独具的"祠堂群"景观。早在明代，诗人浦长源就以"出郭楼台三四里，游人不得见山容"的诗句来形容当时惠山脚下祠堂林立的胜景。

惠山古镇不到 0.3 平方公里的土地上汇聚了 118 座祠堂

祠堂，旧时又称为"祠庙"或"家庙"，是家族祭拜神灵、祖先、先贤的场所，由神祠、先贤祠、宗祠等构成，是中华宗族文化、纲常文化的集中体现。惠山祠堂群的形成，始于唐代，兴盛于明清，延续至近现代，时间跨度长达一千多年，其间历经时代更迭、风雨沧桑，是见证无锡历史沧桑变迁的"活化石"。从唐代至民国的1200多年中，这里先后出现了120处祠堂建筑，祀主涉及80多个姓氏，180多位历史人物。其中，除了纪念开发江南的始祖泰伯、仲雍、季札的至德祠外，有十多位祀主官居历代宰相、尚书之高位，如楚相春申君黄歇，五代时期的吴越王钱镠，唐相李绅、陆贽、张柬之，宋相司马光、王旦、范仲淹、李纲，明代兵部尚书于谦、秦金，清代尚书嵇曾筠、嵇璜等。

祭祀泰伯的至德祠

惠山现存最古老的祠堂，是祭祀春申君黄歇治水之功的"大王庙"，《越绝书》载，"汉时建春申君祠于此，每年祭之以酒，鼓乐喧天。"该祠初建于惠山春申涧旁，后唐人将其迁建至锡山西北麓，唐代诗人张继诗曰："春申祠宇空山里，古柏阴阴石泉水"。位于惠山观泉坊街的华孝子祠也是出现最早的祠堂之一，原为东晋时著名孝子华宝故居，唐．陆羽《慧山寺记》称"华坡者，齐孝子华宝所筑也。"华宝为了恪守与父亲冠礼之约，终身不冠不娶，而获南朝齐高帝萧道赐"孝子"匾额，后族人以其故居为祠。该祠屡有兴废，现存建筑成于明清，保存基本完整。祠门为牌坊式建筑，门前的四面牌坊建于清乾隆十三年（1748），俗称无顶亭，为正方形木石结构，藻饰精美，是华氏宗族弘扬忠孝节义及科第成就的纪念性建筑。祠堂院内有八角形石砌鼋池，池壁装饰有石螭首，吐纳二泉之水，故又名双龙池。这一时期的祠堂还包括两座功勋祠——东岳报功祠（即东岳庙）祭祀的是商周时期兴周灭纣的功臣黄飞虎；该庙右侧为张中丞祠，祭祀的是唐至德年间为抗击安禄山叛乱靖忠殉难的御史张巡和睢阳太守许远。

祀东晋华宝的华孝子祠

按周代《礼记》规定，只有帝王、诸侯、大夫才允许设宗庙家祠，直至明朝才允许民间"联宗"立祠，因此，明以前祠堂多为"公祠"，从明代开始，民间宗祠大量出现，惠山开始形成祠堂群落。寄畅园原为明代兵部尚书秦金衣锦还乡后所修建的别墅，他去世后，别墅曾由子孙各房分占，后秦氏族人达成共识，将别墅改立为家祠。该园依山傍水，水榭楼台，环境清雅，景物宜人，是惠山脚下最美的园林祠。寄畅园周边密布着数十座祠堂，如陆羽祠、尤袤祠、顾宪成祠、邵文庄公祠等。秦氏、邵氏等族祠内，还设有私塾书院，用以教养子弟，发挥祠堂的教化功能。邵文庄公祠的祀主邵宝，官至明朝礼部尚书，是二泉书院的缔造者，更是为民谋福的好官，任内兴水利、立社仓、除盗贼，清正廉明，曾拒绝重金贿赂，而赢得"千金不受先生"的美誉。二泉书院建于1516年，当时范围很大，有海天亭、超然堂、点易台等十五景，邵宝在此讲学十一年，教导学生"道德至上，功名次之"，他病逝后，后人将"二泉书院"改为祭祀他的祠堂。

明清时期，无锡工商经济最早萌芽，至清代已是闻名全国的米市、布码头，因为当时生意最兴隆的北塘大街、三里桥紧邻京杭运河的惠山，许多徽商来到惠山寺前的秦园街、香塍街、绣嶂街搭铺做生意，受到惠山好风水的吸引，不少人选择在此定居，因此沿惠山浜，上、下河塘一带聚集了许多徽商建造的祠堂，最多时达到70余座，其中最著名的就是朱熹祠，被誉为"溪山第一楼"。

20世纪前叶，经过数十年发展，无锡已跻身中国工商强市之列，形成杨、荣、薛、周、唐程、唐蔡等六大资本集团，这些颇有实力的工商望族，为方便聚集四方商贾，便在惠山增建行业会馆，后来便成了主人的祠堂，被称为行业祠、会馆祠，其中尤以杨藕芳祠最具代表性，这是惠山祠堂群中唯一的西式建筑，原为杨氏企业的聚会之所，杨藕芳1907年（69岁）去世后，这里被家人作为祭祀他的祠堂之用。杨藕芳曾为李鸿章最信赖的幕僚，曾赞其"杨三捷才，非他人及可"，也是台湾巡抚刘铭传的得力助手，在洋务运动开拓实业中做出了重要贡献。

惠山古镇下河塘的杨藕芳（宗瀚阅）

坐落于惠山二泉书院南侧的顾端文公祠，祀主为明代东林学派的领袖人物顾宪成。明正德年间，邵宝建"二泉书院"时，顾宪成曾为其作记赞。出于对先贤邵宝的敬重和对惠山、二泉、书院的钟情，顾先成去世后翌年，家人便择二泉书院之侧为其建祠。因顾宪成为人清廉，品行端正，文名卓著，崇祯初获谥号"端文"，祠堂亦名"顾端文公祠"，祠堂正厅廊柱上的楹联就是顾宪成留下的那对名联——"风声雨声读书声声声入耳，家事国事天下事事事关心"。另一位东林领袖高攀龙的祠堂高忠宪公祠，则坐落在惠山古镇下河塘8号。高攀龙厌恶官场黑暗，因亲丧归家，在蠡湖畔构"水居"，名"可楼"，埋头古籍，著书立说，后遭魏党排除异己，大肆搜捕镇压东林党人，高攀龙自知不免，投池死节。其后，家人将祠堂建在顾宪成祠堂的附近，意在生死相依。

范文正公祠祀主范仲淹，不仅是北宋卓越的政治家、军事家，也是优秀的文学家。其为官的三十余年中，始终秉公执政，一心为民，《岳阳楼记》中"先天下之忧而忧，后天下之乐而乐"的千古佳句，既是他高远博大情怀的写照，也成为历代为官者仰慕的高标。

五中丞祠所祭祀的海瑞，是明代著名清官，史称"直言天下第一事疏"。为官以刚直不阿、铁面无私著称，百姓称其为"海青天"。

陆忠宣公祠祀主陆贽，自称"上不负天子，下不负吾所学"，是唐后期著名贤相，忠心尽职，深知"贿道一开，是以涓流不绝，溪壑成灾"，而大胆当面拒绝皇上恩准收纳礼物的谕旨。

司马温公祠祭祀的是北宋著名史学家、政治家、《资治通鉴》的编撰者司马光，他从政四十多年，官至宰相，却毫不奢靡，清廉简朴，甚至用不起仆人，而"典地葬妻"的故事更在民间广为流传。

于忠肃公祠的祀主于谦，是明代著名清官，曾任陕西巡抚、监察御史。十六岁就写下"粉身碎骨浑不怕，要留清白在人间"的人生格言，在明王朝的危急关头他临危受命，成功指挥了京城保卫战。于谦最著名的诗句是"两袖清风朝天去，免得闾阎话短长！""两袖清风"的成语由此而来。

有着"关西孔子"美誉的杨震，被许多无锡杨氏奉为先祖，他历任太守、司徒、太尉等职，乐于清贫，甘于清苦，清白传家。一次，受到杨震举荐的县令王密，深夜携黄金十斤登门，以谢举荐之恩，却遭到拒绝，当王密表示夜黑无人知道此事，杨震严词答曰："你之所为，天知、神知、你知、我知，何言无人知道呢？"羞愧得王密只得携金而退。后人遂将祠堂命名为"四知堂"。

这些历朝历代的廉官，为官清正，乐于清贫，一身正气，以"先天下之忧而忧，后天下之乐而乐"的高远境界，承载着江山社稷的重托，肩负着黎民百姓的希望，成为中国历代清官廉吏的典型，更是中华廉政文化的杰出代表。

惠山古镇祠堂群，承载着礼义廉耻、忠孝仁德的中华传统文化精华，也是民俗文化的演绎场。每逢清明或冬至等传统祭祖日，惠山的祠堂内总是烛光照耀、香烟缭绕，一派肃穆，人们在这里祭祖宗，忆先贤，读家训，敦人伦。除了家族祭祀活动外，惠山古镇还有一年一度的"八谢"盛会，据说，十座神祠中供奉的神灵以东岳庙的黄飞虎神职最高，因为农历三月廿八是黄飞虎的寿诞日，因此每年此日，由毗邻的张中丞庙专使迎送诸神，其余八庙的神像则要前来拜谒朝贺。人们身着彩衣，抬着神像，仪仗队伍一路行来一路表演，吸引了众多百姓前来观会。

这些被供奉和祭祀的"人神"中，有的"法施于民"，有的"以死勤事"，有的"以劳安国"，有的"能捍大患"，皆为忠臣良将、清官廉吏、名士英雄。如吴地开创者"让王爷"泰伯，"清白传家"的汉太尉杨震，在"安史之乱"中殉国的唐御史张巡和睢阳太守许远，宋代"以天下为己任"的范仲淹，《爱莲说》作者、清官周敦颐，出将入相的"南渡第一名臣"李纲，理学集大成者朱熹，嫉恶如仇的"青天"海瑞，明代"留得清白在人间"的于谦，抗击"阉党专政"的高攀龙，"天下第一清官"叶茂才，抗倭英雄王其勤，毁家筑城的薛氏三义士，开发漠河、实心任事的李金镛，以及近代捐资造桥的徽商吴子敬等。这些大大小小、比肩而立的祠堂，既是百姓对他们的无言褒奖，也是祀主最好的历史丰碑。

祭祀"南渡第一名臣"李纲的李忠定公祠

2006 年 6 月，惠山古镇祠堂群被列为全国重点文物保护单位。惠山祠堂中的华孝子祠、至德祠、尤文简公祠、钱武肃王祠、淮湘昭忠祠、留耕草堂、顾洞阳祠、王武愍公祠、陆宣公祠、杨藕芳祠等 10 座祠堂为全国文物重点保护祠堂建筑。尘封隐迹半个多世纪的"拜石山房记""东壁碑""西壁碑""浴日泉"等一大批等珍贵石刻文物、古迹也在祠堂群的修复中得到了保护。除重点祠堂外，惠山古镇还对 57 座祠堂进行了修复和恢复，同时还恢复了牌坊 16 座，牌楼 1 座，增建了绣嶂阁和康熙皇帝钦题的"山色溪光"的景观墙。

今天的惠山老街街口，竖立着的那块清咸丰六年所立的石碑，正面所镌

"五里香塍"字迹乃晚清窦承焯墨宝，背面篆书"九峰翠嶂"则是邵宝八世族孙邵涵初所书。"五里香塍"，原为无锡西门至惠山的一条道路名，1976年，京杭运河无锡段改道，五里香塍被湮废，只余石碑在此。通往惠山的惠山直街是一段香樟树浓密的林荫道，道路两旁保持着江南民居特色的老屋，早年这里曾经林立着五六十家惠山泥人店。

经过数年整修，惠山古镇在还原古朴旧貌的基础上，还增加了西神广场、关刀河、牌坊群、锡山余脉延伸等旅游景观，以更好满足今天游客的观赏需求。广场正中，建有大型标志性建筑照壁一座。西神广场上矗立着一座巨大照壁，正面镶有集自朱熹墨宝的"惠山古镇"四个大字，每字1.6米见方，字体刚毅稳健，雄浑古雅，照壁反面，是一幅出自《惠山古今考》卷首的"九龙山胜迹图"，此图画于明万历年间，以线描手法将惠山及古镇山色景物表现得淋漓尽致。

关刀河畔，清代建筑和碑廊也得到恢复，"诗冢"和碑刻再现了顾光旭写诗、爱诗、迷诗的佳话。在关刀河南侧，一片土坡使锡山余脉一直延伸至锡山大桥下的古华山路边，坡上林木修竹绿意盎然，古镇鳞次栉比的建筑景观和锡山顶上的龙光塔，在交相辉映中显得更加韵味悠长。

古镇原本的那种"街长巷深"的味道得到呈现，修复后的惠山直街路宽6米，两侧排列着近30座祠堂，浦长源祠、倪云林祠、陆贽祠、范仲淹祠、袁植祠、王其勤祠等多座祠堂内的石砌方池或池沼得到修复，祠堂内也洋溢着浓郁的江南味道。范仲淹祠内还恢复了长廊、小桥、半亭等建筑，体现出江南园林祠独有的韵味。王其勤祠内的古泉"王公泉"经过疏浚，泉水丰满，水质清澈，古意盎然。经过修复的王文正公祠、浦节孝祠、司马温公祠、陈文范公祠等，地处锡山山麓，建筑错落别致，尤其是观音兜、马头墙、风火墙屋脊和形制各异的屋脊雕饰，在锡山茂林修竹的映衬下，如同一幅水墨长卷，韵味无穷，叹为观止。

第二节　人文浸润的荡口古镇

位于无锡东部的荡口古镇，是一个浸润着人文波光、让人流连忘返的地方。对许多人而言，荡口更像是一个氤氲着谜云的传说。传说中，明代"姑苏四才子"之一的唐伯虎，在虎丘烧香时偶然邂逅了华太师家的丫鬟秋香，被秋香的嫣然三笑迷失了魂魄，竟然一路相随，并潜入华太师府邸，委身华府为奴。在历经种种磨难波折之后，唐伯虎终于如愿以偿抱得美人归。传说中的那位"华太师"就是荡口人氏华察，时任嘉靖年间翰林院的太史公。华察晚年从京城辞官归隐田园，最终又定居到先祖所居之处的隆亭（今无锡东亭）。

位于锡东的人文古镇——荡口

传说毕竟只是传说。事实上，华太师在朝为官时，唐伯虎已年逾花甲，怎可能迷恋一个华府的丫鬟？曾有较真的学者遍查典籍，求证出秋香乃是明成化年间南京的一位妓女，年长唐伯虎20多岁。不管怎样，"唐伯虎点秋香"的故事纯属编造。

不过，当年吴门大才子唐伯虎的确是常来荡口的，常来的还有他的朋友祝枝山、文徵明等。明代，艺术繁荣，品茗饮酒、吟诗作画是少不了的文人雅集。

华氏乃书香世家，早年华幼武就能诗擅画，与倪云林、郑元祐等时相往来，后来华氏又出了一位大名鼎鼎的收藏家、品鉴家——华夏。华夏亦文亦商，经营着一间远近闻名的画廊，名"真赏斋"。他与文人雅士交往甚厚，懂书画，擅鉴赏，经营字画古董，而唐伯虎、祝枝山、文徵明这些靠字画为生的书画才子，怎能少了这层关系？荡口水网密布，交通便利，河为路、船当车，才子们乘着扁舟，羽扇纶巾，指点江山，一路赏景，一路吟诵，想来旅途绝非枯涩。文徵明所作的《真赏斋图》，正是发自内心的艺术创作。他在80岁和88岁时分别画了两个版本的真赏斋图，现作为珍宝级藏品分别藏于故宫博物院和上海博物院。遗憾的是，清咸丰间，"真赏斋"毁于太平天国的战乱之中。

文徵明绘制的《真赏斋图》

荡口位于无锡、苏州、常熟的交界处，距离苏锡市区都有20多公里，是十分典型的江南水乡，鹅湖沟通着四方水系，远古时期这里是一片泽国，四围遍布着数十个湖荡。荡口紧靠着沟通太湖与长江的望虞河，与阳澄湖水域近在咫尺，依偎最紧的自然是鹅湖和蠡湖。鹅湖也称"鹅肫荡"，因其水域形状很像一只鹅肫而得名。蠡湖又称漕湖，在史籍中最早见于吴王阖闾和夫差时期，是吴国人训练水军和囤积粮草之地，据说是根据越国大夫范蠡的设计开挖而成。泰伯早年率众开挖的伯渎河一路向东，在流经漕湖后最终就也汇入鹅湖。荡口，就处在这些水系与鹅湖的交汇之处。在以水运为主的古代，湖河交汇之地交通最为便利，很容易聚集成市，荡口由此而热闹繁盛起来。至明末清初，荡口已经拥有了4000多家住户，俨然一个繁华大镇。

荡口古镇繁盛于明代，但历史却可以追溯至汉代。历史上，荡口曾被称为"丁舍"或"丁村"，据说得名于孝子丁兰。丁兰是东汉宣帝时期人物，因为孝行而被推举为官，由汉宣帝拜为中大夫。不过，全国有几十处地方声称是丁兰故乡，荡口只是其中之一。

明代之前的荡口似乎默默无闻，直至明洪武年间，原籍东亭的华氏族人迁徙荡口，由此开启了荡口迅速崛起的历程。华氏先祖可以追溯到商朝王室后裔，而无锡华氏先祖则可追溯到东晋时期的华宝。华宝是东晋著名孝子，惠山脚下的华孝子祠追祀的就是这位孝子。南宋时，华氏的聚居地主要集中在无锡东亭一带。元朝末年，烽烟四起，战乱频仍，东亭华氏的一支华幼武率领全家避难姑苏。当时，苏州城已被张士诚义军控制，经过连年战争、十月攻城，朱元璋的军队最终剿灭了张士诚的割据政权，创立了大明皇朝。

战乱初停，华幼武便做出决定，要儿子华贞固向官府申请回迁家乡无锡。其时，朱元璋为报复苏州人帮助张士诚顽强抵抗，将大批苏州人迁往苏北和淮南等地，且严令其终生不得返迁。华幼武及时回迁无疑是英明之举，不仅使全家得以规避了朝廷的强制迁徙，使一个家族与荡口因缘相逢，更拉开了华氏家族兴盛的历史序幕。更英明的是，华幼武没有让全家迁回此时已难以立身的故乡——东亭，而是移居到了相对荒蛮的荡口。东亭离无锡城较近，人多地少，发展空间狭小；而荡口却有大片未经开垦的湖滩湿地，地广人稀，有很大的开垦空间。在古代，每逢改朝换代朝廷都会重新分配土地资源，减轻税赋劳役，鼓励百姓垦荒。朱元璋在政权初立时同样推出了这些举措。华幼武抓住了这个机遇，华氏家族在荡口获得了大片湖滩湿地的开垦权，这成为华氏后来发家致富和荡口快速崛起的关键。

华氏迁居荡口时，华幼武已经年老，当家人是他的儿子华贞固。华贞固亲力亲为，率领全家，围湖造田，垦荒不辍，历经数十年辛勤开垦，到其晚年时，华氏家族已经拥有近千亩良田，为家族后世的兴旺打下了坚实的经济基础。华贞固作为华氏在荡口奠基创业的第一人而居功至伟。荡口的兴盛，也正是从这一时期发端。明初荡口崛起，到明末清初时，荡口已是无锡地区最为繁荣的乡镇之一。

荡口流淌千年的北仓河，闪烁着灵动的人文波光，自古以来，荡口英才荟萃、俊彦辈出，从收藏家、书画家、数学家、科学家、音乐家、实业家，到清官廉吏，且大部分出自庞大的华氏家族：华夏、华察、华允诚、华燧、华坚、华秋苹、华蘅芳、华世芳、华鸿模、华绎之、华璂、华君武，等等。其他姓氏的荡口名人也灿若星辰，如才思不凡、博通群籍、以文章名世的王会汾，著名历史学家、文化大师钱穆，当代力学泰斗钱伟长，"第二国歌"《歌唱祖国》的作者王莘等。

北仓河的水，清澄，通达，流畅。从荡口走出的名人也都灵动而充满智慧。钱穆只有中学学历，却成为公认的一代国学大师，纯属自学成才。凭着深厚的学识，青年时期就稳稳地站在了燕京大学、北京大学的讲台上，后来又成为多所名校的教授，在历史研究中表现出巨大的创意和才华，很多观点颠覆了人云亦云的传统观点。他的侄儿钱伟长，在物理学、力学方面的建树人所共知，被誉为新中国的"力学之父"，即便是在遭受迫害的人生低谷时期，身为工人的他还为工厂发明了大型油压机，创新了炉前操作工艺。

荡口古镇北仓河畔的华氏义庄

荡口是中国铜活字印刷的发祥地，明代的华燧、华坚叔侄是活字印刷术的创新者，他们将毕昇发明的活字印刷术发展成熟，进而真正得以应用于印刷之中。当时的泥活字和木活字虽然已经开始用于印刷，但都十分容易损坏，印刷质量不佳，直至华燧的会通馆发明了铜铸字模，中国印刷术才真正跃上了一个新的台阶。这一技术距 20 世纪 90 年代才被淘汰的铅字印刷技术已非常接近，是令国人骄傲的一大创造。今天，荡口古镇的东段的会通馆已经得以修复，人们在那里可以形象地了解中国印刷术的发展演进历程。

华秋苹的职业是医生，但他在金石、诗词、书法等方面的技艺都有擅长，花鸟人物画为人称道，在音乐上更是颇有建树。他收集整理了江南流行的民歌小调俚曲，编辑刊印了我国第一部琵琶曲集《华氏谱》，在书中还第一次拟定了琵琶指法，对琵琶的定弦、把位、指法等加以规范化，对琵琶技艺的成熟做出了极大贡献。

华蘅芳、华世芳兄弟是中国近代著名的数学家、教育家、科普学者，也是江南制造局翻译馆的早期创始人之一，他们翻译了许多数学著作，开启了新算学的先河，并亲自打造了中国第一艘以蒸汽机为动力的"黄鹄号"火轮和第一艘国产兵舰，对引进西方先进科学技术有着不可低估的贡献。

华蘅芳之女、刺绣名家华璂，深得父亲创新精神滋养，在接受传统乱针绣技艺的同时，还汲取国画和西洋画双重营养，大胆革新绣法，极大地提高了传统技艺的表现力。华璂的绣作多次荣获国际、国内比赛金奖。她还自编了《刺绣术》（1938 年商务印书馆出版），是我国第一本普及刺绣教育的教科书，书中详细讲解了自创的新法刺绣，特别是强调了如何通过针法让刺绣对自然美进行真实再现。

位于古镇中段的华氏故居和华氏义庄，是古镇最具历史感、最值得驻足的地方。前者是修复的华氏老宅，华翼纶及其兄弟华蘅芳、华世芳都曾生活在此；后者是华氏家族的慈善机构，真实展示了华氏家族"义善天下""孝义传家"的优秀传统，华贞固在《虑得集》中，将"忠厚传家，力行德义"，"财不足为后世计，德则可致后世绵远也"，写入家训，后世均以此为信条，兴办义庄义学，赡济族人，普惠邻里，发家致富而不独享，奉孝老人，帮扶弱者，成为荡口华氏的一贯家风。荡口历史上有十大义庄，华氏义庄是江南一带最大的义庄之一。据 20 世纪 40 年代的统计，无锡义庄数量为全省之最，而荡口义庄数量则是无锡之最。

让荡口闪烁着粼粼波光的，除了北仓河，还有鹅湖。鹅湖，是荡口的母亲湖，水域面积约 8000 亩。鹅湖地处僻静一隅，保留了近乎原始的形态，没有花团锦簇，没有人工雕琢，平日里只有几只小船静静地飘浮于水上。与观赏型的湖不同，鹅湖是一个硕大的鱼塘，里面放养着远近闻名的甘露青鱼。这里的青鱼要养六七年，长到十多斤，人们才会下网捕捞，是无锡人过年期间必备的年货。在古人笔下，鹅湖的风光美丽而充满了野趣。清代诗人杜汉阶有诗云："东南巨浸首鹅湖，绝妙烟波万叠图。云外青山遥映带，风光得似邑西无。"

华察辞官归乡后也常常光顾鹅湖，"载酒随轻波，演漾情未已。夕阳映前川，棹人微茫里。散发弄烟空，窃比鸥夷子（范蠡）。沙际冥色来，归棹还自理。何处沧浪歌，因之一洗耳。"一个曾经沧海、洞穿尘世的退隐官员，在夕照之下，泛舟湖上，借酒起兴，望着微茫的湖水，以悄然隐遁的范蠡自喻，借许由洗耳之典，表现自己拒绝尘俗的高远境界。

荡口的鹅湖，明清时期曾是许多文人墨客驻足之地，从北仓河下船，小舟晃晃悠悠穿越古镇后，再晃晃悠悠驶入鹅湖，观水景，品湖鲜，采菱角，赏野趣，当年吴门才子的诗情画意，为其平添了几分浪漫情思。明代才子唐伯虎在这里留下了"柳含雾气濛濛重，月荡湖光慌慌明。翠幄坐船红拂妓，鹅肫荡口欲三更"（《赠荡口华善卿（世正）》）的诗，描写的是他和友人在盈盈朗月之下泛舟鹅湖的情景，夜半三更时分，诗人游兴仍浓，更有歌妓助兴（"红拂"泛指妓女），其浪漫风情可见一斑。清代无锡人秦琦也有《梁溪棹歌》，"鹅湖美色水深深，系棹携壶取次斟。询是水乡风味好，银鱼如雪细如针。"描写的是泛舟鹅湖，品尝水乡船菜，难忘清酒银鱼的美味。当日鹅湖，一定是吴地才子佳人青睐的一个好去处。今天，无论春日踏青，还是秋日赏月，抑或是细雨绵绵的冷冬，荡口都是一个可以放飞心情、舒展心灵的地方。

华太史华察旧居残留的石柱

第三节　城南的珍珠巡塘古镇

　　巡塘古镇，是镶嵌在无锡城南部的一颗珍珠，和其他古镇相比精巧而美丽。在 2010 年前后的太湖新城开发建设中，这里被保护下来，并完成了精心的修复和美化，小桥流水，古村新貌，一幅"水近山远烟岚迴，杨柳萦岸在碧流"的景象，是都市人喜爱的又一处清幽静雅的休闲胜地。

　　巡塘镇的人居历史，可以追溯到春秋战国时期，当时这里较大的河道有梁塘、巡塘、元塘。"塘"在无锡方言中是指人工修整过的河道，是水利工程的一部分。据说，这三条塘河是 2500 多年前吴王夫差令伍子胥所开挖，以此作为抵御外来入侵者的屏障。当时这三条河的功能既是军事防御设施，也是水利民生工程，成为一方百姓生活的水源。公元前 473 年，越国灭吴之后，这三条不宽的塘河彻底失去了军事价值，在漫长的历史岁月中，沿河逐渐出现了村庄，择水而居的百姓生息于小河两岸。三条河上先后建起了桥梁，这些桥梁亦随河而命名。巡塘河上的桥就叫"巡塘桥"，此桥始建于何时今天已无从考证。根据可见的资料，宋元时期，巡塘河上就有了巡塘桥。元至正年间（1341—1368）由王仁辅编纂的《无锡县志》记载，当时无锡共有桥梁 270 座，其中便提及"巡塘桥跨巡塘"，由此可证，巡塘桥那时就已经存在。

修复后的巡塘古镇街景

横卧于巡塘河上的巡塘桥为清光绪年间（1888）所重建，现在为无锡市的文物保护单位。此为一座单孔石拱桥，南北跨向，以金山石材砌成，长 17.2 米，跨径 5 米，有桥耳 4 个，桥面用踏步石，引桥呈"八字"形，桥上的龙门石镌有如意水波纹。桥洞内壁上刻有两块碑石，碑文记载了重建巡塘桥的铭文和捐资者姓名。桥拱刻有"终古临流赋卧虹，至今题柱怀司马"的桥联。桥上两梁镌有"重建古巡塘桥"六字，至今已近 130 年。巡塘桥上下桥的石级十分平缓，台阶高度仅为六七厘米，老人孩子过桥毫不吃力，更便于挑担负重者行路。

巡塘老镇建于民国二年（1913），是无锡南部有名的乡镇，原隶属新安乡，与开化乡毗邻，南沿太湖，北通锡城，是新安、华庄通往开化乡的交通要冲，凭借着这一地理优势，巡塘镇一度成为这一区域的商业文化中心。巡塘镇三面环水，北端有巡塘河流过，河上有巡塘古桥，巡塘镇便因此而得名。

宋元丰八年（1085），无锡县下设 22 乡，南门以外运河以西有扬名、开化、新安三个乡，民间统称"南三乡"，巡塘镇隶属于新安乡管辖，属新安乡的嘉禾

巡塘河畔的古镇民居

里，直到 1958 年以后，才划归华庄乡管辖。当年，新安乡的行政局长钱凤书为了解决当地乡民购物问题，对这里进行重新进行规划建设，沿河修路，店铺鳞栉，百业兴旺，成为当时无锡南部货物交易、贸易集散的重镇之一，还是蚕茧的收购、加工中心。

巡塘镇三面环水，地貌如同半岛，巡塘桥、前贤渡桥、后贤渡桥、毛文桥、棠甘桥五座桥梁，如同珠串联缀起这座精巧的古镇。旧时，这里闹中取静，风光旖旎，生活安逸，小河古桥，街市繁华，民宅沿河而布，枕河而居，闲适自在，一派江南水乡的诗意景象。这里的街镇虽然不大，却古色古香，五脏俱全。烟酒杂货、布帛、米店、铁铺、茧行、猪市、饭馆、面店、百货、茶馆、老虎灶、裁缝铺、鱼肉菜摊、糖果店、邮政、药材、中西诊所及救熄会等，各类商家店铺、服务机构，多达 60 多家，经营业务一应俱全，这里还是蚕茧收购、加工中心。今天，在古镇的南街尽头还保留着民国时期的"巡塘镇救熄会"旧址。

2003 年 6 月 2 日，无锡市人民政府发文公布，巡塘桥被列入《无锡市（市区）第四批文物保护单位》名录。为了让老镇重新焕发活力，充分发挥其价值，巡塘古镇在修复时对其部分建筑进行了美化提升，突出了江南水乡韵味和园林意境，一些建筑在保留原有历史风貌的基础上，经过改造升级，成为一处韵味独具的新的休闲度假目的地。

05

第五编

人文渊薮 才俊荟萃

　　山水清润的"梁溪"古地，自古以来就是江南人文的渊薮之地。在唐代诗人李绅笔下，无锡的水岸村郭恬静而美丽："丹树村边独火微，碧流明处雁初飞。萧条落叶垂杨岸，隔水寥寥闻捣衣。"（《却望无锡芙蓉湖》）苏轼则写道："踏遍江南南岸山，逢山未免更留连。独携天上小团月，来试人间第二泉。"千百年来，这里不仅景物宜，且人文蒸郁，英彦云兴。

　　无锡的人文传统渊深悠久，是明媚秀丽的生态文明、精耕细作的农业文明和包孕吴越的太湖文化互动交融而产生的文化结晶，也是推动无锡社会发展的内在动力。作为一座历史厚重、文化昌明的古城，诸多优秀元素构筑了无锡的文化精神。一副"风声雨声读书声，声声入耳；家事国事天下事，事事关心"的天下第一名联（顾宪成），让东林精神名播遐迩；一首《悯农诗》（李绅），怀天下民生之疾苦，抒文人悲悯之情怀，让天下妇孺皆知、人皆能诵；一出《吟风阁杂剧》（杨潮观）借古讽今，以"百年事，千秋笔"，写出"儿女泪，英雄血，人生百态，苍茫世代"，让人叹惋泪下；一个"才兼文武"的南宋第一名臣李纲；留下了"出将入相"的英名；一段演绎于鸿山脚下梁鸿孟光"举案齐眉、相敬如宾"的夫妻佳话让无数人仰慕心仪；还有实心任事、鞠躬尽瘁、死而后已的漠河金矿开发者、中国官办实业的先驱李金镛，以及20世纪初涌现的以荣氏兄弟、杨氏兄弟、薛氏父子、唐氏兄弟、王氏兄弟等大批优秀的民族工商业先行者，以育人为本、开教育新风的杰出教育家群体，如胡雨人、杨模、高阳、唐文治、胡敦复等，以及大批学养深厚、名震天下的巨匠大师、文坛圣手钱穆、刘半农、钱钟书、顾毓琇……，无数从这里的大街小巷走出的才子俊彦，都令这座城市熠熠生辉。

自隋朝开创科举取士到清末废除科举，无锡共走出5名状元、3名榜眼、6名探花和3名传胪，并有530名进士，1200多名举人。"一榜九进士""六科三解元"的科考佳话，从一个侧面折射出当时无锡的人才盛况。无锡人文发展史上有两个历史阶段最为群星璀璨：一次是明清时期的人才蔚起，无锡文史研究称誉华夏，教育繁荣，思想学术、文化时评、艺术创作领域成果斐然，称誉华夏；第二次是在近代，西学东渐，无锡学者敏学通达，包容善纳，开风气之先，出现了一批享誉全国的思想界、文史界、经济界、科技界的大师级人物，以学校、族人、家庭为单位的人才群体尤其引人注目，一大批学者专家型人才的涌现造就了无锡人文史上新的辉煌。这些杰出人物思想深邃，才智超群，学养深厚，造诣过人，堪称无锡人杰的典型代表。尤其是伴随近代民族工商业的崛起，无锡教育快速振兴，大批无锡学子远赴海外，学成之后或归或留在许多科技领域都成就斐然，对国家乃至世界的科学事业起着举足轻重的作用。无锡的人才在二十世纪中国文化科技星空构成了一道瑰丽奇景，对经济文化社会发展产生了深远影响，也让无锡文化以崭新的姿态镌刻于中华文化的神圣殿堂。

第一章

唐宋时期人才初兴

一、远古时期的积淀孕育

历史地看，无锡的人才经历了一个从无到有、从少到众的漫长孕育发展过程。

从远古走出的经世才俊，一直可以追溯到春秋后期的吴国。勾吴古国的第十九世君王寿梦的第四子季札（前576—前484），贤德高尚，远见卓识，"后三让""季子挂剑"的佳话使之名声远播。季札被封于古延陵（今常州及江阴西部），号延陵季子，是当时杰出的政治家、外交家和文艺评论家，今江阴申港有延陵季子墓，孔子为其题写墓碑曰，"呜呼，有吴延陵季子之墓"。季札如其先祖泰伯一样，为避王位"弃其室而耕"，司马迁称季札"见微而知清浊"，是南方礼乐文化的代表。"季札挂剑"是汉代刘向《新序·杂事》所记录的故事。季札出使鲁晋等国，经过徐国，徐君爱其佩剑而不语，季札因出使任务未完，心许之而未予。待返归时，徐君已去世，于是季札挂其剑于徐君墓树："始吾心已许之，岂以死而背吾心哉！"徐人乃曰："延陵季子兮不忘故，脱千金之剑兮带丘墓。"季札挂剑，一诺千金，清代时，顾贞观信守诺言为救助因"丁酉科场案"蒙冤流放宁古塔的好友吴兆骞，写下两首情深意切的《金缕曲》，求助纳兰性德的帮助。词中"季子平安否？便归来，平生万事，那堪回首！""悲之深，慰之至"[①] 一时传播南北，成千古名篇。

先秦至汉魏时期，中国政治经济文化中心均在北方，无锡地处东南一隅，"地广人稀，火耕水耨"，至东汉中后期，江南逐渐出现一些大户，如顾氏、陆氏、朱氏、张氏等，被并称为"顾陆朱张"。这些巨族虽不乏后人定居无锡，但当时吴郡属内声名卓著者，且明确为无锡籍的知名人物只有东汉末的经学家高

---

① 季子，春秋时吴王寿梦之幼子季札，素有贤名。此处代指吴兆骞。

彪、高岱父子，宜兴许武、许晏、许普兄弟，以及蒋璜、蒋澄父子等屈指可数的寥寥数人。高彪（？—184）乃东汉道家，富文才而讷于言，所著赋、颂、文章受到灵帝称赞。他坚持道家"任自然"思想，将社会现实生活同人的自然本性相对立，主张任自然而逍遥："涤荡弃秽累，飘邈任自然"①，追求玄虚境界，主张"退修清以净，吾存玄中玄"②。一方面主张摒弃一切杂念思虑，不受尘世束缚，"澄心翦思虑，泰清不受尘"；另一方面又主张断绝利欲，养性、保神、延命与存真。其子高岱乃东汉末年名士，精通《左传》，长期隐居在余姚，其声望引起孙策注意，希望与之做一番探讨，但是遭人离间被孙策误解，最后遭致杀身之祸，年仅30岁。

魏晋南北朝时期，无锡人才始兴。随着西晋灭亡、晋室南渡，中原世家大族陆续迁入江左，南北文化得以交融互动，经济文化中心也逐渐南移，包括无锡文化在内的吴地文化得到了激发，推动了教育的繁荣和人才的蔚起。无锡地区出现了被尊为"画圣"的顾恺之，但其他领域却少有建树。

二、隋唐时期　人才初兴

隋唐时期，无锡人才开始崭露头角于文坛政坛，如著名诗人、宰相李绅，小说家蒋防等。

李绅（772—846），字公垂，乃唐开成年间的宰相，是无锡历史上第一位进士（元和元年，806），也是大唐的著名诗人，与诗人白居易、元稹一起倡导了著名的"新乐府运动"，作有《乐府新题》20首（已佚）。李绅写无锡的诗作多达120余首，《全唐诗》存其诗四卷。李绅年轻时曾在惠山寺读书，故称"惠山"为"家山"，他的著名诗作《悯农》"锄禾日当午，汗滴禾下土。谁知盘中餐，粒粒皆辛苦"影响巨大，脍炙人口，人皆能诵，亦表现出知识分子的悲悯情怀。李绅虽为文人，却颇有气节，为官时无论职位高低、任所远近，都以铁面严峻著称。元和元年（806）李绅进京考中进士，在国子监任助教，不久离京南下，被金陵节度使李锜聘入幕府。后来李锜谋反，李绅不肯附和，李锜拔剑架其颈上胁迫他就范，李绅却连眼睛都没眨一下，此事令他名播天下。他出任河南尹时，当地喜欢惹是生非的地痞无赖，听说李绅来了便望风逃遁，可见其执法威名。新乐府诗坛领袖白居易在《李绅家庙碑铭》中，记录了李绅每一调

---

① 《清诫》，载《艺文类聚》卷二三。
② 同上。

任都政绩卓著，离开时百姓每每依依不舍。李绅除了人皆能诵的《悯农》，还有许多悲悯天下的诗作，如"春种一粒粟，秋收万颗子。四海无闲田，农夫犹饿死"，针砭时弊，大胆直率。李绅与白居易、元稹乃诗友，共同倡导了新乐府诗，关注民生，咏叹疾苦，抨击流弊，通俗易懂，成一时风尚。李绅晚年在淮南节度使任上，下令处决了贪墨款项、强抢民女为妾的江都县县尉吴湘。此事后来因牛（僧儒）李（德裕）党争形势翻转，吴湘堂兄申诉获准，宣宗皇帝为吴湘案平反，朝廷追夺了李绅一应官衔和荣誉，此事直至唐朝覆灭，李绅案尚未有定论，因此，无锡惠山脚下祠堂多达118座却没有鼎鼎大名的李绅祠。

蒋防（792—835）字子微，出于宜兴蒋氏望族。唐宪宗元和年间（806—820）蒋防在长安与李绅相识，李久闻蒋防才名，以《鞲上鹰》为题命其吟诗，蒋防当即口占七绝一首，"几欲高飞天上去，何人为解绿丝绦"之句大受赞赏。后经李绅举荐，蒋防出任司封郎中，知制诰，又升翰林学士。长庆二年（822），蒋防在牛李党争中受牵连遭排斥，被调出京师，先后任汀州刺史、连州刺史，郁郁不得志，年仅44岁即辞世。其遗作12首被收入《全唐诗》，《玉卮无当》有"美玉常为器，兹焉变漏卮。酒浆悲莫挹，樽俎念空施……"折射出其怀才不遇之悲思。蒋防最著名的作品，乃描写长安名妓霍小玉与进士李益爱情传奇的《霍小玉传》①，霍小玉原为霍王之女，后沦为妓女，偶遇李益二人相爱，但后来李益变心易志，小玉死后冤魂化为厉鬼，使李益终身不得安宁。《霍小玉传》被誉为中唐传奇的压卷之作，明文学家胡应麟赞其为"唐人最精彩动人之传奇"。

唐大历十二年（777）时，无锡已是一座满4000户的望县。唐会昌四年（844）时，江阴也继之成为望县，城市规模的扩大为宋代无锡人才的渐盛奠定了人口基础。尽管李绅、蒋防文学成就十分出色，但是从魏晋到隋唐，无锡在人才数量与规模上仍明显逊色于毗邻的苏州与常州。

三、两宋时期 人才蔚起

宋代，是无锡人才逐渐走向兴盛的过渡期，隋炀帝时京杭大运河的修凿及后世对漕运的依赖，极大促进了南北经济文化的交融并汇，尤其是因为汴梁陷落、宋室南渡，使得苏杭一带成为全国经济文化的中心，同一区域内的无锡自

---

① 《霍小玉传》最早载于《异闻集》，后收入《太平广记》，元戏剧家汤显祖取其为素材，写成《紫钗记》，近人又著为《紫玉钗剧本》，流传于世。

然受惠良多。无锡作为大运河上的重要码头，社会经济文化得到迅速的发展。这一时期人才的崛起，一方面得益于北方士族大批南渡，另一方面得益于教育的发展。北宋嘉祐三年（1058），无锡县始设县学，北宋政和六年（1116），理学传人杨时在无锡创建东林书院，无锡出现了一批知名的学问家、教育家、诗词名家。

教育的发展带来了科举的鼎盛，据统计，两宋时期包括江阴宜兴在内的无锡地区进士及第者多达 300 多人。南宋嘉定十五年（1222），华兼善成为无锡历史上的第一位举人。整个唐代无锡只有李绅一人考中进士，而宋代考中进士的人数已达到 69 位（北宋 31 人，南宋 38 人），① 并且出现了历史上的第一位状元蒋重珍。在诸多人才中，喻樗、尤袤、李祥、蒋重珍等堪称出色教育家、藏书家、学问家，还有身正刚直、出将入相被誉为"南渡第一名臣"的李纲，以及在文坛名声斐然的蒋捷，都是从无锡走出的杰出才俊。无锡历史上的一批著姓望族也在这一时期逐渐形成，如无锡的尤氏、李氏，江阴的葛氏，宜兴的蒋氏、邵氏等家族，也都伴随着科举的成功而崛起于世。

被誉为"南渡第一名臣"的李纲（1083—1140），字伯纪，别号梁溪先生、梁溪居士，是北宋末、南宋初的抗金名将，钦宗时授兵部侍郎、尚书右丞，在历史上留下了"出将入相"的英名。李纲出生成长于无锡，大观二年（1108），李纲参加贡生考试，名列榜首，由此步入仕途。徽宗政和二年（1112）考中进士，出任镇江府学教授，三年后升为监察御史兼权殿中侍御史。不久，看似一

---

① 无锡两宋进士名录：钱颢（监察御史里行）、袁默（太学博士）、孙庭筠、凌浩（太学博士，出守渠阳）、陈敏（知天台州）、沈初（国子直讲）、沈裡、沈复（左中大夫）、费古、李夔（忠定公纲父）、袁点（知淮阳军）、王周、沈禓、尤辉（历官兵部尚书、观文殿大学士）、许德之（太常少卿）、王冈（左司郎中直秘阁）、袁植（宣和甲辰词学，岳州守）、孙近（宣和中举宏词）、洪迈、孙达、李谟（知镇江、临安，迁宝文阁，镇京口）、唐作求（徽州守）、施垌（礼部侍郎）、松年（金坛令，以文学擢太学博士）、李尚行（江南转运使）、费肃（秘书正字）、钱绅（知州）、袁正功（建炎戊申词学）、李端行（太学博士）、李纲（中书侍郎，谥忠定）、费介、喻樗（浙江提举常平）、陈之茂（吏部侍郎）、陈之渊（秘书修撰）、许衍之（特奏第一）、尤著（工部侍郎）、唐孚、许伸、费锴、吴嵿、尤袤（礼部尚书，谥文简）、陈篆（知州）、戴几先（礼部侍郎）、吴璃、许璹、陈长源、蒋芾（一甲第二，右仆射，同平章事）、戴达先（历知袁州）、吕克成（特奏第一，蕲州教授）、陈翥、李祥（国子祭酒，谥肃简）、尤概（太常博士，袤子）、沈有开（直龙图阁）、费垧（修职郎）、冯多福、尤焴（端明学士，提举秘书省）、蒋重珍（一甲第一，刑部侍郎，谥忠文）、费登、蒋应新、邵焕文、赵必鑛、尤栋（广德知州）、陈炤（常州通判）、邵梦接、邓恢、王应龙、孙桂发（元至元中本州教授）、蒋捷（不仕元，工词）。

路顺遂的李纲，却因得罪权贵被降职为员外郎。政和八年，李纲再度起用任太常少卿、国史编修。宣和元年（1119）开封闹水患，北方女真族乘机侵入宋地，李纲上书徽宗，恳求紧急整修军备以防外患，并采取措施拯救灾民。朝廷不仅未予采纳，反将其贬谪边远南剑州（今福建）沙县充任一名监税小官。李纲由此萌生退意，在无锡梁溪河畔建造庭院，准备归隐。宣和三年闰五月，李父病故，葬于惠山北侧湛岘山麓，李纲返乡守丧，在山坡手植了许多松柏，故湛岘山也称"大松坡"。其母故后也葬于此。

北宋时期，经济繁荣，经济总量位居世界之首，但军事力量却十分薄弱，北方金国经常入侵大宋版图，骚扰不断，但从宋徽宗开始的两代皇帝，在外交上一向怯懦乞和，这就注定了爱国主战的李纲的历史悲剧。宣和七年冬，金兵大举南侵，威逼汴梁（今开封）。时任太常少卿的李纲冒死上陈血书，建议徽宗传位太子赵桓，使赵桓能以皇帝名义号令军队，徽宗心中不悦，勉强同意。赵桓即位为钦宗，任命李纲为尚书右丞兼亲征行营使，委以防卫京都的重任。然而，钦宗赵桓同样软弱恐金，面对金兵压境多次打算弃都南逃，每每被李纲劝止。最后一次钦宗已备妥车马准备出逃时，李纲凛然对禁卫军高呼："你们是愿意坚守宗庙社稷，还是跟随皇帝逃跑？"众将士齐声回答："愿死守京都！"钦宗勉强留下，城池守住后却对李纲心存怨怼。靖康元年二月，金兵再犯开封，李纲登城督战，再败金兵，获得盛赞。但是，战后宋钦宗却接纳了主和派建议，准备与金国谈判，赔款求和。李纲因竭力反对议和而被免职。后来，因陈东等十余名太学生上书，京都数万军民集会要求李纲复职，宋钦宗才迫于民众压力复用李纲，封为开国伯，并赐无锡惠山寺作为李纲奉祀父母的功德院。但钦宗内心并不待见李纲，很快借故将他调出京城，任河北宣抚使。不久又以"专主战议，丧师费财"的罪名，将其再贬为亳州明道宫提举。秋天，金兵又大举南下紧逼汴梁，火烧眉毛之际，钦宗急诏李纲北上，但待其赶到京城早已沦陷。徽钦二宗，连同后妃、宫女、官僚、太监，均为金兵俘获。面对毁废的旧都，萧瑟的秋风里，李纲只能虎目含泪，悲愤长啸。

建炎元年（1127）五月，宋高宗赵构在应天府（今商丘）即位，下诏任用李纲为相。李纲上任后积极改革弊政，努力充实国库，整军备战，希冀收复汴梁。但此时高宗早已偏安江南，无意再战，二人想法相去甚远，77天后李纲即被免职。绍兴元年（1131）高宗再次起用李纲，先后任荆湖广南路宣抚使兼潭州（今长沙）知州、江西南路安抚制置大使兼隆兴（今南昌）知府等职。李纲一边招抚流亡，安定地方，发展生产，整饬军政，巩固江防，同时执着上书要求高宗反省得失，伺机北伐。李纲的耿耿忠心虽得高宗认可，但其主张却不为高宗所接受。绍兴九年李纲愤而辞职，于次年正月十五日病逝，终年仅57岁。死后朝廷下诏赠少师，葬于闽侯县荆溪大嘉山。绍兴二十八年（1158），再赠太师。淳熙十六年（1189）封陇西郡开国公，谥"忠定"。

李纲乃文武全才，诗文甚丰。他在词中写景抒情怀古，抒发理想与惆怅，无论文笔、用典、色彩、意象，还是情怀，都不输于盛名于史的文人妙词。如《江城子》："晓来江口转南风，静烟空，整云蓬。满眼高帆，隐映画图中。呕轧数声离岸舻，云暗淡，雪溟蒙。扁舟归去五湖东，狎樵童，侣渔翁。不管人间，荣辱与穷通。试作五噫歌汉室，从隐遁，作梁鸿。"反映了他历经纷纭跌宕，已然看淡世事风云，内心隐遁乡野的愿望。李纲还著有《易传内篇》10卷、《易传外篇》20卷、《论语详说》10卷，和《靖康传信录》《奏迎录》《建炎时政记》《建炎进退记》《建炎制诰表札集》等文章、诗歌、奏议百余卷。《宋史》评价李纲是"纲负天下之望，以一身用舍为社稷生民安危"。周恩来总理也高度评价说："李纲是我国历史上一位民族英雄，宋朝一位有魄力有才干的宰相。"

喻樗（？—1180），字子才，是南宋时期的知名文人与官员。其先祖乃南朝时自江西南昌迁锡，俞药仕梁，位至安州刺史，获梁武帝赐姓喻。喻樗为十六世孙。"少慕伊、洛之学，中建炎三年进士第"①，喻樗考取进士后，先后任玉山县尉、秘书省正字兼史官校勘、怀宁知县、衡州通判、大宗正丞、工部员外郎、蕲州知州、浙东提举常平等。在玉山县尉任上，他慧眼识才，精心培养当地才子汪应辰，后汪应辰果然18岁便考中状元，被其招为女婿。《宋史》载："初，樗善鉴识，宣和间，谓其友人沈晦试进士当第一。建炎初，又谓今岁进士张九成当第一，凌景夏次之。会风折大槐，樗以作二简遗之，后果然。赵鼎尝以樊光远免举事访樗，樗曰：今年省试不可无此人。于是光远亦第一。初，樗二女方择配，富人交请婚，不许。及见汪洋、张孝祥，乃曰：佳婿也。遂以妻之。"喻樗不仅善察识人，载许多政见上也见解独到，且性直敢言。宋史《喻樗传》称其"为人质直好议论"，他不仅经常与宰相赵鼎（元镇）讽议政事，甚至以教训口吻提出建议，要赵鼎"公之事上，当使（皇上）启沃多而施行少；启沃之际，当使（皇上）诚意多而语言少"，幸好赵鼎心胸豁达，不仅不怪，反引为上客。后来，"鼎都督川陕、荆襄，辟樗为属"，二人相处融洽。喻樗既能诚恳建言，也能大胆举贤，在战略方针问题上成为宰相的重要幕僚。后来，经

---

① 见《宋史 喻樗传》。

赵鼎推荐，喻樗授秘书省正字兼史馆校勘。秦桧当道时期，因政见不同，喻樗遭诽谤弹劾，秦桧死后，复被起用为大宗正丞，转工部员外郎，出知蕲州。孝宗即位后，喻樗为提举浙东常平，以治绩卓著而闻名于世。

说到南宋，尤袤（1127—1194）是绕不过的人物。他不仅官至礼部尚书，还是著名藏书家、学问家、诗人。尤袤出身于无锡书香门第，自由深受家学熏陶，5 岁能诗，10 岁被赞为神童，15 岁以辞赋闻名于毗陵。南宋绍兴十八年（1148）尤袤考中进士，原名次为状元及第，因得罪秦桧，改为三甲三十七名。入仕后先任泰兴县令，政绩卓然，革除苛捐，整修城郭，绍兴三十一年（1161）十月金兵大举南侵，扬州、真州（今仪征）等城皆沦陷，唯"泰兴以有城得全"。后奉调入京，任秘书丞兼国史院编修官和实录院检讨官，不久升任著作郎兼太子侍读。乾道九年（1172）尤袤调任台州（今浙江临海）知州，因勤于政事、忧国忧民，先后升任淮南东路（今淮扬一带）提举常平、江南东路（今南京、广德一带）提举常平、江南西路转运使兼隆兴（今江西南昌）知府。淳熙九年（1182）入朝，授吏部郎官、太子侍讲，后又提升为枢密检正兼左谕德。淳熙十四年（1187）被任命为太常少卿，对朝廷礼制和人才使用卓有见地，深受宋孝宗赞许，进官权礼部侍郎兼同修国吏侍讲，后又被任命兼权中书舍人和直学士院之职。宋光宗即位后，任用亲信，滥施爵赏，尤袤被外放婺州（今浙江金华）、太平州（今安徽当涂）知府。后又被召入朝任给事中兼待讲，他恳劝光宗"澄神寡欲""虚己任贤"，勿滥施爵赏，遭光宗斥责。此后尤袤意欲归田隐居，并以"遂初"自号，在惠山脚下建藏书楼遂初堂。又在梁溪河畔修造乐溪园，有万卷楼、畅阁、来朱亭、二友斋等，皆为藏书会友处。光宗拒绝尤袤辞请，并亲书"遂初"予以安抚，升尤袤为礼部尚书。尤袤从政之外，主要成就一是诗歌创作，二是藏书。尤袤、杨万里、范成大、陆游被并称为"南宋四大诗人"。其诗清新自然，流畅洒脱，寓情于景，忧国忧民，如《落梅》："梁溪西畔小桥东，落叶纷纷水映红。五夜客愁花片里，一年春事角声中。歌残《玉树》人何在？舞破《山香》曲未终。却忆孤山醉归路，马蹄香雪衬东风"，于景物描写中暗蕴对国事的忧虑；《青山寺》："峥嵘楼阁扞天开，门外湖山翠作堆，荡漾烟波迷泽国，空蒙云气认蓬莱。香销龙象辉金碧，雨过麒麟驳翠苔。二十九年三到此，一生知有几回来"，更被视为其诗歌代表作。可惜的是，尤袤的大量诗稿、著述，以及珍藏的三万多卷藏书，后来均毁于火灾之中。

蒋重珍（1188—1249），字良贵，是无锡历史上的第一位状元，无锡西南雪浪山顶的蒋子阁即为纪念蒋重珍所建。宋嘉定十六年（1223），蒋重珍殿试获进士第一（状元），即签判建康军，后改任昭庆军、奉国军签判。绍定二年（1229）奉召入京言事，次年京城火灾，蒋重珍上疏指斥宰相史弥远，建议理宗亲揽朝权，勿使朝臣"知有权势，不知有君父，如有他变，何所倚仗?""保全功臣之道，可厚以富贵，不可以权也。"理宗感其忠心，授其为宝章阁直学士。此后，蒋重珍又进《为君难》六篇，被授为秘书郎兼庄文府教授。

　　蒋重珍著文擅长说理，兼崇政殿说书时每起草奏章，必斋心盛服，理宗称其"为人平实"，但在边事问题上，蒋重珍的荐选将帅、力戒轻敌邀功的建议并未被采纳。因在宫廷不受重视，蒋重珍称病求退，以集英殿修撰身份任安吉知州，代理刑部侍郎。此后，又三次请辞均未获准，后以刑部侍郎身份带职致仕，病逝后宋理宗赠其为朝请大夫，谥"忠文"。

第二章

元明时期才俊荟萃

经过唐宋时期的开发积淀，至明清时，无锡的农业、手工业渐趋兴旺，商贸经济繁荣，对国家的经济贡献力也不断提升。与此同时，望族世家大批涌现，崇文重教，私塾普及，科举考试人数递增，这些都推动了教育的发展和人才的养成。至明代，顾宪成、高攀龙等在东林书院讲学，此后又有许多书院相继建立，有力促进了崇文尚教风气的形成，也推动了大批人才的崛起。无锡唐代以来走出的状元、榜眼、探花，以及进士、举人，多出自此一时期。"一榜九进士""六科三解元"的科考佳话，正是这一时期人才盛况的折光。

元代80余年，因为蒙古统治者轻视教育、歧视南人，主要选拔汉人才俊的科举考试很快被废止，受此影响，无锡只录取了陆以道、焦鼎两位进士。明初，朱元璋重启科考，无锡学子踊跃应试，进士人数猛增至228人，位居全国同类县第三①。明代万历七年（1589）是无锡科举史上的辉煌之年，无锡子弟叶茂才、周继昌、华士标、杨应文、陈幼学、高攀龙、何湛之、华国荣、堵维恒九人同榜录取为进士，创造了"一榜九进士"的科考史上的最佳纪录。从明隆庆四年（1570）至万历十三年（1585）期间，同属南直隶地区的安徽江苏两地轮流录取的6名"解元"中，三名江苏"解元"吴汝伦、顾宪成、周继昌均为无锡人，这在南直隶地区可谓绝无仅有。

从进士数量看，无锡的科举自唐代出了第一位进士李绅，到两宋时期上升至69人，有了明显增长；元代时因废科举而落入低谷，到经济文化快速发展的明清时期则达到了鼎盛，明代录取进士人数占无锡历代进士总数的43%。

科举的成功刺激了无锡子弟的科考热情，同时，明清时期文官制度的发达，

---

① 明代全国录取进士数的前十位县排名，依次为华亭（259人）、武进（249人）、无锡（228人）、吴县（226人）、长洲（202人）、常熟（185人）、仁和（181人）、昆山（178人）、钱塘（164人）、上海和吴江（并列第10，均为144人），无锡县位居全国第三。

从另一面促进了崇文重教、追求功名风气的兴盛。在这一良性机制的交织互动之下，包括无锡在内的江南成了中国封建社会后期的教育重镇和文官渊薮。因为战乱较少，经济相对繁荣，社会比较安定，所以无锡子弟能够享有较好的读书环境，而民间的兴学重教也为之提供了条件。尤其是许多大族世家所创设的义庄义学，许多贫寒子弟也得以接受教育。钱氏、华氏、秦氏等大族都明确规定，将族中义田收入的一部分作为贫寒子弟的教育费用。历史学家、国学大师钱穆年幼读书就受惠于七房桥钱氏的怀海义庄。

在明代走出的诸多名人中，无锡秦氏、顾氏可谓人才大族。

秦氏先祖可以追溯至北宋著名的文学家、龙图阁大学士秦观。秦观（1049—1100），字太虚，改字少游，后世尊称其为淮海公，无锡秦氏皆以其为先祖。南宋末年，秦惟桢从武进入赘于无锡富安乡胡埭王野舟家，成为无锡秦氏的始迁祖。秦惟桢的孙子秦彦和元末时从胡埭迁居城中六箭河北岸的玄文里，称"河上秦"；明成化年间，秦惟桢的七世孙秦金从胡埭张舍迁居城内西水关，称"西关秦"，是为无锡秦氏家族的两大支系。秦氏真正的崛起是在明代。天顺三年（1459），秦彦和的曾孙秦夔、秦孚同时中举，弘治六年（1493）秦金又连捷为进士，且官居高位。明隆庆五年（1571）秦燿再次进士及第。从此奠定了秦氏官宦书香文化世族的基础。明清两代，秦氏在科举史上可谓独领风骚，共走出进士34人，举人77人。在34名进士中，有13人点了翰林，任职翰林院。秦鉽、秦勇均和秦蕙田三人，列一甲第三名探花。

秦夔（1433—1495）字廷韶，乃无锡秦氏走出的第一位进士，开创了锡山秦氏科举世家的先河。秦夔入仕后历任南京兵部武库司主事、方司员外郎、武库司郎中。成化八年（1472）升湖广武昌府知府，封中宪大夫。后历任江西建昌府知府，福建右参政，江西右布政使。其政绩在《毗陵人品记》卷7（邑志宦望、郡志人物）和《江南通志》"宦绩"中俱有记载，其为官40年，仅有田产30亩，清廉可鉴。秦夔著有《五峰遗稿》24卷，收于《续修四库全书》中。《锡山秦氏诗钞》《锡山秦氏文钞》《梁溪诗钞》和《明诗别裁集》中收录其诗共有近百首，文10篇。

秦金（1467—1544），字国声，号凤山，乃秦观第十七代孙，无锡著名嘉园寄畅园（秦园）的首建者。秦金明弘治六年（1493）中进士，正德元年（1506）授户部四川司郎中，后改任户部福建司主事，其间督办京城太仓粮储颇有政绩，显示出超人的精明强干，得到嘉许，此后一路顺遂，不断擢升。后历任山东右布政使、山东左布政使、都察院右副御史、户部右侍郎、吏部左侍郎，嘉靖二年始历任南京礼部尚书、兵部尚书、户部尚书。嘉靖六年（1527）花甲之年的秦金告老还乡得到恩准，荣归故里。回乡后，秦金于惠山寺附近购得一块风水宝地，建造了一座私家园林，内建寓所，因其名号叫"凤山"，故园子称"凤谷行窝"，这就是寄畅园的前身。然而，秦金归休4年之后，再次被朝廷召回。嘉靖十一年（1532）他被任命为北京工部尚书，兼任殿试主考官，又一次进入国家权力中心。嘉靖十三年（1534）改任南京兵部尚书，受封太子太保，享受明代文官最高品级待遇。秦金去世后，谥号为"端敏"，其含义是端方睿智，代表朝廷对其为官品行的评价。据说，当朝皇帝闻听秦金死讯时，下令满朝文武哀悼一日，皇上本人也一天不临朝。秦氏三公为官，此公最为显赫，其为官经历被后人总结为"两京五部尚书，九转三朝太保"，因其在任时得到大量封赠，秦家也因此而大富大贵，极尽奢华。秦金的发迹为秦氏家族的崛起奠定了基础。此后，诗书传家，学而优则仕，代有才人出。

秦氏的另一位进士秦燿（1544—1604），字道明，号舜峰。明隆庆五年（1571）六月考中进士，被选为翰林院庶吉士，负责皇帝和朝廷文学方面的事务。三年后，调任都察院刑科给事中。明代的给事中，是朝廷内的谏官。任上，他批评吏部在举荐晋升官员上不够慎重，得罪了吏部尚书。内阁首辅张居正曾提醒他"持论切勿过于严峻"，但秦燿却认为执政必须谨严公正，坚持直言不讳，不断上疏提出批评。张居正虽嫌其性情过于耿直，但对其才干却颇为欣赏。万历十七年（1589），秦燿被任命为湖广巡抚，升右副都御史，人称"秦中丞"。秦燿到任时，正值湖广旱情严重，他亲赴各地巡察，上疏朝廷请求以当地税收赈灾，救济灾民。秦燿的请求得到朝廷恩准，湖广一带米价下跌，逃离灾区的灾民得以重返家园，秦燿因其拯救了数十万生命而得到后世的称颂。秦燿晚年退隐无锡，秦金所建的"凤谷行寓"归秦燿所有。在他手上，对秦园进行了修缮重建，改园名为"寄畅"，取王羲之"寄畅山水阴"之意，园内设二十景，秦燿为各景点赋诗一首，共二十首收归一集，序言曰："总名之曰寄畅，或登高舒啸，或临流赋诗。境内词人过者歌咏相属。"此后，除雍正时期寄畅园一度被罚没，该园始终在秦氏后代手里，顺治年间，秦德藻请造园高手张涟进行改筑，使寄畅园布局更为精美，艺术手法更为巧妙，临水叠石，引泉入园，古朴清幽，四季皆胜，成为江南最著名的佳园之一，康熙、乾隆前后十二次南巡，均到此驻足游赏。

明代后期，国势日危，封建王朝气数将尽，风云际会之中，东林书院文人汇聚，指点江山，激扬文字，清逸之声名播遐迩，无锡人才也在这一时期独领风骚，东林群贤开启了影响巨大的晚明士风。东林学派是影响明代万历时期社会文化的重要因素，一批讲学东林书院的士人，顾宪成、顾允成、高攀龙、安希范、刘元珍、钱一本、薛敷教、叶茂才等八位学人，被尊为"东林八君子"，加上陈筼塘，亦曰"东林九先生"。明万历后期，政治环境愈益恶化，皇帝懒政，宦官专权、阁臣私心，朝政腐败黑暗，以吏部及亲吏部外庭为代表、抱着清明政治理想的中下层官员，则对朝廷错误决策抗疏直谏，希望皇帝以家国为重，废止宦官专政，实现朝政公开透明，任官公正公平。长期蕴积于朝廷上下、内外的矛盾，在万历二十一年（1601）"癸巳大计"时集中爆发，围绕"京察"朝堂内外论争激烈，东林师友以一腔忠诚，清议时政，表现出公忠体国、奋不顾身的风概。然而，顾宪成（1550—1612，字叔时，号泾阳）、顾允成（1554—1607，字季时，号泾凡）、高攀龙（1562—1626，字存之，号景逸）、安希范（1564—1621，字小范，号我素）等无锡才俊却因此尽数遭到罢黜。

削官归里后的顾宪成、高攀龙、安希范等，修复了东林书院，于万历三十二年（1604）开始设坛讲学，并与相邻书院交流会讲，如毗陵（今常州）的经正会堂、金沙（今金山）的志矩堂等，在江南地区形成了一个文化传播网络。东林诸君子在"讲习之余，往往讽议朝政，裁量人物"，抨击时弊，形成了一个在野的政治性学术团体。顾宪成等东林学者，虽身居杏坛，但对朝政态度则是"即使天下有一分可为，亦不肯放手"，"天下有一分不可为，亦不可放手"。下野后，书院那副"风声雨声读书声，声声入耳；家事国事天下事，事事关心"的著名楹联，更表达了东林人一以贯之的务实入世态度，东林书院因此成为江南地区士大夫议论国事的主要舆论中心，朝中大臣也多遥相呼应者，遂受到阉党攻讦，将朝堂之上凡行正事、发正论者都视为"东林党人"，从而遭受残酷迫害。而在明末数十年时间里，东林书院的一堂师友，"冷风热血，洗涤乾坤"，其道德精神和学术思想之流风所及，不仅影响到了读书人的人格树立，"忠直之臣，三百年中吾邑固相继不乏也"。（黄印《锡金识小录》）东林学术思想还肇源了明末清初顾炎武、黄宗羲等的"经世致用"的学术思想，对后世影响深远。

若就文化的鼎盛与家族的声誉而言，无锡望族当推顾氏，被誉为"簪缨之家"，先后有26人考中进士，在无锡望族中位居第四。暨阳谢陵效丹氏撰《其行公传赞》云："梁溪望族，群推顾氏，自希冯公为陈黄门侍郎，以博学硕行，名重儒林。越十三传为锡蕃公以后，不坠家声者，大推其行公。"明清时期，无锡顾氏人才辈出，泾里长房出了状元顾皋；泾里三房成就了"五世科第"，指顾宪成、顾与沐、顾枢、顾贞观、顾开陆五代嫡亲皆科举有成，其中顾宪成、顾开陆为进士，其余为举人。还有顾可适、顾可学、顾可久等亦为顾氏同族进士。可学、可久乃亲兄弟，可适为堂兄弟，三人皆进士及第。

顾可适（1482—1539），字与行，号蓉峰，正德三年（1508）进士，任刑部郎中，负责审录冤狱，多所平反。官至广西布政使参议，后因病致仕返乡。顾可学（1482—1560），字舆成，号惠岩。明弘治十八年（1505）进士，官至浙江参议，后被弹劾落职。嘉靖时，以重贿严嵩官至右通政。嘉靖二十四年（1545）拜工部尚书，后任礼部尚书，加赠太子太保，复荣耀之至。据说，世宗为其延年养生之术所惑，采芝求药，中官四出，扰民为害，受人怨怼，死后虽获谥"荣禧"，但《明史》将其归入"佞幸"，邑人亦少有提及。

顾可久（1485—1561）字舆新，号前山，别号洞阳，乃顾可学之弟。正德九年（1514）中进士，授行人司行人。正德十四年（1419），因上书劝阻武宗"南巡"而遭廷杖，并被贬为国子监学正。世宗即位后，起用前朝谏臣，顾可久拜户部员外郎。嘉靖三年（1524），又因与众臣上疏抗言，并参加左顺门跪谏，再遭杖刑。因其为官耿直，敢于直谏，与同邑杨淮、黄正色、张选被誉为明代"锡谷四谏""嘉靖四忠"。世宗继位后，顾可久被升为户部郎中。嘉靖五年（1526）出任福建泉州知府。嘉靖十三年（1534）调任江西赣州知府，旋升广东按察副使，并兼管海南岛防务。任上，他遍访各地，了解民情，勘察地形，将辖区内关隘、险阻、冲要、海港、山川一并绘制成图，加以注说，编制成《琼州府山海图说》2卷。在琼州时还曾多次主持乡试，察识选拔人才，海瑞便是最著名的一位。顾可久回锡后，在西水关外修筑别业"清溪庄"（又名"绿萝庄"）。嘉靖三十三年（1554），与邑人张选、王问、华察等复举碧山吟社之会，赋诗论文，诗酒唱和。著有《洞阳诗集》20卷、《唐王右丞诗集注说》6卷及《李杜诗体略》等行世。嘉靖四十年（1561）病卒于家，终年76岁。隆庆三年（1569），四朝清官、时任应天巡抚的海瑞奏请朝廷并捐俸，于无锡惠山寺塘泾建造顾可久祠，次年落成。万历元年（1573），海瑞亲临无锡谒祠，并作《谒先师顾洞阳公祠》诗，并由其后裔、清代书法家顾光旭书写并刻成石碑。

明末顾宪成讲学东林，无锡成为天下理学重镇，其孙顾枢世承家学，且受业于高攀龙之门，精《易》《尚书》，善诗文。顾枢之子顾景文、顾贞观、顾廷文，女儿顾贞立皆以诗词擅名文坛。顾氏另一族顾宸家族，亦以经学、史学、词学著称，顾宸三世祖顾起纶，工于古文辞，曾与杨慎、皇甫访唱和，著有《类选诗苑秀句》《国雅》《续国雅》《国雅品》。顾起纶的兄长顾起经，一生著述颇丰，经史类有《诗解颐》《素臣翼》等，并对唐人诗集予以编注，如《元白精英》《大历才子诗选》《唐绝故》《历朝评王右丞诗抄画抄》《编注王司马百首宫词》。顾宸之父顾嘉舜，旁通博览，精研《尚书》，著有《尚书日笺》《尚书大旨》。顾宸于顺治七年与吴伟业、尤侗、徐乾学于嘉兴举十郡大社，工文辞，好著述，家富藏书，交游遍海内，有藏书楼，名辟疆园。其著述有《杜工部年谱》《宋文选》《辟疆园杜诗注解》等。顾宸之后，其家族以词学别树一帜，其中顾彩、顾奎光、顾翰皆堪称大家。

明代无锡，还走出了一位名留千古的伟大探险家、地理学家、文学家徐霞客。徐霞客（1586—1641），名弘祖，字振之，号霞客，可谓千古奇人，出生于江阴世族、富庶之家，历代书香盈门。霞客的父亲徐有勉一生不愿为官，也拒绝交往权贵，而独爱游山赏景、闲云野鹤的生活。霞客受父亲影响，自幼博览群书，尤爱地经图志，少年时便立下"大丈夫当朝碧海而暮苍梧"的大志。父亲去世后，霞客在母亲支持下开始远游，万历三十六年（1608）5月19日，22岁的他头戴母亲亲手缝制的远游冠，肩挑行囊，开始了历史性的探索之旅，这一天后来被定为"中国旅游日"。在30多年间，徐霞客先后四次长途跋涉，足迹遍及江、浙、晋、陕、冀、鲁、豫、皖、湘、赣、闽、粤、鄂、桂、黔、滇、京津沪等21个省、市、自治区，足迹遍及大半个中国。在数十年的地理考察中，他主要靠徒步跋涉，很少骑马乘船，所到之处多为荒野僻壤，或人迹罕至的边疆，曾几次遇到生命危险，出生入死，尝尽旅途艰辛。

徐霞客的游历，并非单纯出于个人爱好的寻奇访胜，更多是为探索自然奥秘、考察地形地貌，他在山脉、水道、地质状况等方面的调查远超前人成就，他还是世界上最早对石灰岩地貌进行科考的先驱，在湖南、广西、贵州和云南他考察了一百多个石灰岩洞，在没有任何仪器设备的情况下，所记录的情形与后人借助设备的实测结果基本一致。他还做了大量科学纠误，否定了被奉为经典的《禹贡》中关于"岷山导江"的谬误，辨明了左江、右江、大盈江、澜沧江等水道的源流，纠正了《大明一统志》中有关这些水道记载的错误。他认真考察河水流经地带的形貌，看到了水流对河岸的侵蚀，还注意到植物与环境的关系，对火山、温泉等也均有科学的把握。徐霞客不仅对地理学有重大贡献，文学造诣也很深，60余万字的《徐霞客游记》既是地理学的珍贵文献，又是笔法精湛的游记文学，行文质朴而绮丽，被赞为"世间真文字，大文字，奇文字"，《徐霞客游记》也被誉为中国旅游史及中国文化史上的一座里程碑。

荡口华氏乃无锡巨族，世代以耕读为业，为名闻遐迩的"江左甲族"。元明时期，为避战乱，迁锡祖华贞固率族人由苏州迁往鹅湖，于兵荒马乱中安居下来，艰苦奋斗，置屋拓土，历经多年，终于成为富甲一方的望族大户。明代以荡口华氏为代表的铜活字印书，在中国印刷史上具有重要地位。张秀民所著《中国活字印刷史》称："我国真正的铜活字印刷，仍不得不以明代华燧会通馆所制的为最早。"从印本质量、数量及种类看，明代铜活字印刷的中心最著名的是华燧的"会通馆"、华坚的"兰雪堂"和安国的"桂坡馆"。

华燧（1439—1513）字文辉，号会通，乃中国铜活字印书的开拓者。明弘治三年（1490）华燧用铜活字印《宋诸臣奏议》五十册，"锡山华氏会通馆本，即依宋本摆印"。（叶德辉在《书林清话》卷八）此为可以考知的"会通馆"最早印本，其余可考者约十五种。"会通版"印书，在明代铜字印本中数量最多，时间最早，可考知的铜活字排印书籍达千余卷，其中《宋诸臣奏议》《锦绣万花谷》《容斋五笔》等八种，出版均在弘治十三年（1500）之前，相当于欧洲15世纪的"摇篮本"，在印刷史上尤其珍贵。

华坚（字允刚，华燧的侄子）所主持的"兰雪堂"，也是铜活字印本高地。清叶德辉《书林清话》说："余所见锡山华氏活字本，又有《春秋繁露》《蔡中郎集》皆甚精。"华坚的儿子华镜也继承家族衣钵，成为兰雪堂后主。同时期的"尚古斋"斋主华珵（1438—1514，字汝德，号尚古）是华燧的堂叔父，天顺六年（1464）贡生，曾被选授光禄寺署丞，后辞官回家。华珵不仅精于鉴赏，喜收藏，他的"尚古斋"亦兼铜活字印书，《光绪金匮县志》载其"鉴古之名亚于长洲沈周"，"又多聚书，所制活板甚精密，每得秘书，不数日而印本出矣"。如《石田诗选》《百川学海》，以及陆游的《渭南文集》五十卷、《剑南诗稿》八卷等，今北京图书馆、南京图书馆中都保存有华珵尚古斋印刷的书籍。

印书藏书成为明代华氏家族的鲜明文化特点。同时代的华麟祥富甲一方，民间曾有民谣"安国、邹望、华麟祥，金银日夜用斗量"，华麟祥也辑刻过《事类赋注》等书籍，其子华云则辑刻过《韦刺史诗集》《泉斋简端录》等。荡口华氏的华察、华夏、华露、华善继、华淑、华允诚、华滋蕃等，也都辑刻有各类文集，反映出华氏家族特有家族爱好和文化传统。

嘉靖初年，安国继华氏之后成为无锡最重要的铜活字印书家。叶德辉《书林清话》卷八曰："明代活板之书，出于锡山安国家者，流传最广。"安国所印书，凡活字印本，均标明"锡山安氏馆"，木刻本则注"安桂坡馆"四字。所刻《正德东光县志》是我国现在所知的唯一用铜活字印刷的地方志书。由于安国的铜活字印本校雠精审，镌刻精美，用纸讲究，所以曾为清代藏书家所珍爱，视若宋版。

明嘉靖年间，刑部郎中华云（1488—1560）因厌恶严嵩专权，愤而辞官返乡，效法范仲淹，捐田千亩，在荡口创建了无锡的第一个义庄、义学。今位于荡口古镇的华氏老义庄，是华进思、华公弼父子于清乾隆年间创建的，几百年间得到族内慷慨之士不断捐集，历年余资购田扩充，至清末，华氏义田总数已超七千亩，为全县义庄之最，被誉为"江南第一义庄"。这些家族义庄，以"奉祭祀、赡孤贫、兴教育"为基本宗旨，尤重"兴学育才"。华氏《义庄章程》条款严谨详尽，明确规定了对族内外学子如何资助，并明令义庄收入的20%必须用于义学。得益于这样的门风，华氏才俊频出，在入仕禁令解除之后，先后走出了22名进士，被誉为江南"群族之首"。华氏家族的"父子进士"（华舜钦与华启直，华察与华叔阳）、"祖孙进士"（华启直、华允诚、华王澄），更被民间传为佳话。

荡口人华察（1497—1574，字子潜，号鸿山），乃明嘉靖五年（1526）进士，授翰林院编修，历任户部主事、兵部郎中、翰林院侍讲学士、南京翰林院掌院学士等。嘉靖十八年（1539）华察受命出使朝鲜宣谕，因其才思敏捷、文采出众，善于斡旋，深受朝鲜君臣赞赏，在朝鲜编撰的《皇华集》中，盛赞华察有"李谪仙（李白）生华梦笔，字字供香；孙公绰掷地鸣金，句句皆响"，该书不久在国内印行而震动当朝。华察返回京城后升任司经局洗马，执掌国家图籍。在《唐伯虎点秋香》的民间传说中，华察被讹为"华太师"，事实上全不相干。历史上，华察为人端正，曾因拒绝奸相严嵩的拉拢而受到诬告，但不愿同流合污而上疏辞任。华也是慧眼识才之人，在任应天府主持乡试时，发现过多位善才，如著名文人王世贞。嘉靖二十四年（1545）华察辞官还乡，在故乡建"嘉遁园"，以示归隐之意，园中设20处景点，皆一一赋诗寓意。后又造"乐榆园"，意喻"失之东隅，收之桑榆"。华察还将自家万亩良田，半数赠予佃户，当众撕契毁租，救济贫民；并捐义田800亩作为周济族人的役田，自己却能淡泊守志，"食不三豆，家无侍媵"，拒绝送礼，且有"五不欺"自奉："不欺天、不欺君、不欺亲、不欺友、不欺民"。华察奉行华氏"孝义天下"家风，一生行善积德，建造桥梁25座，便利乡民。嘉靖三十三年，倭寇来犯，华察协助知县王其勤修城抗倭，守护百姓安全。又支持官府丈田清粮，打击土豪劣绅，使百姓免受虚粮之苦。这些行为得罪了虎噬蚕食的不法之徒，华察被诬告私造龙亭、密谋造反，凭着机智华察化险为夷，留下一段"千日造隆亭，一夜改东亭"的故事。而主持清丈田亩的巡按孙慎、督粮翁大立、知县王其勤，或遭撤职或被调离，致使民怨沸腾。华察一怒之下，在荡口建造"三公生祠"，并撰写《首建三公祠记》，褒扬三公美德，张扬正义。晚年，华察迁居隆亭（今东亭），除参与碧山吟社的文人雅集，闭门读书，著有《岩居稿》《知退轩集》《翰苑集》《留院集》《碧山堂集》等。华察的三个儿子——伯贞、仲亨、叔阳，皆聪明而有文才。伯贞英年早逝，仲亨为武英殿中书舍人，叔阳考中进士，后为礼部主事，皆有著作传世，叔阳的《华礼部集》被收录于《四库存目》。

人才济济的华氏家族，在明代还出了一位著名的收藏家、鉴赏家华夏（1497—1571，字仲父），华氏谱牒称其"端靖喜学"，尤爱收藏图画、石刻、青铜祭器、碑碣、生绢等，对古籍图书亦情有独钟。华夏知识渊博，精于辨别与鉴赏，得之心而寓于目，被誉为"江东巨眼"。历经 40 余载精心经营，收藏了大批珍贵书画、金石和器物，尤以钟繇的《荐季直表》、王羲之的《袁生帖》和王方庆的《万岁通天帖》最为著名。华夏筑于荡口东沙的"真赏斋"，也是诗人名士吟咏赏鉴的雅集之所。吴中才子祝允明、文徵明等皆为华夏挚友，祝允明在华夏收藏的《武侯图》上书写了《前出师表》《后出师表》；文徵明于 81岁、88 岁时两次绘制《真赏斋图》，并撰有《真赏斋铭有序》，时人称《真赏斋》拓本"妙埒宣和停云快雪而下不敢望也"。华夏本人亦著有《东沙集》《汇帖举要》《江村消夏录》《楹书隅录》等。遗憾的是，清咸丰间，"真赏斋"被毁于太平军的战乱之中。

华氏家族的华允诚（1588—1648，字汝立），乃明天启二年（1622）进士，曾跟随高攀龙在首善书院讲学，天启四年，授都水司主事。后来高攀龙罢官，华允诚也告假回归故里。崇祯皇帝继位后，华允诚先任营缮主事，后升为员外郎，因守城有功曾获赏银加薪。后因温体仁、闵洪学乱政而大胆上疏，触怒崇祯，两次着令"回话"，但华允诚冒死再谏，字字恳切，句句在理，崇祯明知其一片忠心，却为了面子而对华允诚"罚俸半年"。华允诚深感明朝大势已去，在"进而谏死，退而养母"之间，选择辞官归乡。不久，明朝灭亡。清初，华允诚本已远离尘世，避居墓田，但不肯剃发，拒绝清廷高官利诱，与侄儿华尚濂同在南京雨花台被杀害，华允诚以其坚贞不屈的民族气节，与同乡马世奇、龚廷祥被誉为"锡山三忠"，载入《明史》。

无锡的侯氏、邹氏、倪氏在明代时也是当地有影响的士族，书香馥郁，贤才辈出。侯氏的侯先春（1545—1611）字元甫，号少芝，乃族中佼佼者。侯先春明万历八年（1580）35 岁时进士及第。他虽为文人，但理性务实，长于实际事务处置。万历十九年（1591），时任兵科给事中的侯先春奉命"阅视辽东"，时任辽东总兵的是战功赫赫、声威远播、且在位 22 年的名将李成梁（1562—

1618）。侯先春抵达辽东后，"夙夜驱驰"，穿梭于丛山峻岭、密莽丛林之中，摸查了整个辽东地区实际情况。一方面直接访求边地百姓和边关将吏，一方面翻检求证于诉讼案牍。深思熟虑之后，写下《安边二十四议疏》，详尽分析了辽东边境地区的军地隐患，并指出危机造成原因。如边地"权归武弁"，武将掌控军用物资、盐业税收，甚至操纵和占有全部商品市场和马匹交易，把整个辽东商贸利益全部收入己囊，每年侵吞国家财赋外，其势力地位已无异于前代之藩镇。又如辽东"官将勒索士卒"和百姓，不仅私役士卒长途贩运货物，还强迫士兵久居塞外伐木采矿，将有限的守边兵力和马力用于为将官谋财。李成梁又将盘剥的钱财用来贿赂朝中权贵，交结朝廷内臣。更为恶劣的是杀良"冒滥"行径，如袭杀边民200多人，以之冒充敌人首级，伪造捣袭敌巢假象而向朝廷邀功。侯先春的这份调查报告，成为触发李成梁被罢辽东总兵之职的导火索，文献所记"罢大帅之不职者"即指此。后来，侯先春因弹劾宦官高淮惹怒万历皇帝而被罢官。

位于惠山脚下的愚公谷，曾是无锡最大、最著名的园林盛景，现只存部分景观。其首建者名邹迪光（1550—1626，字彦吉，号愚谷），是明万历二年（1574）的进士。入仕后授工部主事、官湖广提学副使等。万历十七年被罢官，回归无锡后筑室惠山，名"愚公谷"，邹迪光常在此与文人士子雅集，优游唱酬，且自有昆曲家班，因其精通音律，故亲自指导班中优伶，园中经常雅韵萦绕。《陶庵梦忆》载"愚公先生交游遍天下，名公巨卿多就之，歌儿舞女、绮席华筵、诗文字画，无不虚往实归。名士清客至则留，留则款，款则钱，钱则赆。以故愚公之用钱如水，天下人至今称之不少衰。"史上对其褒贬相抵，称其"福德与罪孽正等"。邹迪光本人还工诗善画，山水尤著，一树一石，刻意求佳，秀逸出群，脱尽时格，力追宋元人，评者称其水平"在大小米（米芾、米友仁）、黄公望、倪云林之间"，但也有评家认为其作多有代笔，难辨真伪。有邹迪光、邹德基刻本《天倪斋诗（10卷）》《文府滑稽》（12卷）等存世。遗憾的是，愚公谷至三代时园林已归属他人，此后历尽沧桑。

明末，无锡还出了一位名闻遐迩的"棋圣"——过百龄（1587—1660）。过百龄，名文年，是明末棋坛造诣最深、声名最著的棋手。锡邑同乡秦松龄曾为其作《过百龄传》。过百龄天资慧颖，好学善读，酷爱围棋，11岁就精通围棋棋艺，与成年棋手对局常能取胜，故名震无锡。时任吏部右侍郎的叶向高，一次因公来锡，欲寻找棋艺相当的棋手对局。过百龄被推荐出来。叶向高见其还是个孩子，量其不是对手，不料交手后连败三局。十年后，叶向高升任宰相，邀过百龄进京。前辈国手林符卿没把这个十五六岁的孩子放在眼里，不料又连输三局。过百龄由此被推为一品棋士，在京城名声大振。四方棋手闻名纷纷前来挑战，但他每战必胜，故被誉为"一代棋宗"。《无锡县志》载："开关延敌，莫敢仰视。因是数十年，天下之弈者以无锡过百龄为宗。"过百龄棋艺高超，对局之余，潜心撰写围棋著作，有《官子谱》《三子谱》《四子谱》等棋书论述棋艺，对后世影响巨大，也受到日本棋界的追捧。过百龄在棋坛驰骋一生，对明末至清乾隆时期的围棋发展做出了重要贡献。其后人过旭初、过惕生兄弟也都是一代围棋名手。

说到明代，必须提及无锡经济的初兴。近现代以来无锡经济的繁兴有目共睹，发展速度之快远超他地，而近现代时期经济的快速崛起，与明代商品经济的萌芽有着直接关系。无锡从秦汉时期建县起，千余年间变化不大。但到了明代中后期，无锡工商经济开始繁荣，棉织业、缫丝业、砖瓦业、粮食加工、造船业、印刷业、酿酒业等百业兴旺，出现了华氏、安氏、邹氏等一批富商巨贾。明代文官王世贞在《国朝丛记》中，曾罗列了一张"嘉靖富豪"榜单，该榜单源出于权臣严嵩之子严世蕃，约在明世宗嘉靖三十九年（1560）前后，严世蕃在一次夜宴席间突然兴致大发，屈指评点天下富豪，列出了17位当时的"首等富豪"，除去十大朝中权贵、太监，还有七位是富商。七人中三位晋商、两位徽商，另外两位便是无锡商人邹望和安国。安国家产超过白银50万两，邹望财富更达百万两白银之巨，故地方文献常用"富儿敌国"来形容安国、邹望。安国（1481—1534），字民泰，号桂坡，据安璿《家乘拾遗》资料，安国从析产所得两千亩田起家，通过经商资产迅速膨胀，在短短20余年里成为锡山巨富；又"以末致富，以本守之"，其田产在鼎盛时期达两万余亩，资产总值"约六十倍于所授"。安国显然是一位经商奇才，在明代江南民间棉纺织业快速发展的背景下，以贩货、行商等手段迅速累积起庞大财富，在他身上折射出明代社会地主向商人转型的发展路径。同时，安国之子安如山科举及第，又完成了从地主、商人到进士门第的转型，也为安氏家族进一步赢得了社会地位，实现了"进陛朝列大夫"的家族理想，"一时羡为通显"。而对于一个进入"守成"阶段的家族而言，"东林八子"之一的安希范又成为家族精神的总结和奠立者，对家族文化的成型与传承具有至关重要的意义。安国、安如山、安希范祖孙三代的努力，典型地反映了明清时期新兴的江南大族在壮大过程中逐步实现农商士融合的发展印记和历程。与安国同时代的望族巨富还有邹望、华麟祥等。

第三章

俊彦辈出 群星闪烁

经过明代的经济文化发展，清代无锡仍可谓人才荟萃，群星闪烁。在大清朝的三百多年中，无锡一共诞生了 231 位进士①，与人才济济的明代各领风骚。这 230 多位进士中，得以入职国家最高人文机构翰林院的有 42 人，略高于前朝。如获得殿试一甲第一的状元邹忠倚、王云锦任国史院修撰；张允钦、稽承谦任翰林院侍读；榜眼华亦祥出任宏文院侍读；探花周宏、进士诸豫、顾仔、

---

① 2007 年中华书局出版的《清朝进士题名录》中的清朝无锡籍进士名录：郑应皋、陆朝瑛、刘德炎、堵廷棻、蔡琼枝、刘果远、许襄、刘惠恒、张埠、顾镛、鲍凤仞、李瑛、诸豫、诸保宥、范龙、沈在湄、薛信辰、朱瑛、顾煜、侯杲、费国瑄、张迎禝、邹忠倚、贾曾、吴泫、张迎禝、孙仁溶、唐德亮、张允钦、张辅、杨兆鲁、秦镰、秦鈇、秦松龄、朱谟、施佩鸣、黄鼎、陈常、过松龄、稽永福、秦镰、屠尚、顾岱、陈禋祉、侯曦、王松、华亦祥、华章志、华振鹭、邹象雍、刘宗熹、秦广之、周宏、诸定远、秦钜伦、张光第、林钟、季麒光、王澄、郁世焜、唐泓、华黄、侯麟勋、秦广之、周宜振、王允持、李廷枢、秦学洙、王翼、秦源宽、朱琬、郑禄天、吴一元、王云锦、邹奕凤、施焘、曹恩义、顾赵炳、顾开陆、稽曾筠、刘洽、黄赵音、秦道然、刘秉铉、华觐光、张镛、周金简、黄天球、秦靖然、杜诏、王赏、汤万炳、顾仔、邹升恒、顾栋高、汤万炳、潘果、陶正中、邹士随、黄施锷、虞金铭、顾维铸、秦伯龙、顾赟、邹一桂、秦甸、陈人龙、邹士随、稽璜、浦起龙、王绳曾、杨又林、孙濂、侯嗣达、季赵璟、徐梁栋、邹承垣、秦莘田、侯罗龄、秦蕙田、吴萧、贾霖、华恒泰、侯陈龄、顾维钫、华栻、邹永绥、王云万、赵振、秦雄褒、王会汾、吴培源、徐汝赟、吴熙、秦勇均、邹有舆、顾龙光、周金绅、张泰开、秦大昌、杨廷榕、施鼎、顾乾、邹本立、缪文标、秦镰、宋焕、侯钧、顾奎光、杨栋、杨永谟、秦朝钎、周照、邹应元、孙洙、周曰万、周曰赞、顾光旭、华云、杜玉林、秦雄飞、薛田玉、秦泰钧、周际清、马雯、邹奕孝、顾彬、邹起凤、邹梦皋、朱宗洛、张耀奎、薛科联、稽承谦、薛科联、华允彝、秦潮、王宽、秦泉、冯埥、周挨、邹炳泰、潘大礼、冯培、杨抡、朱杲、顾钰、顾敏恒、华榕端、倪鏐、王寰、薛玉堂、蔡维钰、顾皋、薛凝度、徐焕、孙尔准、王琪、邹植行、侯铃、俞肯堂、蔡培、汪士侃、滕镛、黄扬镳、杜绍祁、侯桐、徐宝善、陶沅、邹鸣鹤、刘承本、秦大治、华端翼、安诗、华廷标、孙慧惇、秦金鉴、华翊亨、蒋大铺、薛湘、杨延俊、顾凤仞、华晋芳、秦赓彤、朱厚基、王绣、朱福基、林祖述、朱鉴章、丁埔、朱鉴章、涂廉锷、荣光世、顾绍成。

邹升恒等任翰林院侍讲；邹弈凤、嵇曾筠、秦道然、周金简、秦靖然、陶正中、顾贽、邹一桂、嵇璜、王会汾、张开泰、秦镠、秦泉、邹炳泰、秦泰钧、秦潮、冯培、蔡维钰、孙尔准、邹植行、俞肯堂、侯桐、徐宝善等无锡优秀子弟授翰林院编修。邹一桂还升任礼部侍郎，赠尚书；获得一甲第三的秦蕙田，官至刑部尚书，谥文恭；张开泰官至礼部尚书，探花邹弈孝任工部侍郎，状元顾皋任户部侍郎，嵇曾筠（康熙四十五年进士）、嵇璜（雍正八年进士）父子，皆为难得的水利专家，深得朝廷器重，为治理水患立下汗马功劳。这些积极入世、笃学进取的无锡优秀子弟活跃于朝堂之上，为国为民做出了重要贡献。

清代无锡科举成绩斐然，秦氏、邹氏、华氏巨族引领风骚。秦氏作为无锡巨族，鼎盛于清代顺、康、雍、乾、嘉五朝，有"辰未联科双鼎甲""高玄接武十词林"的佳话。"辰未联科双鼎甲"指味经公（蕙田）为乾隆丙辰（1736）探花，柱川公（勇均）是乾隆己未（1739）探花，同为一甲第三名。秦蕙田、秦勇均是堂兄弟，像这样兄弟二人在殿试中均中前三名的科考佳绩乃极为罕见。"高玄接武十词林"指从高祖到玄孙世代相继有10人先后为"词林"，即被授予翰林院编修。据《无锡县志》《诗钞》《文钞》《锡山游庠录》以及各族谱牒等文献统计，锡山秦氏历代共产生举人79名，进士34名，其中13位进士点了翰林，入职翰林院。秦鈜、秦勇均和秦蕙田三人列一甲第三名探花，成为百姓口口相传之佳话，本埠著名的地名"三凤桥"便因此而得名。

秦氏祖孙三代连捷进士，书写了无锡在清代科举史上的传奇。祖父秦松龄（1637—1714）是顺治十二年（1655）进士，录取时年仅18岁，为翰林院最年轻的庶吉士，先后供职于顺治、康熙两朝，并担任过康熙的起居注官。父亲秦道然（1658—1747）是康熙四十八年（1709）进士，亦饱学之士，官至礼部给事中，由康熙钦点作为皇九子允禟的师傅，也因此被卷入宫廷之争，遭关押并罚抄家产①。孙秦蕙田（1702—1764，字树峰，号味经），乾隆元年（1736）殿试考中进士一甲第三名探花，受翰林院编修，深得乾隆赏识偏爱，是乾隆最倚重的大臣，官至刑部尚书。秦蕙田向乾隆上疏陈情，并表示愿以官职赎父亲之罪，获乾隆恩准，秦道然被免罪释放，寄畅园也同时发还。康熙、乾隆与秦氏渊源颇深，南巡时均多次临幸寄畅园，且都为之题额。乾隆还将御笔"福"字赐与秦蕙田，并叫人在清漪园（今颐和园）中仿寄畅园修造了"惠山园"（后更名"谐趣园"）。为乾隆接驾的秦氏族人中有9位年纪超过60岁，乾隆问过每

---

① 秦道然，因曾经担任允禟的老师，故雍正登基后受到牵连被押入大牢。

个人名字、年龄和功名，欣然为其中最年长的秦孝然（90 岁）和秦实然（87 岁）钦题了"耆英"二字，九位老人也被尊为"秦氏九老"。秦蕙田精于经学和典章制度，历经 38 年辛勤笔耕，完成《五礼通考》262 卷著述，此书既是历史和哲学著作，也是社会和行政惯例全书，后被编入《四库全书》。

锡山秦氏为无锡也留下了大量典籍文献。明隆庆六年（1572），无锡知县周邦杰专聘秦梁修订《无锡县志》，说明当时秦氏已成为很有影响的大户。此后，直至 1881 年晚清最后一版《无锡县志》，明清两朝各版编纂都有秦氏成员参与，其中四次由秦氏成员任编志主纂，其社会影响可见一斑。锡山秦氏是名实相符的"文献之家"，乾隆帝南巡游览寄畅园时，曾作诗褒奖秦氏家族"书史传家学"。但是，随着清王朝的衰落，秦氏也日趋衰落，据《锡山秦氏宗谱》载，清顺治至乾隆四朝中，秦氏家族登进士第者多达 22 人，其中授翰林职者 10 人，但嘉庆之后各朝登进士第者仅 3 人，授翰林职者 1 人。

邹氏在清代亦不乏才人。明代邹迪光在世时曾在惠山建邹忠寺，祀祖父宋龙图阁直学士邹浩（1018—1085），后废。清康熙五十一年（1712）邹氏后裔邹兆升等奉敕改建祠堂，并祀邹迪光、邹德基父子①。满清时期，无锡邹氏保持了浓郁书香，先后走出了邹忠倚、邹象雍、邹弈凤（翰林院编修）、邹升恒（翰林院侍讲学士）、邹一桂（翰林院编修，礼部侍郎，赠尚书）、邹士随、邹承垣、邹有舆、邹本立、邹应元、邹弈孝、邹起凤、邹梦皋、邹炳泰、邹植行、邹鸣鹤等十六位进士，其中康乾时期的邹弈凤、邹一桂入职翰林院编修，邹升恒任翰林院侍讲学士。官至礼部侍郎，赐尚书衔的邹一桂（1688—1772）还是一位著名书画家，擅长山水花鸟。其山水画风直追宋人，他是恽南田女婿，花鸟则深受恽氏画风影响，曾以《百花卷》进呈乾隆帝，深受赞裳，乾隆帝还为其《百花卷》亲题百首绝句。

无锡惠山、学前街曾有三处石牌坊，纪念的都是嵇氏家族的杰出人物。嵇氏祖孙三代均可谓忠臣贤才，嵇曾筠、嵇璜父子分别在雍正、乾隆两朝担任吏部尚书、兵部尚书、工部尚书，更是两朝倚重的治水能臣。据谱，梁溪嵇氏乃魏晋时期著名文学家嵇康后裔，宋代，嵇康的第二十四代孙嵇颖（字公实），因科举考试得中进士，官授尚书兵部员外郎，为嵇氏南渡的始迁祖。嵇氏南渡后

---

① 邹浩为邹迪光祖父，字志完，元丰年间进士，仕途坎坷，官至龙图阁直学士，死谥忠；邹德基为邹迪光之子，字公履，号工樗，又号磨蝎居士，国子生，亦负不羁之才，擅诗文书画。

的第十八嵇廷用（字觐南），乃明末进士，官至中书舍人，原居金陵，后因钟情于无锡的秀丽山水，晚年离任后便举家迁至无锡定居，成为嵇氏的迁锡始祖。也许是得益于江南风水，也许更因家学渊深，迁锡之后的嵇氏不久就书写了最辉煌的一段家族历史。

嵇廷用的第三子嵇永仁（1637—1676，字匡侯，号留山，别号抱犊山农），康熙七年（1668）入浙江巡抚范承谟幕，后范承谟调任福建总督，遂随其往福建就职。1673 年，康熙宣布撤藩，引发"三藩之乱"，次年靖南王耿精忠响应吴三桂加入叛乱，总督范承谟和嵇永仁等 53 人皆遭其囚禁。耿精忠劝降，遭到拒绝，全体殉职。嵇永仁妻杨氏独力抚养儿子嵇曾筠，赡养公婆，被奉为"人伦表率"。平乱之后，范承谟之子范时崇出任督抚，上奏恳请嘉奖嵇氏夫妇。康熙四十七年（1708），追赠嵇永仁"国子监助教"，并为夫人杨氏立坊表彰，其事迹分列于《清史》之"忠义""烈女"传中。雍正七年（1729）朝廷特批在无锡惠山麓建嵇氏专祠享祀，即今锡惠公园山门内左侧第一座牌坊和祠堂。次年，雍正帝又赐御书"忠节流芳"匾。至乾隆二年（1737），乾隆帝再赐御书"人伦坊"表额，并于学前街嵇氏故居处建纪念牌坊。清嘉庆十九年（1815），再次追赠嵇永仁"文华殿大学士、太子太保"，俗称"嵇阁老"。

缔造无锡嵇氏辉煌顶峰的，是嵇永仁的儿子嵇曾筠和孙子嵇璜，父子两代在朝为相，无锡历代仅此一家。在惜字如金的《清史》稿中，关于嵇曾筠、嵇璜的记载长达 3400 余字。千百年来，水患一直是封建时期历代帝王的心头大患，嵇氏父子执政期间，治理黄河，修筑海塘，造福百姓，功绩卓著，对河道改造和治理做出了重要贡献。嵇曾筠（1670　1739），字松友，号礼斋，于康熙四十五年考取进士，历官河南巡抚、兵部侍郎、河南副总河、河道总督、文华殿大学士、吏部尚书、浙江巡抚、总督。在官期间视国事如家事，知人善任，恭慎廉明，治河成绩尤其突出，独创"引河杀险法"，被百姓们赞誉为"地龙王"，今河南武陟县的"嘉应观"里供奉的十个龙王，第六个位是嵇曾筠。嵇曾筠是一位敬业务实、善于理水、鞠躬尽瘁、死而后已的优秀官员，虽官居高位，但其身影却很少伫立于朝廷之上、周旋于帝王左右，而总是忙碌于江河治水现场，最后积劳成疾，69 岁于任上病逝。《清史》评曰："曾筠在官，视国事如家事。知人善任，恭慎廉明，治河尤著绩。用引河杀险法，前后省库帑甚钜。"

嵇璜（1711—1794）乃嵇曾筠三子，自幼聪慧过人，读书过目不忘，七岁能著妙文，雍正八年（1724）考中进士，加上父荫，仕途畅达，历任日讲起居注官、翰林院侍读学士、通政司副使、都察院右金都御史等职。乾隆十八年

（1573）黄河决口，嵇璜受命前往督修，从此致力于治河工程，历官南河、东河河道总督，工部尚书，晚年加太子太保，为上书房总师傅，以治河有功著称。乾隆八年至四十六年之间，黄河、淮河曾多次遭受水灾，嵇璜总能采取适宜措施而化险为夷，深得朝廷器重。他主张在河堤上种草植树，护堤固岸，修筑大坝，疏理河道，每遇工程，总是奔波往来于各工地之间，亲自勘查，亲督抢险，以至"积劳咯血"。身为大学士的嵇璜，后来成为《四库全书》的正总裁，与才子、协办大学士纪晓岚共事。乾隆五十九年（1794）嵇璜在北京病逝，享年84岁。乾隆派八皇子代表皇室吊唁祭奠，并"赠太子太师衔，赐祭葬，谥文恭"。嵇璜为官清正廉明，任京官期间除身体不适或遭遇风雨，他总是不骑马不坐轿徒步上朝。乾隆年间，和珅弄权，朝臣争相巴结，但嵇璜却不屑趋炎附势，和珅向他讨要墨宝也被他婉辞，可见其刚直磊落的气节。嵇曾筠、嵇璜父子虽两代高官，却明月清风，身后遗产不抵常人，其高风亮节永载史册，光鉴后人。

　　在人才荟萃的江南，无锡华氏一直是最受瞩目的巨族之一，尊东晋华孝子为先祖，家学悠久，孝义传家，义善天下，在科举场上亦成绩斐然。早年，华氏曾追随宋高宗南渡，重返故乡后，开枝散叶，人才辈出，华秉彝首先得中进士，至清末华晋芳止，华氏一族共产生36位进士，居无锡各族之首。有两位华氏子弟在科举考试中赢得榜眼，一位是明天启五年（1625）乙丑进士一甲第二名华琪芳，另一位是清代的华亦祥，均授翰林院编修。华亦祥还在殿试中获赐一甲第二名进士，授翰林院编修。华亦祥之父华敷施，继承华氏家族"严孝敬，恤族闾"的孝义文化，治家谨严，子弟人品端方，行为刚直。华亦祥曾任会试同考官、翰林院侍读，为官期间始终清廉自持，居家孝友，善待宗党，周济乡亲，受人称颂。但其自己却一无积蓄，甚至死后都无以成殓，幸得其同年鼎甲，状元徐文元、同僚叶方蔼等为其理丧，才得安葬。

　　无锡华氏在清代可谓群星闪烁，族中子弟还有华章志、华振鹭、华黄、华觐光、华恒泰、华杖、华允彝、华榕端、华端翼、华廷标、华翊亨、华晋芳等13位子弟先后进士及第，可谓门楣荣耀。在武科考试中，华氏子弟也可圈可点。华中夫于明万历四年（1576）第一个考取武举人。华斌于崇祯四年（1631）成为无锡历史上的首位武进士。

　　然而，华氏家族中，未参加科举而荣名远播者亦大有人杰。事实上，晚清至近代华氏最著名的人物，当属华蘅芳（1833—1902，字畹香，号若汀），他不仅是我国近代数学的奠基人，近代科学事业的先行者，也是晚清著名翻译家和教育家。华蘅芳的先祖是荡口华氏二十二世华进思，清太学生，乃拥有2200多亩土地的富绅。乾隆八年（1743）华进思"独置义田一千三百四十亩"建立华氏义庄，资助贫寒和失学子弟，受到朝廷表彰，授安徽休宁县丞，卒于任所。华进思膝下无子，过继兄长的次子华公弼为后嗣。华公弼继承父业，扩展义庄，使鹅湖荡口义庄成为全县之最。华公弼的次子华文瑛即华蘅芳的曾祖，曾任职于吏部22年，后以"京察一等"选授"福建福州府平潭县同知，署理福宁府知府（正五品）"。华文瑛育有七子。长子华沛恩（字味莼，华蘅芳的祖父）仕途不顺而归乡。孙华翼纶（华蘅芳之父）为道光二十四年举人，但此后三次进京会试均不顺利，遂着力于经史诗画，后捐官，赏六品衔，候补知县，咸丰四年（1854）才选任江西吉安永新县知县，但次年永新县就在太平天国的战火中被翼王石达开率部攻占，华翼纶因兵败而落职归里。

清道光十三年，华蘅芳就出生在这样一个浸润着书香的封建仕宦之家，自幼在家族文化陶冶下读书习文，打下一定传统国学基础，然而他却厌倦八股，不屑参加科举，对"有裨实用"的算学情有独钟。好在父亲华翼纶十分开明，不仅没有逼迫儿子科举，反而为其遍寻算学书籍供儿子研习。所以，华蘅芳20岁时已遍读古今知名的算学著述，并阅读了许多由传教士利玛窦引进国内的几何著作。22岁时，华蘅芳结识了年长13岁的徐寿（1818—1884），很快成为忘年交。两人志同道合，都热衷钻研算学，也都对国家民族深陷危机而深感不安，常在一起探讨磋商科技，希冀借此拯救苦难深重的祖国。华蘅芳和徐寿曾多次去上海，买回科技书籍和实验器皿，通过自学、实验、讨论，对"声、光、化、电"等"博物之学"学而有成。19世纪20年代初，二人应曾国藩邀请，在军械所从事机动轮船的仿造研制，当时，国内既无冶金工业，也无机械工业，连区区螺丝钉也无法制造。华蘅芳与徐寿、徐建寅父子，凭借自学的科技，不断摸索实践知识，硬是在诸多部件全凭手工打造的条件下，制造出我国历史上第一台蒸汽机和第一艘机动轮船——黄鹄号。后来，他们又在江南制造局造出了史上第一批工作母机，第一批兵舰和近代枪炮火药，成为军工产业的先驱者。

华蘅芳还协助徐寿创建了翻译馆，与外国人合作翻译先进的科技专业书籍，涉猎领域十分宽广，在我国近代数学、地质学、矿物学、气象学、制造学以及军事学等领域都具有重要的奠基作用和启蒙价值。华蘅芳的数学著作涉及近代数学的各个分支，自成体系，是我国近代数学最重要的"奠基人"。华蘅芳也是晚清重要的教育家，光绪二年（1876）他出任上海格致书院院长，后又担任天津武备学堂、湖北两湖书院讲席，晚年返乡后的20余年里仍一直从事数学教育，培养了许多近代数学人才，清末民初时的高等学堂里的数学教师，大多是他的学生。华蘅芳在教学中所形成的一套完整的数学教学法，至今仍为学校教学所沿用。为了实现科技救国的理想，他舍家忘己，奋斗一生。

华蘅芳的弟弟华世芳（1854—1905，号若溪），受到兄长影响，也成为近代重要的数学家、教育家，与兄华蘅芳、徐寿、徐建寅父子并称为"锡金四哲"。光绪年间，华世芳曾任湖北武昌自强学堂数学教习、常州龙城书院和江阴南菁书院主讲。光绪三十一年（1905），转任上海南洋公学总教习和北京商部高等实业学堂教员。华世芳所撰写的《近代畴人著述记》《恒河沙馆算草》《勾股三角》等数学著作，在近代数学领域有较高价值。

华蘅芳的女儿华璂（1869—1939，字图珊，号迦陵馆主），也是不可多得的人才。华氏门风尚学开放，华璂自幼受到家学陶冶，聪敏好学，能诗善画，更是一位卓有成就的刺绣大家。华氏家族文人、画家、艺术家辈出，华蘅芳、华世芳又是深受西方文化科技影响的著名数学家，所以，华璂在书香翰墨环境接受传统文化熏陶的同时，也有机会接触大量西方文化艺术。华璂的妹妹华玥、华玙也是刺绣爱好者，姐妹们常一起琢磨画稿，切磋针法，刺绣技艺不断精进。宣统二年（1910），农工商部在南京举办的首届"南洋劝业会"上，华璂、华玙姊妹的作品双双获奖。华璂的《山水绣件》获金牌奖，华玙的《牡丹绣品》获银牌奖，无锡绣品获奖总数居全国之首。1915 年 2 月在美国旧金山的"巴拿马太平洋万国博览会"上，"无锡全邑得奖 50 种，得奖之多几与省会相抗衡"。在这次获奖作品中，华璂的《卧在稻草上的雄鸡》获得博览会金奖，她的绣作《耶稣像》《菊花蛱蝶》《绣球白猫》《菊花蜂》《秋》等，亦皆为精品。华璂对锡绣乃至我国刺绣艺术的另一重大贡献是刺绣技艺的教育传承，在精研绣艺的同时，她还开办刺绣传习所，1938 年她与许频韵合著的《刺绣术》由商务印书馆出版，是继丁佩《绣谱》、沈寿《雪宦绣谱》之后又一本刺绣专著，也是一部传授刺绣技艺的专业教科书，在近现代刺绣教育史上影响深远。

清代，顾氏家族延续了明代的辉煌，依然群星璀璨。一方面，继承了明代顾氏在经学方面的造诣，成就十分突出，如顾可久后裔顾道淳、顾嘉舜、顾宸、顾奎光等与当年顾宪成、顾允成一样，精通理学，且著述颇丰，西溪顾氏的顾栋高更是一位经学大家。另一方面，顾氏在词学方面也表现不凡，成就卓然，从明代顾可久、顾起经、顾起纶、顾道洁、顾宸，到清代的顾彩、顾翎、顾翰、顾光旭、顾奎光、顾贞观、顾贞立等，皆在词学方面有很深造诣。

晚明万历时期，顾宪成、顾允成因为东林书院的影响而名声远播，其长兄顾性成却一直低调在家务农，襄助父辈，未有荣名。然而，顾性成的后辈中却不乏才人，其重孙顾煟（1573—1620）开始，绵延五代科考皆有进士及第，因此享有"五世连科"之美誉。至清嘉庆六年（1801）无锡走出的第五个状元，也是最后一位状元顾皋，便是顾性成的第七代孙。

顾皋（1763—1832），字晴芬，号缄石。曾就学于东林书院，嘉庆六年（1801）顾皋参加会试，一举夺魁，为清朝第66位状元。入仕后授翰林院修撰，掌修国史。后奉诏提督贵州学政，整饬学政，革除积弊，受到士林赞誉。三年后破格提升国子监副长官司业。嘉庆二十一年（1816）曾任陕西乡试主考。后奉旨入值懋勤殿，陪伴皇帝读书、批阅奏本、鉴赏书画。此后历任翰林院侍读、左右庶子、侍讲学士、侍读学士。嘉庆二十四年（1819）入值上书房，成为皇子的"授读师傅"。翌年，嘉庆帝御笔擢升顾皋为东宫詹事府长官詹事。道光元年（1821），顾皋迁升内阁学士，兼礼部侍郎。不久，擢升工部侍郎，转任户部侍郎，兼管国子监事务。其间在道光五年曾任顺天乡试主考，升侍读学士。顾皋为人端谨持重，洁身自好，为官沉稳谨慎，秉公执法，洁身自好，恪尽职守，故能在官场平稳善终。顾皋还善书画，能诗文。其诗文格调高雅，书法精湛，善画丛兰修竹，赋色古雅，效法宋人，深谙自然之趣，笔墨潇洒出尘，其诗文书画名重一时，所绘兰竹流传颇广。著有《墨竹诗斋古文》《井华词》等九种。道光八年（1828）顾皋借病还乡，从此闭门读书绘画，直至病逝。

尤其值得一书的是宛山顾氏。顾氏远祖顾野王曾编撰了一部全国性的地理著作《舆地志》，宛山顾氏继承此家学传统，成为著名舆地世家，顾大栋、顾文耀、顾龙章、顾柔谦、顾祖禹等，都是我国历史上颇有成就的地理专家。明代时私家地理学著作开始出现，最能代表明清舆地学成就的当推顾祖禹的《读史方舆纪要》，其架构宏大，体例严谨，考证精当，材料丰富，是继顾炎武《郡国利病书》之后的巨作，也是一部具有实际指导意义的军事地理著作。清代左宗棠"喜其所载山川险要，战守机宜，了如指掌"，对此著推崇备至。明治维新后的日本，处于对中国的觊觎，也对顾祖禹的《读史方舆纪要》格外关注、高度重视。顾家乃舆地世家，先祖顾大栋写《九边图说》，是明代北方边防兵力防御部署图，也是世界上第一幅长城地图。顾柔谦、顾祖禹父子均热衷于地理学，父亲去世时留下遗训，嘱咐顾祖禹要"继承家学"，"掇拾遗言，网罗旧典"，有所阐发，将来有朝一日有补于世，并交代儿子要针对地理善本《明一统志》的欠缺疏漏拾遗补阙、修订完善，《读史方舆纪要》就是这一背景下的产物。

清代顾氏人才顾光旭、顾栋高等也可圈可点，备受推崇。顾光旭（1731—1797），字晴沙。乾隆十八年进士，清朝名臣，授户部主事，后历任宁夏、甘凉等地知府以及四川按察使。其为官爱民，勤于赈灾，劳绩颇著，被视为传统读书人"学而优则仕"的典范。有灾民诗"输蹄鸟道羊肠路，沟壑鸠形鹄面人"，"产破妻李贱，肠枯草木甘"等诗句广为传播。后辞官返乡主持东林书院。顾栋高（1679—1759），字复初，震沧。康熙辛酉成进士，知名学者，曾受内阁中书。因性格倨傲，不合时宜，后罢官归田，"惟日以穷经著书为事"，好读书，"自幼至老，未尝一日不读书"。乾隆年间，曾授业于国子监，不久以年老不任辞归，掌教淮阴，从游者甚众。其论学融汇元明，贯通诸儒，条理详明，考证典核，备受后世推崇。

晚清时期，薛家是无锡老城内最受瞩目的几个家族之一，位于学前街的薛氏钦使第也是城中最恢弘的私家宅邸。无锡薛氏由江阴迁徙而来，先居住在西漳寺头，道光二十年（1840）薛湘、杨延俊与李鸿章同榜考取进士，三人交情颇厚。1847年薛湘升任湖南安福知县，后因功越级晋升浔州巡抚，此后家族日益兴盛。薛湘娶无锡城中望族顾氏之女为妻，因顾氏家族男丁稀少，加上与杨家交好，薛湘便举家迁至无锡城中，与顾家杨家为邻。薛湘与妻顾氏共育有六子一女。六个儿子依次为福辰、福同、福成、福保、福祁、福庚。其中，薛福辰、薛福成、薛福保都是中国近代史上可圈可点的人物。当时望族通婚习以为常，薛福辰所娶妻子乃王羲之的66代女孙王镜芜，她的姐姐则是顾毓琇等兄弟的母亲王诵芬①。

薛福成（1838—1894），字叔耘，号庸庵。咸丰八年（1858）薛福成中得秀才，同治六年（1867）乡试不售，只列副贡生，没有资格晋京会试。有感于科举制度僵化，薛福成写下《选举论》，大胆指陈科举考试种种弊端，提出人才选拔机制改革诉求。此前两年，曾国藩北上"剿捻"，沿途张榜招贤，薛福成以洋洋万言《上曾侯相书》上呈曾国藩，提出"养人才、广垦田、兴屯政、治捻军、澄吏治、厚民生、筹海防、挽时变"等变革主张，颇得曾国藩赞赏。不久，薛福成成为曾府幕僚，开始了官场生涯。曾国藩去时候，薛福成以候补同知身份任职苏州书局，完成了《应诏陈言疏》（由《治平六策》《海防密议十条》两文合并而成），内容包括"养贤才""肃吏治""恤民隐""筹漕运""练军实""裕财用""择交宜审""储才宜豫""制器宜精""造船宜讲""商情宜恤""茶政宜理""开矿宜筹""水师宜练""铁甲船宜购"等，比《上曾侯相书》思想更成熟、体系更完整，其中许多治国良策，如养贤才、筹漕运、开矿产、恤商

---

① 任兮. 顾毓琇的祖母、母亲与妻子［J］. 江南文化，2018（2）：47.

情、购甲船、练水师等建议后来陆续被朝廷采纳。

光绪元年（1875）秋，薛福成入北洋幕府，成为李鸿章的秘书。十年间，又写下《筹洋刍议》《变法》，更系统地阐释了强国富民的国策，显示了鲜明的早期资产阶级改良主义思想色彩。在曾、李幕府参政的十六七年间，薛福成从政能力大大提高，在很多决策上起了重要作用。光绪十年（1884）薛福成独立踏上了政治舞台，出任浙江宁绍道台，并总揽宁波、定海地区防务，他设计了"炮台与堵口及陆营三者相辅并行"的防御原则，拟定了加固炮台、扩充营勇、海口设险、严防间谍、巩固内部、争取国际舆论的全面部署。次年3月，法国远东舰队司令孤拔率四艘军舰进犯镇海，薛福成亲自指挥协调，迫使法舰孤悬海上，进退失据，主帅孤拔也被炸伤，三月后不治身亡，此乃大清中外海战中取得的唯一一次胜利。光绪十四年，薛福成升任湖南按察使，未及到任，又被委任为出使英、法、意、比四国钦差大臣。光绪十六年一月末，薛福成从上海启航出发，开始了他生命中最后阶段的驻外使节生涯。任职期间，薛福成解决了许多国际争议，维护了国家尊严和侨民利益。如光绪二十年（1894）三月中英签订的《续议滇缅界务、商务条款》，为我国争回滇缅边境被英国侵占的大片领土，确认了清廷在缅甸设立领事权利并享受"最优国"待遇权益。历史上中英交涉多以不平等条约而结束，而薛福成却以国际公法为依据，坚韧灵活，迫使西洋强国英国被迫承认中国合法要求，为办理中英外交以来空前成功之先例。在驻节伦敦、巴黎、罗马等欧洲名城，往来于英、法、意、比四国期间，薛福成对欧洲的政治、经济、文化、教育、宗教和民情风俗进行了广泛考察，看到了科学技术、生产方式在社会发展中的巨大作用，认识到国家要富强就必须大力发展工商业，中国要"求强"就必须全面实施革新，在此基础上，他提出了"君民共主"的政治主张。作为晚清时期思想家、外交家，薛福成对我国早期近代化做出了卓越贡献。在从政生涯中，薛福成目睹西方入侵，国运衰微，深感发展经济的重要性，提出"民先富而后国才能富，国先富而后才能强"的主张，积极提倡发展工商业，"夺外利以富吾民"，"导民生财、为民理财、殖财养民、藏富于民"等一系列强国主张。这些在当时让守旧派震怒不已的言论，在后来的历史中被证明实属真知灼见。薛福成的卓然政绩得到光绪皇帝的褒奖，特赐其在家乡无锡修建"钦使第"，钦使第由薛福成亲自设计，规模宏大，但其生前并未住进新居，1894年7月，薛福成在任期结束返国途中感染疫病，不日便与世长辞。

薛福成的四弟薛福保（1840—1882，字季怀），其声名主要来自"智斩慈禧宠臣太监安德海"一事。薛福保和兄长一样，思想开明，机敏过人，早年曾任山东巡抚丁宝桢之幕僚。清同治八年（1869）七月初，慈禧太后宠信的太监安德海违背"太监不得离京"的祖制，率两艘楼船沿京杭大运河顺流南下，打着"奉旨钦差，采办龙袍"的旗号回乡省亲，一路飞扬跋扈，受到许多趋炎附势地方官的逢迎巴结，更加忘乎所以、为所欲为。7月20日，安德海在山东德州为自己大张旗鼓祝寿，大摆宴席，骚扰地方，惊动了山东巡抚丁宝桢。丁宝桢对太监安德海篡政早就不满，便借机将安德海拿下，解省亲审，安德海百般狡辩，仍骄狂无比。丁宝桢摆出"三足鸟""挂龙凤旗""向龙袍磕头""一路交结官员，干预公事"等事实，问罪安德海，在屏后旁听的薛福成、薛福保认为安德海罪不容诛。庭审结束，丁宝桢征求处置安德海意见，多数人劝丁宝桢请旨办理，不要得罪慈禧，而福成、福保却认为，如果请旨拖延，很可能安德海会被慈禧保下，今后将更加有恃无恐、伺机报复。建议丁宝桢以掌握罪证果断诛杀之，处死安德海后再上奏圣上禀告原因。丁宝桢听取了薛家兄弟建议，连夜将安德海及随从就地正法，暴尸示众。同治帝对恃宠而骄、搬弄是非、越权胡为的安德海早已十分厌恶，收到处决安的奏章暗自称快。慈禧太后虽然不满却也只能无奈感叹"福命短，自作孽，不可活"。安德海被除一事人人叫好，薛氏兄弟从此也闻名天下。

薛福辰（1832—1889，字振美，号抚屏）是薛福成的长兄。咸丰五年（1855），薛福辰参加顺天乡试，中南元（举人第二名），后赴京任工部员外郎。山东巡抚丁宝桢曾邀其治理黄河决口水患，出任山东济东泰武临道，任职四年间，海岱之间，民无饥馑，世道安定，颇受拥戴。他还参与了山东机器局的筹办，"心思精密，于机器、洋务颇能讲求"，机器局所生产的武器后来在抗倭中发挥了重要作用。薛福辰官至一品大员，因其钻研中医，精通医道，曾为慈禧治疗顽疾，获赐宴、听戏、观灯等特殊待遇，并获"头品顶戴"。光绪帝亦赞其"卿非仅能医朕病，实医国之才也"。光绪十二年（1886）薛福辰升任顺天府伊，次年调任宗人府丞，不久又获授都察院左副都御史，光绪十五年七月，薛福辰病逝于任上，光绪帝御赐专银500两为其治丧。

在清末瞬息万变的社会政治格局背景下，无锡还有许多才俊投身洋务运动，成为时代争相弄潮的杰出人士，如杨宗濂、杨宗瀚兄弟，就是其中的佼佼者。杨氏兄弟的父亲杨延俊，早年与李鸿章一同参加会试，为病倒的李鸿章端茶倒水，请医问药，结下一段泽被后世的友谊，也对其后辈倍加提携。杨宗濂从朝廷镇压太平军、捻军之时起便追随李鸿章，成为李鸿章的得力幕僚。李鸿章担任直隶总督时，委派周馥、杨宗濂兴办中国第一所陆军军事学校——天津武备学堂，以培养新式的军事人才。杨宗濂出任学堂第一任总办，表现出超强管理能力，其详采兵法编成的《学堂课程》八卷，后成为各武备学堂的教程范本。同乡华蘅芳当时也被聘为武备学堂的教习，袁世凯小站练兵时组建新军，杨宗濂向其推荐了优秀门生段祺瑞、冯国璋、王士珍，可见慧眼识人。光绪十二年（1886）杨宗濂与吴懋鼎等人曾在天津合办火柴厂，算是杨氏最早的实业探路。在轮船招商局任职的三弟杨宗瀚则于光绪八年（1882）赴台佐理巡抚刘铭传在台洋务活动，兴办商业，筹建台湾铁路。光绪十六年（1890）又奉李鸿章之命总办上海机器织布局①，这是中国近代第一家棉纺织企业。杨宗瀚受命总办上海织布局事务，精明强干的他很快就表现出不凡能力，织布局事务井井有条且很快扭亏转盈，宗瀚亦备受赏识。但遗憾的是，1893 年 10 月 19 日，上海织布局突发一场离奇大火，机器设备悉数被毁，杨宗瀚也因此而被革职，去官归里。如此巨大的损失总要有人担责，此时再亲密的关系也无济于事。李鸿章毫不犹豫地将杨宗瀚就地免职，正在家服丧的杨宗濂此时也因牵涉一起贪腐案而不再留恋官场，也黯然去职。兄弟俩回锡以后，适逢洋务运动席卷全国，工商思潮萌芽。见多识广、思维敏锐的兄弟俩，自知官场前景黯淡，毅然转向投资实业。1895 年，兄弟俩筹资 24 万两，在无锡东门外的羊腰湾购置了一块土地，引进德国机器设备，经过一年多建设，业勤纱厂于次年冬天建成投产，由此拉开了无锡民族工商业发展的历史大幕。厂名"业勤"，取义于"业精于勤荒于嬉"，希望凭借勤勉务实成就事业。业勤纱厂不仅是无锡最早的民族工商企业，也是国内最早的近代民族工商企业之一。杨氏兄弟虽然官场失败，黯然回乡，却在中国民族工商业发展史上留下了可圈可点的辉煌纪录。业勤纱厂的开工鸣镝之声，也宣告着小小无锡开始了迈向近代化的征程。从这一时刻起，到第二次世界大战前，无锡步入民族工业发展的繁盛期，并迅速发展为全国著名的工业基地。

---

① 上海机器织布局，乃 1878 年在倡导洋务运动的李鸿章主持下成立的中国历史上第一家机器棉纺织工厂。

第四章

教育先驱 学林硕彦

近代以来的无锡人才辈出，且数量众多，类型多样，成就卓著，在诸多领域居功至伟。无论在文化、教育、艺术，还是实业开拓、经济、科技领域都涌现出大批卓有建树、影响巨大的杰出人物。他们或开风气之先，或领一时之风骚，成为那个时代各个领域中的佼佼者。

近代以来，是无锡人文发展最引人瞩目、堪称辉煌的历史时期，成就了许多可圈可点的人物和璀璨篇章。伴随着经济发展，西学东渐，社会转型，无锡学者开风气之先，涌现出一批享誉全国的思想界、文史界、经济界、科技界的大师级人物，群星辉映，光耀华夏，成为 20 世纪一道瑰丽的文化景观。无锡人才的蔚起，既有社会思想开放的引领，也有无锡文化敏察善纳对人才的滋养，这些优秀人物对我国经济文化社会发展产生了深远影响，也让无锡文化以崭新的姿态呈现于中华文化的殿堂。

近代无锡，是教育的高地，在乡绅私塾教育的基础上，无锡成为江南最早的乡村新学诞生地，堰桥村前的胡壹修（1865—1931，字尔平）、胡雨人（1868—1928，字尔霖）兄弟，无疑是近代中国乡村教育的先行者，他们对中国近代乡村教育的推动和贡献，在中国教育史上留下了不可磨灭的一页。20 世纪初，延续了三千多年的封建制度，气数已尽，统治了中国数千载的皇权政治，至此已日薄西山，气息奄奄，科举考试也进入了尾声。

堰桥村前的胡氏家族，被誉为"民国乡村教育第一家"。其远祖胡瑗（993—1059）乃北宋大儒、理学宗师、著名教育家，其首开分科教育先河，对后世影响巨大。胡壹修、胡雨人作为封建时代最后的一拨读书人，目睹封建制度的没落，深悟"御外莫如自强"，深感拯救教育的紧迫和肩负的责任。胡氏兄弟的父亲胡丽荣，是大清贡生、开明绅士，曾任桃源县教谕，兄弟俩自幼熏陶于重教崇文风气之中，经历了严格的家塾启蒙教育，熟读儒家经典，传统文化功底深厚。清光绪二十四年（1898），胡雨人赴上海南洋公学学习师范教育，次年东渡日本，攻读师范教育。留日期间，胡雨人深受洋务思想和维新变革思想影响，加入孙中山在日本创建的"兴中会"（后改为同盟会）。回国后的胡雨人，希望胡氏子弟都能走出乡村、放眼世界，他与哥哥策划了一个富于历史意义的"导学计划"，在他们的推动下，家塾中有10位胡氏子弟赴沪求学，接受了新式教育，此后左邻右舍的年轻人也受其影响，纷纷结伴留洋，从而引发了20世纪初中国教育史上的一场江南乡镇留学潮。

对小城无锡而言，1902年是一个教育大年。这一年，杨荫航创办了锡金公学，杨模1898年创办的竢实学堂已颇有起色，江南的第一所乡村公学——"胡氏公立蒙学堂"（胡氏公学）也在这一年诞生了。胡师兄弟为公学投入了大量人力财力，一应办学经费均由胡氏义塾承担。胡雨人还积极引进国外先进办学模式，采用上

民国著名教育家胡雨人墓

海南洋公学《蒙学课本》为教材，开设了《修身》《国文》《算学》《历史》《地理》等新课，并率先设立女子部，开了无锡女学之先河。胡氏公学还在无锡率先采用单级独教的"复式教学法"进行教学，以提高教学的效率和质量。因为胡雨人对教育做出的贡献，去世后被誉为"国士"，吴稚晖专为其题写碑文，曰："先生者，魁伟奇特，艰苦卓绝之士也，于古今学术，无不深窥；于中外事变，无不洞悉；于捍卫乡里，栽植后世之事，无不蹈厉奋进以自任，先生故非一方之士，乃天下之士也。"

得益于父辈的教化培育，村前胡氏的第二代可谓人才济济，胡壹修的三个儿子胡敦复、胡明复、胡刚复均才华出众，对中国教育科技贡献卓著，而被誉为"胡氏三杰"。女儿胡彬夏（1888—1931）也是女中俊杰，1907年考取官费留美资格，是我国首批官费留学的女性，与他同时考取的其他三位女子是王季茝、曹芳芸和宋庆龄。

胡敦复（1886—1978）是民国教育史上的著名人物，中国科学社的主要发起人，民办大同大学（上海交通大学的前身）的创办人，曾任中国数学会董事会首任主席，民国时期著名的科学家、教育家。他12岁便赴上海南洋公学读

书，其班主任是胡雨人的朋友、著名教育家蔡元培。1905年，胡敦复入马相伯掌门的复旦公学（复旦大学前身）学习，1907年因成绩优异被选为公派留学生赴美学习，同行者还有胡敦复的大妹胡彬夏和宋庆龄等。在康乃尔大学，胡敦复获理学学士学位。当时，美国以清廷庚子赔款的余款启动了中国学生赴美留学计划，清廷为此成立"游美学务处"，由胡敦复负责遴选、考核、派送留学生一应事务。在他主持考选的三批学生（180人）中，很多都成为著名科学家、教育家，如梅贻琦、竺可桢、赵元任、胡适、姜立夫等，还有他的两个弟弟胡刚复、胡明复。清华学堂成立后，25岁的胡敦复凭借在学界的影响出任清华首任教务长，后因不满学校管理离开清华，在上海筹建了现代第一所民办私立高等学校——大同学院。胡敦复自任校长，并邀请留学归国的朋友乃至弟妹来大同执教。初创时期，大家不仅没有薪水，还将在外兼课所得报酬的20%捐给学校作为办学费用，胡氏兄弟自己捐的更多。大同学院蒸蒸日上，于1922年更名"大同大学"，至20世纪30年代已成为颇具规模的私立完全大学，规模和教学质量列国内一流高等学府，尤以理工著称，享有"北南开，南大同"之美誉。历时40年的办学，大同大学走出了一大批杰出人才，如于光远、钱其琛、钱正英、严济慈、钱临照、陈学俊、周煦良、傅雷、沈天慧、华君武等，这所大学成为教育救国的典范，也是孕育现代优秀知识分子的摇篮。

此间，胡敦复曾接受北洋政府任命出任国立东南大学校长，但未及到任又转任国立北京女子师范大学校长，1927年受聘任北洋大学校长。1928年赴美讲学，获名誉博士学位。1930年，在上海交通大学任数学系主任期间，主持成立了中国数学社，首开我国数学专业研究之先河。在1952年国内大规模院系调整中，民办大同大学被拆分并入上海交通大学、复旦大学、同济大学、华东师范大学和华东化工学院，因此这些高校都将大同大学作为本校的前身。

1917年和1918年，胡明复、胡刚复分别以中国第一位现代数学博士和中国第一位从事X射线研究的物理学博士身份从哈佛大学毕业。他们婉拒了北京大学等国内名校的邀聘，也谢绝了美国导师的挽留，来到大同帮助长兄敦复实现振兴教育的梦想。胡明复（1891—1927）自幼被称为"奇童"，是我国第一位数学博士，在数学领域的造诣令大哥胡敦复也自叹弗如。1910年，胡明复与胡适等人一同考取庚子赔款官费留学，成为第二届留美生。1914年夏毕业于美国康乃尔大学，1917年获哈佛大学数学博士学位，成为中国历史上的首个数学博士，他的博士论文《具有边界条件的线性积分——微分方程》发表于《美国数学会会刊》，也是中国学者在国外发表的第一篇数学论文。回国后，胡明复创办并主持了大同大学数学系，成立了"大同大学数理研究会"，1918 年，他和赵元任、胡适等一起发起创办了中国科学社，并主编《科学》杂志。在大同任职的 10 年中，他不仅不拿薪水，还向学校捐资 2 万余元，被赞"毁家兴学，劳怨不辞"。他倡导独立科学精神，认为"科学不以实用始，故亦不以实用终"，初等几何学、平面三角、解析几何学、空间几何、射影几何、代数学、微积分、函数论等数学分支的名词也是由胡明复所拟定。令人扼腕的是，胡明复 1927 年 6 月 12 日回锡参加长辈葬礼，因天气闷热，下河游泳不幸溺亡，年仅 36 岁。1929 年 7 月，中国科学社将其迁葬于杭州西湖之畔，蔡元培为其题写碑文。同年，中国科学社在上海创办了我国第一座新式图书馆——中国科学社图书馆，将其命为"明复图书馆"（现上海卢湾区图书馆）作为纪念。

胡刚复（1892—1966）是我国物理学的开拓者和奠基人，具有国际声望的原子物理学家，1913 年哈佛大学毕业后入该校研究院从事镭提纯研究，1914 年获硕士学位后转向 X 射线光谱研究，1918 年获哈佛大学物理学博士学位。回国后，胡刚复一边服务于大同学院，一边受聘于南京高等师范，在那里创建了我国最早的物理实验室。1920 年，他又在东南大学和大同学院建立了物理实验室。1926 年，胡刚复出任厦门大学理学院院长，两年后，与丁燮林在上海创办了我国第一个物理研究所——中央研究院物理研究所。1936 年竺可桢任浙江大学校长，邀请胡刚复任浙大文理学院院长，1942 年英国皇家学会会长李约瑟访问浙大时惊叹道："浙大可与英国剑桥大学媲美！"胡刚复培养的学生俊硕人杰无计其数，如吴有训、恽子强、严济慈、吴学周、赵忠尧、柳大纲、施汝为、顾静徽、钱临照、程开甲、胡济民、李政道、李文铸、梅镇安……，他们在各个领域为中国和世界科学研究和科学教育做出了重要贡献。

教育的繁盛，使无锡人文荟萃，书香盈邑，人才涌现。近代新学萌发以来，无锡教育因受到经济带动更是走在江南地区的前列，其作用可谓居功至伟，不仅培育了庞大的人才群体，为小城无锡的崛起发展奠定了人才基础，也为中华民族的科技文化进步发挥了十分重要的作用。至 1911 年，无锡一县已有一百多位青年留学海外，1920 年留学人数达到 241 人。除村前胡氏子弟外，城中杨氏的杨景煦、杨荫杭、杨荫榆、杨荫樾、杨荫溥、杨绛，钱氏的钱钟书、钱伟长，虹桥湾顾氏的顾毓琇、顾毓琜、顾毓珍、顾毓瑞，薛氏的薛桂轮、薛学海、薛学潜、薛光鄂、薛光琦、薛光钊、薛光钺，以及高阳、吴稚晖、陈翰笙、陈西滢等，都曾赴海外接受现代教育的陶冶。

无锡太湖宝界桥畔的"茹经堂"，上海交通大学的"文治堂"，虹桥路上的

"文治中学"，都与著名教育家唐文治有紧密联系，文治、茹经，是唐文治的名与号。唐文治（1865—1954）1912年定居于无锡前西溪"行素堂"，七岁即立志"吾愿为伊尹①"，将修齐治平作为矢志不渝的人生目标。唐文治聪慧好学，15岁中秀才，16岁入州学，师从理学家王祖畬，18岁中举，28岁中进士，从此步入仕途，因为得到庆亲王载振赏识仕途顺遂，15年间一路升迁，官至尚书。甲午海战期间，唐文治目睹国势垂危，上"万言书"劝谏朝廷革新图治；目睹铁路交通命脉为外国操纵，又不避嫌贵，与袁世凯针锋相对，这些成为他最终"弃官从教"止步政坛的一大原因。42岁的唐文治抽身官场，转向教育救国之路。为官期间，他曾两次出洋考察，深感教育之于国家前途的重要性。回国后躬身实践，努力筹办新式学堂。至辛亥革命爆发的1911年，他先后主持或创办的各类学校已有10所，既有培养专业技术人才的实业学堂，也有普通中小学及幼教机构。1907年秋，唐文治就任上海实业学校校长，1919年因眼疾回乡休养，在锡创办国学专修馆。抗战爆发后，国专迁至桂林，辗转颠沛，历尽艰辛，坚持办学。此时，唐文治已双目失明，仍亲自授课，吟诵古文全靠背诵，字字清晰，铿锵有力，时称"唐调"。唐文治主持国专30载，培养学生1800人，其中不乏文史哲艺领域的大师级人物，如唐兰、钱仲联、冯其庸、陆俨少等。可以说，唐文治不仅是无锡国专的灵魂，更是传播国学精粹的火炬手。

在中国近代教育史上，杨模是一位可圈可点的人物，被誉为"毁家治学"的教育先驱。杨模（1852—1915）字范甫、铁峰，出身于学前街书香世家，父亲杨春池曾任海宁知州。杨模聪慧好学，少负文名，光绪十一年（1885）被选为拔贡（由省学推荐给国子监的研究生），早年与弟弟杨楷、同邑邓濂、秦坚、秦宝珉、华世芳、裘廷梁等并称"梁溪七子"。其文才受到直隶总督李鸿章赏识，曾出任天津武备学堂的汉文教习，后转至湖广总督张之洞帐下，任山西武备学堂监督兼总教习。1897年杨模返乡后，次年与本县士绅单毓德、蔡谦培、高汝林、王镜藻等创办了无锡第一所、也是中国最早的新式高小——竢实学堂（今连元街小学前身），自任学校总理（校长）。他广罗人才，聘教名家，开设了国文、历史、地理、算学、英文、日文等新式课程，竭力推动现代教育。竢实学堂"开办数年，规模大备，俊髦日兴"，"课堂规则一律整肃"，"成绩斐然可观"。因办学经费捉襟见肘，杨模上书县府，要求将米业帮会自留的部分米捐

---

① 伊尹，商朝初年著名贤相丞相、政治家、思想家，最早的道家人物之一，擅长"以鼎调羹""调和五味"，故被称为"中华厨祖"。

（粮食交易税收）拨作学堂经费使用，此事引发米业商帮极大不满。后矛盾激化，终于在 1904 年夏爆发了震惊海内外的"毁学事件"。当时，肇事者煽动了二千余人，主要是不明真相的米业工人、捐包工，捣毁了竢实、三等、东林三所新式学堂，并殃及杨荫航等创办的理化研究会。肇事者还先后两次闯入学前街杨氏老宅，焚毁了杨模住宅和杨氏祖宅。毁学事件之后，肇事者受严惩，被毁学校重修，新学意义也渐为大众所知，至宣统三年（1911）无锡已有新式学校 120 余所。杨模以室家被毁的代价，换取了无锡新式教育走向坦途。毁学事件平息后，杨模应张之洞的邀请去了湖北，1911 年夏因病返锡，1915 年正月与世长辞，遗著有《蛰庵文存》等。

在无锡的办校兴学史上，高阳（字践西，1892—1943）是一位鞠躬尽瘁、舍身为学的先贤，也是近代教育史上著名的教育家，被誉为"现代武训"。1920年，高阳遵父命，倾其家财创办了"私立无锡中学"（今无锡市第三高级中学），为许多平民子弟提供读书机会。校董事会由唐文治、钱孙卿等知名人士组成。创校之初，有人提议校名为"高氏中学"，被高阳婉拒，而定为"无锡中学"，黄炎培先生为学校题写了校名。开办之初，曾借用西水关"马氏宅弟"作为校舍，后在薛南溟帮助下购置了南门羊腰湾 30 亩土地，为此高阳变卖了三里桥同昌棉籽行、高顺昌砻坊的两处不动产，乃至自住房屋和在上海 1200 平方米的"高公馆"。学校建成时高阳的家产也变卖殆尽。1922 年秋，私立无锡中学正式招生，因为学校开办后仍需大量资金支撑，高阳又将自己在大学任教的 400多元薪水拿出来补贴办学，教员们大受感动自发要求减薪 10%，以共克时艰。而高阳家人、亲属入学后所有学杂费照交不误，从无特殊。最令人感动的是，高阳拒绝所有与名利有关的活动，所以在学校留下的遗迹中几乎不见高阳痕迹。唐文治被其感动，在他受聘私立无锡中学校长的十年中，也不取分文报酬。时任大总统的徐世昌也专为学校题赠"劝学敬学"匾额。

1931 年，高阳出任江苏省立教育学院院长，1932 年与俞庆棠等人发起成立中国社会教育社，又与梁漱溟等社会名流发起组织全国乡村教育学会，积极推动教育发展。1937 年抗战全面爆发，高阳率领全院师生西迁桂林，昼伏夜行，途中仍坚持授课。汪伪政府曾企图利用高阳威望，以高薪聘其出任教育主管，遭到严拒。后来，高阳接受国民政府聘任出任广西大学校长，在任期间，整肃校风，改革教育，革除陋习，提高质量，受到李宗仁赞扬。后因带病教学，操持过度，52 岁便英年早逝。高阳的遗物，仅有三只留美时用过的旧箱子，里面除了几件旧衣物和一些书籍，此外一无所有。高阳去世后，梁漱溟等人组织了治丧委员会，李宗仁、白崇禧亲自前往路祭，送葬者多达数千人，队伍排出一二里远。

民国无锡，还诞生了中国教育史上第一位女大学校长杨荫榆。杨荫榆（1884—1938）小名申官，因不满封建包办婚姻，在兄长杨荫航帮助下1907年东渡日本留学。从东京高等师范学校毕业后，受聘于江苏省立第二

高阳创办的无锡中学

女子师范学校，任教务主任。1914年杨荫榆出任北京女子师范学监。1918年赴美，在哥伦比亚大学获教育学硕士学位，1922年回国。1924年2月，接替许寿裳担任国立北京女子师范大学校长。受西方教育理论影响至深的杨荫榆，治校中一味强调秩序，整肃学风，禁止学运，管理方式比较简单生硬，从而引起学生不满。1925年1月，学生自治会向教育部提交申请，要求杨荫榆离职，未获应允。5月，杨荫榆开除了刘和珍、许广平等6名学生自治会成员，矛盾进一步激化。8月杨荫榆辞职，是年冬回乡，其后任教于苏州女师、东吴大学。抗战全面爆发后不久，苏州陷落。杨荫榆面对日军的烧杀抢掠暴行，数次到日军司令部提出抗议。1938年元旦，两个日本兵将杨荫榆骗至一座桥上，将其枪杀后抛入河中。她不畏强暴，慷慨孤怀，凛然斥敌的壮举，不愧为那一代爱国正直识分子的人格写照。

"一门五博士"一直是无锡民间脍炙人口的佳话，说的是虹桥湾里的顾氏，兄弟七人中出了五位博士，文理皆通的顾毓琇更是顾氏才俊中的佼佼者，其妹婿王兼士也是德国慕尼黑大学的经济学博士，家门充盈着浓郁的书卷气息。顾毓琇（1902—2002，字一樵）的人生充满神奇色彩，他既是学识出众的文人学者教授，又是才能过人的官员；既是精通数理的工程学博士、科学家，又是集诗歌、戏剧、小说、散文创作于一身的文学家；既是一位能写能谱的音乐家，还是一位睿智深邃的佛学研究者，研究与创作皆成就斐然。顾毓琇5岁即入私塾接受传统文化熏陶，10岁考入杨模创办的竢实学堂，接受新学教育。1915年，不满14岁的他入清华大学初中部就读，接受了钱基博、林语堂、孟宪承等

众多名师教导。顾毓琇20岁从清华毕业后，被选派庚款留学，赴美国麻省理工学院学习，仅用四年半时间就获得了理工学士、电机硕士和科学博士三个学位，成为该校该专业第一位获得博士学位的华人学生。其间，他发明了"四次方程通解法"，在基础数学研究领域取得了突破性成果，其博士论文《电机瞬变分析》被国际电机界称为"顾氏变数"，此后他又以"顾氏图解法"和"顾氏定则"，奠定了在国际电机界的崇高地位。回国后，顾毓琇先后任教于浙江大学、中央大学、清华大学、西南联大等高校。27岁时任清华大学工学院院长，35岁任教育部政务次长（教育部副部长），又任国立音乐学院院长、上海市教育局局长等职。执教清华期间，他创办了无线电研究所和航空研究所；任职教育部期间，创办了纺织技术学院和上海实验戏剧学校（上海戏剧学院前身）。1950年顾毓琇赴台湾，后移居美国，先后任麻省理工学院和宾夕法尼亚大学教授，获国际电机及电子工程师协会授予"兰姆"金质奖章和IEEE金禧奖章（"巨比利奖"）和千禧奖。2002年9月9日，顾毓琇仙逝于美国，享年百岁。2006年，顾毓琇夫人、106岁高龄的王婉靖去世，骨灰合葬于家乡无锡。

"左手娴熟于人文、右手精通于数理"的顾毓琇，不仅在科学研究领域卓有建树，文学艺术也造诣颇深。早在清华读书时，他就翻译了30多篇英文小说和剧本，并与梁实秋、闻一多等发起成立文学社、清华戏剧社。留美期间，他将自创话剧《琵琶行》搬上美国校园舞台。20世纪20—40年代，他以顾一樵笔名创作了《孤鸿》《琵琶记》《白娘娘》《岳飞》《荆轲》《古城烽火》等12部话剧，是中国现代话剧的重要发轫者之一。顾毓琇还著有小说《芝兰与茉莉》、散文《祖母的死》《我的父亲》等，是一位全能型作家。中国社会科学院《顾毓琇全集·序》评曰："先生之学，可谓中西兼顾、文理皆精，是中国近代以来惟一能够左手娴熟于人文，右手精通于数理的旷世通才。"在任国立音乐院（中央音乐学院前身）首任院长期间，他整理并成功演出了明朝版歌曲乐谱，将物理学上的348频率定为古乐黄钟的标准音，一直沿用至今。

从无锡钱家走出的才俊堪称最众，人文方面，钱穆乃遐迩闻名的国学名家，史学大师，近代中国最重要的思想家之一，台湾中央研究院的院士。钱绳武堂的钱基博、钱基厚皆学养深厚，睿智出众，各有所成；钱基博之子钱钟书智慧过人，博学多才，《管锥编》《围城》已成为文化史上的不朽经典。同时，无锡钱氏子弟中两院院士、学部委员更是多达10人，可谓书香盈门。

钱穆（1895—1990）字宾四，笔名公沙、梁隐、孤云，是无锡七房桥钱氏后裔。其学问渊深广博，堪称国学大师，一生积极倡导国史研究，认为"任何一国之国民，尤其是自称知识在水平线以上之国民，对其本国以往历史，应该略有所知"。钱穆一生著书 70 余种，计 1400 多万字，对经史子集四部均有精湛的研究著作，《论语文解》《孟子要略》《国学概论》《国史大纲》《文化学大义》《中国文化史导论》《中国文化精神》《中国历史研究法》《中国史学发微》等著述，奠定了中国文化史研究的重要基础，对现代思想学术史影响巨大。史学家唐德刚认为，中国史学研究的主流是"从往古的左丘明、司马迁到今日在台湾的钱穆教授，这一脉相承的中国传统史学"。钱穆早年曾参与创办无锡国专，后历任燕京大学、北京大学、清华大学、齐鲁大学、西南联大教授，1947年荣德生、荣宗敬兄弟创办江南大学时邀请钱穆任文学院院长。1949 年，钱穆在香港创办了新亚书院，后来新亚与崇基学院合并，成立了香港中文大学。1967 年，钱穆迁居台湾，被聘为中央研究院院士、故宫博物院院士，尊为文化界一代宗师。美国耶鲁大学校长授予钱穆人文学名誉博士学位，盛赞钱穆是"一个古老文化的代表者和监护人"。1990 年 8 月 30 日，钱穆病逝，归葬于苏州太湖之滨。

　　作为一代著名的藏书家、语言学家，丁福保（1874—1952，字仲祜，号畴隐居士）是不能不提的人物。他七岁入塾，自言"天性甚钝，读书不上百遍不能背诵"，但天道酬勤，终成大器。其长兄与吴稚晖、陈仲英、廉南湖、裘保良等为好友，丁福保平日饱闻雅言闳论，获益匪浅。22 岁入江阴南菁书院，次年补无锡县学生员。1898 年，丁福保任教于杨模创办的竢实学堂，后辞教赴沪，师从新阳赵静涵先生学医，兼学日文。1904 年，受聘京师大学堂译学馆算学兼生理卫生学教习，两年后辞职南归，在上海悬壶行医，编著有《笔算数学》《代数备旨》《形学备旨》，为早期相学书。1910 年，两江总督端方聘他为考察日本医学专员，返国后，行医之余翻译医书，并创办"中西医学研究会"，倡导医学研究。丁福保年近 40 岁时皈依佛门，研读经典，刻印经书，弘扬佛法。1920年，出版《佛学丛书》，晚年又弃医而专心著书，著有《历代医学书目提要》《四库总录医药编》《汉魏六朝名家集初刻》《全汉三国晋南北朝诗》《历代诗语续编》《清诗话》等丛书。他还设立了"诂林精舍"收藏图书古籍，吴稚晖为其题写匾额。该精舍藏书总数超过 15 万卷，丁福保将其先后捐给无锡县图书馆、县立第一小学图书馆、上海市立图书馆、震旦大学、背景图书馆等机构，其中包括购自常熟"铁琴铜剑楼"的宋元珍本 10 余种。上海存古书店编有《无锡丁氏珍藏善本书目》，著录了 600 余种、16000 余册善本。编著有《文选类诂》《尔雅诂林》《说文解字诂林》《无锡丁氏藏书志》《古钱大辞典》等。

　　江南历代出鸿儒，20世纪20—30年代，我国学界有公认的四位国学大师，他们皆出自江浙：太仓的唐文治、余杭的章炳麟、吴江的金松岑和无锡的钱基博。无锡钱氏诗礼传家，文采风流，长盛不衰，族中子弟多以教书课徒为业。据《钱氏家谱》，钱基博（字子泉，1887—1957）与钱基厚（字孙卿，1887—1975）这对孪生兄弟乃五代吴越王钱镠的第三十二世孙。童年时，基博、基厚同进共退、形影不离，从学经历基本相同。在家学熏染和长兄钱基成的启蒙下，二人4岁即认字读书，才智聪慧远超同龄，后阅尽经典古籍而积淀深厚。钱基博与钱基厚相貌相似，个性爱好却大相径庭，基博做学问精深从容，处世耿直方正，而基厚则精明练达、善于斡旋，因此二人选择了治学与从政迥然相异的人生道路。科举制临近终结之时，钱氏兄弟曾参加县试，都因针砭时弊、年少气盛而未被录取。此后，各地竞相举办新学，二人再未参加科考。兄弟俩17岁那年，无锡商会举办演讲会，听者多为商界人士，兄弟二人应邀先后登台演讲，见地不凡，语惊四座，被誉为出色的"小演讲家"。这一经历于钱基博算是其漫长教学生涯的开端，于钱基厚则是他与商业发生关系之肇始。辛亥革命后，钱基博投身教育，任教于圣约翰大学。"五卅"惨案爆发，校方横加压制师生，钱基博愤而离校，后组织创办光华大学。抗战后期的1944年，湖南各地相继失守，国立师范学院被迫西迁，钱基博不顾病衰之躯，准备以身殉国，幸而我军大捷，才幸免于难。此间，钱基厚在无锡政界、商界也已崭露头角，出任商会会长，长袖善舞，运筹帷幄，为民族工商业发展积极奉献。1924年钱基厚受邀出任公益商业中学校长，中学停办后，荣德生听从钱基厚"以家塾组织而参书院精神"之建议，创办了梅园豁然洞读书处。钱基博与钱基厚，一位是学识厚重、教书育人的国学昆仑，一位是德隆望尊、受人尊敬的政坛星宿，为无锡留下厚重的精神财富。

　　钱基博之子钱钟书（1910—1998，字默存，号槐聚）是钱氏书香世家的杰出代表，被誉为"二十世纪最智慧的头脑"。钱钟书一出生便过嗣给了膝下无子的大伯父钱基成，在周岁"抓周"时钱钟书抓的是一本书，故取名"钟书"，此后一生他果然手不释卷、嗜书如命。在伯父的点拨和生父的严苛要求下，钟书不满七岁便囫囵吞枣阅尽家中名著，虽然出于天性也曾流连忘返于街头书摊的传记小说，但天资聪颖的他学业不断精进，14岁便能代父为钱穆《国学概论》一书作序，且熟读《古文辞类纂》《骈体文钞》《十八家诗钞》等古籍选本，从此开始系统阅读，是乃一生治学之始。1929年，钱钟书考入清华，虽然数学只考了15分，但国文、英文皆名列前茅，其水平甚至不在教授之下。1933

年毕业时，清华希望其留校继续深造，但恃才傲物的钱钟书竟语出惊人："整个清华园，没有一个教授有资格当得钱某人的导师。"其狂傲不羁、蔑视权威的个性可见一斑。1935年钱钟书考取庚款公费留学，入牛津大学英文系，后转赴法国巴黎大学研究院深造，回国后先后任职多所大学。1977年中国社科院成立后，经胡乔木推荐钱钟书出任中国社科院副院长，但骨子里仍是一位文化学者。作为典型的江南才子，钱钟书博览群书，涉猎广博且不乏深度，在他身上，感性和知性水乳交融完美结合于一身，幽默通俗、文采斐然的小说《围城》与精深严谨的学术巨著《管锥编》，竟出自同一人之手，令人称奇。学界将钱钟书誉之为"二十世纪最智慧的头脑""风华绝代的幽默才子"，民间则尊之为"文化昆仑"。钱钟书夫人杨绛（本名杨季康）也是著名的作家和翻译家，成就不在钱钟书之下。她22岁考入清华大学研究院外文部，研究生期间选修朱自清《散文习作》课，写下人生第一篇散文《收脚印》，此文由朱自清推荐发表于《大公报》文艺副刊。杨绛通晓英语、法语、西班牙语，由她翻译的《唐·吉诃德》被公认为最优秀的翻译佳作，至2014年已累计发行70多万册。她早年创作的剧本《称心如意》搬上舞台60多年后仍是保留剧目。钱钟书去世后，杨绛一边整理出版丈夫遗作，一边写作不辍，93岁出版散文随笔《我们仨》，再版达一百多万册；96岁出版散文集《走到人生边上》，102岁出版250万字、8卷《杨绛文集》，其文字风格简朴沉静，归绚烂繁华于淡泊平和，又不乏哲理机趣。2016年5月，杨绛以105岁高龄辞世。钱氏夫妇，携手一生，共当进退，乃当代学人"知行合一"和道德文章的典范，也是现代锡邑文化涵育和繁兴的人才典范。

在中国文化史上，五四新文化运动是一场影响深远的伟大文化与思想运动，对中国的历史进程产生了重要影响，在这场历史性除旧布新的运动中，也活跃着无锡人的身影。刘半农就是一位新文化运动的先驱与健将，他同时也是著名的语言学家、文学家、摄影理论的奠基人。刘半农（1891—1934）原名刘寿彭，出于江阴思夏堂刘氏，大弟刘天华是著名民乐家，幼弟刘北茂曾是一位外语教授，二哥去时后转向二胡开拓亦颇有成就，三兄弟均才华出众，被誉为"刘氏三杰"。刘半农早年就读于私塾，后考入常州府中学堂，读书成绩十分优异。钱穆晚年曾回忆说，"不三月，寿彭连中三元，同学争以一识刘寿彭为荣。"但中学毕业前一年，刘半农却忽然退学了，19岁便闯荡上海，以文谋生。初任报刊编辑，并在《小说月报》《礼拜六》等刊物以"伴侬""寒星""范瑞奴"等笔名发表小说，很快便声名鹊起，颇受追捧，被誉为"江阴才子"。短短5年间发表的小说多达40余篇，皆言情、警世、侦探、滑稽等通俗之作，苏雪林评曰

"滑稽突梯，令人绝倒"。1917 年，因为陈独秀的推荐，刘半农接到蔡元培邀请赴北大执教，开中学肄业登高等学府讲坛之先例。1921 年夏，刘半农赴法入巴黎大学深造，1925 年获法国国家文学博士学位，所著《汉语字声实验录》荣获法国康士坦丁·伏尔内语言学专奖，成为我国首位获此殊荣者。让刘半农声名鹊起的，并非语言学成就，而是他和钱玄同在《新青年》杂志上演出的那幕"双簧戏"。北大是新文化运动的发祥地，也是新文化思想的中心，在新思想的感染下刘半农很快成为新文化的急先锋。陈独秀、胡适的文章在《新青年》发表倡导新文化运动的文章，起初没能引起保守的复古派关注，为剧团做过编剧的刘半农于是想到可以上演一场"双簧戏"来引发论争，他把想法告诉了好友钱玄同。钱玄同也是个炮筒性格，曾撰文将"桐城巨子""选学名家"骂作"桐城谬种""选学妖孽"，两人一拍即合。于是，由钱玄同扮演顽固不化的封建文化的卫道者，刘半农则扮演鼓吹新文化的革命者，互相抨击，这场"双簧"果然成功，由此挑起新旧文学的一场论战，成为现代文化史上一个最戏剧性的插曲，也为刘半农赢得了新文化运动健将的美名。刘半农还是中文"她"字的首创者，1920 年 9 月，刘半农短暂留英期间，于伦敦曾写下《教我如何不想她》一诗，文字优美抒情，由赵元任谱曲后很快传唱开来，诗中首次使用了"她"字，此前汉语中第三人称无男女之分，翻成外文时颇为不便，初以"伊"字作为女性指称，但"他""伊"发音不同，用时多有麻烦。刘半农的创造令字典中多了一个"她"字。任教北大期间，在校长蔡元培支持下，刘半农成立了国内首个语音实验室，并制订了一个宏大计划：完成《四声新谱》《中国大字典》和《中国方言地图》编撰，却因英年早逝而未能如愿，1934 年因外出考察感染恶疾病逝于北京。

在现代文学史上，现代文论家与翻译家陈西滢也是一位才子。陈西滢（1896—1970），原名陈源，字通伯，自幼好学，家境优渥，16 岁便赴英留学，先后就读于爱丁堡大学和伦敦大学，1922 年获文学博士学位后回国，26 岁任北京大学外文系教授。1924 年和徐志摩等一起创办《现代评论》周刊，并辟《闲话》专栏发表杂文，译介屠格涅夫等人的小说。1927 年，与女作家凌叔华结婚，1929 年出任武汉大学教授兼文学院院长。1943 年，陈西滢回到伦敦就职于中英文化协会，1946 年出任中华民国驻巴黎联合国教科文组织首任常驻代表。1966 年退休侨居伦敦，至 1970 年因病去世，后葬于家乡无锡胡埭。陈西滢敏捷理智、外冷内热，虽留学西洋，传统纲常观念却根深蒂固，孝顺父母，笃善友人，因与鲁迅笔战，世人长期对其品行有所误读。事实上，陈西滢是一位杰出的文论家翻译家，不仅有大量翻译著作，且颇得英国散文之妙谛，一本《西滢闲话》便足以使他跻身中国现代散文名家之列。梁实秋评曰："西滢笔下如行云流水，有意态从容的趣味"，女学者苏雪林则赞其"文笔晶莹透剔，更无半点尘滓绕其笔端"。多年留学经历使陈西滢早已习惯英伦文化的理智有序，对当时国内乱相和国民劣根性十分不满，字里行间不乏理智和傲慢，是20世纪前半叶中国现代知识分子的一个"另类"。他与鲁迅的纷争，导致他从新文化的潮流中退隐，著名作家韩石山认为"在鲁迅一生的论敌中，陈西滢不说是略高一筹了，至少和鲁迅是个旗鼓相当的对手。"

近现代的动荡时代的无锡才子，值得一提的还有王蕴章。王蕴章（1884—1942），字莼农，号西神，乃小娄巷嘉乐堂王氏的第十三代裔孙。王蕴章是钱钟书的舅舅，钱基博是他的妹夫。才情过人的王蕴章，18岁即考中举人，但其并非悬梁刺股、挑灯苦读之辈，随性而潇洒。当官家敲锣打鼓前来送举人喜报时，王蕴章正悠闲地在城头放着风筝，可见其任性与率真。1910年8月，商务印书馆刊物《小说月报》创刊，26岁的王蕴章出任杂志主编，至2011年底，共编辑19期。1915年，他任职商务印书馆，负责编撰了中国历史上第一版《辞源》，这是我国首部第一部大型古汉语辞典，也是第一部大规模的语文辞书。编撰结束，王蕴章复任《小说月报》主编，恽代英、胡愈之、叶圣陶、沈雁冰、黄宾虹、廖仲恺、叶浅予、胡寄尘、周作人、郑振铎等都是刊物作者。1918年起《小说月报》销量滑坡，败象显露，王蕴章只好亲撰鸳鸯蝴蝶派通俗作品，取悦读者。这些小说情节离奇，搞笑逗乐，被称为"礼拜六文学"。1921年文学研究会成立，《小说月报》作为文学研究会会刊转由茅盾主编。1942年8月，58岁的王蕴章病逝于上海。其一生留下《碧血花传奇》《香骨桃传奇》《可中亭》《铁云山》《霜华影》《鸳鸯被》《玉鱼缘》《绿绮台》《西神小说集》等大批作品和艺术杂论，是后人研究鸳鸯蝴蝶派文学的重要文献。

在近现代卓有成就的文史学家中，许思园（1907—1974，原名寿康，号思玄）常常被人们遗忘。他出身于一个诗书世家，祖父是清末外交官许珏，曾是薛福成出使欧洲时的大使参赞，父亲许同蔺是北京通志局的编纂、《时务报》书记，许思园自幼通读家藏中西史书，9岁时曾在城中公园多寿楼举办个人书法展。16岁便以优异成绩考入上海大同大学，20岁毕业后任南京中央大学哲学系助教，21岁出版了第一部英文著作 On the Nature and Destiny of Man（《人性与人之使命》），1937年获庚款资助，游学伦敦、巴黎、普林斯顿，寓居海外12年，接受西方人文自然学术熏陶而能游刃有余，获巴黎大学哲学博士学位，1942—

1943 年先后出版法文著作《相对论驳议》《从一种新的观点论几何学基础》。1946 年，许思园应爱因斯坦教授邀请，探讨交谈，后以英文写下《与爱因斯坦教授讨论两个问题》，发表于《东方与西方》，同年回国应聘于南京中央大学。1947 年，荣德生创办江南大学，许思园应聘出任江南大学哲学研究所所长。许思园自幼聪颖，耳提面命之年，就浸染于国故艺文格致之学，传统文化基因植根殊深，大学时代通贯西学，成绩卓然，兼学融通，连印度大诗人泰戈尔都盛赞其哲学睿智，英文水平比自己好，可见其西语之精美圆熟。新中国成立后，许思园执教于山东大学历史系，有《论中国哲学》《论中国文化》《论中国诗》《相对论驳议》《中西文化回眸》等重要著述。1957 年，许思园被错划为右派，被迫中止学术研究，仍有译著《加蓬共和国史略》等。许思园以哲学为本，出入于文理两科，博闻多识，精通数理，是近世文史学界之奇才。《文存》品味学识之兼通中西，文思之汪洋恣肆，多有独立见解和精彩之论，尤以诗论最见真谛。在论李白时，他说："盖太白生平特征即为不能安于现实世界，其潜意识无时无刻不在追寻一个超越现世的灵异境界，其心魂永向灵境飞驰，追求当前世界不能给予的兴奋及不能具有的光彩。"1974 年 3 月，这位杰出的哲学家因心肌梗塞在曲阜逝世，终年 67 岁。著名学者周辅成在祭文中写道："人总是要死的，也并非不幸之事。然而，如果一个人的死，并列在很多不幸者中，而人们都在为一切不幸者的不幸而悲痛的时候，他却像被人忘掉一样，甚至无人想到、念到，好似山谷中的鲜花，自开自谢，无人过问，这就使人不能不无限低徊了。"

第五章

经世良才　科技精英

　　无锡人杰地灵，才俊辈出，不仅在人文教育领域人才济济、成就斐然，在政治、经济领域也可谓群星灿烂，光耀华夏。从中共历史上最年轻的最高领导博古（秦邦宪），到被称为"红色无间道人生"的王昆仑；从优秀实业家跻身政坛的国家领导人荣毅仁，到统一战线的功勋人物潘汉年；从投身革命的"潘氏双杰"潘梓年、潘有年兄弟，到任职最久的中宣部长陆定一，都是人们耳熟能详的无锡才俊。

　　无锡师古河畔的秦氏望族乃北宋著名词人秦少游的后裔，人才济济，古代一直是科考大族、缙绅世家，到风起云涌的现代却走出了一位革命家秦邦宪。秦邦宪（1907—1946）字则民，又名博古，是秦观的第 32 世孙，其父秦肇煌乃晚清举人，虽然家道中落，但书香犹存。博古的家原先住在无锡城内的中市桥巷，因父亲就职杭州而举家迁徙，9 岁时因父亲去世重返无锡。15 岁时就读于苏州工业专门学校，开始热心学生运动。1925 年考入上海大学，参加了五卅运动并加入了中国共产党。次年，19 岁的博古被派往苏联学习，与王明、张闻天等 28 人成为同学。1930 年 5 月回国后，博古先后担任了全国总工会宣传干事、共青团中央组织部部长、社会主义青年团总书记。1931 年 9 月，年仅 24 岁的博古出任临时中央政治局常委，并负总领导责任。因年轻而缺乏经验，在第五次"反围剿"斗争中，博古等人盲从共产国际军事顾问李德指挥，实施军事冒险主义，导致红军发生重大伤亡和根据地严重萎缩，只得被迫战略转移——长征。1935 年 1 月，中央召开遵义会议，纠正其路线错误，由张闻天代博古履行中央总的责任，并增补毛泽东为政治局常委。此后，博古仍是中央政治局成员，任中共中央组织部部长、长江局组织部部长、南方局组织部部长等职，并赴南京进行国共合作谈判。1941 年，博古在延安创办了中央机关报《解放日报》，并任新华通讯社社长。1946 年 4 月 8 日，博古与王若飞、邓发、叶挺等人由重庆飞回延安途中，停机西安加油时被特务偷放炸弹，飞机在山西省兴县黑茶山发生爆炸，机毁人亡，时年 39 岁。博古是中共历史上最年轻的主要负责人，也是最早向国内译介马克思主义的翻译家，曾译有《苏联共产党（布）历史简明教程》《辩证唯物论与历史唯物论基本问题》《共产党宣言》《社会主义从空想到科学的发展》《卡尔·马克思》等，为马克思主义在中国的传播做出了一定贡献。

王昆仑（1902—1985）是琅琊王氏的第 68 世孙，生于保定，长于无锡，祖上世居无锡城中姚宝巷。他一生游走于政治、文学之间，身份或明或暗，行迹可圈可点。1985 年去世时的公开身份是民革中央主席，全国政协副主席。早在北大读书时，王昆仑便深得孙中山赏识，亲自介绍他加入国民党。1924 年冬，孙中山为南北统一抱病北上，王昆仑一直是其身边工作人员，在孙中山生命的最后时光更是朝夕陪伴在侧。对王昆仑而言，孙中山不仅是引路人，也是人生榜样。1932 年秋孙科出任立法院院长，王昆仑作为太子派骨干受聘出任立法委员。但此时他对开始腐朽的国民党已不抱希望，1933 年他与孙晓村等人发起成立南京读书会，并秘密加入共产党，成为一名潜伏于国民党内部的"红色间谍"。1935 年 8 月，王昆仑在无锡鼋头渚太湖别墅的万方楼召开秘密会议，共商抗日救国工作。他利用国民党候补中委、立法委员的身份，长期从事爱国民主运动和党的统一战线工作，他所提供的情报帮助红军多次避免了重大损失。1945 年 5 月，王昆仑在国民党地六次全国代表大会上公开揭露国民党顽固派勾结日伪、制造分裂、策划内战的阴谋，引起很大震动。新中国成立后，王昆仑仍坚持党外人士身份，和李济深等一起筹建了中国国民党革命委员会（民革），历任民革中央常委、宣传部长、副主席、主席等职，直至逝世其中共党员的身份才得以公开。无锡著名风景区鼋头渚公园内，有一片别墅式建筑群——七十二峰山馆、万方楼、松庐，以及被划入江苏省干疗养院的单体别墅和平房群，都是王昆仑的父亲王镜明于 1927 年所建成。1985 年王昆仑逝世后，无锡市人民政府将七十二峰山馆辟为《王昆仑故居》，以示纪念。

宜兴的潘氏家族，因为潘汉年、潘梓年、潘有年兄弟的不俗表现在现代颇引人注目。虽然潘氏三位才俊的人生轨迹各不相同，却都令人慨叹有加。潘汉年（1906—1977）出身乡间书香之家，陆平村人，1925 年秋加入中国共产党，1928 年开始负责文化统一战线工作，20 世纪 30 年代主要负责打通国民党地方实力派。遵义会议后，奉中央指示前往上海恢复白区工作，并负责联络共产国际。抗日战争、解放战争时期，潘汉年主要从事上层统战、国共谈判、民主党派、国民党起义投诚等统战工作，与对方高层多有接触。1936 年 4 月，潘汉年受中共驻共产国际代表团派遣，担任国共谈判联系人。1943 年夏，他根据饶漱石的指示赴上海对大汉奸李士群进行统战工作，并应李立群要求会见了汪精卫。而这些，正是导致他日后蒙冤受屈的原因。他与上海各界知名爱国人士宋庆龄、沈钧儒、章乃器、陶行知、邹韬奋、郭沫若等也都有良好关系，是党在白区统战工作的重要领导者。对潘汉年在统战工作等方面做出的杰出贡献，毛泽东在党的第七次全国代表大会上曾给予高度评价。新中国成立后，潘汉年历任中共中央华东局和中共上海市委社会部部长、统战部部长、上海市常务副市长等职，为改造旧上海做了大量工作。1955 年，潘汉年突然被捕，被诬陷为"长期隐蔽在中国共产党和国家机关干部的内奸分子"，直至 1977 年 4 月病逝于湖南茶陵劳改农场。1982 年 8 月，中共中央为潘汉年彻底平反昭雪、恢复名誉，追认他为"坚定的马克思主义者，卓越的无产阶级革命战士，久经考验的优秀共产党员，党的统一战线的卓越领导人"。

潘梓年、潘有年为同胞兄弟，也是宜兴陆平村人，与潘汉年是堂兄弟。潘梓年是哥哥，潘有年是弟弟。潘氏乃书香门第，曾祖和祖父分别为清朝道光、咸丰年间举人，两位伯父也是光绪年间秀才。父亲潘箓华秉性耿直倔强，授课于乡间私塾。潘氏兄弟在私塾接受传统，并接受潘氏家训"耕读传家，不入仕途"的熏陶，但一心追求真理的潘氏兄弟后来均投身于政治洪流。

长子潘梓年（1893—1972）被誉为"中共第一报人"，1923 年毕业于北京大学哲学系，后执教于保定中学。1927 年入党，负责主编《北新》《洪荒》等进步刊物。20 世纪 30 年代初，任中国左翼社会科学家联盟负责人、中国左翼文化总同盟书记、中共江苏省委机关报《真话报》总编辑。1933 年因政治活动频繁而被捕，至 1937 年 6 月出狱。后赴武汉、重庆筹办中共机关报刊《新华日报》《群众周刊》，任《新华日报》社长。后历任中共中央城市工作部研究室主任、中原省人民政府教育部长、中原大学校长、中南区行政委员会教育部长、中国科学院哲学社会科学部副主任兼哲学研究所所长，主编《哲学研究》杂志。"文化大革命"中潘梓年受迫害入狱，在狱中病逝。潘梓年才气横溢，著译甚丰，主要著作有《文学概论》《逻辑与逻辑学》《辩证法是哲学的核心》等。

潘有年（1997—1988），又名潘菽，潘家次子，我国心理学的主要奠基人，也是中国科学工作者协会、九三学社的主要创始人，曾任南京大学校长、中科院心理研究所所长、九三学社中央副主席。潘菽 6 岁受教于父亲的蒙馆，后以优异成绩考取常州江苏省立第五中学，他天资聪慧，勤奋好学，爱好广泛，先秦诸子及宋明理学积淀，加之书法、美术、镌刻等才艺，为其打上鲜明才子烙印。每学期末学校红榜上"潘有年"名字总是列甲等前两名，中学毕业，潘菽考入北京大学哲学系，时值蔡元培任校长，又恰逢五四运动时期，他满怀热情积极投身运动，被作为骨干被逮捕，后为蔡元培所救。1920年，潘菽考取官费赴美留学资格，1921年入美国加利福尼亚大学学习教育学，两年后转芝加哥大学研究心理学，获博士学位。归国后，潘菽先后任教于中山大学、中央大学，新中国成立后先后担任南京大学系主任、教务长，校务委员会主席、校长，1956年调任中国科学院心理研究所研究员、所长，从事记忆、错觉、汉字知觉等研究，后致力于心理学基本理论研究，在许多方面有深刻独到的见解，形成了自己的理论体系。

受到兄长们的影响，四弟潘美年也很早就走上革命道路，抗战期间潘梓年主持《新华日报》工作时，潘美年是《新华报社》的记者。1938年10月，日军进攻武汉，八路军驻武汉办事处租用"新升隆"号轮船运送办事处和《新华日报》工作人员向重庆转移，23日驶至嘉鱼附近时，轮船被日机炸沉。船上的潘美年等24人为国捐躯。潘氏兄弟在我国文化事业上居功至伟，却累遭磨难，命运坎坷。他们在20世纪20—70年代的风雨历程，可谓中国知识分子的全息摄影。

荣毅仁的从实业家转而跻身政治家之列，是政治的需要，国家的需要。荣毅仁（1916—2005）是著名实业家荣德生的第四子，自幼在无锡长大，饱受传统文化熏陶，有优良人文根底又有实业家的精明强干。荣氏创业，跨越了晚清到新中国成立长达半个世纪历程，这个掌握着全国近半财富的家族在历史的大动荡阶段也屡屡受挫，甚至命悬一线。荣氏企业历经种种危机，得以在夹缝中顽强生存发展起来，并创造了中国近代商业史上"众枯独荣"的奇迹。这其中，除了父辈创业者荣宗敬、荣德生，还主要得力于荣家的第二代掌门人——荣毅仁。新旧交替的1949年，荣毅仁毅然选择与父亲荣德生留在大陆，担负起支撑振兴家族产业的重任，也成为荣氏百年历史中最富传奇色彩的人物。当年，伯父荣宗敬过世，刚从上海圣约翰大学毕业的荣毅仁便开始辅佐父亲管理庞大的家族企业群。新中国成立后，面对新形势，荣毅仁经过慎重思考，毅然代表私营工商业者向政府提出了"公私合营"的倡议，从而开启了历史上史无前例的全新经济运营模式，得到新政府的赞赏，赢得了"红色资本家"的美称。这一耐人寻味的定位预示着他之后出入于政界和商海的丰富人生。1956年，毛泽东主席参观了荣氏上海企业，荣毅仁的精明强干给毛泽东留下深刻印象。1957年，在陈毅协调下，41岁的荣毅仁当选上海市副市长，从此跻身政坛。1959年，荣毅仁调任纺织工业部副部长。"文革"之后，荣毅仁出任全国政协副主席，改革开放的春风再次唤起他的工商之梦，1979 年 1 月，在邓小平召开的工商人士座谈会上荣毅仁提出了吸资兴办实业的构想，得到肯定。经过数月筹备，1979 年 10 月，中信国际信托投资公司宣告成立，并很快获得骄人业绩。中信公司作为国家对外开放的窗口，为新中国的改革开放与经济建设做出了不可磨灭的贡献。荣毅仁成就了中信，中信也成就了荣毅仁的后半生，在政治、经商的两极之间他灵活转换角色，凭借着深邃的思想、敏锐的嗅觉和灵活的处事方式，极富智慧地完成了不同历史时期的身份转换。

陆定一（1906—1996）乃江南本埠望族陆氏之后，1925 年，在南洋大学就读期间加入了中国共产党。从政生涯中，陆定一始终从事文字宣传工作，历任共青团宣传部部长、红军宣传部部长、八路军宣传部部长和中共中央宣传部长，这位阅历不凡的传奇人物，新中国成立后历任中央政治局候补委员、书记处书记、中央宣传部长、国务院副总理兼文化部长，一直主管意识形态工作。长征中，陆定一和许多红军战士一样走完了艰难的两万五千里路途，不同的是他一路写文章、写标语，并创作了不少歌词，其中《会师歌》被编入大型音乐舞蹈史诗《东方红》，散文《老山界》也曾收入中学语文课本。1942 年，他接替博古任《解放日报》总编辑，后在中宣部长任上长达 22 年之久，是在这个岗位工作时间最长的官员。"文化大革命"中陆定一经历了残酷政治迫害，在狱中他开始深刻反思，提出"民主""自由"是共产主义运动的"核心价值"，指出"反腐问题，其裁判权和监督权一定要放在外部"，90 岁高龄的陆定一弥留之际留下的遗言是"要让孩子读书……要让人民说话"。

无锡在国际外交中也不乏可圈可点的人物。早年，薛福成是大清朝外派的第一位出使欧洲四国的外交大臣。哲学家许思园的祖父许珏（1843—1916，字静山，晚号复庵）也是晚清外交官，光绪壬午中举，历仕广东特用道二品顶戴、四品钦衔。薛福成钦使欧洲四国大使时，许珏为其大使参赞。薛福成去世后，许珏又历任出使美、西、秘大臣之参赞，出使意大利大臣等。许珏夫人华氏，乃著名数学家、翻译家、教育家华蘅芳的妹妹。许珏育有四子四女，长子许同范（字文伯）与吴稚晖、孙仲秀、孙揆均、秦晋生、俞复等为同窗好友，1912 年任外交部署理庶政司司长，1913 年派驻日本神户总领事；1914 年至 1924 年任朝鲜新义州、仁川领事，1925 年出任苏联庙街总领事。许同范的长子许寿慈毕业于日本早稻田大学，也是晚清至民国时期的外交官。次子许寿恭是巴黎大学博士，民国时期曾先后派驻法国、丹麦、瑞典等国，1930 年起，历任国民政府外交部亚洲司第四科科长（并代理第一科科长）、兼亚洲司帮办、越南河内总领事、外交部参事、驻埃及全权公使、驻阿富汗全权公使，1949年赴台后任外交部顾问。

在法国《拉罗斯百科辞典》中，徐仲年（1904—1981）的名字赫然在目。因其在中法文化交流方面所做的杰出贡献，1984年4月法国总统密特朗访华在高校演讲时，盛赞他是一位杰出的文化使者、翻译家。徐仲年原名徐家鹤，字颂年，笔名丹歌，东亭人，是民国大佬吴稚晖的外孙。徐仲年幼时就读于私塾和无锡第三师范附小，后入上海同济大学德文班和基督教青年会中学，15岁开始发表评论和小说。1921年赴法国勤工俭学，与周恩来、邓小平乃同一批。1930年他以论文《李太白的时代、生平和著作》获文学博士学位。著有发文著作《诗人杜甫》《红楼梦简介》《白居易研究》，翻译了《子夜歌》《杜甫诗选》《呐喊》等作品，向法国读者推介中国文学。徐仲年回国后先后执教于上海国立劳动大学、复旦大学、中国公学等，同时担任法国文化协会和中法联谊会理事，活跃于中法文化交流的舞台上，被誉为"中法文化交流的优秀使者"。新中国成立后，徐仲年任教于南京大学，继续从事法文写作及翻译。1957年，徐仲年主编了《简明法汉词典》。1960年几内亚总统杜尔即将访华，国务院总理周恩来希望将杜尔总统的法文著作30万字的《政论集》赶译出版，作为国礼赠予杜尔总统，这一紧急任务就是由徐仲年完成的。退休后，徐仲年还编写完成了60万字的《法语动词变位词典》，与他人合译寓言诗《拉芳丹纳》，完成小说《一个十五岁的船长》的校订，还在上海京剧团出访西欧前，赶译了《杨门女将》《贵妃醉酒》《三岔口》《拾玉镯》《除三害》《雁荡山》《秋江》等剧本。1981年12月徐仲年因病逝世，享年77岁。

言及无锡的经世之才，还有一位几乎被遗忘的儒将，那就是生于名门毁于乱世的才俊王赓。王赓（1895—1942）是无锡小娄巷嘉乐堂王氏的第十三代裔孙，民国时期在政坛、军界都是一位风云人物。其名声，一半源于他在二次大战中的将军之功，另一半则因为他曾是民国名媛陆小曼的丈夫。王赓家学深厚，聪明早慧，1911年就从清华大学留学预备班毕业，之后出国深造，就读于美国密歇根大学、哥伦比亚大学、普林斯顿大学和西点军校，与联军统帅、后任美国总统的艾森豪威尔是军校的同班同学。回国后，被外交总长顾维钧选中参加巴黎和会，28岁时王赓已是陆军少将军衔。1922年，27岁的王赓被时任民国财政部赋税司司长的陆定看中，将自己的女儿陆小曼嫁给了他。陆小曼乃京城有名的交际花，而就职军界的王赓生活规律刻板，与陆小曼性格趣味不和，后来陆小曼移情徐志摩，与王赓在1927年结束了婚姻。1931年，王赓升为中将军衔，出任警税总团指挥官。1932 年春，"一二八"上海保卫战期间，因意外被巡逻的日本陆战队扣留，随身所带军事地图落入日寇之手，导致上海保卫战失利而被撤职查办。47 岁时，王赓作为赴美军事代表团成员抱病参与外交公务，途中病逝于埃及首都开罗。美国西点军校发布的《王赓讣闻》称："王的一生诚实、正直、爱国，他给西点带来荣誉，是可以引为骄傲的一员。"

江苏是中国诞生经济学家最多的地方，被誉为"中国经济学家的摇篮"，而无锡则是江苏经济学家诞生最多的人才重镇。晚清民国时期，无锡一地，实业发展最为快速，不仅带动了经济的发展，还涌现出一批关注和研究经济发展的学界精英。

按照时间脉络梳理，锡邑经济财政方面前辈，早期的开拓者当推杨寿楠。杨寿楠（1868—1948），字味云，晚号苓泉居士，乃无锡首家民族资本企业创办人杨宗濂、杨宗瀚的子侄，父亲杨宗济乃杨宗瀚四弟。杨寿楠长期从事财政税务工作，对钱币、赋税、盐法、漕运等皆有研究。1904 年任职商务部，次年作为"清末五大臣出洋考察"参赞，唐文治先生称其在考察期间"于各国内政、外交、法律、财政、教育、实业、军备，靡不殚精研究"。考察团回京后，杨寿楠被委以总纂之职，整理编订出访带回的各类书籍，撮写提要，备载各国政治、法理的纲领精髓上呈朝廷，如《日俄战时财政史》《日本关税制度》《日本中央银行制度》《日本国债制度》《法国司法制度》等，对完善国家税法金融制度具有重要参鉴意义。宣统初年，设财政处，杨味云兼任财政处总办，立"预算决算章奏法规"，该项举措使清末及鼎革以后财政紊乱状况得以改善，也使案牍账簿能够按表册稽核，结束了中国数千年来财政向无预算决算的历史，被赞"操守廉洁，声绩焯然"。

锡邑第二代经济学泰斗、现代经济学的奠基者陈翰笙（1897—2004）居功至伟。他早年留学美、德，1924 年应蔡元培之邀任教北京大学，是当时北大最年轻的教授。1929 年陈瀚笙担任民国政府中央研究院社会科学所副所长，并主持社会学组工作，自此开始开展社会调查。他组建了"农村经济调查团"，带队在家乡无锡行入户调查，获得了许多自然村经济情况的真实数据，这是我国最初采用阶级分析方法对农村生产关系和面貌进行分析。此后，陈翰笙又以同法在河北保定、广东等地进行田野调研，调研成果编入《解放前的中国农村》（5 卷本）具有里程碑意义。陈翰笙学贯中西，著述颇多，18 部著作中有 6 种为英文著述，出版于国外。陈翰笙也是一位社会活动家、教育学家和国际问题专家，1933 年，他与孙冶方、薛暮桥等在上海发起成立"中国农村经济研究会"，创办《中国农村》月刊，由薛暮桥主持，是中国最早的农村经济研究园地。陈翰笙的另一贡献是引领培育了一大批经济学专家，尤其是当年跟随陈翰笙调研的无锡年轻人中，不少人成为日后经济学界的重要人物，如孙冶方、薛暮桥、钱俊瑞、秦柳方、张锡昌、浦山等，因而被誉为"当代经济学家之父"，正因如此经济学界才出现了群星璀璨的"无锡现象"。

在锡邑的第三代经济学家中，从玉祁镇走出的薛暮桥、孙冶方是杰出的代表。薛暮桥（1904—2005），原名雨林，当代杰出的经济学家，他的经济学启蒙老师便是陈翰笙，1929 年他参加了陈翰笙领导的农村经济调查，从田园调查起步开始对农村经济的研究，并以故乡礼社薛氏家族经济状况为主线，完成了第一篇经济学调查报告《江南农村衰落的一个缩影》。后与孙冶方等一起负责编辑《中国农村》月刊。新中国成立后，薛暮桥直接参与了计划经济体制的制定与完善，曾先后担任国家统计局局长，国家计委副主任，全国物价委员会主任，国务院经济研究中心总干事，1955 年当选中国科学院哲学社会科学部学部委员。薛暮桥"文革"中受到迫害，在"关牛棚"的恶劣条件下，他仍思考不辍，以腹稿形式完成《中国社会主义经济问题研究》一书，该书成为改革开放之初经济体制改革的干部培训读本，书中积极探索经济体制改革之路，提出财税、金融、价格、外贸及国有企业的体制改革方案，推动了经济体制的市场取向改革。作为国务院经济研究中心的创始人，新中国第一代经济学家，薛暮桥学术风格严谨务实，著有《中国社会主义经济问题研究》《当前我国经济若干问题》等专著，对新时期经济领域改革产生了重要影响，被称为"市场经济的拓荒者"。

孙冶方（1908—1983），原名薛萼果，与薛暮桥是堂兄弟，是无锡第一个中共支部的书记，也是一位正直敢言的优秀学者。1929 年和薛暮桥一起参与了陈瀚笙的农村经济调研，与薛暮桥编辑《中国农村》月刊，由此步入经济研究领域。新中国成立后，他曾出任华东军政委员会工业部部长、国家统计局副局长、中国科学院经济研究所所长等职，提出了社会主义"价值规律"，并从经济学角度出发，强调尊重企业自身经济管理模式、顺应客观经济规律，建议减少行政干预等，在当时不仅要有独立的见解，且需相当勇气。孙冶方穷其一生探索社会主义经济规律，试图以"价值规律"为基础，建构一个新的经济理论体系，建立起一个以资金量的简单再生产为界限"大权独揽，小权分散"的经济体制，在中国经济理论界具有开拓性意义。

从无锡鸿声里走出的经济学家钱俊瑞（1908—1985），是我国世界经济学界的带头人。他早在 1929 年就参加陈翰笙领导的中国农村经济调查，撰写了《中国农村经济现阶段性质之研究》《中国地租的本质》等论文。此后长期专注经济问题探讨，1936年出版专著《怎样研究中国经济》，强调研究中国经济应遵循唯物主义认识论，注重实地调查研究。1940年，钱俊瑞奔赴解放区，先后担任了中共中央华中局文化委员会书记、新四军政治部宣教部长。抗日胜利后，曾任新华社北平分社社长兼总编辑、《解放日报》社论委员会主任、华北大学教务长等职。新中国成立后，钱俊瑞先后任教育部党组书记、教育部副部长、政务院文教委秘书长、中共文化部党组书记、文化部副部长。1978年出任中国社会科学院世界经济研究所所长，担纲制订《1978—1985年全国世界经济学科发展规划草案》，筹建世界经济资料中心，发起成立中国世界经济学会并选为学会首任会长。此时的钱俊瑞已年逾古稀，身体在"文革"中又饱受摧残，他抱着"抢时间多做事"的态度，不顾年老多病，率领世界经济研究所同人加大研究力度，奔波往来于国内外经济学术论坛，晚年撰写发表多篇研究世界经济发展论文，并主编《世界经济概论》和《世界经济年鉴》，出版《论对外开放》《论改革》等专著，成为改革开放之初重要的世界经济学研究领头人。

此外，从无锡走出的经济学家还有秦柳方、张锡昌、浦山、吴树青、潘序伦、贾士毅、张仲礼等，他们都是1929年因为参与农村经济调查而步入经济研究领域，此后长期从事经济学研究，各有建树，成为新中国早期的经济学界精英。

因为无锡经济发展，文化开放，新学繁荣，民间风气亦崇文重教。所以许多无锡子弟在完成传统基础教育后，纷纷留洋海外，继续深造，拥有了更为宽阔的人生视野，也接受了世界一流的科学洗礼，从而诞生了许多科学技术领域的优秀人才。无锡外出留学人数就在同类县级城市中名列前茅，至辛亥革命爆发的1911年，无锡一县已有122位学子留洋海外。1920年留学人数更达到241人。有许多留学海外的无锡子弟，学成归来后大都成为国内某一科技领域的开山者或领头人，如村前留美归来的"胡氏三杰"，大哥胡敦复不仅成为清华大学第一任教务长，主考推荐了三批庚款留学生，还在国内最早成立了综合性科学团体"中国科学社"。二弟胡明复是第一位在美国获得数学博士的华人，参与成立科学社，主编《科学》杂志，还在大同大学成立了国内最早的"数理研究会"，三弟胡刚复则是中国近代物理学的重要奠基人，在南京大学创办了国内最早的物理学科和物理学实验室。

再如，理论物理、流体力学家与教育家周培源（1902—1993）也是留学归来的科学家。周培源出生于无锡宜兴的书香之家，父亲是乃晚清秀才。因成绩优秀，1924 年他被清华学校派送赴美国芝加哥大学数理系继续深造，1926 年获芝加哥大学硕士学位，1928 年获加州理工学院理学博士学位。是年秋，赴德国莱比锡大学，师从沃纳·海森堡（Werner Karl Heisenberg，1932 年获得诺贝尔物理学奖）教授从事量子力学的研究。1929 年又赴瑞士苏黎世高等工业学校，在沃尔夫冈·泡利（Wolfgang E. Pauli，1945 年获得诺贝尔物理学奖）教授领导下从事量子力学研究。回国后，受聘为国立清华大学物理系教授，其时年仅 27 岁，并先后在西南联大、北京大学任教授。1936—1937 年在美国参加 A. 爱因斯坦领导的广义相对论讨论班，并进行相对论引力论和宇宙论的研究。周培源不仅在物理学基础理论方面取得科研成果，也曾担任北大校长，中国科学院副院长，中国科协主席，中国物理学会理事长，中国力学学会副理事长，中国国际科技促进会会长等职，为中国高教事业和国家科学文化事业方面做出了重要贡献。

再如，中科院院士、国际量子分子科学研究院院士、物理化学家唐敖庆（1915—2008），在美国哥伦比亚大学获得博士学位后，1949 年毅然回国，投身祖国建设，他与蔡镏生等创建了东北人民大学（今吉林大学）化学系，后担任吉林大学校长，是中国现代理论化学的开拓者和奠基人，被誉为"中国量子化学之父"，吉林大学为其建造了唐敖庆院士纪念馆，还专门排演了话剧《唐敖庆》，以纪念这位开中国理论化学先河的老校长。

还有，无锡邹氏后裔邹承鲁（1923—2006）更是一位令人尊敬的科学家。邹承鲁夫人李林是著名地质学家李四光的女儿。1951 年，他获得英国剑桥大学生物化学博士学位后，即回到祖国，他在国际上最早尝试用蛋白水解酶部分水解的方法研究蛋白质结构与功能的关系，在细胞色素、结构、性质变化方面有许多新发现，他所建立的蛋白质必需基团的化学修饰和活性丧失的定量关系公式及其作图法，被称为"邹氏公式"和"邹氏作图法"，在生物化学领域做了意义重大的开创性工作，成为近代中国生物化学的重要奠基人，先后当选中国科学院生物学部主任，第三世界科学院院士。在 40 多年科研生涯中，邹承鲁发表了 200 多篇学术论文，在美国《自然》杂志发表论文多达 98 篇，成就卓著，曾三次荣获国家自然科学奖一等奖，四次获得二等奖。邹承鲁的人格魅力还在于努力捍卫科学尊严，倡导良好科研风气，大胆反击科学界造假之风，成为端肃学风的楷模。他还为中国生物学界培养了大批良才，博士后 12 名，博士生 35 名，硕士生 22 名，其中不少人已是国内外知名科学家，三位成为中国科学院院士。

鸿声七房桥的钱氏，进入现代仍人才济济，浓郁书香中又增添了科学气息。不仅走出了钱穆这样的文史巨擘，走出了经济学家钱俊瑞，也走出了钱伟长、钱易、钱令希、钱令昭、钱临照这样的科学大家。钱穆长女钱易是清华大学环境工程学科的教授，在工业废水处理与城市废水净化等领域取得了令国际环境工程界瞩目的成果，1994 年当选为中国工程院院士。钱临照是当代有影响的物理学家、教育家、中科院院士，我国金属晶体范性形变和晶体缺陷研究以及物理学史研究的主要奠基人之一。钱伟长和钱令希、钱令昭兄弟都是著名力学专家，钱伟长还被誉为当代中国的"力学之父"。

钱伟长（1912—2010）是钱穆的继子，其生父钱挚 39 岁早早过世，四叔钱穆成为孤儿寡母的接济者，并帮助他完成学业、选择人生。钱伟长十分勤奋刻苦，报考大学时因成绩优异同时被清华大学、中央大学、浙江大学等五所名牌大学录取，根据钱穆建议他选择了清华。在大学里钱伟长又完成了"弃文学理"的转型，成为物理专业高材生。1940 年，28 岁的钱伟长在多伦多大学留学期间，提出了被国际科学界称为"钱伟长方程"的线壳理论非线性微分方程组，扬名欧美后他却毅然归国，继而完成了用系统摄动法处理非线性方程的研究课题，该方法被国际力学界命名为"钱伟长法"，为中国科学界赢得了声誉，也使他成为新中国力学的奠基人，1955 年钱伟长当选为中国科学院院士。"文革"动乱结束后，钱伟长以 72 岁的高龄先后接棒上海工业大学、上海大学校长，并担任了全国政协副主席，他强调教学改革，强化人文修养、努力提携后辈，为中国高教事业继续做出贡献。钱家走出的两院院士还有钱钟韩（钱钟书堂弟，热力自动化专家）、钱逸泰（化学与材料科学专家）、钱保功（高分子化学和高分子物理学家）、钱鸣高（采矿工程专家），钱俊瑞是中科院的学部委员。

还有许多无锡籍院士都是在各自不同领域贡献突出的人物，戴念慈是中国当代著名建筑设计大师，他设计的阙里宾舍获建设部 1986 年"全国优秀建筑设计一等奖""金瓦当奖"和中国建筑学会"最优秀建筑设计奖"，1989 年首批被授予"设计大师"称号，成为继梁思成、杨廷宝等元老之后第二代建筑设计师中的杰出代表。中国工程院院士陈新是当代著名的桥梁专家，被誉为"中国工程设计大师"，是南京长江大桥、武汉长江大桥、九江长江大桥等重要路桥的主要设计人。裘维蕃乃无锡书香世家裘氏后裔，1947 年获美国威斯康星大学研究院哲学博士学位。回国后，任教于清华大学、北京农业大学，在植物保护、植物病理学研究方面有杰出贡献。秦伯益院士是无锡秦氏后裔，我国著名的药理学家，长期从事神经精神系统新药评价工作，主持研发多个新药，在戒毒药物研究方面也卓有成就，中国唯一获准退休的院士。玉祁礼社望族世家走出的兄弟院士薛禹群、薛禹胜，哥哥是国内著名水文地质学家，弟弟是稳定性理论及电力系统自动化专家，都在各自领域成就斐然。

还有许许多多的无锡籍院士，顾真安、陈厚群、季国标、吴中如、顾夏声、唐西生、许健民、林华、蒋新松、陈德仁、陈太一、吴中伟、薛鸣球、侯芙生、沙庆林、周君亮、周镜、张涤生、程天民、陈国良、于文虎、曹楚生、刘彤华、朱洪元、唐孝威、章综、过增元、周锡元、姚建铨、许智宏、钱逸泰、吴浩青、史绍熙、王补宣、张煦、程镕时、匡定波、杨芙清、朱既明、张大煜、诸福棠、承淡安、巢纪平、方成、赵承嘏、王序、王迅、杜江峰、陈坚、唐立……，在国内同类城市中，无锡籍贯院士数量最多，至2017年已多达99位，是名副其实的"院士之乡"。此外，还有6位驻锡两院院士也为国家经济社会发展做出了重要贡献，他们是微电子技术专家、中国华晶电子集团公司总工程师许居衍，发酵工程专家、江南大学博士生导师伦世仪，地雷爆破专家李钊，船舶结构力学和水弹性力学专家吴有生，计算机专家、国家并行计算机工程技术研究中心总工程师、总参第56研究所高级工程师陈左宁，和"蛟龙"号总设计师徐芑南。

对当代社会生活影响最大的莫过于激光照排技术的发明人王选了。王选（1937—2006）是无锡小娄巷嘉乐堂王氏的第十五代裔孙，北京大学计算机研究所教授，中科院院士和工程院院士。他发明的汉字激光照排系统，成就了汉字印刷第二次伟大的革命，彻底改变了汉字的印刷史。大学毕业后一直致力于计算机逻辑设计、体系结构和高级语言编译系统研究。此前，国内印刷排版全靠人工铅字排印，1974年国家计委将"计算机汉字信息处理系统工程"列为国家重点攻关项目。1985年，他的团队完成了"华光系统"激光照排的研发，获"国家科技进步奖一等奖"。从此，国内媒体和办公系统，纷纷抛弃铅排，替代以华光激光照排系统，沿用了上百年的铅字印刷术由此彻底改变，中国出版印刷业告别了"火与铅"的旧时代，迎来了"光与电"新时代，极大促进了当代印刷行业生产力的提高，王选也因此被誉为"中国激光照排之父"。

第六编 06

｜缤纷才艺 璀璨时空｜

　　悠久的历史，给无锡留下了极为丰富的非物质文化遗产，从春秋战国时期玉雕陶艺、青铜冶铸、纺织工艺，到唐宋以来日臻成熟的各类手工技艺，伴随王朝的起伏兴衰，历经时代风雨的冲刷，和在社会演进中不断升华的精神需求和审美变化，艺术门类不断增多，内涵不断丰富，形态不断完善，形成了诸多特色鲜明的艺术品类，并流传至今。这些艺术文化丰富多彩、种类繁多，蔚为大观，如丝竹、道乐、锡剧、吴歌，如紫砂壶、惠山泥塑、留青竹刻、青瓷、精微绣，等等。这些富于灵性的手工技艺，作为非物质文化遗产的重要组成部分，凝结着山水的灵秀、鱼米之乡的丰腴，融合了楚歌吴吟的浪漫和民间的生活智慧、审美诉求，成为文化艺术领域不可多得的瑰宝，既是地方人文历史的艺术结晶，也是引人入胜的城市旅游资源。

第一章

丹青圣手　妙笔生花

被誉为"太湖明珠"的无锡，不仅是美丽富饶的鱼米之乡，也是名副其实的艺术摇篮，自古人才济济，才俊辈出。尤其是历经三次大规模北民南迁之后，至宋末，江南已成为名副其实的文化艺术高地。据有关专家最新统计，明代时，全国共有1114位画家，环太湖流域的江南就有806人（其中南直隶①553人，浙江253人）②，可谓占尽天时地利。而无锡幸运地处于这一地区的中心位置，无论文化艺术都受到多元带动。近现代的画坛，无锡更是名家列座，星光灿烂。一大批书画界俊彦，在最具传统文化色彩的艺术领域中，消融东西方对峙的艺术壁垒，以或雄健或温婉的笔触进行着富于个性的创造，书写了中国美术史上的新华章。在中国书画史上，小小一隅如此群星璀璨，大家辈出，乃十分罕见的景观。

第一节　东晋画圣开画坛先河

中国古代绘画，至魏晋时步入加速度发展时期。东晋时，无锡地区也出现了顾恺之这样才华横溢的"画圣"，其绘画形神兼备，个性鲜明，是无锡绘画艺术史上的第一朵奇葩。其创作对后世画坛影响巨大，在中国绘画史上有着里程碑式的重要贡献。

顾恺之（348—409）字长康，小字虎头。顾氏世居城中后西溪一带，据元王仁甫《无锡县志》载，于"今州巷直南至将军堰桥西北岸"，"相传其地为顾恺之将军之墓"，这是顾恺之遗迹的唯一记载。具体位置约在今薛福成"钦使

---

① 明代南直隶即南京直接管辖地区，大致为今苏、沪和皖南地区。
② 赵振宇. 明代画家之地理分布研究［J］. 荣宝斋，2016（5）：140–149.

第"附近的虹桥湾里，此处后世一直为顾氏聚居之地。

顾恺之生于官宦之家，《晋书·文苑》载："顾恺之，字长康，晋陵无锡人也。父悦之，尚书左丞。恺之博学有才气。"《无锡顾氏宗谱》亦载，顾恺之的祖父顾毗，字子治，晋康帝时任散骑常侍，后迁光禄卿；父亲顾悦之，字君叔，历任扬州别驾、尚书右丞。顾恺之本人曾任大司马桓温和荆州刺史殷仲堪的参军，后又任散骑常侍，但其超绝的艺术成就遮掩了仕宦之迹，少有提及。

顾恺之是中国古代最杰出的画家、书法家之一，也是出色的绘画理论家和诗人，他能诗善画，文采风流，尤以画作闻名于世，人像、佛像、禽兽、山水无一不精，被誉为"画圣""千古第一画师"，与曹不兴、陆探微、张僧繇合称"六朝四大家"。《晋书·顾恺之传》曰："恺之有三绝：才绝、画绝、痴绝"，所谓才绝，是赞其才气超绝，诗赋、书法、绘画无所不能；画绝，是赞其绘制人像、佛像、禽兽、山水，样样出色；痴绝，是赞其不流俗的人格精神。顾恺之20岁左右时，其父顾悦之在朝中任尚书左丞，家住江宁（今南京）瓦棺寺（也称瓦官寺）附近，恰逢该寺劝募建院，顾恺之为募捐绘制维摩诘像壁画，一举成名。该故事唐代画家张彦远《历代名画记》中引《京师寺记》载："兴宁中，瓦棺寺初置，僧众设会请请朝贤鸣刹注疏……长康（恺之）曰：宜备一壁，遂闭户往来一月余日，所画维摩诘一躯，工毕将欲点眸子……及开户，光照一寺，施者填咽，俄而得百万钱。"可见，那时顾恺之的画艺已经了得。

顾恺之在人物画方面具有开拓性建树。他的绘画不仅重视人物形态，更重视神态和内心情感表现，即便绘制佛像，也大胆脱离刻板的宗教绘画模式，"图裴楷像，颊上加三毫，观者觉神明殊胜"。特别强调对眼睛的描绘："传神写照正在阿堵中。"张彦远在《历代名画记》中曾引述张怀瓘的评价："像人之美，……顾得其神，神妙亡方，以顾为最。"其人物画神态宛妙，线条圆转细滑，被称为"春蚕吐丝"或"高古游丝描"，气息古朴，有篆书因形立意、体正势圆之古意。这种线条既能传神地勾勒出人物特征，又能恰到好处表现人物内在性情，印证了"书画同源"之说。东晋政治家、军事家谢安赞之曰："图写之妙，苍生以来，未之有也。"诗赋绘画在顾恺之笔下有着很好的融合，《洛神赋图》中，顾恺之极富想象而又完美地传达了原赋的思想境界，一是人神有别的眷情，二是借"洛神"抒发诗人的精神寄托，三是借赋"迁想妙得"，表现画中人物若往若还的矛盾心情。画上的奇异神兽，不仅营造了浓郁神话氛围，还带有古典浪漫主义色彩。也许，正是曹植《洛神赋》中人神情缘故事的美丽与伤情，给了顾恺之《洛神赋图》启迪与共鸣。

顾恺之对绘画史的贡献之一，是援山水自然风景入画。虽然他的绘画以人物为主，风景只是人物的背景，尚未形成独立山水之作，但中国山水画之肇始，是从顾恺之开始的。如《女史箴图》的第三段，表现规箴女子深谙物盛而衰之理，以中庸平和雅静之态，显示妇德之一端。画作人物弯弓射雉鸟于山前，山势冈峦层叠，但人物与山、鸟比例尚不相称。《女史箴图》线条细腻，勾勒简洁，敷色点染，衣裙低垂飘曳，山体婉转起伏，皆极为生动，后人在此细线勾勒法基础上发展了"白描"。

顾恺之提出的"形神论"观点，在绘画理论上也具有开创性意义，对后世人物画、山水画的影响很大，并逐渐成为中国绘画理论中最重要的内容。

第二节　元明画家与文人写意

南北朝时期，山水画有了较大发展，刘宋时即出现宗炳、王微等专门的山水画家，南齐的谢赫也在《画品》提出绘画"六法"，开启了绘画技巧的理论探讨，要求绘画气韵生动，注重用笔，应物象形，注重构图，传移模写，被后世赞为"六法精论，万古不移"[1]。山水画在唐代趋于成熟，吴道子、李思训、王维等画家的出现，奠立了中国山水画的基本风格和特征，在形似基础上更注重意境、内在精神及审美内涵的表达，因此更富于文人意趣。

在这一基调前提下，山水画后来的发展主要有两路，一路是被称为"北宗"以李思训为代表的绮丽派，金山绿水，浓墨重彩，注重渲染，风格刚健雄奇；另　路是师法王维的水墨渲染，偏重灵秀隽永之趣，被奉为"南宗"。无锡山水画的崛起自倪瓒始，起步就颇具个性，发展至近现代山水画成就卓著。太湖山水的浸润，吴地文化的滋养，千年来诞生于无锡的画家大多画风清丽，笔墨精到，气韵灵秀，意境旷远，被后人归于"太湖画派"，在中国绘画史上占有一席之地。

一、倪瓒与"云林山水"

水墨山水至元代，以黄公望、王蒙、倪瓒、吴镇"元四家"的出现为标志，臻于最高境界。画法上出现干笔皴擦，绘画风格意境则高远，尤其是倪瓒的山

---

[1]　宋代美术史家郭若虚在其《图画见闻志》中称，谢赫的"六法精论，万古不移"。

水画，被视为文人写意画的最高代表。

倪瓒（1301—1374），字元镇，号云林子，无锡梅里祇陀村人（锡山区东亭长大厦），元末明初著名画家、诗人，尤以笔墨疏淡的"云林山水"自成一格，美名远播。其生于江南富户，家饶资财。其兄倪文光（昭奎）乃元代全真教江南教派领袖，并担任常州路道录等宗教职务，地位尊崇。倪家建有藏书楼"清閟阁"，以藏图籍和历代法书名帖、绘画名迹著称，如董源的《潇湘图》，李成的《茂林远岫图》、荆浩的《秋山图》，米芾的《海岳庵图》等。倪瓒朝夕盘桓楼上，探玄赏鉴，心追手摹，颇有心得。"清閟阁"既是倪瓒读书静修之地，也是他与画坛知己如黄公望、王蒙、张雨、柯九思等互出所藏，相与评骘书画、切磋画艺的地方。在时人眼里，"清閟阁"是高雅野逸的文化格调和人格姿态的标识："闭户读书史"，"放笔作词赋"，"白眼视俗物，清言屈时英"。（倪瓒《述怀》）

倪瓒性情孤傲狷洁，画风个性鲜明、自成一体，追求"逸笔草草，不求形似"，疏林坡岸，幽秀旷逸，笔简意远，惜墨如金，开创了当时一派水墨山水画风。绘画上他师法董源，推崇黄公望。早年画风比较清润，晚年则趋于平淡天真。善以侧锋干笔作皴，名"折带皴"。其墨竹俯仰有姿，寥寥数笔，便逸气横生。其山水画，充分体现了文人写意画的风格，画法疏简，格调幽淡超然，意境萧瑟空寂，受到明清画家的特别推崇和追摹，对后世影响极大。

倪瓒书法亦颇有晋人风度，受赵孟頫影响，亦擅作诗文，与黄公望、王蒙、吴镇合称"元四家"。元至正十五年（1355），54 岁的倪瓒忽然散家财而游于"五湖三泖"之间，"扁舟箬笠，往来湖泖间"，"只傍清水不染尘"，寄迹寺庵蜗庐长达 20 余年。据其至正二十四年（1364）所题妻子蒋寂照遗像："岁癸巳（1353），奉姑挈家避地江渚，……如是者十一年"，略知其因是"督输官租，羁挚忧愤。思弃田庐，敛裳宵遁焉。"

据古今各类文献所著录情况，倪瓒书画作品约有 120 余件，如《疏林远岫图》《古木幽篁图》《容膝斋图轴》等，作品大多取材于太湖之畔的平远山水、竹石枯木、寒亭秀林一类。李日华的《紫桃轩杂缀》认为，山水画有"高深迴环、备有一时气象"的大山水，也有"林木窠石"一类的小山水，"草草逸笔中，见偃仰蔽亏与聚散历落之致"，而倪瓒属于后者。又指出"倪迂源本营丘，故所作萧散闲逸"。营丘，乃五代入宋的画家李成，所创绘画技法"卷云皴"，颇能营造"淡墨如梦雾中，石如云动"的艺术效果，李日华认为倪瓒的绘画风格基于李成，又取材于幽秀的江南风物，笔墨简省，烟林清旷，格高韵远，形成了独特的潇疏闲逸风格。这种风格深得文人旨趣，故被奉为文人写意画之最高境界。

倪瓒山水画的所谓"逸格"，内涵有三：一是笔画简省，竹木林石于"逸笔草草"中见姿态横生；枯毫渴笔，以写荒江老屋、寂寂寒林。二是"三段式"结构，常被认为是倪瓒山水构图的基本方法：平远山水，冈峦逶迤，作隔湖远望；中景留白，权作渺阔湖面，在虚实之间；近景只疏林荒木，散落陂岸坡丘。画面有古淡天真之趣。三是"诗书画"融于一体，诗文绘画相互生发，形成了独特的倪氏水墨山水的基本套路，对后代文人画影响巨大。

倪瓒绘画不求形似，而更重胸臆的抒发，追求"逸气"与"神似"。其作品内容多为太湖一带山水景物，疏林坡岸，浅水遥岑，构图平远，景物简约，擅用枯笔干墨，皴画山石，淡雅松秀，也善画墨竹，风格遒逸瘦劲。倪瓒曾说，"余之竹，聊以写胸中逸气耳，岂复较其似与非，叶之繁与疏、枝之斜。涂抹久之，他人视以为麻为芦，仆亦不能强辩为竹。""仆之所谓画者，不过逸笔草草，不求形似，聊以自娱耳。"倪瓒所谓的"逸笔草草"，道出其写物不求形似，而在"传神"，笔下"幽亭秀水，别有一种灵气"，意境荒寒空寂，风格萧散超逸，简中寓繁，小中见大。明代史学家、文学家、评论家王世贞对倪瓒的画风推崇备至，赞曰："元镇极简雅，似嫩而苍。宋人易摹，元人

无锡博物院藏倪
云林《苔痕树影图》

犹可学。独元镇不可学也。"(《艺苑卮言》)所谓"不可学",指的就是倪瓒绘画所传达出的一种富于内在精神和意趣的神韵,一种"萧条淡泊""严静趣远"的境界,乃他人"难画之意"与"难形之心"。

倪瓒可谓影响后世最大的元代画家,其简约疏淡而高远遒逸的山水画风,受到后世画家的高度认同与追捧,如董其昌、石涛等画坛巨匠,均引倪瓒为鼻祖。倪瓒传世的名作有《雨后空林图》《渔庄秋霁图》《六君子图》《容膝斋图》等。诗集有《清閟阁集》存世。

二、"二王"与明代山水画的突破

元明时期,锡邑书画大家,能宗法前辈而又有创新,师法自然而有独悟,摹写山水,抒发性灵,初步形成了一个带有地域特点的书画流派。明初时,王达、王绂兄弟蜚声文坛画坛,他们深受倪瓒、黄公望、王蒙、吴镇"元四家"影响,崇尚萧疏澹淡、高远遒逸的画风,既追随本性,也推陈出新。兄弟二人与王璲、解缙一起被誉为"东南四才子"。

王达(1350—1407),字达善,又字耐轩。聪慧好学,朝夕苦读,究极群书,据《明代孤本人物小传》,"王达洪武间中举明经,为大同训导,荐入官国子助教,永乐初擢翰林编修,迁侍读学士",曾主会试,后荐升国子监教授,深得大学士宋濂器重,是《永乐大典》总裁之一。王达才思敏捷,词翰流丽,一生著述颇丰,有《天游集》十卷、《笔畴》《梅花百咏诗》等。

王达与浦源(号东海生)为文友,曾受业于倪瓒,诗词书画皆称美。明代刘昌在笔记《县笥琐探》中,将解缙、王洪、王璲、王偁、王达并称为"东南五才子":"吉水解学士缙,天质甚美,为文不属草,顷刻数千言不难,一时才名大噪。时杭有王洪希范,吴有王璲汝玉,闽有王偁孟扬,常有王达达善,皆官翰林。"

王达著述虽多,但仅存《天游杂稿》(卷六)词24首,《全明词》收录27首,以及王兆鹏《天机余锦》查证的《苏武慢》等4首。清朝著名词人陈廷焯最推崇苏东坡、辛稼轩的"沉穆雄浑",在《词坛丛话》对王达也评价极高,认为"王达之诗词,风接六朝,句句传情,堪与大家并称"。从王达存世之作看,多为送别、题画诗,如《题王绂万古山川图》:"万古山川一镜开,层层曲曲见楼台。云随晓月峰前堕,鸥逐春溪树里来。两岸落花人荡桨,半汀残雨客衔杯。寰区何处有此地,物外四时无点埃。岂但右军多笔法,要知黄石是仙才。奔滩触浪飞赪鲤,绝壁凝岚护翠苔。玉室金堂疑太华,紫芝瑶草忆蓬莱。相看六月不知暑，一榻清风真快哉。"又如《题瓶梅》："孤山堂下玉层层，几度寻君策瘦藤。折得一枝香满榻，半窗斜月带残冰。"其诗意境清新，气韵逼古，多得唐人韵味。诗词之外，王达亦工文章，其传世《笔筹》一书，多作道学家语，上承宋儒语录文体，下启明人隽语集录，后人亦评价颇高。

王达亦善书画，遗憾的是作品大多散失，只有作于明永乐五年（1407 年）的《听雨楼诸贤记》是其唯一的传世墨迹。所记元明诸贤小传，既有文献价值，也是研究王达书法的唯一文本。明初宫廷崇尚沈度、沈粲兄弟为代表的"台阁体"，秀美端庄，格调甜媚，但王达书法却异趣迥然，称其"气息苍厚，取法晋唐，脱胎于张即之，而兼有赵孟頫小楷秀美之姿。端庄严整，笔法精妙，于沈氏兄弟甜媚一路另辟法门。"①

王绂（1362—1416）字孟端，号友石生，王达之弟。明洪武初，因胡惟庸案被累，流放山西朔州充戍卒十余年。明建文二年（1400）赦还，隐居于无锡惠山之脉的九龙山，赋诗作画，教授弟子，故又号九龙山人。王绂工诗词，擅书画，永乐元年（1403）曾被荐入文渊阁，与修《永乐大典》，后拜中书舍人，参与明成祖迁都策划，并陪同成祖北巡，绘有《燕京八景图》。洪武壬午（1402）春，王绂隐居惠山听松庵时，因惠山寺性海和尚以古法命湖州竹工制竹茶炉，遂绘制了《竹炉煮茶图》，并有诗咏之，王达为记序作铭，后世名流继作而成《竹炉图卷》。

王绂绘画深受王蒙、倪瓒、吴镇、盛懋等元人画风影响，"写山水竹石，妙绝一时"② 其枯木竹石一类，善用偏锋，以干笔皴擦，技法与画风追随倪瓒，又融合黄公望、王蒙笔法，故其山水画兼有倪瓒的远旷和王蒙的苍郁。王绂的山水画往往于游览之顷，酒酣握笔，长廊素壁，淋漓挥洒，曾在惠山"秋涛轩"墙壁绘"庐山图"，时人赞曰"舍人风度冠时流，笔底江山不易求"。

王绂的墨竹清雅疏淡、别具特色，融会宋元诸名家之长，飘逸自然，苍翠秀劲，被誉为"明朝第一"。评家有曰"出恣媚于遒劲之中，见洒落于纵横之外"。王绂传世画作有《山亭文会图》《风城饯咏图》《偃竹图》《墨竹图》等。北京故宫博物院所藏纸本设色《竹鹤双清图》，边景昭绘双鹤，王绂补竹石。边王二人，前者为宫廷画派，后者乃文人画派，结合天衣无缝。

王达、王绂的书画，在元明山水画风转型时期，有着承前启后的作用，他

---

① 王达.《听雨楼诸贤记》考略.

② ［清］无锡金匮县志（光绪），第 355 条.

王绂《墨竹图》，与边景昭合作《竹鹤双清图》

们在继承发扬元代文人画传统的基础上，开启了"吴门画派"的先河。明初画坛，独尊宋代院体写实画风，倡导雄伟畅达，而王达、王绂兄弟的书法、绘画，却承续了元末文人隐逸风格，趣尚萧疏自在，苍秀超脱，审美趣味自成一格，从而开启了明代吴中画风之先河。

王绂也能诗，有《王舍人诗集》存世。

王问，乃明嘉靖时期无锡出现的又一位书画大家。王问（1497—1576）字子裕，原号篆斋，又号仲山，故人称"仲山先生"。其9岁能诗文，喜绘画，曾就学于邵宝的二泉书院，发奋苦读，学业精进，明正德十四年（1519）中举。嘉靖十一年（1532）参加会试通过选拔，但当年未参加殿试，嘉靖十七年（1538）才赴京廷对取得进士，时已42岁。入仕后，初授户部主事，后任车驾郎中，擢广东按察佥事，因其父不愿进京，为侍奉老父弃官归里，长期隐居于长广溪畔的宝界山房（又称湖山草堂），在惠山听松庵之侧（今听松坊）、城东照春门外绿罗庵旧址（今绿塔路附近）亦筑有别业，清修雅尚，30 年不履闹市。1978 年，在宝界山居一带发现了王问手书的《湖山歌》石碑，移至鼋头渚公园的"憩亭"内保存。

王问书画均自成一格，书法笔力遒劲，王问的书法出入于米黄之间，行草笔力遒劲，自成一体，王世贞评价曰："若行草，则多渴笔，神采飞动，令人思颠旭醉素。"王问山水画多绘五湖风景，技法和风格兼具南北宗之长，古拙苍劲，沉郁厚重，格调萧散，传世画作《三松图》《为左江写山水》卷、《孤屿秋色图》《雪景山水图》等。

王问亦善诗文，诗风萧闲疏放，冲然自得，嘉靖三十三年曾与曾与秦翰、顾可久、华察、王石沙等重修惠山碧山吟社，吟赏烟霞于惠麓湖泖之间。有《仲山诗选》《崇文馆稿》《原箴斋集》等诗文著述。王世贞曾赞王问诗曰："颇出入唐人，然雄逸爽劲。"[①] 关于王问诗文创作情况，王锡爵撰《广东按察司佥事仲山王公墓志铭》曰："其殁也，门人私谥为文静先生，所著有《仲山诗选》《原箴斋集》《崇文馆稿》若干卷藏于家。"

王问画作《残阳江屿图》

王问之子王鉴，字汝明，号继山，亦善书画，明嘉靖四十年（1565）进士。初任山东武定州知州，擢升户部员外郎，又调吏部擢升稽勋郎中。后因父亲年

---

① 王世贞. 王子裕先生墨刻五跋.

老，托病辞官回乡。王问父子在宝界山居生活了五十多年，建湖山草堂，环植花草翠木，疏流泉，垒奇石，辟佳景"万松径""白莲池"等35处。王鉴书画，山水疏淡，白描人物有龙眠遗意。

三、邹一桂与清代花鸟画

清代，无锡邹氏书香盈门，人才济济。其明代先祖邹迪光在惠山建邹忠寺，祀祖父宋龙图阁直学士邹浩（1018—1085）。清康熙五十一年（1712）邹氏后裔邹兆升等将其改建为祠堂，并祀邹迪光、邹德基父子①。清代邹氏先后出了邹忠倚、邹象雍、邹弈凤、邹升恒、邹一桂、邹士随、邹承垣、邹有舆、邹本立、邹应元、邹弈孝、邹起凤、邹梦皋、邹炳泰、邹植行、邹鸣鹤等16位进士，大多能诗善画。其中康乾时期的邹弈凤、邹一桂入职翰林院编修，邹升恒任翰林院侍讲学士，书画方面又以邹一桂名声最著。

邹一桂（1688—1772），字原褒，号小山，晚号二知老人。雍正五年（1727）中进士，不惑之年入仕，居官三十多年，官至礼部侍郎、内阁学士，赐尚书衔。邹一桂书画方面最擅长花鸟，间作山水，名重其时。其学首先得自家传，邹氏乃无锡诗礼世族，历代精诗词，工绘画，已成家学传统。如明清之际的邹式金，既是曲家，又工山水画；其长子邹漪、六子邹溶均善画。尤其是邹溶（字可远，号二辞，亦称香眉居士），能"继之（其父）而加，工诗及诗余"。

《邹氏家乘》之《杂识录》载："吾邹氏多任务绘事者，而黎眉公显吉称最。以神韵为主，无体不妙，梅菊尤为世宝，鉴赏家有'邹梅邹菊'之目。"邹显吉，字黎眉，号思静，乃邹式金族孙，其弟邹卿森、邹显臣、邹显文均擅绘画，其侄邹升恒、邹一桂、邹士随，均以工画著称于时。邹一桂的父亲即邹卿森，祖父邹忠倚乃顺治九年（1652）状元，但32岁便英年早逝。邹忠倚书法擅欧体，据《皇清书史》载，"本朝状元必选书法之优者。顺治中，世祖喜欧阳询书，而壬辰状元邹忠倚、戊戌状元孙承恩皆法欧书者。"

邹显吉（1636—?）字黎眉，号思静，湖北居人，晚号城南老圃。其诗学吴伟业，著有《北游集》《湖北草堂诗》等；画摹宋元，山水人物均得古法，落

---

① 邹浩为邹迪光祖父，字志完，元丰年间进士，仕途坎坷，官至龙图阁直学士，死谥忠；邹德基为邹迪光之子，字公履，号工樗，又号磨蝎居士，国子生，亦负不羁之才，擅诗文书画。

笔尽妙，善花卉写生，尤善画菊，故有"邹菊"之称。邹显吉及其兄弟的绘画，显然都深受毗陵恽南田的影响，《国朝书画家笔录》称其"善写生，兼绘山水人物。凡宋元明名家，无所不窥，而心追手摹，诚有独到处。恽正叔尝谓其及门曰：'我身后，汝等宜师锡山邹黎眉'"。邹黎眉所居住的"湖北草堂"，经常是邹氏子弟切磋画艺之地，《邹氏家乘》载其"聚子侄各画一帖，互相题咏，尽妙极妍。每岁辄十余会，朱竹垞《邹氏画社记》盛称之"。可见，邹显吉乃无锡邹氏家族绘画的核心人物，也是"毗陵画派"的重要人物。他通过"邹氏画社"活动，有力推动了"南田画法"的传承。

邹一桂花卉与恽南田创立的"没骨花"

所谓"南田家法"主要指恽南田之"没骨"花卉，恽氏取法徐崇嗣的"没骨法"发展之，不以墨笔勾勒，只以墨彩晕染，世称"没骨花"。恽南田作画尤重写生，"每画一花，必折是花插之瓶中，极力描摹，必得其生香活色而后已。"这一画法，在邹氏一门得到发扬光大。邹一桂更是"工花卉，承恽格为专家"。（《清史稿》）邹一桂妻恽兰溪乃恽南田族裔，其兄长恽源濬（字哲长，号铁箫），行楷极雅趣，花卉款字俱仿南田，颇能神肖，水墨写生尤得神韵，为毗陵"五恽"之一（《清稗类钞》）。恽兰溪也工山水，画山水平远，风韵天然。而邹一桂擅画花卉，风格清秀，时人谓其得力于其妻者颇多。邹一桂居官时，以诗画艺事颇得乾隆赏识，曾作《百花卷》，每花题诗一首，以进献圣上，深得乾隆喜爱，并为之钦题"百绝句"。

不过，邹一桂的贡献并非只在作画，更在于理论探讨和画艺总结。邹一桂著有《小山画谱》，提出"万物为师，生机为运"的写生观点，对"南田家法"

进行理论总结。

中国古代绘画理论，从顾恺之的"以形传神"，到倪瓒的"逸笔草草，不求形似"，再到昆山人王履的"意溢乎形"，文人写意山水始终追求胸中之意，追求"逸格"而忽略形似。入清以后，画坛出现专事临摹、缺乏生气、"技越乎上"的弊端，邹一桂批评其"自临摹家专事粉本而生气索然矣"，他强调"写生"应师法自然造化："画以象形取之造物，不假师傅"，且"未有形缺而神全者也"。这一观点显然是对顾恺之"以形写神"绘画理念的回归。

邹一桂还在《小山画谱》中总结了"写生"的要领方法：一是格物致知，要求"知天、知地、知人、知物"，充分把握描摹对象及其自然环境、气候、季节、地域等因素；二是"写生"注重植物花卉的物理（即自然属性），对品种、结构、生长规律有细致观察和了解，"一树之花千朵千样，一花之瓣瓣瓣不同"，观物之妙，必得"察之尚精，拟之贵似"。同时，邹一桂要求"物理"和重"写生"，追求"形似"的目的，旨在"以形传神"求事物之"气韵"；"以花传神"，求一花一叶之"活脱"生动。《小山画谱》是中国绘画史上总结花鸟画技法的专著，画理上继承了恽南田之说，也融入了邹一桂的绘画创作经验。

比邹一桂略晚的嵇承咸（1763—?）字子进，号小阮，也是一位有影响的书画家，其工山水，师法宗董源、巨然为代表的南宗画风格，也学倪、黄水墨，不拘绳尺，自成一格。此外，嵇承咸对本土书画家的文献保存方面有特别贡献，如从坊间购得王绂的《书画传习录》《书事画事丛谈》残本，加以校订注释。又纂辑《书画续集录》，著录明代诸名家书画。其所著《梁溪书画征》则是珍贵的乡邦文献。

此外，清代相关画论还有无锡人俞堤企塘的《是斋论画》《是斋题画琐存》，和宜兴人吴德璇仲伦的《初月楼论画随笔》等。

第三节　近现代妙手继往开来

明清以来，锡邑书画大家宗法前辈而能创新，师法自然而有独悟，居于山水佳境，写照灵山秀水，形成了一个带有鲜明地域特点的书画群体，至近现代已然蔚为大观，承继着历史的丰厚积淀，感应着时代的新鲜气息，无锡画坛又走出了吴观岱、胡汀鹭、秦古柳、贺天健、钱松岩、吴冠中、徐悲鸿等一大批著名大师级人物，饮誉海内外书画界。

　　无锡画坛有"锡山多画家，大都奉吴观岱为祭酒"之说，可见其师者地位。吴观岱（1862—1929），名宗泰，字念康，40岁改字观岱，号觚庐、洁翁，晚号江南布衣。吴观岱工书善画，山水与人物兼妙，尤擅画梅，乃"江南四吴"之一，也是"海上画派"的名家。吴观岱少时家贫，却性喜丹青，少时在酱园店学徒时即以津贴购笔墨纸颜料，深夜刻苦学画。在叔父接济下，师从仕女画家潘锦（字昼堂）学画，并常到裱画店观摩名画，回家临摹，勤学苦练，学画有成。不久结识京华名家，得以饱览历代名画，悉心揣摩，技艺大进。其后，入清宫如意馆当供奉，有机会临摹历代名人手笔，并为光绪帝绘课本故事，在京师大学堂讲授绘画学，声誉鹊起，名重一时，被尊为"江南老画师"。吴观岱门生甚众，锡城名画家诸健秋、秦古柳、杨令茀、顾坤伯、王云轩，以及再传弟子陈旧村、孙葆義、陈负苍等，均为一时之俊。吴观岱工花卉，擅山水、人物，山水作品意境开阔，苍劲浑朴，人物画生动，水墨梅竹，别有意趣，在晚清至近代画坛独树一帜。

吴观岱的山水系列画

　　著名女画家杨令茀（1887—1978），出自无锡望族"旗杆下"杨氏，其父亲杨宗济，伯父杨宗濂、杨宗瀚和兄长杨寿枏（味云）均为中国近代著名实业家。杨令茀自幼聪慧，酷爱诗文书画，八岁师从吴观岱学画，民国初年随兄赴京，任故宫古物陈列所画师，后转至沈阳故宫博物馆工作，曾将自己临摹的近百幅历代帝王画像在博物馆展出。东北三省沦陷后，杨令茀拒绝日伪邀请，慨然写下"关东轻弃千钟禄，义不降日气节坚"的诗句以明心迹。1937年她离国赴美，直至1978年去世，侨居美国41年。生前，她留下"归去长依父母灵"遗愿，故世后归葬无锡管社山庄。杨令茀才艺全面，绘画题字，无所不能，因兼擅诗、书、画，而被赞为"三绝"。其书画功力皆深，凡工笔画，以簪花妙格出之，若写意画，则作苏半行楷，其诗得家传熏陶濡染，受到文坛耆宿陈宝琛、樊增祥、张謇等人的称誉。诗书画三者中，成就最高者当属绘画。早年学画，便能触类旁通，推陈出新，扩其画材，善于变化，举凡花卉翎毛皆栩栩如生，因而深得吴观岱赏识。赴北京后，又得到丁闇公、陈师曾、林纾、廉泉等耆宿名流教诲指点，画技更精进。曾在北京举办个人画展，京城为之轰动，有"杨家小妹才气高"的美誉。齐白石曾在她的一幅临摹陈师曾的画上题诗赞扬其"开图足可乱世真"。

生于艺术世家的诸健秋（1891—1965，名鹄，字若候）也是吴观岱的门生，其父诸海平以擅长花卉，称誉邑中。受其影响诸健秋天性爱画，八岁即能临摹厅堂所悬的王素（字小梅）所绘仕女，下笔楚楚，长者无不为之惊叹。后拜人物画家赵鸿雪为师。1920年又师从吴观岱，技艺不断精进。1924年，他与胡汀鹭等同人创办无锡美术专科学校并亲自执教，培养美术人才。1934年，诸健秋的仕女画参加了刘海粟等发起的德国柏林普鲁士美术院的"现代中国画展"，得到当地艺术家好评，称其画艺"足为西画借鉴"。次年，诸健秋被选为云林书画社的副社长，经常与社友钱松喦、倪小迂等研讨画艺，后有《健秋画存》刊印行世，他的仕女画善于刻画人物神情特征，形象生动，色鲜而不腻，蕴灵秀之质。诸健秋的山水画初学于沈周、华喦，上宗黄公望，兼习"四王"，取其功力而不落窠臼，又学石溪、石涛，得用笔用墨之精妙，所作山水无论青绿、浅绛、墨碧，均笔墨润厚，气韵秀逸，山水中又多以人物入画，意境更为隽永。

在无锡民国时期的画家中，胡汀鹭与贺天健两位既是画家，也是美术教育家。胡汀鹭（1884—1943），名振，号瘖禅、瘖公，晚号大浊道人，祖居无锡南门外薛家弄的商贾之家，家境殷实，自幼习诗文，喜书画，初作花鸟，先师从张子祥、任伯年起步，后力追青藤（徐渭）、白阳（陈淳），并兼擅山水和人物。山水画初宗沈周、唐寅，继学马远、夏圭，并得近代著名收藏家裴伯谦、瞿旭初之助，临摹裴氏壮陶阁和瞿氏铁琴铜剑楼的历代大批名画，技艺不断精进。1924年胡汀鹭与诸健秋、贺天健创办美术专科学校，并任教务主任。1926年，又与贺天健等在无锡组织锡山书画社，切磋交流绘画技艺。1930年，执教于上海昌明艺专，他不仅自己熟读经史子集和古代诗文，注意将精髓融入绘画，还要求学生多读经典，培育"中国气派"——"金石气"和"书卷气"。1933年，胡汀鹭以《墨竹》《紫薇小鸟》两幅画作参展徐悲鸿举办的法、德、比、意、英、苏6国的"中国近代绘画作品展"，获好评。胡汀鹭桃李众多，一批近现代的书画名家，如钱松嵒、杨建侯、陆俨少等均出自其门下。

贺天健（1891—1977），原名贺骏，字健叟，是现代国画画坛上一位"圣手"，享誉东西方的"山水画大师"，也是民国美术教育家，曾与胡汀鹭、诸健秋合作创办美术专科学校。他的绘画集江山秀水之灵气，熔南北画风于一炉，超越了江南画派的娟秀阴柔，舒卷恣肆，气势恢宏，刚健雄奇。40岁之前，贺天健的山水画尚力、尚巧，追求奇诡、放诞、险谲，呈现比较外在；中期画作比较多变，或雄奇放纵，或沉郁苍凉，或简朴淡然，显示出探索多边之色。后期画作境界豁然，气势雄浑，大气磅礴，有鲜明的时代感，人民大会堂上海厅内的国画巨作《河清可俟图》即为其代表之作，境界开阔，纵横万里，气吞山河，画风刚劲，清峻雄奇。在绘画上，贺天健反对墨守成规，主张革故鼎新，他兼容中西，将西方油画透视学、色彩学引入国画，画风粗豪放逸，大胆采用大青绿、金碧色等色调，在色彩创新中使传统国画焕发出新的活力。

秦古柳（1909—1976），曾名秦廉，早年居玉祁礼舍，后迁城中。原老城厢的文渊坊，有一处曲径通幽的明清建筑——"旧方书屋"，这间书屋的主人就是被亚明誉为"当代画圣"的秦古柳。书屋不大，但这块历经无数历史烟云的方寸之地却走出过众多的书画艺术家，从这个意义上说，他也是一位美术教育家。秦古柳是吴观岱的入室弟子，为人沉默内敛，刻苦好学，其画作沉郁浑厚，豪气逼人，尤喜大幅长卷，追溯古人，滋养气韵。中年起，他广搜秦、汉、魏碑拓和墓志铭，自命"旧方书屋"为"二百汉碑斋"。小小的书屋里，常常高朋满座，煮酒论画，培育了诸多弟子。在后人心中，秦古柳是一道永远不会消逝的画坛风景。

钱瘦铁（1897—1967），名崖，字叔崖，号瘦铁，出于鸿声钱氏家族，也是近现代颇有成就的画家。钱瘦铁书、画、篆刻皆擅，被誉为"江南三铁"（吴昌硕称"苦铁"、王冠山称"冰铁"）之一。12岁在苏州刻碑名手唐伯谦的汉贞阁学徒时结识郑文焯、吴昌硕等大家，后又识画家俞语霜，深受影响，人谓得"郑文焯之雅，吴昌硕之古，俞语霜之苍"。因郑文焯为其署斋名"瘦铁宦"，故自号瘦铁。后移居上海，结识陆廉夫、黄宾虹、吴待秋等画界名家，颇得启披之益，画艺精进，声名鹊起，被日本著名画家桥本关雪赞为"支那巨手"。后赴日办展，颇受欢迎，抗战爆发后因帮助郭沫若逃离日本而被军警逮捕，入狱四年。抗战胜利后，执教于上海美术专科学校。1956 年被聘为上海中国画院画师，1957 年秋被错划右派，至"文革"中再次遭受批斗，被迫害致死。钱瘦铁的山水画风近石涛，笔墨苍润，气势雄浑，画风朴拙；花卉似沈周、徐渭，设色沉着古艳，着墨苍秀，常以篆书法写干枝，以草书法圈梅花，风骨劲峭。其篆书拙朴醇厚，沉逸潇洒；隶书萧疏奇宕，不受绳墨；草书用笔拙重而凝练洒脱，主张"取其意，不重其形；撷其精，不袭其貌"。其篆刻取周秦金石文字之神韵，熔铸入印，自创一格。

钱松嵒（1899—1985），祖籍宜兴，后常住无锡南市桥巷，是"新金陵画派"的主要画家之一。钱松嵒 1911 年入无锡江苏省立第三师范学校学习，受到著名画家胡

徐悲鸿画作《奔马》

汀鹭的指教和器重，并潜心于石涛、唐寅、沈周画艺，曾对胡汀鹭赠予他的一幅石溪真迹照片临摹长达三年。1957 年，他调任江苏省国画院画师，1960 年参加了由傅抱石、亚明率队的远足写生，探龙门、登太华、访碑林、谒延安、越秦岭、上峨眉，走遍千山万水，创造了万里壮游的奇迹。钱松嵒毕生致力于探索国画创新之路，擅以传统笔墨表现时代气象，将万千气象汇聚笔下，乃中国画坛一道独特的风景。其画作意境宏阔，浑厚隽永，堪称一绝。1977 年，钱松嵒受邀出任江苏省国画院院长，同诸位名家历游大江南北、长城内外、古今名迹，作品水墨酣漓、大气磅礴、出神入化。

无锡宜兴山水佳妙，乃读书静地，书画界亦妙手辈出。徐悲鸿（1895—1953），原名徐寿康，宜兴屺亭人。在现代画家中徐悲鸿风格独特、享誉中外，不仅是著名画家，也是中国现代美术教育的奠基者和艺术创新者。他对传统国画进行了改良实践，完成了《中国画改良论》。1916 年赴沪半工半读，后赴日法留学，游历欧洲各国。1927 年回国后，先后执教于上海南国艺术学院、中央大学（今南京大学）、北京大学，积极推动中国画改革，为国家培育了许多优秀的美术人才，形成了中国美术教育中影响深远的"徐悲鸿体系"。接受了东西方艺术文化双重熏陶的徐悲鸿，其技艺熔古今中外于一炉，显示出广博的艺术修

养和大胆创新意识，成为古为今用、洋为中用的典范。徐悲鸿一生创作颇丰，他左手西方素描油画，右手中国传统绘画，作品题材十分广泛，最为擅长刻画奔马。他笔下的奔马，身姿刚健，雄劲生风，姿态生动，笔墨精炼，意蕴深厚，给人独特的艺术感受，在现代中国画坛独树一帜。

　　吴冠中（1919—2010），是宜兴大美山水孕育出来的当代著名画家、20 世纪中国艺术史绕不开的绘画大师。吴冠中毕生致力于优化的民族化和国画的现代化，风格独特，不拘一格。他的《长江万里图》在拍卖市场曾在大陆创下 1.495 亿元的当代画作拍卖纪录，但其本人生活却简朴如初，性情亦耿直单纯。吴冠中幼时家境贫寒，为了生计早年曾选择电机专业。1935 年转考杭州艺专，师从林风眠、李超士、常书鸿、吴大羽、潘天寿等大师，受益良多。1946 年，吴冠中以第一名的优异成绩考取公费留学，赴法国巴黎高等美术学校 J. 苏弗尔皮教授工作室学习油画，又在 A. 洛特工作室和卢佛尔美术史学校兼修西洋美术史。经过东方绘画传统和西方艺术美学的双重熏陶，使之特立独行，独辟蹊径，出入古今，融合中西，一方面他以西画之法描绘东方物象，让国人感知油画魅力；另一方面，又以现代视野革新传统国画，使水墨更具灵性，成就了独特的艺术风貌，堪称中外艺术融合的典范。1992 年，大英博物馆打破只展出古物的惯例，

张光宇、张正宇与叶浅予、郁风、丁聪等在
香港漫画训练班合影（1938）

首次为在世画家吴冠中举办了"吴冠中——二十世纪的中国画家"的画展。1993 年，巴黎市政府授予吴冠中金色勋章，法兰西艺术院授予他院士头衔。2016 年，吴冠中的油画《周庄》以 2.36 亿港元成交，再次刷新了中国油画的拍卖纪录。

无锡籍的美术家，在独特领域颇有建树的还有张光宇、张正宇兄弟。张光宇（1900—1964）是近现代最杰出的漫画家、装饰画家、工艺美术教育家之一，他创立了对现代美术影响深远的"装饰"派艺术，具有多方面的艺术成就。张氏兄弟出生于无锡北门外三里桥的岐黄世家，祖上行医之余皆雅好丹青，受家庭影响，张光宇、张正宇兄弟自幼便喜爱美术。张光宇 14 岁赴上海美专学画布景，20 世纪 20 年代末转向漫画创作，创作了大量画作，是中国现代漫画史上承先启后的重要漫画家。1934 年他与三弟张正宇组建了时代图书公司、时代印刷厂，创办《时代漫画》《时代画报》《独立漫画》等。他们还从事绘制年画、广告、布景、商标、壁画、连环画等，广泛涉猎各种艺术门类，尝试多种材料和媒介，充分发掘美术的实用价值。新中国成立后，先后任北京中央美术学院中央工艺美术学院教授，从事装饰美术教学与传统工艺美术研究，他与张庭联手设计的由天安门、麦穗、齿轮和绶带组成的国徽图案，经审定被确认为中华人民共和国的国徽。后来，他又设计了著名动画影片《大闹天宫》人物造型，赢得广泛赞誉。张光宇的创作广泛汲取艺术营养，取其精华，弃其糟粕，具有装饰性、韵律感和实用性，成为首开中国现代装饰艺术风气的一代宗师。

第二章

吴音婉转 妙传天下

吴侬软语，是吴语地区文化的标识之一。吴语艺术是江南水乡自然与人文环境长期孕育的民间艺术结晶，也是吴地文化的重要组成部分，它犹如一座宝藏，内涵丰富、源远流长。无锡地区的吴语艺术也别有洞天，别具特色。

第一节 锡剧：吴音媚好绎传奇

锡剧，是无锡历史悠久、颇具代表性的舞台艺术，在吹竹弹丝的暖响中成长起来的锡剧，于清代中期诞生于锡乡羊尖、严家桥一带，由山歌、小调、掉采茶等民间歌舞发展而来。乾嘉年间，锡常乡民以"东乡调"自娱，是为锡剧始源。因为起自苏南乡野，故称为"滩簧"。锡剧最早的艺术形式为两人说唱的"对子戏"，后逐渐演变成多名角色同台演出的"同场戏"，后来受到文明新戏的影响，发展为剧情曲折、结构完整的"常锡文戏"，在历史的脚步中慢慢发展为一门独立的戏剧艺术。

锡剧的命运浮沉与时代的前行紧紧相连。清末，锡剧流入上海，受到追捧，成为华东地区三大剧种之一。民国时期曾称"常锡文戏"或"常锡剧"，20世纪50年代起简称"锡剧"。暮鼓晨钟，白云苍狗，百岁年月在锡城的黛瓦青石中悄然淌过。当花雅之争落下帷幕、同光十三绝领尽风骚时，锡剧的步履略显迟缓，比起有着六百年历史的昆曲，锡剧艺术尚年轻。

作为一种大众喜闻乐见的娱乐，才子佳人、帝王将相是舞台不可或缺的角色，民间传说、传奇故事也很适应普通百姓的胃口。1905年，锡沪之间通车后，严家桥舍上村的滩簧艺人袁仁仪怀抱一把胡琴独自闯入大上海，"立白地"（摆地卖唱）、"跑筒子"（走街串巷），后来唱进了酒楼茶肆，甚至唱进了上海游艺中心"大世界"，令锡剧一时风靡沪上。美国胜利唱机公司还专门邀请名角儿袁仁仪、李庭秀灌制了《珍珠塔·赠塔》和《林子文·陆素贞探监》两张唱片。那时，听锡剧、唱锡剧，不仅是锡城人最时尚的娱乐，也是华东地区最风靡的文化娱乐方式。听得多了，许多人都能哼上几段儿，《双推磨》中的苏小娥，几乎无人不知无人不晓，故有"谁人不识苏小娥，此生枉做江南人"的俗语。

锡剧早期是一种男女对唱的"对子戏"，剧情简单，袁仁仪进入"大世界"后，为适应大都市观众的需求，将"对子戏"改革为"同场戏"，让更多演员同台演出，剧情开始变得丰富曲折。袁仁仪还特邀同在"大世界"剧场"说因果"的无锡艺人罗禹卿、谢胜皋等人一起排戏，推出了《珍珠塔》《林子文》《双珠凤》《玉蜻蜓》《双金花》《何文秀》《合同记》等七部大型连本戏，每部戏每天演出一本，8—10天演完。为了演出效果更好，他们还对服装进行了精美化、华丽化改良，使简易的戏服变身为华美的戏衣戏袍，演员妆容也从略施脂粉改为舞台浓妆；同时，在一桌二椅的简易道具基础上，增添了绘画厅堂、花园、公堂等软布景，从而完成了锡剧诞生以来的第一次变革。为了角色需要，袁仁仪自己还反串老旦，在《珍珠塔》中饰演方母，创造了"反工老簧调"等唱腔，1923年，袁仁仪又打破女性不登台的旧俗，劝说李庭秀收下了第一位女徒弟储素贞，锡剧由此有了第一位女花旦，结束了长期以来由男演员反串女角儿的历史，开启了女演员登台演出的新历史篇章。与袁仁仪班子同样唱红了上海滩的还有常州的"一佘二王"——佘桂良、王嘉大和王盘林。此外，活跃于上海的还有江阴、宜兴、苏州和常熟的一些锡剧艺人。

袁仁仪将锡剧引入大上海，为民间滩簧从乡村走向大城市和锡剧艺术的改革提升做出了重要贡献，也使锡剧大大提升了影响力。使得锡剧与越剧、黄梅戏并列为华东三大剧种之一，并因深受观众欢迎而排名第一，而被誉为"锡老大"。民国期间，锡剧艺人每逢聚会或祭祀活动，总要张挂一幅《清故轴》，轴上记录着自晚清袁仁仪以来历代师徒传承关系，以示对前辈艺人的尊重。袁仁仪1938年去世时，周信芳、盖叫天等著名艺人合资为其购置了厚棺，并亲往吊唁，出殡时送丧者多达千人。灵柩由水路返回无锡羊尖途经苏州阊门码头时，苏州游艺协会专门在码头设坛公祭三天，各路艺人纷纷前往吊唁，其影响力可见一斑。

锡剧善于博采众长，逐渐由乡间小戏过渡到城乡皆宜的大众艺术，从乡野步入都市的艺术殿堂。比起风雅的昆曲，锡剧更多体现了大众娱乐的特点。昆曲注重传情达意，唱腔动作精雅细致，锡剧则更重故事性、传奇性和说唱性，活泼生动。昆曲的曲牌、音律有着严格的规范，错一处而误全场。锡剧则不同，除以簧调、大陆调、玲玲调等为主调外，还可以根据剧情、演出需要随机加入其他辅调，曲调、唱腔随意自由。正因此，锡剧的各门派声腔因地而异，呈现出"江阴钢、无锡急、宜兴和、常州糯"的不同门派艺术特色。

锡剧艺术如梅花绽放，肆意荼蘼，之所以能够广受百姓青睐，正因其诞生于太湖山水、曲水流觞之间，起源于乡野大众，富于浓郁的地方特色，也最接近大众生活。无论是戏剧题材，还是腔调韵律，都带着浓郁的乡陌色彩和泥土气息，同时在历史演变中，锡剧也不断变化创新，不断迎合着时代与受众的需要，那些弦歌相和的遥远岁月，折射出锡剧曾经的繁荣。

1954 年，锡剧代表吴方言区的主要剧种首度赴京，为全国人代会代表们演出。时任教育部副部长的叶圣陶看过演出后赋诗赞曰："太湖一枝梅，蓓蕾土中埋。春风伏地起，红花向阳开。"从此，锡剧便有了"太湖红梅"的美誉。

20 世纪五六十年代，无锡锡剧团培养了一大批表演名家，锡剧艺术突飞猛进、精彩纷呈，新创作的《双推磨》《拔兰花》《秋香送茶》《红花曲》等剧作，与传统经典《双珠凤》《珍珠塔》等一样广受观众追捧，可谓"玉楼天半笙歌起，蓬岛闲班笑语和"。好剧本促进了优秀演员的涌现，姚澄、王兰英等大都成名于此时。此后，王彬彬、梅兰珍又开创了"彬彬腔""梅派唱腔"，将锡剧艺术推向了巅峰，几代锡剧大师可谓芳华绝代，风情独具。

2006 年，锡剧被列入国家级"非物质文化遗产"名录，和许多传统艺术一样得到了有力保护。虽然，今天的无锡是一座散发着浓郁时代气息的现代城市，但古色古香的老街古镇与高楼同在，传统与现代艺术得以和谐共存，在文化多元的现代生活中，锡剧依然是城市不可或缺的一个历史足迹和文化符号。闲凝眄、镂雕栏，历经岁月风霜，锡剧的绚丽与韵致仍未远去。

第二节　吴歌：源自山野流脉长

吴歌，是吴语地区汉族民歌民谣的总称，是江南水乡文化长期孕育的淳朴民间艺术的结晶。吴歌历史悠久，著名历史学家顾颉刚认为："吴歌最早起于何时，我们不甚清楚，但也不会比《诗经》更迟。"据民间传说，殷商末年，泰伯从周原（今陕西岐山、扶风一带）来到江南荆蛮之地，因语言不通，故"以歌为教"，以吴歌形式对先民教化礼仪。如果将那时作为源头，吴歌则已有 3000 多年历史。2006 年 5 月 20 日，在文化长河里流淌千年的吴歌，经国务院批准，正式列入第一批国家级非物质文化遗产名录。

楚国屈原有"吴歈蔡歌，奏大吕兮"之诗句；五代时，有"吴歌杂曲，并出江南"之说。西晋灭亡，晋室南渡，北方的《相和歌》等随之南移江左，融合江南吴歌、荆楚西声，产生了集九代之遗声的《清商乐》。宋代郭茂倩的《乐府诗集》转引《晋书·乐志》的描述曰："吴歌杂曲，并出江南，东晋以来，稍有增广，其始皆徒歌，既而被之管弦"，"其始皆徒歌，既而被之管弦"，其中的《子夜》《前溪》《丁督护》《长乐佳》《团扇》《读曲》《桃叶》《碧玉》《玉树后庭花》等吴声歌曲，皆真切表达了吴地先民温柔细腻而敦厚质朴的情感。郑振铎在《中国俗文学史》中评曰："此类流行于太湖流域的吴歌，较近代的《桂枝儿》《山歌》以及《马头调》更为宛曲而奔放，其措辞造语，较之《诗经》里的情诗，尤为温柔敦厚。"[1] 元代，著名书法家赵孟頫来无锡，曾泊船于伯渎河边，夜听吴歌至拂晓，为之心醉神迷，写下《夜泊伯渎河》："桥畔柳摇灯影乱，河心波漾月光悬。晓来莫遣催归棹，爱听渔歌处处传。"可见吴歌不仅历史久远，声调也颇为悠扬迷人。

明清时期，江南社会经济、农业生产、手工业制作、城市商贸的发展，推动无锡民间音乐走向繁荣。明代冯梦龙所编《山歌》集，开篇为《笑》的私情山歌就取自于无锡宜兴："东南风起打斜来，好朵鲜花叫上开，后生娘子家莫要嘻嘻笑，多少私情笑里来。"民间戏曲活动亦开始萌发，出现了北曲唱家宜兴人蒋原佐，南曲传奇《香囊传》作者宜兴儒生绍灿等。昆曲亦已在无锡盛行，经魏良辅等改造提升的"水磨腔"，曲调"清正而调逸，思深而言婉"，"流丽悠远，听之最足荡人"。魏良辅高足无锡人潘荆南、陈奉萱、安挥吉等，在传习中又发展出昆曲的"梁溪派"。明天启、崇祯年间，锡地昆曲票友以曹琴波为首成立了"曲局"，后改称"天韵社"，在民间影响巨大。如果说昆曲乃文人雅士所钟爱，大雅而小众；那么，流行于苏南乡野的一种边歌边舞唱情说爱的艺术形式——"花鼓"亦热传起来。明正德、嘉靖时期无锡画家周访的《打花鼓》表现的即是这一内容，题曰"婆娑鼓舞宛邱风，燕赵争夸雇工，更有凤阳迁户私返故乡中，结束镇相同"。

吴歌包含了诞生于吴地民间的山歌、小曲、民谣，形式有长有短，有叙事有抒情。起初为纯粹口唱，后有简单伴奏。包括"宣讲宝卷"的宣卷、唱做念打的戏剧，也多有吴歌的影响。徐树丕在《识小录》中说："宝卷、戏曲大多从

---

① 郑振铎. 插图本中国俗文学史［M］. 北京：北京工业大学出版社，2010：105.

吴歌来，四方歌者皆宗吴门矣。"吴歌作为一种文化现象，发源于江南太湖流域的山林田野之间，诞生于百姓的寻常生活之中，是原始而朴素的民间艺术，伴随着先民的生产劳动、祭祀习俗和生活娱乐而发生发展，属于吴语方言区汉民族劳动者的口头文学创作。因地处江南水乡，景物清丽旖旎，诞生于此的吴歌也带有浓郁的水乡文化特点，和险峻高山、辽阔草原所孕育的艺术不同，吴歌之声仿若温婉多姿的太湖之水，婉转清丽、温柔敦厚、含蓄隐喻、缠绵曲折，与吴侬软语的格调韵律相和谐，彰显出独特的江南民间文化特色和民俗艺术魅力。

吴歌的歌词，属于文学范畴，既是民谣，也是诗歌，鲜活地反映了劳动人民的内心情愫，歌唱生活，反映现实，抒发情感，沟通心灵，不仅具有娱乐功能，也具一定教化意义。吴地自古乃鱼米之乡，文化艺术繁荣，历史上采集吴歌多以苏锡常作为采集中心，吴歌在中国文学史上亦占有一席之地。明末文学家、戏曲家冯梦龙首开先河，率先编印了吴歌集《山歌》《桂枝儿》。吴歌的产生与江南稻作文明和舟楫文化紧密维系，无锡作为著名的鱼米之乡，为吴歌的产生与发展提供了适宜的自然生态和环境条件。吴地先民，一边劳作一边歌唱，歌声在田野水面荡漾开去，此起彼落，抒发着内心的酸甜苦辣、喜怒哀乐。吴歌还是吴地青年男女传递爱情的方式之一，吴歌中很多内容都涉及青年男女对爱情的向往与表达，有的端肃委婉，有的谐谑调侃，与古往今来的各民族的民歌作品内容相仿。除了传情达意，不少吴歌也真实地折射出现实生活，既有表现艰苦劳作，也有表现反抗强权、奋起抗争，一首《不怕切头不怕羞》就表现了反抗封建礼教的精神："铁链子九十九，哥拴颈子妹拴手，哪怕官家王法大，出了衙门手牵手。"因为吴歌可叙事、可抒情，也常被用来表现山水自然、物产风物、民间传奇、戏文故事乃至花鸟虫鱼等，其中流淌的道德主旋律始终是扬善抑恶、向善教化的精神。

20世纪30年代，一批吴文化研究者开始广泛搜集吴歌，因而保留了一批珍贵文本资料。1932年无锡人钱小柏、林敬之编辑的《江苏歌谣集》（五集）收录了无锡地区600首民歌民谣。1933年无锡谈村的李白英编辑了《江南民间情歌集》，收录当地流传情歌46首。杨荫浏的《歌谣》也搜集了无锡地区的31首山歌。新中国建立后，朱海容又根据安宜福的回忆和民歌手钱阿福的传唱，整理了长篇叙事吴歌《沈七哥长山歌》，后又编辑整理了一万五千行的鸿篇巨制《华抱山》，"慷慨吐清音"，风格与一般民间传唱山歌迥然相异。

民间流行的吴歌，大多内容朴实，句式活泼，语言朴素，韵律自然，节奏明快，适宜演唱。构思上也不拘一格，想象力十分丰富，并惯用鲜活的乡土词汇，编织成四句、七字形式的歌词，又不拘常格。如《孟姜女唱春》："正月里来是新春，家家户户挂红灯，别人家挂灯团圆节，孟姜女挂灯草上霜。"再如《拜堂歌》："红绿牵巾六尺长，两边一对好鸳鸯。中间打个和合结，一对夫妻百年长。"20 世纪 50 年代，农村实行土改时创作的新吴歌《啥人养活仔啥人》也十分朴实活泼："半夜困、五更起，车水锛地全要费力气；地主不劳动，坐嘞高楼洋房里，三椿事体吃着（穿）用，呒没我俚勿成功；想想就明白，看看就晓得，地主搭仔农民，到底啥人养活啥人！"

吴歌是与音乐相伴的传唱载体，有了音乐伴奏，吴歌才悠扬婉转动听，也才动人心魄。苏州博物馆的钱正先生曾在《为四面楚歌正名》一文中提出了"楚歌"即"吴歌"的观点，也从一个侧面佐证了吴歌感人的艺术魅力。越灭吴后百余年，楚又灭越。三吴皆为楚国治下。项羽起兵伐秦，从苏州兴师，长驱直下，直夺咸阳。而后因为刘项之争，终于酿成楚霸王兵困垓下。刘邦的谋士韩信，为涣散项军军心，别出心裁地鼓动士兵大唱楚（吴）歌，以思乡之情瓦解项羽军士意志，从而取得胜利。那时的吴地已为楚地，所以才有"四面楚歌"之说，但钱先生认为，那时唱哭了项军士兵的正是江东的吴歌。

吴声吴曲，历久飘香，历来为有识的文学家、戏剧家、音乐家所青睐，民国时期许多沪上影片插曲就借鉴了吴歌，老曲新词，魅力无限。周璇的《四季调》就是成功之例。20 世纪 50 年代，上海沪剧团将赵树理《小二黑结婚》改编为沪剧《罗汉钱》，其主旋律也选用了吴歌的《紫竹调》，同样获得很好艺术效果。

吴歌这一艺术奇葩，作为民间口头文学，依赖于口口相传、世代相袭，但因文化的多元，也受到市场经济大潮的冲击。近年来，通过民间文学工作者和吴歌爱好者的共同努力，挖掘了大量古老吴歌，包括上千行的长篇叙事诗《华抱山》等。这些"活化石"，无疑书写了吴地民间文学的新篇章，也在新的历史时期得到了重视与传承。

第三章

民乐之乡 丝竹悠扬

无锡是中国民族音乐发展史上的一块重镇，从春秋战国时期吴越贵族墓中大量乐器、礼器的出土至近现代民族音乐家群体性蔚起，无锡地区产生的卓有建树的音乐家在二胡、琵琶、音乐史论、道教音乐、民族民间音乐等多个领域都有不凡的艺术开拓与创新，创造了中国音乐史上的多个里程碑，推动了整个国家民族音乐的发展，可谓居功至伟。

东晋无锡画家顾恺之，曾作有《斲琴图》，再现当时乐工砍木、磨制琴面、拨弦调音之情景。

东晋顾恺之所绘《斲琴图》（局部）

江南丝竹，又称"吴越丝竹"，形成于明代的苏南地区，后广泛流传于苏浙沪一带，悠扬婉转，优美淳朴，清新悦耳，绮丽幽雅，素有"人间仙乐"的美誉，也被国际友人赞为"中国式的轻音乐"。江南丝竹的主要演奏乐器有二胡、笛子，以及扬琴、琵琶、鼓板、笙和三弦等。演奏时主要突出二胡、笛子，其他乐器丝竹管弦乐器可自由增减，也可配合轻便打击乐器，灵活自如，相互烘托，协调默契，韵味独特。江南丝竹轻盈流畅、婉转动听，流淌着水的轻盈秀丽与灵动，颇具水乡特色，如《梅花三弄》《春江花月夜》等。

江南丝竹的核心乐器——二胡、琵琶，其发展演进与无锡有着重要关系。清代无锡人华秋苹（1784—1859）搜集整理大量琵琶古曲于嘉庆二十四年（1819）正式刊印了史上第一本琵琶谱《南北二派秘本琵琶谱真传》，此后经过邹道平、徐悦庄、杨廷果、段阿奔、吴畹卿、华彦钧、杨荫浏、曹安和、乐述先等数代琵琶名家的传承与开拓，形成了无锡派琵琶艺术，影响直及当代。在二胡艺术发展史上，周少梅、刘天华、华彦钧、刘北茂、储师竹、蒋风之等一批名震乐坛的无锡籍民乐大家，在继承前人传统技艺基础上，对"二胡"这一来自游牧民族的乐器进行了大胆改革创新，使之成为我国重要的独奏民乐器，极大地推动了民乐的发展与地位提升。

第一节　无锡派琵琶艺术

无锡派琵琶是中国琵琶艺术的一个重要流派，明清以来善才辈出。从清代华秋苹所著《南北二派秘本琵琶谱真传》始，历经邹建平、徐悦庄、杨廷果、段阿奔、吴畹卿、华彦钧、杨荫浏、曹安和、乐述先等多位琵琶名家的传承与发展，至近代成为中国琵琶艺术的一个重要流派。崛起于清朝中叶的"无锡派"是最早体现兼蓄南北、取长补短、融会贯通的琵琶流派，它的出现对其他琵琶流派的生成和中国琵琶艺术的发展起到了承上启下的作用。

"善才"乃唐代对优秀琵琶师的一种称呼。白居易《琵琶行·序》中，记琵琶女"本长安倡女，尝学琵琶于穆、曹二善才"，诗歌中又云"曲罢能教善才伏，妆成每被秋娘妒"，是故在此借来喻指音乐名师。明清以来，作为中国传统丝竹乐的主要乐种之一江南丝竹，和作为戏曲音乐形式之一的昆曲清唱，在无锡地区都曾风行一时。清代吴德旋（1767—1840）《初月楼续闻见录》曾记录了无锡早期的琵琶艺人，"杨令贻，名廷果，无锡人……善吹箫、鼓琴，尤工琵琶。自制一曲曰《潺湲引》。尝于中秋月下独游虎丘，抱琵琶，据生公座上，转轴拨弦，即弹所谓《潺湲引》者，万众环而听之。曲终径去。"而华秋苹、吴畹卿则是对此两种音乐艺术形式的发展居功至伟的民间音乐家。

华秋苹（1785—1858），名文彬，字博雅，别号秋云馆主，出于荡口望族华氏，受到家族文化浸染熏陶，是一位艺术通才。华秋苹于诗词、书法、篆刻、绘画等不同艺术门类都有相当爱好，他自幼酷爱金石篆刻，操刀苦练达20余年，篆刻"能妙传汉代玉印之神"，俊蕴内涵，造诣精湛，曾汇集为《秋苹印草》，乃得意之作。嘉庆二十一年（1816）春，华秋苹邀集兄弟族人结成诗社名"二柳村庄吟社"，社中诸友每于花晨夕月吟咏不辍，秋萍七弟华文桂有"名流好句费搜寻，赖有同人结素心""笔如李杜摇山岳，学到韩苏压古今"之诗句，可窥见当日热闹情景及其诗情抱负。华秋苹的绘画多为人物花鸟，善用工笔勾勒，书法长于草篆。此外，他还精通医理，专长喉科，曾与弟弟文域、文桂合著《喉科四种》，又曾广泛辑录地方志及华氏宗谱，编成《华氏贞节略》一书，是研究华族家族史的珍贵资料。

华秋苹最擅长的是琵琶古琴，昆曲清唱，他整理编印的曲谱集《借云馆小唱》和《琵琶谱》，是中国近代音乐史上的重要文献。《借云馆小唱》乃华秋苹平日搜集整理，于嘉庆二十三年（1818）集成，署名"鹅湖秋水彩苹人"，其中有《三阳开泰》《软平调》《五瓣梅》《题牡丹亭后》《琴曲》《番腔》《咏风花雪月》《清平调》《精剪靛花》《马头调》等十首曲子。既有较大型的小曲，也有多首小曲连缀而成的套曲，多从民歌山歌中发展而来，是一种加了伴奏的清唱，广泛流行于城镇乡村。《借云馆小唱》内容多为吟唱历史人物，反映商人离妇的爱情，与《桂枝儿》《山歌》《霓裳续谱》《白雪遗音》等明清时的民歌时调一起构成中国俗文学史的重要组成部分。华秋苹与几位表兄弟一起考订整理编成的《琵琶谱》（3 卷），也具有重要价值，这是我国有史以来第一部正式刊行的琵琶曲谱集。隋唐以来，民间产生了诸多优秀琵琶作品和演奏名手，但师徒手耳相传的方式，令不少优秀之作散失湮灭于历史风云之中。《琵琶谱》的整理刊印对经典曲目的保护传承具有重要意义。《平沙落雁》《凤求凰》《思春》《昭君怨》《春光好》《将军令》《霸王卸甲》《十面埋伏》《海青拿鹅》《月儿高》等琵琶传统名曲都赖此而得以完整保存下来。

华秋苹之后，同样擅长琵琶三弦笙笛等多种乐器的吴畹卿（1847—1926，原名曾祺），成为江南丝竹的重要的传承者。他继承了琵琶三弦的技艺，又广采民间艺人所传，更大成就则体现在昆曲清唱方面。清代道（光）咸（丰）之间，精于词曲的徐增寿，传授子弟，能者辈出，其子徐苹香、陆振生、蒋旸谷、张敏斋、惠杏村等均各怀绝技，呈一时之秀。而较为后起的吴畹卿曾习曲于徐增寿，习三弦于蒋旸谷，又与惠杏村研习词曲，"集众美于一身"。他们恢复了明崇祯时期的天韵社，推吴畹卿出任师席，乃于每日夕阳西下授诵词曲，指导乐器。天韵社的历史若从明崇祯时算起，前后历时 200 余年，为无锡地区昆曲的继承与传播做出了贡献。而在吴畹卿掌社的 20 多年中，其唱曲技艺之精更是名播遐迩，著名昆曲教师赵子敬（曾教过梅兰芳、韩世昌等）和现代著名音乐家杨荫浏等都是他的学生。吴畹卿尤重唱品，稍有不端，必为纠正。他本人精通音律，也要求学生掌握音韵学原理，学会使用韵谱，把握歌词应用规律，在其严格要求下昆曲清唱艺术有了群体性提升。吴畹卿弥留之际，嘱咐家人将精心修订的《曲谱》抄本及紫檀三弦赠予杨荫浏，以为衣钵传人。

民国时期，音乐家杨荫浏回故乡无锡，为阿炳录制了6首存世作品，其中3首就是琵琶曲，皆为经典之作：《昭君出塞》风格雄劲刚健，《大浪淘沙》意境广袤深远，《龙船》则热烈活泼奔放。阿炳的琵琶曲植根于传统又能大胆突破，在音乐表现手法上亦独具一格、富有创意。

杨荫浏（1899—1984，字亮卿，号二壮，又号清如）是中国民族音乐发展史上承前启后的重要人物，是公认的中国民族音乐学的奠基者，著名音乐教育家。杨荫浏出于留芳声巷杨氏望族，自幼酷爱音乐，向道士颖泉学习笛、笙、二胡等民族乐器，12岁起加入"天韵社"，师从吴畹卿学唱昆曲和琵琶、三弦演奏。1923年进上海圣约翰大学文学系学习，后转入光华大学经济系，此间，从美国女传教士郝路易学习英文、钢琴和作曲，后又得戏剧家丁燮林博士帮助，学习音响学。他对道教音乐、基督教圣乐、西安鼓乐、五台山寺庙音乐、湖南宗教音乐等都有深入研究，堪称宗教音乐研究先驱。1931年出任圣公会联合圣歌委员会委员、总干事。1941年出任国立音乐院教授兼国乐研究室主任，与曹安和合著《文板十二首》，首次创造性使用了新琵琶指法、弦序、把位、指序等符号，为现代琵琶指法符号系统奠定了基础。新中国成立后，杨荫浏任中央音乐学院教授，音乐研究所长和中国音乐家协会常务理事，一直是国内民乐界的领军人物。作为音乐领域的多面手，杨荫浏既有大量理论著述，又能熟练演奏多种民族乐器，得吴畹卿嫡传尤擅竹笛，吹奏时，高音晶莹清澈，低音细若游丝，故誉为"杨笛子"。他一生致力于民族音乐遗产搜集整理和中国音乐史、乐律、音韵、古谱研究。1950年，他专程回锡抢救录制了阿炳的6首名曲，并整理编成《阿炳曲集》出版，为国家保留下了一份珍贵的民乐遗产；1981年出版的音乐史巨著《中国古代音乐史稿》（上下册，65万字，人民音乐出版社出版）乃中国音乐史的扛鼎之作。

对中国民族音乐做出重要贡献的另一位音乐家是江阴人郑觐文。清末民初，中国民乐进入了一个承前启后的变革期，民乐界主要有两大类成员构成，一是名家传人、民间艺人，二是民乐教育家、改革家，后者代表人物有郑觐文、杨荫浏、萧友梅、刘天华，除萧友梅外其他三位都是无锡人。郑觐文（1872—1935，字光裕）出生于江阴北门外澄江桥的书香门第，是清末附贡生，幼年父母双亡，由保姆抚养成人。他十多岁就能演奏丝竹乐器和大套琵琶曲，17 岁师从著名琴师唐敬洵，琴艺精进，他演奏的《秋鸿》《平沙落雁》《水仙操》《胡笳十八拍》《梅花三弄》等名曲，古朴典雅，苍劲有力，韵味十足。1918 年，郑觐文在上海创办琴瑟社，后扩大并改名大同乐会。这是民国时期规模较大、历史最长的一个民族乐团，蔡元培、史量才、叶恭绰、梅兰芳、周信芳等均为赞助人，大同乐会聘请名家授课，郑觐文本人任业务主任，全面打理学校事务。大同乐会的最大贡献，首先是人才的培养。学社早期会员程午嘉、柳尧章、胡昕、程庄、王超琴、郑克强等，以及后来乐会成员金祖礼、卫仲乐、许如辉、秦鹏章、陈天乐、许光毅、龚万里、黄贻钧等，后都成为我国民乐界专家。其次在于对民族器乐曲目的整理改编和对民族乐队结构形式的改革。1925 年，他将古琴曲《昭君怨》改编成用筝、琵琶、箫、二胡和阮演奏的《明妃泪》，柳尧章将大套琵琶曲《浔阳夜月》（又名《夕阳箫鼓》）改编成新型丝竹合奏曲《春江花月夜》，后又将当时已无人能弹奏的华秋苹《琵琶谱》中的《月儿高》整理改编成合奏曲《霓裳羽衣舞》，演奏后引起上海丝竹界的轰动，并从此成为中国民乐器乐作品中的经典名曲。郑觐文在接触西洋音乐演奏之后，还对民族乐器进行分组，将管弦乐队分为吹管、擦弦、弹弦和打击乐四部，有效强化了民乐演奏的层次感，成为中国现代民乐改革初期的代表人物。

另一位江阴人刘天华，乃文学家刘半农的大弟，自幼酷爱音乐，又受到五四新文化运动影响，他创作于 20 世纪前期的《歌舞引》《改进操》《虚籁》琵琶曲，对传统音乐进行了大胆创新，对传统琵琶技巧多有突破。此后，杨荫浏与其表妹曹安和，也在继承前辈琵琶技艺的基础上，以高起点的文化素养与音乐视野，在音乐园地对琵琶技艺进行了理论耕耘与全新改革。

曹安和（1905—2004）是杨荫浏的表妹，也是其得力助手。1929 年毕业于北京大学女子文理学院音乐系，留校任教，1943 年任南京音乐院教授。新中国成立后长期从事音乐研究和琵琶、昆曲演奏、演唱与教学。1941 年与杨荫浏合编《文曲十二曲》，首创五线谱部分的几何形体指法符号，为现代琵琶谱指法制定奠定了基础。1950 年秋，她与杨荫浏返锡为华彦钧（阿炳）录音，阿炳所用琵琶即为曹安和所新购。曹安和演奏的《十面埋伏》《汉宫秋月》《飞花点翠》等琵琶曲在乐坛享有盛誉，她还将古谱《弦索十三套》编译为现代乐谱，并指导中央音乐学院举办《弦索十三套》专题音乐会，对古代琵琶艺术的传承做出了重要贡献。

第二节　蜚声中华的二胡艺术

无锡是著名的民乐之乡，二胡一直是靓丽的城市名片之一。1992 年，入选"20 世纪华人音乐经典"的 5 首二胡曲中，就有 4 首出自无锡籍音乐家：阿炳的《二泉映月》，刘天华的《病中吟》《空山鸟语》《良宵》。无锡人与二胡这一民族乐器之间有着十分特殊的因缘，在中国民族乐器的演进史上，无锡人以特有的灵性和智慧推动了二胡的提升发展，让二胡从不登大雅之堂的胡琴成为能够展露无限风情的舞台上的主角。20 世纪上半叶，地处江南的无锡、江阴，因为华彦钧（阿炳）、刘天华的成就而成为令人瞩目的二胡高地。中国音乐界认为，在二胡各流派中，以阿炳为代表的"无锡派"和刘天华领衔的"江阴派"成就最著，阿炳是民间二胡的代表，刘天华是学院派二胡的代表，都拥有极高的历史地位。

二胡，大约出现于公元 9—10 世纪。唐代时，长江中下游一带已有弓弦乐器，称"南胡"，或"马尾胡琴"，从"胡"字称谓可见其最早应源自北方的游牧民族。宋代音乐家陈旸所编的乐书中有关于"奚琴"的记载，"奚琴"被视为二胡源头之一，由唐代生活于今内蒙古一带的奚人部落传入中原。另一说嵇琴由晋代嵇康所创制弹奏，故称"嵇琴"[1]，其形制与《元史》中记载的"胡琴"十分相似。后来的二胡，应是由"奚琴""嵇琴""胡琴"演变而来的一种拉弦乐器，并在华夏民族艺术家的传承中不断创新改进，成为魅力独具的一种丝弦乐器，既适宜表现深沉、悲凄的内容，也能刻画气势壮美的意境，音色丰富，情感充沛。在各类丝弦乐器中，二胡的构造最为简单，一弓二弦，但其演奏手法却最为丰富，演奏者需要心手相通，传情达意，造化无穷。

在中国吹、拉、弹、击诸类传统乐器中，弓弦乐器形成得最晚。二胡从唐宋时期的奚琴、嵇琴、马尾胡琴，在明代时被加以规范，加上了固定弦长的千斤，晚清以来逐渐成为音乐演奏、戏曲表演的配角伴奏乐器。近代时，二胡演奏技巧日臻成熟，从配角乐器登堂入室成为独奏乐器，前后过程历经千年。进

---

[1] 嵇琴，嵇康所抚之琴。《晋书·阮籍嵇康等传论》："临锻灶而不回，登广武而长叹，则嵇琴绝响，阮气徒存。"明·顾起纶《序》："彼荆筑悲歌，而燕丹变色；嵇琴雅奏，惟向秀擅聆。岂同声起予，合志发愤邪！"另有解释为古琴之一种，传为嵇康所创制。宋·高承《事物纪原·乐舞声歌·嵇琴》："或曰嵇琴，嵇康所制。"

入 20 世纪后，二胡技艺和乐器本身在许多艺术家大师的不断改进创新下，得以全面发展和快速提高，完成了历史性的跨越。从而在一个世纪里跃升为民族器乐中使用最普遍、流行最广泛、且最具中国民乐气质特点、最受国内外观众喜爱和欢迎的乐器。二胡演奏人才和优秀作品的大量涌现，也推动其登上艺术殿堂。

在二胡的演进完善过程中，无锡艺人功不可没。20 世纪以来，中国现代二胡艺术经历了从生涩到成熟的百年历程，无锡的二胡艺术家们，深刻影响了这一件民族乐器的发展成熟，周少梅、刘天华、华彦君（阿炳）、杨荫浏、刘北茂、蒋风之、储师竹、黎松寿、闵惠芬、王建民、邓建栋等杰出二胡艺术家，恰如璀璨星辰闪耀于二胡艺术的天空，从不同层面推动了现代二胡艺术的发展，为中国民乐的发展做出了重要贡献。

江阴顾山的周少梅（1885—1938）是我国最早的民乐教师，也是弘扬普及民族音乐的积极实践者和对二胡进行乐器改造的先驱者。周少梅出身于音乐之家，父亲周静梅乃当地著名"琵琶圣手"，长兄逸修从医，二兄培林经商，但都是丝竹能手。三兄逸卿更是演奏二胡琵琶的高手，结识有许多擅演奏而不取报酬的"丝竹清客"。受家庭影响，周少梅十多岁已能熟练演奏二胡、琵琶，20 岁被荡口实业家华铎之聘为"华氏鸿模高等小学校"国乐教师。此后，他历任无锡、苏州、常州 20 多所学校的音乐教员，在 30 多年的教学生涯中，培养了许多卓有成就的学生，如古琴名家吴景略、二胡名家刘天华、中央大学国乐教授陈俊民、勇士铿、勇士卫、百代公司国乐演奏家徐骏佳等。他还最早对二胡进行改造，根据演奏的需要加长了二胡琴杆，加大了琴筒空间，使二胡的音量、音色都有了极大提高；他还将以往局限在上把位的演奏，扩展为上、中、下三个把位，创造了具有突破性意义的"周少梅三把头（位）胡琴"。周少梅对二胡制作和演奏技法的创造，很大程度拓展了二胡的音域，提高了二胡的技巧。刘天华、储师竹、蒋风之等艺术家也都根据演奏需要对二胡进行过改进完善，这些创举对后世二胡的品味提升、走向艺术巅峰奠定了重要基础。周少梅成名后曾多次应邀去电台演奏，并在北平大戏院举办过三场民族器乐演奏会，也曾陪瞎子艺人阿炳演奏于街头。1934 年，上海百代唱片公司专为其录制了二胡曲《虞舜薰风曲》、琵琶曲《花六板》等，是一位在二胡音乐史上具有开创性意义的重要大师。

民间艺人阿炳（1893—1950），本名华彦钧，是将二胡艺术推向新的艺术境界的名家。阿炳一生创作了 270 多首民乐作品，遗憾的是大多曲子已遗失，幸得杨荫浏先生抢救录制，尚有二胡曲《二泉映月》《听松》《寒春风曲》和琵琶曲《大浪淘沙》《龙船》《昭君出塞》6首存世。但只凭这几首乐曲，已足让阿炳名播天下。尤其是那首耳熟能详的二胡名曲《二泉映月》，意境幽远，沉郁悲凉，宛转悠扬，仿佛夜阑人静、泉清月冷的情境中，一个内心落寞的盲艺人向世人倾吐着一生的坎坷与悲凉。阿炳父亲华清和，是无锡城中三清殿道观雷尊殿的当家道士，擅长各种道乐演奏。在父亲调教下，阿炳12岁已能演奏多种乐器，并经常参加拜忏、诵经、奏乐等活动，18岁时已是道乐演奏能手。如今，繁华的崇安寺被现代化的高楼大厦所包围，车辆川流不息，人群熙熙攘攘，而三清殿偏旁、粉墙黛瓦的阿炳故居独守着一份静谧，破旧的房门、简单的陈设、黯淡的旧物，折射出阿炳当年生活的艰难落魄。故居外的二泉广场上，静卧着《二泉映月》的石刻谱，悠扬的乐声犹然在耳。1985年，《二泉映月》在美国被灌成唱片，在流行全美的十一首中国乐曲中名列榜首，并成为美国唯一接受的"中国之音"。美国学者沈星扬说："要了解中国音乐，就必须了解阿炳和《二泉映月》。"日本著名指挥家小泽征尔称《二泉映月》是应该"跪着听的"音乐。

　　刘天华（1895—1932），因对二胡发展有着巨大贡献，而被誉为"国乐宗师"和"二胡圣手"，作为二胡领域的一座丰碑，刘天华的名字当之无愧地被镌刻于中华音乐史上。童年时，刘天华常随长兄刘半农观看佛事、春秋丁祭，民间音乐种子已植根心灵。17岁时，天华随长兄到上海谋生，曾在开明剧社当演奏员，广泛接触了中外乐器。在丧父、失业的痛苦中，他创作了第一首二胡独奏曲《病中吟》，音乐天赋得到常州中学校长赏识，受聘为音乐教师。此后，创作热情如潮奔涌，佳作频出，又创作了《月夜》《空山鸟语》《光明行》《烛影摇红》等多首名曲。1922年，刘天华在京师三所高校兼课，根据需要对二胡进行了大胆改革，将拉弓改造成可调式，将演奏法从三把提升至七把，达到了小提琴把位极限，使简陋的二胡一跃成为可登大雅之堂的独奏乐器，为二胡地位的提升做出了不可磨灭的历史贡献。遗憾的是，1932年6月刘天华在采风中不幸感染了猩红热，短短七天便告别尘世，犹如一曲未及演奏完毕的乐章戛然而止。这一年他创作了《独弦操》《烛影摇红》，一首弥漫着时代气息，一首浸润着传统古韵，袅袅的旋律穿越古今，仿佛大师留给世人的飘然背影。刘天华逝世后，深受其影响的三弟刘北茂，毅然从英语教授转型为二胡乐手，以十年之功完成华丽转身，成为二胡领域的后继人物，也使中国音乐界多了一位可圈可点的大师。刘北茂的作品有《和平民主进行曲》《欢乐舞曲》《太阳照耀祖国边疆》《小树快长大》《少先队员之歌》《千里淮北赛江南》等。

此外，宜兴的储师竹（1901—1955），刘天华的大弟子，也继承发展了刘氏二胡学派传统，其二胡演奏董声乐坛。抗战中，他受聘国立音乐院副教授兼任国乐组主任，为了让学生得到乐器，他利用四川的竹子和牛皮纸，制作了"牛皮纸二胡"，推动了战时音乐教学和二胡的普及。同是刘天华学生的宜兴才俊蒋风之（1908—1986），也是一位音乐天才和音乐教育家，他不仅创造性地将二胡龙头形改为月牙形，还推陈出新创作了《汉宫秋月》，成为乐坛不朽的二胡名曲。还有南师大大音乐教授黎松寿（1921—2010），既是阿炳的少时旧友、被阿炳呼为"松佰"，也是他因为偶然拉了一段《二泉映月》中的主旋，引起了杨荫浏、储师竹的注意，才决定前往探访记录阿炳作品。

此外，宜兴的蒋风之（1908—1986），闵季骞（1923—），也都是乐坛高手。蒋风之1927年就读上海国立音专，1929年进入北平大学音乐系，师从刘天华学习二胡、小提琴。他从20世纪20年代开始二胡演奏，1933年赴日本演出，先后任北平大学女子文理学院、中央音乐学院、中国音乐学院等高校教授、器乐系主任、副院长。在长期的演奏实践中，既保持了刘天华创立的基本风格又能开拓创新，著名二胡独奏曲《汉宫秋月》是他创造性学习的传世之作，由此奠定了蒋氏二胡学派之基础。蒋风之从事音乐教育50载，对国内乐坛影响很大，许多董声中外的二胡名家皆出其门下，如项祖英、张韶、蒋巽风、王国潼等。闵季骞（1923—）是南京师范大学教授，江苏省文史研究馆馆长，南京乐社社长。闵家乃宜兴书香世家，其父闵南藩饱读诗书，曾亲书门联"德行家风，孝友世泽"为家训，四个子女均学艺弄乐，各有所长。幼子闵季骞酷爱音乐，1946年凭借二胡名曲《良宵》《病中吟》被南京国立音乐院录取，师从储师竹主修二胡，后考入中央音乐学院民乐系，拜曹安和为师学习琵琶，向名家曹正学习古筝，向丝竹高手程午加学习打击乐器，并随国乐名家杨荫浏研习乐理，得到众多名师调教。毕业后，闵季骞长期任教于南京师范大学音乐系，从教长达60年，教授二胡、三弦、琵琶等多种民族乐器，桃李满天下。其长女闵惠芬是著名二胡演奏家，长子闵乐康是著名指挥家，小女闵小芬是琵琶演奏家，外孙刘炬是青年指挥家，在其熏陶影响下"闵氏家族"人才济济，在乐坛享有盛誉。这些音乐艺术才俊为民族音乐增添着令人举世瞩目的光彩。

"二胡之乡"是无锡的又一张城市名片，这张名片的另一重意义是，无锡还是二胡制作基地。位于锡东梅村、占地30面积亩的二胡产业园，目前已成为国内二胡的重要生产制作基地，全国25%以上的二胡都出自这里，也是全国规模最大的二胡集散市场。园区里，聚集了许多二胡手工作坊、许多技艺精湛的乐器匠人。一把把制作精良的二胡，全部制作过程皆赖手工，其工艺流程十分繁复，要经过晾蛇皮、制模、钻孔、打磨、上漆、组装等数十道工艺，蛇皮的处理和绷皮的松紧对二胡的整体音色起着决定性作用，所以这道工序全部是由经验丰富、技艺精湛的老匠人负责。二胡这个华夏民族独有的乐器，在蕴藉深厚的老师傅们的手中、在传承不变的工艺流程里得以源远流长，绵延不息。在梅村的二胡文化馆内，陈列着上百把二胡珍品，其中有些二胡历史久远，镌刻着岁月的留痕；有些是制作精美的绝品，引人追思遥远的丝弦岁月。

江南烟雨、太湖碧波，孕育了无锡的过往和现在。软糯的吴音，和着二胡的婉转曲调，时间就可以在此停住了。惠山下，二泉边，一道曲水，几许残阳，在迷人的乐声里流淌着一座城市的神韵与过往。

第三节　无锡道乐：宗教艺术的经典

道教音乐是道家文化的组成部分，也是江南民乐的构成之一。缘起于先秦巫觋歌舞的祭祀仪式，历经千余年绵延，至明清时期日臻完善。道教音乐，是无锡近现代民间音乐发展的重要门类，也是江南民乐的重要组成部分，其突出的演艺特色、丰富多样的道乐曲目、技艺超群的道乐高手、独特的地域特征，使之受到中国民族音乐界的关注重视，并于 2008 年被国务院列入国家级非物质文化遗产；2010 年，无锡在运河畔的水仙道院设立了道教音乐馆，旨在保护曾经璀璨于历史时空的宗教文化。

无锡道教音乐既承袭了中国道教经典音乐传统，又不墨守成规而能广泛吸收吴地民间小调、地方戏曲，尤其是昆曲的优秀元素，形成了鲜明的江南风格和浓郁的地方特色，故被誉为"人间仙乐"。无锡道乐也常被人们称为"十番锣鼓"。据史料，"十番锣鼓"原为传统吹打乐的一种，初创于京师后盛行于江浙，江浙又主要集中在苏南地区，明代万历末年在苏州一带十分流行，不久传至无锡。"十番锣鼓"之外，历史上还有"十番箫鼓""十番鼓""十番笛"等称谓，被僧、道两家称之为"梵音"，民间也称之为"吹打"或"苏南吹打"，其演奏主要用于宗教的超度、醮事与传统民间的风俗礼仪活动。

"十番锣鼓"的演奏乐器并非只有锣鼓，而是以锣鼓段、锣鼓牌子与丝竹乐段交替或重叠进行演奏，根据所用乐器的不同，可分为"清锣鼓"和"丝竹锣鼓"两大类，"清锣鼓"只用打击乐器演奏，"丝竹锣鼓"兼用丝竹乐器演奏。其乐队阵容一般为8—12人，所用乐器少则十余件，多则二三十件。主奏乐器为笛，偶尔用笙，辅以二胡、板胡、三弦、琵琶、月琴等，配合的打击乐器也比较多样，有同鼓、板鼓、大锣、马锣、齐钹、内锣、春锣、汤锣、大钹、小钹、木鱼、梆子等。十番锣鼓的主要特点在其打击乐部分，以一、三、五、七字节为基本单位，按数列规范程式组合成节、句、段；十番锣鼓的套曲曲式结构，一般"身部"出现"大四段"（以锣鼓或锣鼓丝竹相间组成的段落，须变化演奏四次）为标志，现存的比较流行的曲目有《划龙船》《小桃红》《万家欢》《喜遇元宵》等。

无锡道乐的繁荣与无锡道教的发展是紧密相连、密不可分的。道教文化源于老庄，追求超凡出尘、逍遥自由，道乐亦多清幽出世、空灵古雅。阿炳的名曲《二泉映月》就是根植于道乐的民族音乐，不仅汲取了地方民乐、戏曲元素，也融入阿炳对苦难生活的幽怨、挣扎与无奈。无锡最具代表性的道乐《梵音》，即属于道教十番鼓曲。无锡《梵音》与清代高道娄近垣真人所编《黄箓科仪》的乐谱完全相同，这说明无锡完好保留了明清宫廷斋醮音乐。该曲清淡优雅，节奏舒缓，具有超凡脱俗的气韵。而以打击乐为主、节奏激越明快的十番锣鼓，则常用来烘托斋场气氛的开场曲。

无锡道乐融合了三部分内容：一是"腔口"音乐，即道教科仪进行中法师演唱的部分，按照斋醮不同内容、不同场合表现功能的需要，而有赞颂、步虚、咒、道、朗念等多种韵腔体裁，以及独唱、一唱众合、齐唱等多种演唱形式，如《救苦赞》《清静自然香》《赞礼玄元》等就是其代表性腔调。二是"梵音"音乐，即道家曲牌吹打乐，约有《桂枝香》《醉仙戏》《雁儿落》等笛曲曲牌百余首，不少与唐宋诗词元曲曲牌相同。在醮仪中，梵音多用于法事开始时的"发擂吹打""序奏"，以及法事过程中的舞蹈伴奏和演唱段落之间的过渡音乐，其慢、中、快鼓段的演奏极具特点，击鼓技艺堪称一绝。此外，梵音也可单独进行演奏，用于一些娱乐性场合。三是"锣鼓"音乐，即苏南民间流行的"十番锣鼓"，虽然与"梵音"吹打同用于做道场，但在乐器配置、套路组合、演奏风格上相去甚远。其细腻丰富、灵活多变的锣鼓敲击法（不同音色序列与节奏序列的组合），丝竹与锣鼓乐段相间的套曲结构形式，极大地丰富了道教音乐的表现力。其代表性曲目有《十八六四二》《十八拍》《下西风》《翠凤毛》等。所用乐器主要分为四类：吹管乐器为笛、箫、笙（17管13簧）、小唢呐、长尖等；拉弦乐器为板胡、二胡、托音二胡等；弹弦乐器为三弦、琵琶、月琴等；

打击乐器为拍板、板鼓、同鼓、云锣、大锣、喜锣、七钹、大钹、小钹、中锣、春锣、内锣、双磬、木鱼、星、汤锣等。

无锡道乐是江南道乐的重要组成部分，当年，道乐的兴盛有赖于道教的发展，而道教的兴盛则有赖于民间的需求。吴地风俗自古受到宗教影响，加之历代统治者的推崇，道教在苏南流传十分普遍。无锡道教源自东晋天师道，始建于南朝梁天监年间（502—519）的璨山明阳观（原名洞阳宫）和建于梁代大同二年（536）的城中洞虚宫（原名青元宫），都是无锡当时著名的道教宫观，迄今已有1400年历史。清末民初时，无锡道教乐坛人才济济，高手辈出，出现了"五个档""八兄弟""十不拆"等在苏南地区颇有影响的班社组合，涌现出了琴家阚献之、南鼓王朱勤甫、民间音乐家阿炳（华彦钧）等杰出代表，《二泉映月》《十八拍》《下西风》等名曲就诞生在那一时期，风头正健。1947年，无锡道乐班社组合"十不拆"应上海昆曲阳春社之邀赴沪演出，大中华电台连续10天播出演奏实况，并灌制《山坡羊》《梅梢月》等6张唱片，"南鼓王"朱勤甫作为"十不拆"的领衔司鼓，由此名扬海上。"十不拆"演出轰动一时，不仅满足了人们宗教生活所需，也丰富了人们的文化生活，深受民众喜爱。

新中国成立后，无锡道乐高手大多加入社会文艺团体，经历"文革"断层后，道教活动被视为封建迷信活动而废止，无锡道乐几近衰亡。21世纪以来，文化保护呼声日高，许多传统得到复兴，但历经传承"断裂"，道长们的道乐演奏技艺已今非昔比，尤其是传统道乐的一些高超技艺，如朱勤甫的锣鼓已基本失传。2007年，无锡市道教协会成立了道教音乐团，南水仙道院和道乐班子得以恢复，一些珍贵录音、音响资料也得到发掘，道乐遗产得以抢救和保护。

第四章

指尖技艺　奇巧百工

　　江南福地，山明水秀。人杰地灵的无锡，不仅养育了无数的文人墨客，也孕育了许多技艺精致、巧夺天工、风格独具的民间艺术。早在春秋战国时期，古代吴人就创造了"吴钩越剑，天下名重"的奇迹，吴地也因此成为名震天下的铸剑高地；阖闾时期，吴地工匠更是先于天下制造出了长达40米、可载员600余人的"艅艎"大舟，畅行海上，所向披靡。自古吴地便显示出在制造工艺方面的超群技艺。

　　在漫长历史进程中，受到绚烂吴文化孕育滋养的无锡，积淀了许多物质的和非物质的历史文化遗产，成为不可多得的宝贵财富。从惠山泥人、无锡精微绣、留青竹刻到宜兴紫砂壶，还有均陶、彩陶、碑刻、纸马、剪纸、蓝印花布等等，无不显示出无锡人民化育万物、神奇想象和富于创造的精神与技艺。

第一节　化泥土为神奇：惠山泥人

　　惠山泥人，在锡绣、竹刻、灯彩、剪纸等无锡传统工艺中占有特殊地位。它与天津"泥人张"分别代表着我国南北两大流派的民间彩塑艺术。它起源于惠山一带农家的传统副业，曾有"家家善塑，户户会彩"的说法。明末，散文家张岱的《陶庵梦忆》记载在惠山精雅的店肆中，即有泥人出售。可见其时惠山泥人已进入市场。清帝乾隆南巡时，当地官员曾命惠山彩塑匠师王春林制作五盘"泥孩儿"进献，得到乾隆的赞赏，事见《清稗类钞》。惠山泥人从业者高峰时曾多达二三千人，泥塑产品超越国界，为各国民众所喜爱。

传统惠山泥人：团阿福

　　惠山泥人是无锡最具特色和代表性的民间手工艺品，民间称之为"傒泥嬷嬷"。惠山泥人最典型的造型是一对可爱的胖娃娃，被无锡人亲切地叫作"阿福""阿喜"。其实，早期的惠山泥人都称为"大阿福"。大阿福有男阿福、女阿福之分，后来才逐渐称为阿福、阿喜。

　　阿福阿喜的基本造型都是胖娃娃，身穿五福袄，怀抱大青狮，文静中露出威武，端庄中带着憨厚，他们胖墩墩、笑眯眯的可爱形象，深受百姓喜爱，被人们作为求福辟邪之物供奉在家中，带给人吉祥如意。

　　阿福阿喜的来历，维系着两个神话传说。据说，从前江南一带有一对神仙，和其他神仙不同，他们不是刚勇善战的那种，而很温婉阴柔，只要他们一笑，对手就会瘫软倒下，任其吞食，这几乎就是江南文化以柔克刚特点的典型形象，所以大阿福总是笑容可掬。民间更流行的说法是，五百年前，惠山一带出现了一头青毛狮子，专吃孩子。当地百姓为乞求平安，拜神求仙，后来神仙化为金童玉女下凡人

阿福阿喜的新造型简洁可爱

间，施法降服了妖怪。人们为了感恩，便按照神仙的金童玉女形象捏成塑像供奉起来。

　　捏制惠山泥人的黑泥，来自惠山脚下的稻田深处，泥质细腻，柔软洁净，色泽黑褐，可塑性强，弯而不断，干而不裂，被称为"磁泥"，最适宜捏制泥偶。早在北宋年间，大诗人苏东坡途经无锡时，就曾留有"惠泉山下土如糯"

的诗句。虽说泥土取之不尽用之不竭，但真正适宜制作泥人的"惠山泥"据说还不到 20 亩，可谓珍贵。优质的泥料一定程度上决定了制作的工艺，也直接影响了泥人的质量与形象风格，较之山东、陕西、河南的泥塑，惠山泥人更为细腻光洁。惠山风景优美，自古乃地灵人杰之处，山脚下稻田深处的黑泥也似乎带上了灵性，以其为原料捏制的泥偶生动鲜活，憨厚可爱中透着灵气。

除了得天独厚的泥料资源，惠山泥人的诞生还与惠山脚下众多的祠堂有着千丝万缕的联系。惠山泥人源起于宋代，兴盛于明代，这是因为明太祖朱元璋取消了民间不准立祠的禁令，所以此后惠山一带祠堂越聚越多，形成了密集的祠堂群。许多大户人家都雇有看祠堂的祠丁，由于祠丁收入很少（一般年收入为三石六斗米），难以维持全家生计，所以闲暇时就用黑泥捏制成泥偶，在庙会上卖给游客以补贴家用，久而久之逐渐成为一门地方民间手工艺，也成就了许多民间艺人。惠山祠堂密度之高，乃世所罕见，因此惠山脚下的直街、横街上开了许多泥人店，最多时达到五六十家。

惠山泥人因制作技艺不同，有"粗货"与"细货"之分。所谓"粗货"多为用模具制作阿福、蚕猫一类以吉祥如意为主题的泥玩偶，风格质朴、简约、憨厚、活泼，统称"耍货"，在春季庙会上颇受孩子们欢迎。尤其是大阿福的形象，温厚可爱、笑容可掬、童趣盎然，最受百姓们喜爱。早期大阿福的造型，饱满丰腴，大耳垂肩，头戴牡丹，面带慈悲，怀抱着青狮，脚着朝靴，寓意着平安、富贵、长寿、避邪或少年登科等吉祥含意，后来在艺术家手里，阿福形象塑造得越来越稚气可爱，也更合乎时代审美。除了阿福形象外，"蚕猫"也是泥人粗货中的一个古老品种，其造型古朴、稚拙、变形、夸张，且具有实用性。无锡自古乃植桑养蚕之地，因为蚕最为老鼠所喜食，所以民间无猫人家便喜欢在蚕房里放置一尊泥猫，以吓唬震慑老鼠。

惠山泥人细货，也称"手捏戏文"

出现较晚的泥人"细货"，制作工艺更为精细复杂，也更讲究艺术性和创意性。元明以降，江南戏曲十分繁荣，"细货"的内容也大多以戏曲故事为内容，形象多为剧中人物，所以也被称为"手捏戏文"。"手捏戏文"往往选择剧情发展最生动的瞬间、场景，讲究"以虚拟实、以简带繁、以神传情"，人物造型神形兼备、栩栩如生，广受市民喜爱。历史上规模最大、形象最多的惠山泥人群塑作品是 2003 年创作的《庙会》，其人物形象多达 300 多个，被中国美术馆所收藏。400 多年来，"阿福"的形象日益深入人心，制作工艺逐渐完善，吉祥的寓意、靓丽的色彩和浓郁的江南风韵，使之成为与北方天津"泥人张"遥相呼应、相映成趣的南方泥塑流派。1992 年，怀抱青狮的阿福形象被选为当年度国家旅游观光年的吉祥物，其可爱形象深入人心。

惠山脚下一向"庙宇多、祠堂多"，春季庙会是惠山一大盛事，无锡民谚有"惠山街，五里长，踏花归，鞋底香"，重九、中秋也同样热闹非常，民间庙会因泥人而增色，泥人工艺又因惠山庙会而兴旺，长期积淀形成的民俗文化，让泥人与惠山街结下了不解之缘。久而久之，惠山镇街上的泥人市场成了无锡一景，外地游客没游过这里，就等于没到过无锡；不买几件"阿福"馈赠亲友，就等于没到过惠山。

清末民初时，惠山泥人舞台上最著名的两位宗师是周阿生和丁阿金，当时民间流行一句口头禅："要神仙，找阿生；要戏文，找阿金"，周阿生（1832—1912，生馆），擅长佛塑，人物造型庄重优雅，丰腴富贵，神情生动，具有震慑人心的力量，他塑的"寿星""和合二仙"也很受欢迎；丁阿金（1839—1922，金馆），谙熟戏文，善于渲染情节气氛，人物色彩明丽，生动逼真，神形具备。1902 年出生的高标（初名菊林），是周、丁之后颇具创新意识的泥人艺术家。他 12 岁时就赴沪普益习艺所塑真科学习泥塑，师从天津著名面塑艺人潘树华，经过六年学习，熟练掌握了泥塑技艺。19 岁回到无锡，后在惠山开设"高标泥人作坊"，创办"高标艺术馆"和"高标塑像公司"，曾为蒋介石夫妇、吴稚晖等塑像，其作品逼真生动，栩栩如生，颇得好评，被誉为一代"神塑"。高标的回归惠山，为惠山泥塑融入天津泥塑的技法，推动了惠山泥人整体品质的提升；他还采用石膏空心薄胎工艺，推动了传统手工艺的改革；同时，他的作坊、艺术馆和公司培养了一批彩塑艺人，为惠山泥塑的传承发展做出了重要贡献。

新中国成立后，虽然历经波折，但在一代又一代泥塑艺人的传承中惠山泥人的造型、工艺都有突破与创新，也涌现出许多技艺精湛的工艺大师，如王南仙、喻湘莲、王木东、李仁荣、柳成荫等。王南仙、喻湘莲作为两位国家级工艺大师，一生与泥人打交道，皆颇有心得。她们认为，惠山泥人作为一个流派，与天津"泥塑"最大的不同就在"捏"与"塑"的差异。惠山泥人重在"捏"，全在手里感觉，讲究一气呵成，而天津泥人重在"塑"，可增可减，可随意调整；在人物塑造上，惠山泥人也与天津泥塑的重视具象不同，更讲究神似、气韵、意象，在手捏戏文中所谓"开相活，戏才活"，就是这个意思。

百年泥人梦，悠悠惠山情，这个古老而鲜活的民间工艺承载了世代无锡泥人艺术家的殷殷梦想，也寄托着无锡文化延绵不绝的人文精魂，在快速演进的时代光影中，希望这门古老的传统手工艺永远传承下去，"莫在今世成绝唱"。

第二节　赋予砂土以诗意：紫砂壶

紫砂壶质地朴拙浑厚，不媚不俗，与文人气质相合故深得青睐。宜兴的紫砂壶遐迩闻名，是无锡历史最悠久的民间手工艺之一，也是宜兴非物质文化遗产之一绝。紫砂文化与茶文化密不可分，文人爱茶，宁可食无肉，不可无茗茶。文学史上，陆羽、梅尧臣、蔡襄、苏东坡等文豪都曾留下咏茶的名篇、名句，梅尧臣的"小石冷泉留早味，紫泥新品泛春华"堪称千古绝唱，描绘的就是文人雅士用紫砂陶壶烹茶的情景。其中，最著名的当属苏东坡，他不仅亲手创制了提梁壶，在惠山留下了"独携天上小团月，来试人间第二泉"的绝世佳句，还总结出了一套"活水还须活火烹，自临钓石取深情"的煎茶诀窍。

宜兴紫砂壶的问世，与国人饮茶方式的改变有极大关系。明代时，茶道兴起，沏茶手法臻于成熟，"探汤纯熟便取起，先注少许壶中，祛汤冷气，倾出，然后投茶，茶多寡宜酌，不可过中失正……，两壶后又用冷水汤涤，使壶凉洁，不则减茶香矣。"烹茶演变为沏茶，对茶壶质地要求就高了，而紫砂壶泡茶茶味醇厚隽永，而且使用时间愈久，泡出茶水的味道愈佳，故而受到人们的喜爱，尤其是文人墨客的追捧。文人的介入提升紫砂文化的品位，为其融入书法、绘画、雕刻等多种艺术元素，使之具有千姿百态的造型，融实用与艺术于一体，从而从普通的日常器具变为了审美对象和把玩收藏的艺术品。紫砂壶的价值也因此水涨船高，"一壶重不数两，价值每一二十金，能使土与黄金争价"。在这一风气的推动下，宜兴紫砂壶制作高手、名家不断涌现，一个又一个走上了历史的舞台。

紫砂壶最早出现在明代。最早的紫砂壶名"供春壶"，创始人是明代正德到嘉靖时期的龚春，也称供春。当时，身为书童的龚春陪同主人在宜兴金沙寺读书。寺中有位老和尚很善于用紫砂陶泥制作器具。供春便用老和尚洗手时沉淀在缸底的陶泥，仿照金沙寺大银杏树的树瘿形状制作了一把壶，造型古朴可爱，人们都叫它"供春壶"，供春也因此出了名。吴梅鼎的《阳羡瓷壶赋·序》中记载了此事："余从祖拳石公读书南山，携一童子名供春，见土人以泥为缸，即澄其泥以为壶，极古秀可爱，所谓供春壶也。"供春壶，"栗色暗暗，如古今铁，敦庞周正"，可惜时代久远，其原物已无处可寻，后来，当代紫砂大师顾景舟制作了一件仿品，现藏于故宫博物院。

顾景舟仿制的供春壶

明万历以后，随着士人文化的繁荣，低吟浅唱、文人雅集成风，紫砂艺术作为士绅文化的一种呈现方式，也进入勃兴时期。紫砂技艺整体提高，日趋精致；且因自斟自饮的需要，茶壶也明显趋于小型化，成为士大夫必备之物。最负盛名的紫砂艺人，当数龚春的弟子时大彬、李仲芬和时大彬的弟子徐友泉，被并称为明代三大"紫砂妙手"。时大彬（1573—1648）乃宋代尚书时彦裔孙、紫砂"四大家"时朋之子，他在前人制壶技艺基础上匠心独运，大胆创造，在泥料中掺入细砂，令其壶"砂粗质古肌理匀"，营造出朴拙浑厚、古雅坚致的风格，摆脱俗套，独创一派，且造型灵活多变，别具情趣。时大彬"传器无多，且名高价重"，存世作品有紫砂胎剔红山水人物图执壶、圆口紫砂珐琅彩壶、天香阁壶、僧帽壶、提梁壶、六方壶、菱花八角壶等。徐友泉（1573—1620）是时大彬的高足，在造型艺术颇有天分，对紫砂工艺的泥色、品种的丰富卓有贡献，配合色土，造化多端。其手工精细，壶盖、壶口密不透风，尤其擅作仿古铜器紫砂壶，将长爪兽造型用于茶壶，古拙庄重，质朴浑厚。陈俊卿、周季山、陈和之、陈挺生、沈子澈等皆是那一时期的紫砂高手。沈子澈所制作的菱花壶，精工雅致，据称可与"大彬壶"相媲美，被誉为"明季之名手"。

明末清初的紫砂代表艺人当数惠孟臣、陈鸣远。惠孟臣，壶艺出众，独树一帜，精致细腻，所制茗壶大者浑朴，小者精妙。尤以擅制小壶驰名于世，以小胜大，大巧若拙，移人心目，被后世誉为"孟臣壶"。惠孟臣善于配制白、紫、朱多种色调砂泥，配合不同款式需要。壶型扁圆高矮形式多样，尤以梨形壶最具影响,远销欧洲各地,甚至影响了欧洲早期的制壶业,据说安妮皇后在定制银质茶具时便要求模仿惠孟臣的梨形壶。其后期专注于朱砂几何形小壶,"造型奇、体积小、工艺精",特别适合饮功夫茶,因而风靡一时。孟臣制壶工艺手法洗练,富节奏感,尤其是茶壶流嘴,无论长短,均刚直劲拔,与众不同;孟臣壶突出的风格特征是壶体光泽莹润,胎薄轻巧,线条圆润,浑朴精妙,且刻款书法秀娟,笔势灵动,有唐贤之风,所镌诗句或吉祥语可谓锦上添花。陈鸣远出生于紫砂世家,所制茶具、雅玩多达数十种,无不精美绝伦,他还开创了壶体镌刻诗铭之风,署款时,刻铭和印章并用,款式健雅,有盛唐风格,作品名孚中外,当时有"海外竞求鸣远碟"之说,对紫砂陶艺的发展建立了卓越功勋。他还擅长将生活中常见的栗子、核桃、花生、菱角、慈菇、荸荠的造型入壶,工艺精雕细镂,善于堆花积泥,使紫砂壶的造型更为生动、活泼,赋予传统紫砂壶变以生机与活力,作品出神入化,名震一时。

清代中叶嘉庆、道光年间的紫砂壶大师是陈鸿寿和杨彭年。陈鸿寿本是著名书画家、篆刻家,他倡导艺术创新,认为"诗文书画,不必十分到家",但必须要见"天趣",并将这一艺术主张付诸紫砂陶艺。他把诗文书画与紫砂壶艺相结合,在壶上题写诗文、雕刻绘画,设计了诸多极具趣味的新款紫砂壶。由他设

宜举紫砂茶具

计,杨彭年制作的紫砂壶堪称紫砂创新的经典之作,被后人誉为"曼生壶"。陈鸿寿的加入,使紫砂陶艺更加文人化、艺术化。晚晴嘉道年间的邵大亨,也是紫砂高手,其他还出现了邵友兰、邵友廷、蒋德休、黄玉麟、程寿珍等,但时值衰世,制作工艺有所荒疏。

在当代的众多紫砂大师中,首推顾景舟。他潜心紫砂陶艺60余年,技艺炉火纯青,仿古和创新兼备,顾景舟创作的提璧组壶(共11件),将紫砂润如珠、温如玉的特征淋漓尽致地表现出来,工艺可谓登峰造极,在2011年秋季拍卖会上,提璧组壶以1782.5万元的价格拔得"当代高端工艺品紫砂壶专场"头筹,创下紫砂壶拍卖价格的世界纪录。顾景舟也被紫砂界尊为当代"壶艺泰斗"。宜兴自古才俊辈出,紫砂工艺界更是人才济济,蒋蓉、汪寅仙、徐秀棠、吕尧臣、

谭泉海、徐汉棠、鲍志强、何道洪、周桂珍、朱可心、高海庚、裴石民、王寅春、吴云根、李昌鸿、沈蘧华、顾绍培等，也都各自身怀绝技，各有专长，皆为当代紫砂工艺之俊才。

宜兴紫砂壶的原料，有紫泥、绿泥和红泥三种，在民间被称为"富贵土"。紫砂泥具有可塑性好、收缩率小，不黏手，易于成型，且无须其他原料便能够独立成陶，便于雕琢加工施艺等优点。成型后无须施釉，外观平整光滑，把玩时间越久越有光泽，乃其他质地的陶土所无法比拟，加上紫砂艺人巧夺天工的手工技艺，兼具实用功能和审美功能，因而成为世界名陶。紫砂泥深藏于岩石层下，分布于甲泥的泥层之间，成分中含铁量很高，必须在高温高氧状况下烧制，烧制温度在 1100—1200℃。紫砂壶并非只有紫色，还有朱砂红、枣红、紫铜、海棠红、铁灰铅、葵黄、墨绿、青兰等各种奇丽色彩，决定其颜色的是烧制时的不同温度。紫砂壶无须上釉，但胜似上釉，色泽温润，变化奇诡，丰富多彩，古雅可爱，被赞为"世间茶具之首"。

第三节　时光沉淀成奢华：无锡精微绣

精微绣，是无锡当代传统手工艺的又一奇葩，是在传统锡绣工艺基础上推陈出新、创新创造的产物。比起传统锡绣，现代精微绣画幅较小，工艺要求更高，表现更精细入微，在绣制细部时一根丝线常常需要分成数十根，神形毕肖，极尽细腻，形成了独特的风格和艺术特色。因此，被媒体称为"时光沉淀的奢华"。

锡绣在无锡民间由来已久，诞生绵延已有千年历史。无锡自古丝业发达，明清时期几乎家家有绣绷，绣花曾是民间最为常见的家庭副业之一。锡绣是在江南著名刺绣"顾绣"的技艺上发展起来一种绣花技艺，明代中叶时，曾有实用性绣品作为贡品进献朝廷，其主要针法技艺有乱针绣、堆纱绣、挑花绣、列针绣、戳纱绣（回纹彩锦绣）等。

清道光元年，刺绣家丁佩撰写了我国第一部刺绣专著《绣谱》，书中记述了锡绣艺术因感悟美景而得以升华的故事："昔年春日，舟过梁溪，斜照满山，风光成彩"，于是，她归家后立即用"退红绒参以牙色，绣成遥山一桁"，画面上"山椒新绿成林，溪中碧水鳞次"，自我欣赏之余，不禁自叹"此画家所未到也！"锡绣，由此开始超越纯粹的实用功能而进入到格调高雅、充满艺术趣味的画绣合一"观赏绣"层面，被誉为"闺阁中之翰墨"，得名"闺阁绣"。这种"闺阁绣"后来经锡山绣工传习会推向社会，逐渐名闻天下。

19世纪末20世纪初，锡绣在一批艺术品位高雅、技艺不凡的绣娘手中迈进历史鼎盛期。清光绪二十三年（1897）春，荡口华氏家族的李佩黻、李韵和妯娌俩，在丈夫的支持下创办了"锡山绣工传习会"，她们在无锡北门泰定桥王敬修堂宅内和南门三下塘华氏延绿阁开设了两处传习所。两年中有102位少女入会学习刺绣。其中有慕名而来的日本女子金原村子、美国女子孙宗彭。李氏妯娌的丈夫华文川、华文汇兄弟，均擅长书画，主张以画入绣，"通画理而刺绣之技乃工"，在丈夫的影响下，李佩黻、李韵和自编讲义《刺绣篇》《修身篇》，并创造了"填色稀铺法"和"轮廓切马鬃法"，使中国传统绘画中的大面积烘染和远景表现在绣品上得以呈现。1908年，清廷农工商部为表彰李佩黻"精制绣品、新法改良"，特授予其一等奖牌。其时，无锡竞志、振秀、鹅湖等多所女校也开设了刺绣科。锡绣佳作先后获天津实业劝工场银牌奖、比利时布鲁塞尔万国博览会一等金牌奖，意大利都阆万国博览会金牌奖。1910年，大清农工商部在南京举行了"第一次南洋劝业会"，"锡山绣工会"20人获团体金牌奖，荡口华璂获得个人金牌奖，无锡另有78件作品获银牌奖，奖牌数居全国之首。1915年，在美国旧金山"巴拿马太平洋万国博览会"上，华璂的《公鸡图》获得展会金质奖章，"无锡全邑得奖五十种，得奖之多几与省会相抗衡"。锡绣由此进入了全盛时期，"锡绣盛称于世，不惟国人知之，薄海内外靡不知之"。

晚清锡绣的代表人物华璂，出身于荡口巨族华氏，家族书画渊源深厚，父亲华蘅芳思想开放，学贯中西，是近代著名数学家、科学家。深受家庭影响的华璂，视野开阔，审美高远，绣艺深受西洋画影响，不少作品以西洋画为稿本，针法大胆突破传统，以独特的列针法、锁和针法，绣线采用多色绞合，不拘泥于密针细线，注重色线差异呈现出画面的明暗层次和天地万物的自然光彩。华璂的针法开创了苏南地区"乱针绣"之先河。她编

华璂的刺绣作品《公鸡图》

撰的《刺绣术》于1938年由商务印书馆出版，10年间发行4版，其艺术理论与李佩黻的锡山绣工会所编的讲义《刺绣篇》既一脉相承，强调"新绣法通于画理"，又有新的发展创造，借鉴西方油画技艺，提出绣技应注重光线明暗，准确把握透视，注重立体效果。

在中西文化的交流互动和绣娘的创新中，20世纪80年代初锡绣艺术攀上了一个新的历史高峰。锡绣的国家级传人赵红育，潜心钻研绣艺多年，1981年在系统整理了锡绣百余种传统针法基础上，创制了特色独具的"精微绣"，推动锡绣艺术迈出了新的一步。精微绣作品卷幅比较微小，构图精美，绣技精湛，需要先画后绣，乃书画与绣艺的结晶，以针代笔，以线代墨，刻划入微，形神兼备，刺绣细部时须将一根丝线分至70—80根，可谓至精至细。赵红育还在继承传统刺绣技法"切马鬃"的基础上，创造了"马鬃绣"新品种，以马鬃代替丝线，所绣制的《八十七神仙卷》古朴典雅，线条峻拔，风格独特。其发绣长卷《古运河梁溪风情图》获"中国大世界吉尼斯之最"和"大阿福金奖"，她的双面精微绣《百鸟朝凤》《百寿图》《阿房宫》《游春图》《无锡古运河》等也是传世佳作，获得多项殊荣。

省级锡绣传承人吴鸣文（1957—2016）被誉为"百年锡绣的守望者"，她内敛低调，恪守传统，以潜心创作为乐，代表作《击鞠图》画面精致，生动鲜活，凭借高超绣艺，细密针线，合理配色和细敏的艺术感觉，将古代宫廷游戏"仕女击鞠"的场景表现得栩栩如生，跃然于绢上。其《韩熙载夜宴图》更是耗时经年的锡绣杰作，该画幅长度达320厘米，高24厘米，尺幅与原画几乎一样，画面逼真细腻，线条工细流畅，色彩绚丽清雅，保持了原画风格，堪称古画仿绣之作的罕见精品。她与赵红育、张铭合绣的《丝绸之路》，乃集多位大师之力的完美力作，仅尺绢画幅上，就有26位各色人物、21匹骆驼、4匹马、5头毛驴、5只猎犬，组成了沙漠里的商旅队伍，"寸马豆人，毫发毕现"，人物、动物、器物表现皆精细生动，充分体现了精微绣的"精""微"特色，卷幅精致，构思精妙，绣技精湛，精美而不乏壮观。

历史更迭，岁月荏苒，历史悠久的锡绣在当下快节奏生活里并未淡出人们的生活。虽然，和所有的传统技艺一样，锡绣在现代商品经济背景下，也面临日益严峻的挑战，但在政府和民间共同努力下，锡绣传承后继有人。

第四节 书画与竹的融合：留青竹刻

无锡留青竹刻，是于 2008 年 6 月，首批被列入国家级非物质文化遗产名录的无锡最具特色的民间手工艺之一。与一般竹刻不同的是，其雕刻时需要剔除竹子其他部分而留下图案表面的竹青，故名"留青竹刻"。竹青经久而颜色会变得微黄，与竹肌形成明显色差，产生深浅凹凸的层次感，从而营造出一种独特的艺术效果，是由来已久的江南著名手工艺之一。无锡留青竹刻的风格，颇得江南气韵，亦具文人风格，精细雅致，质朴清丽，格调高古，竹雕臂搁、书镇、扇骨、书联、挂屏等，不仅具有装饰性，更透出浓郁的书卷气息。

留青竹刻工艺起源于唐，盛于明清。明末时，人称"留青圣手"的江阴人张希黄，创造性根据刻制山水景物的需要，创立了留青浅刻山水技法，这一技艺对后世留青竹刻产生了深远影响。1915 年，无锡留青竹刻作品在巴拿马万国博览会上荣获二等奖。同年，竹刻家张瑞芝（1885—1978）和内弟支慈庵（1904—1974）、长女张契之（1913—1976）在无锡城里的复兴路开设了一家"双契轩"艺坊，全家以竹刻为业，成为留青竹刻艺术的一脉主要传承者，他们的作品也被称为"双契轩"竹刻。

留青竹刻选材十分讲究，只取浙东嵊州的三年生毛竹，且采伐时间必须是在冬季，剖开后的竹片还要经明矾水"煮青"，以去除竹肌内的糖分并杀菌，待绿色竹皮转成黄绿色，再去除油脂，经数月晾晒阴干后方可作为创作用的竹材。竹材分为竹皮、竹肌、竹黄三层，竹皮质地坚密细腻，经水煮晾晒后颜色会变浅变白；竹肌纤维紧密细腻，年代越久则色泽越深，呈琥珀般棕红，透着晶莹润泽，也称"竹玉"；最内层的"竹黄"则质地最软，一般不会深入至此。

留青竹刻的创作，多以花鸟、山水、金石书法为题材，根据画面需要，巧妙利用竹皮、竹肌质地、颜色的差异营造出深浅不一、凹凸有致的层次感，画面细腻而雅致。一件留青竹刻精品，其创作周期短则旬月，长则经年。不仅需要精心构思，还要求刀法的机巧娴熟，需要创作者具有较高的审美修养、书画造诣，创作者的品位也决定了作品的艺术品性。留青竹刻精品具有大雅小众的艺术特质，其品类主要有臂搁、镇纸、台屏、挂屏、折扇、简册、楹联、器皿、摆件等，自古其受众主要为文人士族，历来为雅士墨客所青睐，愈经把玩摩挲，其基底部分变色越快，那些峰峦枯石、溪流云霭、梅兰竹菊等充满画韵诗意的形象立体感越强，故需恒久把玩亲近方可成就圆熟莹润之境界。

留青竹刻的主要技法，有阴文浅刻、毛雕、留青浅刻、薄地阳文、浅浮雕、高浮雕、透雕、圆雕等。竹，刚正不阿，生性高洁，中空外直，宁折不弯，被列为梅兰竹菊"四君子"之一，深受文人士大夫青睐，是君子人格的文化象征，寄寓了高迈的人文情操。竹刻艺术，乃竹原料与艺术的结合，其刀工复杂精细，线条挺括而流畅，意境幽远，画面精美，与国画中的工笔线描相近。在阴文浅刻中，刀痕的深浅、平糙起伏、生涩圆润皆很好表现出水墨画和书法的韵味，很多竹刻刀法就是汲取中国书画营养、从传统笔法中获得启发而形成的，或老辣古拙，或水墨淋漓，或焦枯皴擦，或秀媚隽永，或苍深遒劲，尽致地体现出"以画法刻竹"的艺术追求。留青竹刻还特别注重呈现竹子的自然材质之美，将留青浅刻与浮雕、透雕巧妙地融于一体，从而形成了无锡竹刻独有的艺术特色。

作为无锡艺术领域的一朵奇葩，留青竹刻技艺在一代代的传承中涌现出了许多大师级的艺术家。非物质文化遗产传承人乔锦洪，其竹刻技艺秉承了明清竹刻传统及其母亲张契之的晚年风格，又有新的创造，作品格调古雅，富于诗画韵味，其代表作品《竹根笔筒》《梧桐秋蝉》《松竹摆件》等，多次参展并获奖。乔锦洪还努力进行竹刻技艺的理论探索，著有《江南竹刻艺术研究》《中国古代竹刻艺术》等。

在留青竹刻领域，胡瑞康、许焱等也都是无锡杰出的竹刻大师，他们风格殊异，各持所长。胡瑞康最擅长青蛙、游鱼、螃蟹、扁豆、丝瓜、菱角等动物、植物的艺术表现，形象活泼，栩栩如生，把玩之下令人爱不释手。他将浅刻与浮雕的技艺进行结合，增强了作品立体感，也强化了艺术效果，1999 年出版的《胡瑞康竹木雕》收录了其许多精品，《过大年》《大吉祥》《谐音声声》《丰盛》等竹刻佳作，曾发行《胡瑞康竹雕专辑》明信片，颇受欢迎。省级非遗传承人许焱，多年坚守竹刻艺术，注重积累文史知识，培养艺术修养，努力摆脱"匠气"。其竹刻作品以留青浅刻为主，最擅长表现的是书法和植物、花鸟，在技法上他将留青与阴刻相结合，表现梅兰竹菊等题材别具一格，他的竹刻作品《蜻蜓月季》被法国蒙特利马博物馆所收藏。许焱的竹刻蝇头小楷也非常出色，代表作有《滕王阁》《兰亭集序》《心经》和《太上感应篇》等。

第七编 07

｜ 舌尖美味　食色生香 ｜

　　无锡地处太湖流域的中心，气候温润，物产丰富，经济发达，文化繁荣，素享"太湖明珠"美誉，在漫长的历史演进和独特的自然生态环境中，逐渐形成人与自然互为依存、和谐共生的饮食文化与特色。

　　饭稻羹鱼，构成了无锡饮食的基本结构。两千多年前，司马迁在《史记·货殖列传》中写道："楚越之地，地广人稀，饭稻羹鱼，或火耕而水耨，果隋蠃蛤。"无锡地属楚越范围，"饭稻羹鱼"是包括无锡在内的太湖流域的饮食主体结构。

　　素有"鱼米之乡"之称的无锡地处太湖之滨，土地肥沃，河浜交叉，水系发达，盛产稻米与水产品。明清时期，凭借优越的自然条件、便利的水陆交通和相对安定的社会环境，社会生产力得到较快发展。因为人多地少，锡西北的芙蓉湖在多次大规模开发垦殖后成为良田；地少人多的矛盾也推动了农业精耕细作和双季稻的出现，"春豆夏麦，秋收禾稻，中年之岁，亩得三石"，成为全国"米仓一区"。

　　无锡地处水稻产地，稻米一直是人们的主粮。无锡人的主食不外乎米饭、泡饭和米粥，节俗期间吃的年糕、重阳糕、粽子、元宵、青团、腊八粥等，亦皆为稻米类食物，其中承载了无锡人的千年文化传统和历久积淀的生活习俗。

太湖是养育无锡的母亲湖，湖面开阔，湖底平坦，水浅草丰，适宜鱼类繁殖，是著名的淡水水产基地，出产鱼类品种至少有60多种，主要经济鱼类主要有刀鲚、银鱼、鲤、鲫、团头鲂、草鱼、青鱼、鲢和鳙等20余种，另有螺、蚌、蚬、蟹等底栖动物40多种。尤以鲜美的"太湖三白"（白鱼、白虾、银鱼）闻名天下。"三白"因其色泽均呈白色而得名，不仅深受无锡百姓喜爱，也是著名"太湖船菜"的招牌食材。因"三白"出水易死，所以渔民为保证食材新鲜便在水产上岸后即刻进行烹制，多为清蒸白灼，强调生鲜原味，逐渐形成了风味清鲜的"船菜"。

此外，太湖梅鲚鱼、甘露青鱼、太湖清水蟹、长江刀鱼、长江鲥鱼、江阴螃蜞螯、昂刺鱼、河豚、太湖季郎鱼、土婆鱼、清水螺蛳等也都是本地特色水产，在不同时节给人带来不同的舌尖美味。在已入选《中国名菜大典·江苏卷》的无锡78道名菜和十大宴席中，"太湖白虾""糟煎白鱼""水晶虾仁""姜汁白虾""梁溪脆鳝"等传统菜肴，以及十大宴席中的"乾隆宴""西施宴""太湖船宴""古运河宴"和"长江三鲜宴"等，都与水产品关系密切。"菜花甲鱼菊花蟹，刀鱼过后鲥鱼来。竹笋蚕豆荷花藕，八月桂花烧芋头。春秋银鱼炒鸡蛋，活炝青虾人人赞。小暑黄鳝赛人参，营养佳品有鹌鹑"，这首关于菜肴的无锡民谣生动地佐证了无锡饮食中的"羹鱼"特征。

明清以来，因无锡民间手工业发达，商业贸易兴旺，百姓生活较为富裕，地方餐饮、特色菜肴也多荤腥，尤偏爱肉食。传统风味美食，如无锡酱排骨、肉酿面筋、腐乳汁肉、肉酿生麸、镜箱豆腐、小笼馒头、三鲜馄饨和肉馅玉兰饼等，全都离不开"肉"字。这种饮食特色也鲜活地反映了无锡的经济生活水平。无锡自唐以来逐渐繁荣，近代更以民族工商业发达闻名于世。据1936年的统计，无锡产业工人数列全国第二，仅次于大上海，达六万多人，占小城人数的15%，而一位产业工人的月薪养活四五口之家，已能生活无忧。更因为小城生意人多，运河上船来舟往，贸易繁兴，许多著名饭店如聚丰园、状元楼等就诞生于生意兴旺的岸边，许多名播遐迩的名菜便由此诞生。

第一章

独具风情的饮食文化

饭稻羹鱼，乃古来江南水乡餐饮文化的结构特点，无锡也一样。司马迁在《史记·货殖列传》说："楚越之地，地广人稀，饭稻羹鱼，或火耕而水耨，果陏蠃蛤。"[①] 无锡土地肥沃，气候宜人，水资源丰富，盛产稻米水产，故而"饭稻羹鱼"成为本地先民的饮食主体纯属自然天成。唐宋以降，江南地区人多地少矛盾逐渐凸显，推动农业生产走向精耕细作，"春豆夏麦，秋收禾稻，中年之岁，亩得三石"，成为全国"米仓一区"。无锡不仅粳、籼、糯稻米品种齐全，且品质优良，不仅成为锡人主食，无锡白米还成为供给朝廷的贡粮。无锡人青睐的主食米饭、米粥，以及糕团、圆子等，都是稻米类食物。无锡地区稻麦间作，面条、馄饨、小笼包等面食，也在无锡的主食中占有相当比例。

太湖湖面开阔，湖底平坦，水草丰美，水位稳定，适宜鱼类繁殖生长，鱼类品种丰富，定居太湖和江海洄游性鱼类多达 60 余种，经济鱼类主要有白鱼、刀鲚、银鱼、鲤鱼、鲫鱼、团头鲂、草鱼、青鱼、鲢鳙鱼等 20 多种，另有螺、蚌、蚬、蟹等底栖动物 40 余种。最著名的水产是"太湖三白"，指产于太湖的三种河鲜——白鱼、银鱼和白虾，因其色泽莹润洁白而得名，深受市民喜爱，也是"太湖船菜"的主要食材。因"三白"出水易死，故渔民为保证食材新鲜，往往即刻在水边或船上进行烹制，多为清蒸白灼，强调食材原味，逐渐形成了"船菜"的清鲜风味。

另外，太湖梅鲚鱼、甘露青鱼、太湖清水蟹、长江刀鱼、长江鲥鱼、江阴螃蜞螯、昂刺鱼、河豚，太湖季郎鱼、土婆鱼、太湖螺蛳等也都是无锡特有的水产品，它们和人工养殖的水产品一起在不同的时节给人们带来味觉享受。在入选《中国名菜大典江苏卷》的 78 只无锡名菜和十大宴席中，"太湖白虾""糟煎白鱼""水晶大玉"等传统菜和"姜汁煮白虾""脆皮银鱼"等创新菜，

---

① ［汉］司马迁. 史记［M］. 北京：中华书局，2013，卷一百二十九：3940.

以及十大宴席中的"乾隆宴""西施宴""太湖船宴""古运河宴"和"长江三鲜宴"等，都和太湖水产密切相关。所谓"菜花甲鱼菊花蟹，刀鱼过后鲥鱼来。竹笋蚕豆荷花藕，八月桂花烧芋头。春秋银鱼炒鸡蛋，活炝青虾人人赞。小暑黄鳝赛人参，营养佳品有鹌鹑。"① 这首菜肴民谣生动地佐证了无锡饮食中"羹鱼"的特征。

无锡人也偏爱肉食。与肉有关的无锡美食不少，如无锡酱排骨、肉酿面筋、腐乳汁肉、无锡排骨、鱼皮馄饨、肉酿生麸、镜箱豆腐和风味小吃小笼馒头、馄饨、玉兰饼等等。这种饮食偏好在一定程度上与无锡工商经济繁荣，百姓生活富裕有极大关系。无锡自古物产丰富，富庶一方。20世纪以来，更以工商实业的发达闻名于世，成为工商业名城，产业工人和工商业者占到城市总人口的20%以上，民间较为殷富，因而拉动了对肉食的消费。无锡酱排骨，俗称无锡"肉骨头"，最早出现于清光绪年间（1872—1919），一经问世，迅速成为广受欢迎的美食。最初是南门附近的莫兴盛熟肉店所创制，后来城中三凤桥堍的慎余肉庄也推出了酱排骨，风头很快盖过了莫兴盛。随着全社会富裕程度的提高，此后大小熟肉店应运而生，老三珍、陆稿荐、老陆稿荐、真正陆稿荐等也纷纷推出酱排骨，制作技艺日臻成熟。小笼馒头、馄饨和玉兰饼也是无锡颇具特色的地方小吃，在缺衣少食的贫瘠年代，亦或多或少折射出无锡经济繁兴、百姓富裕的水平。

第一节　饮食特色与口味诉求

嗜甜，是无锡餐饮的鲜明特色。无锡人口味偏甜，由来已久，人尽皆知。纪录片《舌尖上的中国》这样解说道："虽然不是蔗糖产区，无锡人却执着地选择了'甜'，当地人认为，酱排骨是最能代表无锡的美食，除了选料和烹饪方法的讲究，最负盛名的，还是它浓重的偏甜口味。"其实，这嗜甜的口味的由来，除了与气候、地理环境有关，还跟地方经济发展有着直接关联。

首先，从人类与生俱来的本能需求看，在"五味"中，"甜味"口感最佳，给人美好感受，故有"甜美"一词。西周时，周武王宴饮宾客甜味已必不可少，乃"八味"之一。《楚辞·招魂》中也提到以甜味调料制作美食，"胹鳖炮羔，

---

① 徐桥猛. 太湖流域无锡饮食文化的特征［J］. 商场现代化，2006（12）.

有柘浆些"，即烹制甲鱼、烤制羊羔时，以甘蔗浆调味着色；而"粗粺蜜饵，有
餦餭些"和"瑶浆蜜勺，实羽觞些"①，表明当时制作甜面饼时对蜜蜂和麦芽糖
的使用，饮酒时加入蜂蜜，可让美酒口味更醇美。所以，甜味是人类天生喜爱
的口味之一。

其次，原本苏南菜系都比较偏甜，加糖后可以明显改善菜品的风味，使口
感更好，这是在历久烹调实践中得出的经验。从烹饪方面看，加糖可明显增加
菜肴鲜味，在味精尚未问世前，加糖是一种高妙的调味手法。"锡帮菜"的偏甜
口味，并非纯粹的甜，而是咸甜融合，讲究"咸出头，甜收口"，即在咸鲜风味
基础上强化糖在菜肴制作中的口味提升，使之更为浓郁醇厚。长期以来，无锡
的白灼清蒸类菜肴始终以清淡鲜香为特色，但红烧菜肴则讲究浓油赤酱，滋味
浓郁，无糖不欢。无论寻常百姓的家常菜还是名师大厨的招牌菜，无论一般的
简易制作还是百年老店的独门秘制，糖都是烹调时不可或缺的调味品，起到调
味、上色、提鲜和浓郁的作用。最具代表性的就是无锡特产的酱排骨，问世迄
今已有数百年历史，是无锡最著名的美味之一，其色泽酱红，肉质酥烂，骨香
浓郁，汁浓味鲜，咸中带甜，滋味醇厚，充分体现了无锡菜肴风格。无锡人常
吃的肉酿面筋、老烧鱼、炒鳝糊、红烧蹄髈等也都因为糖的加入，不仅口味鲜
美，且色泽红润发亮，给人赏心悦目之感。无锡特色名点小笼馒头，馅料同样
加糖，"夹起不破皮，翻身不露底，一吮满口卤，鲜甜不油腻"，其口感广受食
客喜爱。

再次，无锡"嗜甜"程度超过近邻苏州常州，还有一个原因就是发达的民
族工商业的带动。糖类自古被视为比较奢侈的食物，贫瘠的计划经济时代"糖
水"还被用来招待贵客。当一个地区普遍烧菜加糖时，也暗示了这一地区物质
的丰裕。而无锡又因为民族实业崛起较早，相对周边城市而言，参与工商实业、
有稳定收入的人口相对较多，比如20世纪30年代中期无锡县从事工商业的人
口比例在全国最高。有稳定收入的产业工人数高达65000人，列全国城市第二，
仅次于人口总量八倍于无锡的大上海，因此较有能力消费糖类。据说，当时运
河两岸不仅工商林立，还有更多茶馆酒楼，人们在谈生意时往往抽上一通大烟，
而后聚餐时会出现"口苦"症状，于是在菜肴中加入适量的糖便能得到有效调
适，提升菜品口味。代表性的菜品有"酱炙蹄髈""梁溪脆鳝""响油鳝糊"
"红烧划水"等，久而久之，对地方菜肴烹制产生了深刻的影响。

---

① ［宋］洪兴祖撰. 楚辞补注［M］. 北京：中华书局，1983：208.

第二节 饮食文化的品格追求

无锡水资源特别丰富，密布的水系不仅保证了农业耕种和工商运输之需，也形成了独特的水文化。水的温润、刚柔相济的特质，也逐渐渗透进无锡人的精神性格中，在文化心理上造就了无锡人灵动善察、务实进取、顺应时势、动静相宜、精细和谐的性格特征。这种性格特征体现在饮食文化中，则表现为：

一、顺应时序 自然和谐

无锡人饮食讲究顺应自然，四季有别，不时不食。冬季饮食味道醇厚，多浓油赤酱，夏季味道清淡，多凉拌冷清炒。如什锦面筋，在冬天会加重酱色，而夏天则是不着色的清淡状；又如红烧肉夏季烹饪用的糖和酱油也只有冬季的三分之二。无锡菜不求珍贵食材，以猪肉鸡鸭、鲜鱼活虾和时鲜菜蔬为主要食材，讲究的是不时不食，新鲜为上，或浓郁，或清淡，注重五味调和。

"太湖三白"的做法极为简洁清爽，酒煮白虾，清蒸白鱼，清煎银鱼，与原料绝配，太湖风景佳绝之处在鼋渚，而"太湖三白"也以无锡为最。无锡人食鱼也讲究时令，不仅每月要吃时令鲜鱼，且每一种鱼还要吃不同的部位，以求最美口味。正如吴歌《十二月鱼谚》里所写的："正月塘鲤肉头细；二月桃花鳜鱼肥；三月甲鱼补身体；四月鲗鱼加葱细；五月白鱼吃肚皮；六月鳊鱼鲜似鸡；七月鳗鲡酱油焖；八月鲃鱼只吃肺；九月鲫鱼红塞肉；十月草鱼打牙祭；十一月鲢鱼汤头肥；十二月青鱼要吃尾。"①

没有空调的时代，江南人有"熬苦夏"的饮食习惯，这一季节饮食多偏清淡。比如立夏吃地三鲜、树三鲜、水三鲜的饮食习惯，既遵从自然规律，也有利于健康。立夏吃蚕豆，开春吃春笋，无锡民间认为春笋美味但"耗心血"，而蚕豆恰恰可以补心血，二者之间可以互补和谐。② 清明前后吃青团子，不仅是纪念泰伯，从食物本身看青团所含青汁营养丰富，对春季肝火旺盛有较好食疗价值。

---

① 张艳. 无锡本土食物的文化创意系统整合设计策划 [J]. 大众文艺（学术版），2015（4）：59.

② 巫晓凌. 无锡人立夏吃什么？专家建议吃"三鲜"以清淡为主 [OL]. 中国江苏网，2014 - 5 - 6.

二、兼收并蓄　讲求实惠

锡帮菜从原材料选择到制作工艺，都十分讲究。一是选料精。如酱排骨，必须选取三夹精的猪肋排为原料。这种肋排每头猪身上不足十斤，其特点是肉质细嫩肥美。而著名的无锡菜水晶虾仁、响油鳝糊，也必须选择新鲜出水的大虾、黄鳝，否则口味就不地道。二是作料好。作料需选用上等黄豆酱油、冰糖、老廒黄酒，以及葱姜、茴香、丁香、肉桂等烹调，酱排骨之类的烹煮除一般调料还须秘制老汤。三是手法讲究。从荤菜入锅前的腌制，到下锅后的火候，都有严格要求。如酱排骨的制作，必须先用曲酒和海盐稍加腌制，然后入锅烧制，100斤排骨，加黄豆酱油10斤、白糖3斤、黄酒3斤，大火烧开撇去浮沫后，再文火焖烧两个小时。最后制得64斤酱排骨，这样才酥而不烂、肥而不腻、鲜香可口。

无锡菜比起苏式菜肴，更注重口感与实惠。论菜肴的精美雅致，苏州菜似乎更胜一筹，但无锡菜却另有特点。同样是虾仁，苏州菜以碧螺春茶点缀虾仁，绿白相间，精致好看。而无锡菜却把虾仁炒得犹如水晶般晶莹剔透，外裹薄浆，虾仁味道更胜一筹。

无锡菜不求精致高贵，但求兼容并蓄，货真价实，食材新鲜，烹饪入味，实惠可口，这与工商文化理念十分吻合。无锡油面筋非常出名，糯滑劲道，产量巨大，家常菜中有肉馅面筋、四喜面筋、什锦面筋等，周边其他城市虽也有油面筋，但与无锡面筋从产量到质量都不可同日而语，因为无锡油面筋与纺织业的发达关系密切，纺纱织布需大量面浆，洗出的面筋既多又好。

无锡的太湖青鱼在江南乃至全国颇负盛名，太湖青鱼中最具名声的是锡东甘露青鱼。青鱼肉质鲜嫩肥美，中医认为，其"肉性平、味甘，归脾、胃经，具有益气、补虚、健脾、养胃、化湿、祛风、利水之功效，还可防妊娠水肿"。一条大青鱼，在无锡人手里可以变化出多种美味。开鱼片，氽鱼丸，鱼头汤，红烧划水，老烧鱼块，油爆熏鱼，连鱼肠鱼肚都可以烧出一份红烧肚肠，加入豆腐蒜叶，鲜美无比，是无锡家常老菜馆的招牌菜。春节前，无锡人还会将青鱼用花椒、烧酒和盐腌制咸青鱼，晾晒之后，密封入坛，留待春夏蒸食，咸鲜味美，回味隽永。

无锡人认为，青鱼最美味部分乃是鱼尾，称为"划水"，其肉质肥美有弹性，用青鱼尾做成的"红烧划水"堪称一绝。红烧划水取料青鱼肚档以下部分，鱼尾处理极有技巧，须从尾肉处进刀，紧贴脊骨剖向尾梢，将鱼尾对剖成两爿呈双尾状，每爿尾肉再直斩三刀，做成尾梢相连的若干长条。烹制好的红烧划水端上餐桌，色泽油亮，鲜香四溢，出锅时撒上香葱蒜末，肥嫩可口，美不可言。

青鱼头虽然不及鲢鱼头大，但味道也是极好。其肉质肥美，以砂锅煨出的鱼头汤肥美浓郁，加入粉皮或豆腐，口味比鲢鱼头更为醇厚。无锡民间还喜欢用鱼块汆汤，做法是先将鱼块腌制数日，再与冬笋片、开洋入锅汆汤，起锅时加入胡椒粉、蒜叶和菜心，清鲜醇美，令人赞不绝口。

三、崇尚自然　追求情趣

太湖流域湖泊众多，河网密布，百余种鱼虾湖鲜在水中自然生长，美景与美食相互映照，培育了人们天然乐生的心态和自然人生相互交融的生活趣味。比如发源于无锡的太湖船菜①，一方面十分讲究原料的活鲜，一方面注重烹调的原汁原味，最大限度地保持食材本真的味道，在烹制技艺乃至摆盘上又很注重情景交融，引入自然山水作为陪衬，使得原本出自渔民之手的菜品有了诗情画意，而以精细淡雅的形象出现在人们的餐桌。如传统菜点"镜箱豆腐""太湖船点""天下第一菜"，船菜名宴"西施宴""乾隆宴"等，皆制作精细，摆盘考究，别具一格，注重太湖水乡风情的借用，充分体现了无锡菜点的文化内涵。

别具一格的"西施宴"由八个冷盘、八道大菜、一道甜品、一道点心和一盘水果所组成。菜品名称有"太湖泛舟""西施浣纱""蠡湖飘香""吴宫一绝""苧萝焖肉""馆娃玩月""山粉豆腐""箭泾采香""游凤归隐""琥珀银耳（甜品）"，以及"一品银芽"（清茶）、应时水果等。所用原料并非山珍海味，但做工精致，且每道菜肴都包含着一个与西施相关的小故事。如头盘加八个冷盘的"太湖泛舟"，是以梁溪脆鳝和琥珀桃仁堆成两座山形，象征无锡惠山、锡山两座名山。外观乌黑油亮，入口香脆，甜中带咸，滋味适口。主盘与周围八个冷盘相互映衬，相得益彰。"西施浣纱"是用优质上汤与鱼翅烹制而成，上汤象征西施浣纱的若耶溪，鱼翅则象征西施所浣之纱。将发好的鱼翅用高汤煨制，再用上汤和鱼翅一同装入竹筒上笼蒸制而成。"箭泾采香"用清蒸草鱼配以金花菜、香菇和火腿，以草鱼喻西施所乘之舟，采香各取金花菜和香菇中的一字，谐音而成。"游凤归隐"借用西施在吴越战争之后归隐蠡湖的传说，以乌鸡代表凤（暗喻西施），以甲鱼代龟（"归"的谐音），因甲鱼沉于汤底，故为隐，甲

---

① 刘杨．纪录片《味道》为太湖船菜正名［N］．无锡日报，2015－10－9，A02．

鱼乌鸡汤乃烹制绝配，具有极高营养价值。甜汤琥珀银耳即桂圆银耳，有养血安神、滋阴润肺和功能，西施肤如凝脂，貌若天仙，所以美食和人物、情景非常契合。①

　　太湖船菜的诞生是与太湖山水的自然风貌分不开的，菜肴制作在长期山水陶冶下，湖光山色早已融入美味佳肴，并与美好传说融为一体，极富美的意境和地方人文色彩。游客乘坐游船之上，一边泛舟蠡湖、观赏美景，一边品尝美味佳肴，聆听服务员娓娓动听的讲述，眼福、口福皆饱，情趣盎然，心灵也得到滋养。这种注重生活与自然、人文的融合，充分显示了饮食文化追求自然人生和谐的特点。无锡物华天宝，钟灵毓秀，长期以来，智慧的无锡人创造了无数物质财富和精神财富，也创造了人与自然和谐交融、趣味无穷的饮食文化。

---

① 徐长亮. 泛舟新蠡湖 品味西施宴［J］. 烹调知识，2006（6）：7－8.

第二章

食色生香的招牌美食

"太湖船菜"

无锡是"太湖船菜"的发源地，故而太湖船菜也称"无锡船菜"。太湖船菜讲究原汁原味，以蒸、焖、煨、焙等烹制方式为主，最大限度保持了食材鲜美本真的味道，因为"太湖船菜"后来从渔船走向饭店酒楼，故在讲究新鲜原味的基础上，又添了一份精细与淡雅。除了"太湖三白"外，别具一格的"西施宴"，由8个冷盘、8道大菜、1道甜食、1道点心构成。菜品名称充满水乡浪漫气息：太湖泛舟，西施浣纱、蠡湖飘香、吴宫一绝、苎萝焖肉、馆娃玩月、山粉豆腐、箭泾采香、琥珀银耳（甜汤）、游凤归隐（甲鱼乌鸡汤），原料并非山珍海味，但做工精致，摆盘精美，每道菜肴都包含一个与西施相关的故事。如太湖泛舟，是以梁溪脆鳝和琥珀桃仁堆成两座山型的冷菜主盘，象征惠山、锡山两座名山，留白处为水面，有小舟横陈，菜肴外观沉厚油亮，入口香脆，咸甜适口。主盘周围摆放8个冷盘。西施浣纱是用优质上汤与鱼翅烹制而成，上汤象征西施浣纱的若耶溪，鱼翅则象征西施所浣之纱。发好的鱼翅用高汤煨制后弃汤，复用上汤再次煨制后装入竹筒上笼蒸制而成。箭泾采香用清蒸草鱼配以金花菜、香菇和火腿而成，以草鱼喻西施所乘之舟，采香则取金花菜和香菇中各一字（菜采谐音）。游凤归隐借用了西施在灭吴之后归隐蠡湖的传说，以乌鸡为凤（暗喻西施）以甲鱼代龟（"归"的谐音），因甲鱼沉于汤底，故寓意"隐"。甜汤琥珀银耳即桂圆银耳，有养血安神的功能，可以滋阴润肺，因其含有胶质，故又可美容。西施肤如凝脂，貌若天仙，所以美食和人物、情景非常契合。还有诸如清炒虾仁、田螺酿肉、清蒸湖刀（鱼）、虾子茭白、炒蟹粉、银鱼馄饨等，其原材料都与太湖丰饶的水产密不可分。

太湖船菜的诞生是与太湖山水的自然风貌分不开的，湖光山色，美味佳肴和民间传闻三者紧密结合，极富美的意境和地方文化色彩。游客坐在具有江南水乡特色的游船上，泛舟蠡湖，边赏美丽夜景，边品尝美味佳肴，边聆听服务员娓娓讲述，别有一番情趣。这种注重与生活、自然环境和人文景观的融合的精神，充分显示了无锡饮食文化追求美和起点高的特点。

"太湖三白"

无锡素享"太湖明珠"美誉，"太湖三白"是无锡名闻遐迩的美味，指的是产于太湖的三种湖鲜——白鱼、银鱼和白虾。因其色泽均呈白色，而被统称为"太湖三白"，是无锡著名"太湖船菜"的招牌食材。

以往，因"三白"出水易死，所以渔民为了保证食材新鲜，在打捞之后即刻在水边或船上加以烹制，其烹制方法多为清蒸或白灼，强调食材原味，逐渐形成了"船菜"的清鲜风味。

无锡酱排骨

一地有一地的美味，符离集的烧鸡，德州的扒鸡，常熟的叫花鸡，北京的烤鸭，南京的板鸭，苏州的焖肉，而无锡最出名的就是酱排骨了。无锡酱排骨，俗称无锡"肉骨头"，距今已有200多年历史，是无锡最著名的美味之一。其酱香浓郁，咸甜融合，汁浓味鲜，美味适口，传说与宋代济公和尚的指点有关。

外地人只听名字，却不懂肉骨头的美妙，以为拿骨头请客是怠慢客人，其实，无锡肉骨头无论价格、味道都比纯肉更贵，也更美味。无锡的酱排骨，色泽酱红，肉质酥烂，骨香浓郁，汁浓味鲜，咸中带甜，滋味醇厚，充分体现了无锡菜肴的风格，让人百吃不厌。无锡酱排骨以三凤桥肉庄、陆稿荐熟食店的酱排骨为代表，本帮菜馆都多以酱排骨作为招牌菜。在无锡民间，酱排骨是一道常见的家常菜，宴请宾客时这道酱排骨是一定要上桌的。

无锡酱排骨，最早出现在市场上是在光绪年间（1872—1919），一经问世，迅速成为广受欢迎的美食。据说，最初是南门附近的一家莫兴盛熟肉店所创制，后来城中三凤桥塊的慎余肉庄也推出了酱排骨，风头很快盖过了莫兴盛。随着无锡经济的活跃，社会富裕程度的提高，此后大小熟肉店应运而生，老三珍、陆稿荐、老陆稿荐、真正陆稿荐等也纷纷推出酱排骨，制作技艺日臻成熟。

据说，当时位于三凤桥的慎余肉庄名气最大，这里的酱排骨烧制也别具特色，不仅用大灶铁锅烧煮，柴火也取自惠山上的松树根，不仅有独特香味，且富油火旺，余火时间长，最适宜酱排骨急火烧煮、文火慢煨的火候要求。每天清晨开烧，午前时分诱人的排骨肉香早已蔓延飘散开来，满城飘香，令人垂涎欲滴，顾客们蜂拥而至很快一抢而空。慎余肉庄在很长一段时间内占据着酱排骨的优势地位，另一家名店则是陆稿荐熟肉店，因其位于无锡火车站和轮船码头附近，得地利交通之便，生意也十分兴旺。20世纪后期，三凤桥酱排骨注册成功，很快成为新的熟食品牌，三凤桥总店位于原慎余肉庄旧址，可算作无锡酱排骨这一美食新的延续。

关于酱排骨的来历，无锡民间流行一种说法称其与济公有关。传说，济公和尚有一次化缘来到无锡，他蓬头垢面，身穿破袈裟，一手拿钵一手敲木鱼，腰间插着一把破蒲扇，从东街化到西街，从南街化到北街，人人都嫌他脏，一碗斋饭也讨不到。后来，他来到陆记熟肉店，在门口转来转去，不知转了多少趟。店里的伙计见状，猜他想吃肉，就在他的钵盂里施舍了几块肉，济公几口吃完又继续讨要，伙计又给了他几块，济公三口两口吃完仍不肯走。这时店老板来了，见状顺手给了他几根肉骨头。但济公不要，老板只好又给他几块肉，不满地叽咕道："肉给你吃光了，明天叫我卖骨头啊！"济公朗声答道："明天，你就卖骨头好了！"又说："好金出在沙子里，好肉出在骨头边。骨头可卖肉价钱。"见老板愣住，济公从腰间破蒲扇上撕下几根蒲茎交给老板，关照明天与骨头一起煮。次日，老板如法炮制，煮出的肉骨头果然异香扑鼻，满城居民都闻香而来，大家吃了都说好。从此，无锡肉骨头美名远扬。

传说只是传说，但无锡排骨的烹制确实十分讲究。排骨必须选取三夹精的草排为原料，这种草排每头猪身上只有七八斤，其特点是肉质细嫩肥美；作料需选用上等黄豆酱油、白糖、黄酒，以及葱姜、茴香、丁香、肉桂等。操作必须严格按照程序，先用曲酒和海盐腌制入味，然后入锅烧制，100斤排骨，加酱油12斤，白糖3斤，黄酒3斤，大火烧开后再文火焖烧两个小时。最后制得64斤酱排骨，这才会酥而不烂，肥而不腻，鲜香入味。

酱排骨也是人们走亲访友的绝佳礼品。1926年4月21日，无锡工商实业家荣宗敬、荣德生兄弟，为创办的两所小学举办20周年校庆，就是买了1500斤酱排骨作为礼品。宴会之后，每位宾客都得到一盒"肉骨头"，戏称"吃不了兜着走"，此风已成习俗，至今犹存。

太湖青鱼

对老无锡人而言，逢年过节，走亲访友，大青鱼是必不可少的节礼。这不仅寓意着"年年有余"的美意，也是无锡历久的一种民俗文化：送鱼祈福，鱼到福到，富足有余。

青鱼是江南一带多见的鱼种，并非无锡唯一特产，列我国淡水养殖"四大家鱼"之首——青鱼、草鱼、鲢鱼、鳙鱼，俗称螺蛳青，因其体色青黑，喜食螺蛳而得名。青鱼体型较大，生长迅速，三四年便可长至1米左右，重达十多斤。2005年在南京湖泊捕获的一条青鱼重达109公斤，体长1.86米，鳞片鉴定约40岁，是我国现存最大的青鱼标本。青鱼生活在水域底层，食性比较单纯，喜食螺蛳、贝壳等，为肉食性鱼类。

但无锡的太湖青鱼在江南乃至全国都颇负盛名，如同茭白一样，连上海菜场出售的茭白都要标注"无锡茭白"。太湖青鱼中最具名声的是甘露青鱼，目前已注册为鱼类品牌。其肉质鲜嫩肥美，"肉性平、味甘，归脾、胃经，具有益气、补虚、健脾、养胃、化湿、祛风、利水之功效，还可防妊娠水肿"。一条大青鱼，在无锡人手里可变化出多种美味：开鱼片，余鱼丸，鱼头汤，红烧划水，老烧鱼块，油爆熏鱼，连鱼肠鱼肚都可以烧出一份红烧肚肠，加入豆腐蒜叶，鲜美无比，曾是无锡街头老菜馆的看家菜之一。春节前，无锡人还会将青鱼用花椒、烧酒和盐腌制咸青鱼，吹晒之后，密封入坛，留待来年蒸食，咸鲜味美，回味隽永。在无锡人眼里，青鱼最好吃的并非鱼身而是鱼的头尾。鱼尾在水里不停划动，肉质最为肥美，且有弹性，故称为"划水"，红烧青鱼尾称"红烧划水"。红烧划水的鱼尾取青鱼肚档以下部分，鱼尾处理也极富技巧，须从尾肉处进刀，紧贴脊骨剖向尾梢，将鱼尾对剖成两爿呈双尾状，每爿尾肉再直斩三刀，做成尾梢相连的四五长条。烧制好的红烧划水端上餐桌，造型美观，色泽油亮，鲜香四溢，出锅时撒一些香葱蒜末，色香味俱全，肥嫩可口，美不可言。

青鱼头虽然不及鲢鱼头大，但味道也极好，肉质肥美，以砂锅慢慢煨出的鱼头汤，肥美浓郁，加入粉皮或豆腐，口味比鲢鱼头更醇厚。无锡民间还喜欢用鱼块余汤，做法是先将鱼块腌上数日，再与冬笋片、开洋入锅余汤，起锅时加入胡椒粉、蒜叶和菜心，清纯鲜美，让人赞不绝口。

无锡地处太湖之畔，渔猎传统古已有之，而烹调技艺亦不可小觑。春秋时期，吴王阖闾为夺回王位，曾通过伍子胥收买了屠夫专诸，冒充厨师，刺杀了吴王僚，夺得了政权。刺杀前，专诸曾向渔民学习了"鱼炙"（烤鱼）制作技巧，在宴席上以此美味吸引吴王僚的注意，趁其不备从鱼腹中抽出"鱼肠剑"，取了吴王僚性命。一条鱼，维系了吴国历史上一段惊心动魄的传奇故事。许多人认为，专诸炙鱼用的应是太湖青鱼，因其个体大肉厚，经得起炭火炙烤而又能藏得下"鱼肠"利剑。这段历史传奇，更让太湖青鱼增添了一分诱人的文化色彩。

肉酿面筋

清水油面筋是无锡著名的土特产，吃法多样，方便易做，也常被人当作送给亲友的伴手礼。油面筋历史可以追溯至清乾隆时期，迄今已有250余年的制作历史。面筋虽为素菜，却能吃出荤菜的味道，这也是无锡人的一种生活智慧。油面筋的原料是生麸，由全麸面粉加盐水经揉搓清洗而制成，其基本工序为打面糊、洗面筋、揉浆、摊晾、打浆、摘胚，最后再将揉捏成块状的生麸投入沸油锅内煎炸，便成为球形中空的油面筋。

生麸用来炸制油面筋，而淀粉则成为棉纺织业的浆料。无锡之所以大规模生产油面筋而淀粉却不致积压，与无锡发达的棉纺织业有着直接联系。因为棉纱、棉布在进行后整理时都需要大量小麦淀粉作为浆料，而淘洗面粉获得淀粉的同时，也分离出大量富含纤维蛋白质的面筋，二者需求平衡，各得其所。

据说，油面筋的发明源自尼姑庵的尼姑。以前，每逢四时八节菩萨生日，无锡城乡一些老妇都要到庵里念佛坐夜，有时还要住上多日。庵里烧饭的师太，烧素斋颇有些名气。生麸是其喜欢的主料之一，红烧、炒丝、煮汤，搭配冬笋、香菇等地鲜，都是很受欢迎的美味。一次，约定来庵堂念佛坐夜的几十位客人未能按时到来，预先准备的素斋原料隔夜难免变质，烧饭师太便尝试把生麸投入油锅进行煎炸。生麸落入沸油后迅速膨胀成一个个金灿灿圆滚滚的空心球，闻闻喷香，尝尝松脆，放上多日也不会变质。从此素斋席上便又多了一道特色美味，也逐渐在市井流传开来。

油面筋的质量取决于一个"筋"字，金黄的表皮下是密密麻麻白色的筋。优质的油面筋是煮不烂的，炒着吃、酿肉馅、烧汤、蒸煮都颇鲜美。无锡名菜"四喜面筋"就是以油面筋为主料，配上虾仁、蹄筋、猪肚、肴肉等烹炒而成。面筋既糯亦筋，很受食客喜爱。外地客人来无锡都喜欢带上几袋油面筋回去。

油面筋富含蛋白质、脂肪、碳水化合物和膳食纤维，营养均衡，口感鲜美，很受民间喜爱。油面筋的通常做法是酿入肉馅，红白烧均可，荤素融合，汁多味美。无锡百姓饭桌上最多见的是红烧酿面筋，与酱排骨一样，比较注重浓油赤酱，咸中带甜，口味鲜美，沿袭至今。

特色名点小吃

小笼馒头和馄饨是无锡颇具特色的地方小吃，在缺衣少食的贫瘠年代折射出无锡经济繁兴、百姓富裕的水平。小笼馒头精致小巧，"夹起不破皮，翻身不露底，一吮满口卤，鲜甜不油腻"，受到食客广泛喜爱。

小笼馒头在无锡小吃中无疑排名第一，最受人们青睐。北方将有馅的馒头称作"包子"，而无锡人却无论有馅无馅都称馒头——肉馒头、菜馒头、豆沙馒头及白馒头。《三国演义》载，孔明征南蛮，获胜后班师回蜀，在渡泸水时为风浪所阻，有人建议以人头祭水神以求护佑。孔明遂用面粉做成人头状，内以牛羊肉为馅，作为祭品，名曰"馒头"，大军由此安然渡过了泸水。以此观之，无锡人称包子为"馒头"，甚合其本意。

小笼馒头就是小笼包，并非无锡所特有，但在江南各地却以无锡小笼包和上海南翔小笼包最为著名。20世纪中期，无锡人若外出走亲戚，小笼包是必备伴手礼。而上海人到无锡走亲戚或出差，也会扎一笼无锡小笼包带回上海，至今两地许多中老年人，仍保持这种习惯。名牌老店的小笼包尤受人喜爱，车站码头的小笼包则占尽地利，生意好得出奇。奇怪的是，上海的南翔小笼包在上海卖得很火，却绝不会被人当作伴手礼带出上海。

网络统计数据称，无锡城乡目前的小笼包门店多达9530家，苏州是3572家，常州是5326家，无锡的小笼包门店显然远超苏常，是两地的总量之和。苏州人口1100万，无锡人口630万，是苏州人口的57%，而小笼包店的数量却是苏州的2.67倍。店开得多，小笼包自然也卖得多，由此可见小笼包已成为无锡美食的标志性点心。

无锡小笼包以全肉馅为主，肉馅鲜甜，汤汁丰美，添加蟹粉和虾仁的称"蟹粉小笼"或"虾仁小笼"。地道的无锡小笼面皮不经发酵，皮薄馅多，刚出笼时晶莹剔透，面皮重约15克，肉馅约为30克。须熬制皮冻，经冷冻切丁，跟鲜肉馅均匀搅拌后，加糖、酱油、盐、味精、葱姜等佐料，这样吃起来才会有鲜美丰盈的卤汁。

无锡小笼包的起源说法不一。民间盛传乾隆皇帝下江南驻跸寄畅园，曾品尝无锡小笼包，并赞其美味。但更具细节的说法是，无锡小笼包的出名与晚清名士杨乃武有关。杨乃武与小白菜的冤案，在慈禧太后干预下终于昭雪，杨乃武搭船沿运河从京城返回余杭，船至无锡停憩，杨乃武登岸，入拱北楼点了小笼包，对其皮薄卤多、咸甜适口赞美不绝。此后，老板每每借此宣扬，杨乃武名声伴着小笼包美味迅速传遍城乡，拱北楼小笼也因此美名远播，生意红火。

19世纪中期的无锡，已是长江流域四大米市之一，后来又成为著名的布码头，外地客商蜂拥云集，位于码头和市场附近的拱北楼生意火爆。在众多来锡经商的生意人中，最多的就是徽商。有趣的是，地处无锡上游的安徽芜湖居然也最兴小笼包，口味也大致相同，是无锡影响了芜湖，还是芜湖影响了无锡？不过，上海南翔小笼与无锡小笼的关系比较明确，同治初年，李鸿章出任江苏巡抚，因江苏巡抚驻地苏州被太平天国李秀成占据，只得移驻上海，无锡人杨宗濂、杨宗瀚兄弟率团练官兵先行进驻，并负责淮军军需后勤事务，由此无锡美食进入大上海也非常自然，只是后来其口味逐步变化，更适合移民城市的多元需求。

拱北楼、王兴记的小笼包历史最为悠久，但后来新兴店家熙盛源、笑来喜、勤德兴、古香楼、秦园、忆秦园、超王记、锡笼记、淼品香、森林第等，皆颇受市民青睐。

三鲜馄饨

无锡的馄饨是大众喜爱的美食。对于很多老无锡人，走进馄饨店吃一碗馄饨，就是一种最直白的幸福：精致剔透的馄饨，鲜美无比的大骨清汤，丝丝缕缕，挑逗味蕾，这种熟悉的味道，令无锡人百吃不厌。

馄饨并非无锡独有的美食，大江南北叫法不同：四川称"抄手"，广东叫"云吞"，福建叫"扁食""扁肉"，湖北叫"包面"，江西叫"清汤"，新疆叫"曲曲"，江南一带则称"馄饨"。馄饨历史悠久。古代笔记曰："馄饨，点心也，汉代已有之。"各地都有冬至吃馄饨的习俗，而无锡民俗却相反，夏至中午吃馄饨，取"混沌和合"吉祥之意，民谚亦有"夏至馄饨冬至团，四季安康人团圆"的说法。

馄饨的发明者是谁，从来说法不一。北方之说，馄饨出现与匈奴有关。匈奴浑氏、屯氏两个部落经常骚扰内地，民众愤而以面皮包肉馅做成食品，取"浑""屯"读音，唤作"馄饨"，表示愤恨欲食其肉之意。江南传说，则认为馄饨乃越女西施所创。传说末代吴王夫差执政后期因被越国围困而经常郁闷不食，西施便用面皮包裹肉馅，做成馄饨，以骨头清汤煮食，味道美不可言。另有一说，认为馄饨一词与开天辟地的"混沌"谐音，或与古代神话传说有关。从节令吃馄饨的习俗可窥见从神话到习俗的衍变。

馄饨有荤有素，以肉馅、白菜、芹菜、荠菜馅为代表，吃法上则有汤馄饨、拌馄饨两种，浓淡皆宜。馄饨分大馄饨和小馄饨。从前，馄饨店分工明确，大店卖大馄饨，小店卖小馄饨。如"王兴记"一向只卖大馄饨，而小吃名店"穆桂英"，过去则只卖小馄饨，遍布城乡街巷的点心摊点，也大多只卖小馄饨，该习俗一直延续至今。

大小馄饨不仅个头不同，风味也不同：大馄饨重馅心，小馄饨重汤味。大馄饨可当饭，小馄饨则更多当点心。大馄饨馅心丰富多样，全肉、全虾、全鱼、纯荤、纯素，也可荤素混搭。小馄饨就简单了，用筷子蘸点肉末往超薄的皮子上一粘，轻轻一捏即成，宛若绉纱一般，故也称"绉纱馄饨"。小馄饨的秘诀在汤料配制，通常用大骨汤或鸡汤加调料勾兑而成，蛋皮、蒜末、葱花，乃锦上添花。一碗正宗的小馄饨端上来，白瓷碗里，馄饨晶莹剔透，宛若莲花浮沉，汤色清亮，透过吹弹可破的半透明面皮，肉馅隐约可见，在星星点点碧绿葱花点缀之下，煞是诱人。

不过，无锡馄饨的主流还是三鲜馄饨，也称"开洋馄饨"，鲜肉、开洋、榨菜，一样不能少。三鲜馄饨皮薄、馅足、汤鲜，人人喜爱。上海人也爱吃三鲜馄饨，老城隍庙的三鲜馄饨同样有名。上海的三鲜馄饨乃晚清时期随着无锡大批赴沪学生意的人流传过去的，用料制作与无锡完全一样。无锡三鲜馄饨的发源地是东亭，后逐步发展为传统名点，后来店家又以大骨头吊汤、豆腐干丝、蛋皮丝为佐料。当那一碗漂着嫩绿葱花、嫩黄蛋皮和虾皮紫菜的三鲜馄饨端到你面前时，无疑令人食欲陡增，一碗下肚，齿颊留香。随着生活水准提高，此后也有店家推出虾仁馄饨、蟹粉馄饨、荠菜馄饨、香菇馄饨、芹菜馄饨等品种，但三鲜馄饨却永远最受欢迎。

特色糕团

清明团子。无锡是吴文化的重要发祥地，3200 年前泰伯从周原南奔至此，在梅里建立"勾吴"，筑城守民，汇通百渎，传播礼仪，造福民众，被奉为"开发江南的始祖"。因泰伯忌日是阴历三月初三（清明），当地百姓遂将麦青揉碎混入米粉，制成白绿双色团子，纪念泰伯为人的清清白白。团子初为三种馅心，吴语中"馅"与"让"谐音，百姓以此纪念泰伯的"三让天下"，由此民间逐渐形成了吃清明团子的习俗。

重阳糕。夏历九月初九为"重阳节"，亦称"重九"。因"九"在数字中最大，"九九"与"久久"同音，寓意长寿，故为重阳节、敬老节。无锡民间重阳节要吃重阳糕，也称"九品糕"，用荸荠、栗子、红枣、莲心等 9 种果品制成，取意甜蜜、和顺、红火、高寿。同时，重阳节这天还要插茱萸，登高望远，祈福免灾。

梅花糕。早在明清时期就是江南地区著名特色小吃，特色是糕体金黄，形如梅花，香软可口，故广受喜爱。梅花糕制作需特制模具，将面粉、酵母和水搅拌成糊，注入模具，再放入豆沙、鲜肉、菜猪油、玫瑰等馅料，上覆面浆、糖粉和红绿丝，烤熟即成。据民间传说，乾隆皇帝下江南时见其形如梅花，色泽诱人，尝之甜而不腻、软糯适中，胜过宫廷御点，遂赐名"梅花糕"。此说流传甚广，但并无实据。

第三章

历久恒馨的茗茶文化

无锡惠山的"天下第二泉"自古遐迩闻名，文人汇聚，赏景品茗，吟诗作画，形成了无锡独特的茶文化。古来茶禅一体，无锡茶文化缘起于佛禅文化的圣地惠山。茶文化与惠山二泉有着密切关系，由唐代"茶神"陆羽品评、县令敬澄开凿，又得李德裕、李绅两位宰相极力推崇，"天下第二泉"名扬天下。宋代大文豪苏轼对惠山二泉一赞三叹，其多首名作更令惠山二泉名声大炽。北宋末年，二泉水成为朝廷贡品，车载马驮，月进百罐。明洪武年间，惠山寺高僧普真（性海），以竹制茶炉煮泉煎茶待客。一时名流酬唱，绘图成卷，遗韵绵绵，传为美谈。今天，二泉水仍泉流不竭，竹炉亦传承无恙，无锡宜兴山野之间，处处可见绿意葱茏的茶园，宜兴紫砂壶更是在茶文化的繁盛下声誉日隆，无锡民间爱茶、藏茶、品茶者日众，散发着历史馨香的茶文化已成为绵延不绝的文化新俗。

一、惠山泉与茶文化

无锡的茶文化与惠山泉有着密不可分的关系。没有惠山泉，无锡的茶文化就没了内涵和亮色。惠山多清泉，历史上有"九龙十三泉"之说。位于惠山寺附近的惠山泉原名漪澜泉，乃唐大历元年（766）至十二年（778）无锡县令敬澄所开凿。惠山泉有上下两池，上池圆，下池方，是一处当时饮用水的取水之地。

唐代，经济文化有了极大发展，闲暇时光增加，为人们放慢节奏品味生活提供了条件。中唐时，海内茶风大兴，品茗尤其讲究水。据唐人张又新《煎茶水记》载，最早评点惠山泉水的，是唐代刑部侍郎刘伯刍和"茶圣"陆羽，尽管二人品评范围不一，但不约而同都将惠山泉列为"天下第二泉"。惠山泉由此广为人知，历代名人雅士均以惠山泉沏茗为乐事。

惠山泉水源于惠山山脉的多股泉瀑，呈伏流而出成泉。泉池先围砌成上、中两池。上池呈八角形，由八根小巧的方柱嵌八块条石以为栏，池深三尺余。池中泉水水质很好，水色透明，甘洌可口。中池紧挨上池，呈四方形，水体清淡，别有风味。至宋代，又在下方开一长方形大池，明代，有人在池壁的出水口安装了一具石螭首，俗称"石龙头"，中池泉水通过石龙头注入大池，终年不息。

　　唐代的陆羽，是世所公认的品茶专家，他遍尝天下之水，根据水质将其分为二十等，无锡惠山泉被列为"天下第二"。之后，刘伯刍、张又新等唐代著名茶人也将惠山泉推为天下第二。刘伯刍认为世上"宜于煮茶的泉水有七眼，惠山泉是第二"。因而，惠山泉便被称为"二泉"或"天下第二泉"。中唐时，诗人李绅曾在惠山脚下的书堂读书，曾赞扬惠山泉"乃人间灵液，清鉴肌骨。漱开神虑，茶得此水，皆尽芳味"。唐武宗时，宰相李德裕嗜饮二泉水，责令地方官将泉水封坛，通过"递铺"（古代驿站专门运输机构），驰马数千里将泉水送到长安，供他煎茶。诗人皮日休曾以此事成诗："丞相常思煮茗时，郡侯催发只嫌迟；吴国去国三千里，莫比杨妃爱荔枝。"

　　宋代，惠山泉名重天下，四方茶客们不远千里前来汲泉，达官贵人更是纷至沓来。宋徽宗时，惠山泉成为宫廷贡品，源源不断运往汴梁。蔡京《太清楼特燕记》载：北宋政和二年（1112）四月八日，徽宗赵佶为蔡京、童贯、高俅等大臣举行盛大宫廷宴会，即以福建建溪的黑釉兔盏，盛惠山泉水，烹新贡太平嘉瑞斗茶，招待群臣。宋代张邦基《墨庄漫录》亦载："无锡惠山泉水，久留不败，政和甲午岁（1114）赵霆始贡水于上方，月进百樽。"为了防止长途跋涉水味变质，还摸索出一套"洗泉"之法。据周辉《清波杂志》第四卷记载，惠山泉水运抵汴州后，须用细沙进行过滤，泉水便可像刚汲的一样，恢复新鲜口感。南宋第一位皇帝赵构，在金军追击下被迫南逃途经无锡时，仍不忘驾临惠泉品茗。泉旁的二泉亭，就是当年地方官吏为迎接赵构所建。大词人苏东坡在品尝泉水之后，著诗曰"雪芽为我求阳羡，乳水君应饷惠泉"。[1] 南宋著名诗人杨万里也有诗曰："惠泉遂名陆子泉，泉与陆子名俱佳。一瓣佛香炷遗像，几个衲子拜茶忙……"

　　到明代，随着社会发展，品茗已成民间风气，二泉附近人们为患，"漪澜堂下水长流，暮暮朝朝客未休"正是当时情形之写照。更有人慕惠山泉之名，便设法自行研制。明·朱国祯《涌幢小品》记载，山泉制作需先将水煮开，倒入

---

①　苏轼. 次韵完夫再赠之什某已卜居毗陵与完夫有庐里之约云.

大缸；将水缸置于庭院中的背阴之处，待月色皎洁之夜，敞开缸盖，使之承受夜露滋润，如此经过三个昼夜，再用瓢轻轻将水舀到瓷坛中贮存。据说用这种水"烹茶，与惠山泉无异"。"竹炉煮茶"的雅事，也令大清皇帝康熙、乾隆十分艳羡。他们曾各自六次南巡，每次都必到二泉品茗，无一疏漏。

　　惠山泉，是大自然给无锡的馈赠，对茶文化的兴盛起了推波助澜作用。惠山泉水无色透明，含矿物质少，水质甘冽适口，系泉水中之佼佼者。其原因是由于惠山泉水穿越石灰岩与石英砂后，水中杂质大多在渗滤过程中去除，水质清纯又保持了天然的甘甜，即所谓"味甘"而"质轻"，故最适宜"煎茶"。清乾隆皇帝曾叫人计量各地名泉，惠山泉水每量斗重一两零四厘，与北京玉泉水大致一致。后经科学分析，惠山泉水含有一定钙、镁、碳酸盐及微量氡气，因而水面具有张力，可高出杯口数毫米而不溢，水质清澈透明而无任何有害物质，是十分优越的饮用水。

竹炉煮茶与惠山雅集

　　惠山，也称是慧山，其得名于古代西域和尚慧照曾在此结庐修行，一开始就与佛禅有着紧密联系。早在魏晋之前，僧人就发现茶有助于安神、静思、修行。伴随魏晋以后佛教的盛行，茶叶逐渐成为佛教"坐禅"的必需饮品。

　　自古禅茶一道，相谐相融。早在南北朝时期，就有僧人植树种茶的记载。有诗曰"天下名山僧占多"，山青水甜的惠山，早在1600年前的南朝宋少帝景平初年就出现了惠山寺（初名法云禅院），寺院紧邻惠泉，择址一方面考虑环境清幽，另一方面自然是虑及餐饮之需。惠山寺僧众最多时，达到3000余人，茶的需求不可能全靠外界供给。在古代，"隐"是一种趣味，也是一种文化时尚，而隐逸总与禅意相通，加之禅寺大多建于山野幽林，泉瀑淙淙，令人流连忘返。因此历史上多有文人墨客与僧人交往、留宿庙中的记载。明朝，无锡二泉一带是诗人墨客、达官贵人青睐之地，品茗赏游，绘画题咏，雅集成风，而惠山茶道的兴起就源于此，茶禅两种文化，在惠山得以融合为一种新的文化形式。

　　惠山寺的住持性海，酷爱诗画，被誉为"诗僧"。他主持寺院期间，遍邀苏吴名士，来此吟诗作画，品饮芳茗，即所谓"竹炉雅集"。据说，天下第二泉旁的大片松林，就是性海带僧众所植，后来性海又在万松之中建了一座精舍，名"听松庵"。明洪武二十八年（1395），性海请湖州竹工编制了一只竹炉，在听松庵以二泉水煮茗待客。竹炉外形天圆地方，内里填土，炉心装铜栅，以松枝烹泉煮茶，馨香诱人。文人雅士纷至沓来，吟诗作画，聚会雅集，"竹炉煮茶"遂成为惠山佳话，记为文坛轶事。听松庵遂被呼为"竹炉山房"，"竹炉"也成为一件稀罕之物。清代，康熙乾隆两帝分别六下江南，每次都经过无锡，必至惠山寺，必品二泉茶。乾隆中意于秦氏寄畅园和竹炉山房，在此休憩并留下许多题咏诗作。乾隆帝1751年南巡时，对惠山竹茶炉爱不释手，叫人仿制后带回北京珍藏，现存于故宫博物院。乾隆为此还留诗曰："惠泉画麓东，冰洞喷乳糜。江南称第二，盛名实能副。流为方圆池，一倒石栏甃。圆甘而方劣，此理殊难究。对泉三间屋，朴断称雅构。竹炉就近烹，空诸大根囿。"该诗被镌于惠山泉前景徽堂壁上，留存至今。

竹炉煮茶还引发了一段绵延数百年的书画盛事。性海在茶炉制成后，曾邀请无锡大画家王绂画了一幅《竹炉煮茶图》，又请王绂兄长大学士王达撰写了《竹炉记》，并遍邀名流题诗，装帧成一卷。清初，图咏有所散失。康熙二十三年（1684），无锡文人顾贞观依据纳兰性德提供的皇家图示，仿制了两只竹炉，一只置于听松庵替代损坏的，另一只带入北京赠予纳兰性德，同时带去的还有《竹炉图咏》。在纳兰性德家中，顾贞观意外发现了图咏中遗失的王绂图、李东阳字、吴宽诗等名迹，遂乞请以归。当时，顾贞观在京诗友们又为图卷题咏，遂增续为《竹炉新咏》，又添一段佳话。康熙三十一年（1692），江苏巡抚宋荦寻得流散原迹，将图卷厘定为四卷《竹炉图卷》，并交给惠山寺僧人"永宝之"。

此后，竹炉每到损坏就再制作，并逐渐演化出多种炉型。而《竹炉图》也形成了多个版本。顾贞观族人顾宸曾于1670年在无锡西关建辟疆园，用于藏书，后毁于大火。其后人顾康伯1927年再建辟疆园，为纪念先祖顾贞观与纳兰性德的友情，顾康伯请人制作了两只竹茶炉，一只置于园内，另一只赠予惠山忍草庵置贯华阁。此后，辟疆园成为新一轮文人墨客竹炉煮茶之地，顾康伯的舅舅"梁溪七子"之一的秦敦世、姑父杨味云（夫人顾采雅）等，都是辟疆园的常客。

文人墨客推波助澜

惠山茶文化的兴盛，与文人墨客的爱茶咏茶直接相关。早在《诗经》中，就有"采茶薪樗，食我农夫"，"谁谓茶苦，其甘如荠"，"周原朊朊，堇茶始饴"的吟咏之声。历经千百年文化承传和文人渲染，"茶"的内涵早就不再仅仅停留于物质层面，而进入人生态度、人格意趣、审美品格和处世原则、交友方式等层面，具有了人文品性。

环境的幽静、二泉水的优质，推动了文人的品茗雅趣，惠山茶文化正是在文人墨客的推动下，逐渐成熟起来。宋初时，临泉就建有供人品茗的漪澜堂。苏东坡曾赋诗曰："还将尘土足，移步漪澜堂。"并有"独携天上小团月，来试人间第二泉"，"雪芽为我求阳羡，乳水君应饷惠泉"的佳句，更使惠山泉名扬天下。元代翰林学士、大书法家赵孟頫专为惠山泉书写了"天下第二泉"五个大字，至今完好保存于泉亭侧壁。赵孟頫还有吟泉诗一首："南朝古寺惠山泉，裹名来寻第二泉，贪恋君恩当北去，野花啼鸟漫留连。"

历代名流对惠山泉争相褒扬，且不乏为惠山泉屈居第二泉而鸣不平。刘远的《惠山泉》曰："灵脉发山根，涓涓才一滴。宝剑护深源，苍珉环甃壁。鉴形须眉分，当暑挹寒冽。一酌举瓢空，过齿如激雪。不异醴泉甘，宛同神瀵洁。快饮可洗胸，所惜姑濯热。品第冠寰中，名色固已揭。世无陆子知，淄渑谁与别。"明代有位镇江知府，尽管被誉为"天下第一泉"的中泠泉就在镇江，但他还是认为第一桂冠应让予惠山泉。诗人王世贞也又诗："一勺清泠下九咽，分明仙掌露珠圆；空劳陆羽轻题品，天下谁当第一泉？"乾隆十六年（1751），乾隆帝南巡时留诗中也有"中泠江眼固应让"之句，说明惠山泉水确为天下水中之珍。

由于惠山泉水质"上好"，泡茶异香，受到许多品茶专家品尝研讨。华淑在《二泉记略》中将惠山泉煮茶的特色和禁忌归纳为"三异""三癖"："泉有三异，两池共亭，圆池甘美，绝异方池，一异也；一镜澄澈，旱潦自如，二异也；涧泉清寒，多至伐性，此则甘芳温润，大益灵府，三异也。更有三癖，沸须瓦缶炭火，次铜锡器，若入锅炽薪，便不堪啜，一癖；酒乡茗碗，为功斯大，以炊饮作糜，反逊井泉，二癖也；木器止用暂汲，经时则味败，入盆盎久而不变，三癖也。"

对茶的爱好，泉水的珍贵，使之成为文人间的馈赠雅礼。文学家欧阳修曾以18年之功撰《集古录》十卷，邀其好友、书法家、茶艺学者蔡襄作序。欧阳修对此序十分赞赏，认为"字尤精劲，为世所珍"。为了酬谢蔡襄，他精心准备了4件礼品作为润笔，一为鼠须栗毛笔，二是铜渌笔格，三是大小龙团茶，第四样则是惠山泉水。

二、青山绿水是茶乡

无锡地区，绿茶红茶白茶都有，尤以绿茶为著。早在唐代，隐居家山——惠山读书的李绅就写下喝茶的感受：在惠山寺松竹之下，甘爽，乃人间灵液。

清澄鉴肌骨，含漱开神滤。茶得此水，皆尽芳味。并诗曰："素沙见底空无色，青石潜流暗有声。微渡竹风涵渐沥，细浮松月透轻明。桂凝秋露添灵液，茗折香芽泛玉英。应是梵宫连洞府，浴池今化醒泉清。"唐宋时期的茶主要为团茶、饼茶，需要水煎而非冲泡。随着生活水准的提高，品味的细腻，明清时期江南地区已经基本改为冲泡。

无锡毫茶乃绿茶中之珍品，以优质无性系良种茶树幼嫩茶叶为原料，以一芽一叶初展、半展为主体，经杀青、揉捻、搓毛、干燥等工序精制而成，属于全炒特种高档绿茶。外形纹紧而卷曲，肥壮翠绿，身披茸毫，香高持久，滋味鲜醇，汤色绿而明亮，茶汤晶莹隐翠，叶底嫩匀。冲泡后白毫显见，汤色碧绿澄清，别具风味。若以二泉水冲泡，"无锡茶，二泉水"相得益彰，得毫茶之真味。

阳羡雪芽，乃宜兴阳羡著名特产，产于宜兴南部丘陵地区，占全市总面积的40%，属天目山余脉。阳羡茶得名于苏轼"雪芽我为求阳羡"诗句。唐肃宗年间（757—761），常州刺史（旧宜兴属常州）李栖筠在宜兴会集宾客，品饮雅聚，阳羡茶广受好评。唐代茶圣陆羽也认为阳羡茶"芬芳冠世"可上贡宫廷，因而阳羡茶被列为贡品。宋代，宜兴茶叶广为文人雅士所喜爱，苏东坡有"雪芽为我求阳羡，乳水君应饷惠山"的诗句。阳羡雪芽采摘细嫩，制作精细，外形纤细挺秀，色泽绿润，银毫显露，清鲜幽雅，滋味浓厚，汤色清澈明亮。隐居宜兴茗岭的唐代诗人卢仝曾作诗道："闻道新年入山里，蛰虫惊动春风起。天子未尝阳羡茶，百草不敢先开花。"曾居宜兴诗人杜牧的《题茶山》，也有"山实东南秀，茶称瑞草魁"，"泉嫩黄金涌，芽香紫璧裁"的名句。

因为宜兴同时也是茶具名品紫砂壶产地，明代以来宜兴紫砂壶与景德镇瓷器，争名于天下，有"景瓷宜陶"之说。于崇祯十三年（1640），明人周高起在《阳羡茗壶系》指出：近百年中，壶黜于银锡及闽、豫瓷而尚宜兴陶。紫砂茶具工艺，乃品茗妙器，艺术珍品。古人云，"茗注莫妙于砂，壶者又莫过于阳羡"，"壶必言宜兴陶，较茶必用宜壶也"。欧阳修曾写诗赞曰："喜其紫瓯吟且酌，羡君潇洒有余清。"延及近世，宜兴紫砂茶具日益受到追捧，远销海内外50多个国家地区，被誉为"陶中奇葩""茗陶神品"。紫砂与茶叶可谓绝配，因而宜兴茶叶生产也得到推动，明代以来已成为优势产业，阳羡雪芽、荆溪云片、善卷春月、竹海金茗、乾红早春、茗鼎红茶等，皆为驰誉海内外的名品。同样，也为茶文化的流行提供了一切可能。

三、消失于历史烟尘的"三萬昌"

无锡的茶文化历史悠久，雅俗并存。许多茶馆不仅是商业文化的参与者，还是城市发展的历史见证。曾经，沿着古运河两岸，分布着众多茶馆酒肆，是无锡人休闲、会友、谈生意的必至之地。位于崇安寺闹市的"三萬昌"，就是这样一家茶馆。

三萬昌的创始人王禄观（1877—1953）乃江阴人，清光绪二十八年（1902），他只身来锡谋生，在崇安寺一带亲身感受了"梁溪古刹，吴会名胜"的氛围，遂在此开一间茶馆"王记"茶馆，因善于经营大理，生意十分兴旺，不仅茶客光临，遇有邻里纠纷、亲友争产、青红帮评理、讼师接洽官司业务，乃至书画家鬻字卖画、劳务中介等，均喜欢在此进行。茶馆前的场地上也成了江湖人卖艺之地，人头攒动，热闹非凡。民间艺人阿炳数十年间常在此献艺，除了耳熟能详的《听讼》等二胡曲，兴致来了他还会为众人弹奏大套琵琶曲。光绪三十四年（1908），廉南湖（廉泉）、吴芝英夫妇从北京返锡省亲，应同窗好友俞复（后任民国第一任无锡县长）、候鸿鉴等之约，于三萬昌品茗。廉泉曾在光绪二十一年（1895）响应康梁变法，发动1200位举人"公车上书"；其夫人吴芝英则不顾生命危险，收葬了秋瑾遗骸，他们的出现一度引发百余人围观。

民国二年（1913），钱孙卿（基厚）应邀为茶馆取名"三萬昌"，书画家丁宝书泼墨挥毫为茶馆题写了"三萬昌茶社"招牌。民间艺人阿炳双目失明后，主要靠卖艺为生，三萬昌茶社的大堂就是他首次卖艺之地，在那里阿炳的琵琶、二胡演奏博得满堂喝彩。此后他便一天两次来此地卖艺，上午在三萬昌堂内，下午则在三萬昌堂前场地。王禄观体谅阿炳辛苦，喝茶免茶资，卖艺时提供凳子，十多年天天如此。

民国六年（1917）时，王禄观的一位缪姓族亲，在苏州开茶馆借用了三萬昌的名号，历经百年之后，已成为苏州有名的老字号，并一直延续至今。但无锡的三萬昌却在1955年城市改造工程中，因崇安寺内街拓路被拆除，这座历史悠久的老茶馆由此消失于人们的视野，未能再续春秋。

主要参考文献

【1】［汉］司马迁. 史记 [M]. 上海：上海古籍出版社，2016.

【2】［汉］赵晔. 吴越春秋 [M]. 南京：江苏古籍出版社，1986.

【4】［东汉］袁康 吴平撰，乐祖谋点校. 越绝书 [M]. 上海：上海古籍出版社，1985.

【5】［南朝宋］范晔. 后汉书·郡国志 [M]. 北京：中华书局，2012.

【6】［元］王仁辅. 无锡县志 [M]. 北京：中国社会出版社，2005.

【7】［明］王镐等. 无锡县志 [M] //无锡文库·第一辑，南京：江苏凤凰出版社，2011.

【8】［清］严绳孙 秦松龄撰、徐永言修. 无锡县志（康熙二十九年刻本）[M] //无锡文库·第一辑，南京：江苏凤凰出版社，2011.

【9】李伯重. 多视角看江南经济史 [M]. 北京：三联书店，2003.

【10】无锡文化大观编辑委员会. 无锡文化大观 [M]. 北京：人民出版社，2000.

【11】宗菊如 周解清主编. 无锡通史 [M]. 南京：江苏人民出版社，2003.

【12】庄若江、蔡爱国、高侠. 吴文化内涵的现代解读 [M]. 北京：中国文史出版社，2014.

【13】吴恩培. 吴文化概论 [M]. 南京：东南大学出版社，2006.

【14】黄莉新主编. 无锡史话 [M]. 北京：社会科学文献出版社，2014.

【15】江国良主编. 文化无锡 [M]. 北京：古吴轩出版社，2006.

【16】无锡市政协. 无锡历史掌故丛书 [M]. 扬州：广陵书社，2009.

【17】无锡史志办 无锡档案局 无锡政协文史委编. 梁溪屐痕 [M]. 北京：方志出版社，2006.

【18】陈璧显主编. 中国大运河史 [M]. 北京：中华书局，2001.

【19】无锡市史志办.无锡市志（4册）　[M].南京：江苏人民出版社，1995.

【20】无锡市史志办.无锡市志（4册，1986—2005）[M].北京：方志出版社，2016.

【21】无锡市史志办、无锡市图书馆.民国时期无锡年鉴资料选编 [M].扬州：广陵书社，2009.

【22】吕锡生.古吴源流胜迹 [M].北京：社会科学文献出版社，2002.

【23】汤可可.无锡文脉·工商华章 [M].南京：江苏人民出版社，2006.

【24】庄若江.工商脉动与城市文化——以无锡为例 [M].北京：光明日报出版社，2015.

【25】庄若江.无锡文脉·无锡望族 [M].南京：江苏人民出版社，2006.

【26】刘桂秋.无锡文脉·无锡名人 [M].南京：江苏人民出版社，2006.